How Google Works
Copyright © 2014 Eric Schmidt, Jonathan Rosenberg
This edition published by arrangement with Grand Central Publishing, New York, New York, USA.
All rights reserved.

Korean Translation Copyright © 2014 by Gimm-Young Publishers, Inc.
This translation is published by arrangement with Grand Central Publishing, New York, New York, USA through Imprima Korea Agency.

이 책의 한국어판 저작권은 임프리마 에이전시를 통해 저작권사와의 독점 계약으로 김영사에 있습니다.
저작권법에 의해 한국 내에서 보호를 받는 저작물이므로 무단전재와 무단복제를 금합니다.

구글은 어떻게 일하는가

에릭 슈미트가 직접 공개하는 구글 방식의 모든 것

How Google Works

에릭 슈미트 · **조너선 로젠버그** · 앨런 이글

박병화 옮김

김영사

구글은 어떻게 일하는가

1판 1쇄 발행 2014. 10. 17.
1판 19쇄 발행 2024. 6. 1.

지은이 에릭 슈미트 · 조나단 로젠버그 · 앨런 이글
옮긴이 박병화

발행인 박강휘
편집 성화현 | 디자인 이경희
발행처 김영사
등록 1979년 5월 17일 (제406-2003-036호)
주소 경기도 파주시 문발로 197(문발동) 우편번호 10881
전화 마케팅부 031)955-3100, 편집부 031)955-3200, 팩스 031)955-3111

저작권자 ⓒ 에릭 슈미트 · 조나단 로젠버그 · 앨런 이글, 2014
이 책은 저작권법에 의해 보호를 받는 저작물이므로
저자와 출판사의 허락 없이 내용의 일부를 인용하거나 발췌하는 것을 금합니다.

값은 뒤표지에 있습니다.
ISBN 978-89-349-6900-6 13320

홈페이지 www.gimmyoung.com   블로그 blog.naver.com/gybook
인스타그램 instagram.com/gimmyoung   이메일 bestbook@gimmyoung.com

좋은 독자가 좋은 책을 만듭니다.
김영사는 독자 여러분의 의견에 항상 귀 기울이고 있습니다.

| 추천의 글 |

어린 시절, 내 미래를 생각하는 나이가 되었을 때, 나는 교수가 되거나 회사를 차리겠다고 결심했다. 이러한 직업이, 많은 자율성, 그러니까 세상을 지배하고 있는 '통념'을 그대로 받아들이기보다 기본원리와 물리적인 현실세계에 맞춰 생각할 자유를 줄 거라고 느꼈다.

에릭과 조너선이 이 책 《구글은 어떻게 일하는가》에서 설명하고 있듯, 우리는 이런 생각의 자율성을 구글에서 하는 거의 모든 일에 적용하고자 노력했다. 자율성은, 우리가 거둔 대대적인 성공과 몇몇 인상적인 실패의 배후에 있는 원동력이었다. 기본원리에서 출발하는 것이야말로 실제로 구글이 움직이는 방식이다. 어느 날 밤 나는 꿈을 꾸다가 (정말로) 잠에서 깨어나 생각했다. 모든 웹을 다운로드해서 연결 상태를 유지할 수 있다면 어떻게 될까? 그래서 나는 정말 이런 일이 가능한지 알아보기 위해 펜을 집어 들고 자세한 과정을 휘갈겨 적어나갔다. 검색엔진을 구축한다는 아이디어는 당시 나의 레이더에 잡히지 않았다. 세르게이와 내가 웹페이지를 링크 형식에 따라 등급을 매기면 훨씬 더 나은 검색결과를 올릴 수 있다는 것을 깨달은 것은 그 뒤의 일이었다. 지메일Gmail도 이 같은 몽상에서 시작된 것이다. 그리고 앤디 루빈Andy Rubin이 10년 전에 안드로이드

개발에 착수했을 때, 사람들은 대부분 모바일 사업을 오픈소스 운영체제에 맞춘다는 것은 말도 안 된다고 생각했다.

　시간이 지난 뒤, 나는 거대한 야망을 품은 팀을 조직하는 것이 굉장히 힘들다는 것을 알고는 놀랐다. 사람들은 대부분 이처럼 "달을 향해 쏴라!"라는 식의 교육을 받지 않는다. 사람들은 이런 일은 물리적인 현실세계에서 출발하거나 실제로 가능한 것을 밝히는 것과 달리 불가능하다고 단정하는 경향이 있다. 구글에서 독립적으로 사고하고 원대한 목표를 세우는 사람을 채용하기 위해 유난히 공을 들이는 것은 바로 이 때문이다. 여러분이 올바른 사람을 채용하고 커다란 꿈을 가지고 있다면 여러분은 그 목표를 성취하게 될 것이다. 또 실패한다고 해도 여러분은 뭔가 중요한 것을 배울 것이다.

　실제로 많은 기업이 조금씩 점진적으로 변화하는 가운데 늘 하던 일을 편하게 하려는 경향이 있다. 이런 식의 점진주의incrementalism는 시간이 지나면 낙오하기 마련이다. 특히 기술 분야에서 심하다. 기술의 변화는 발전이 아니라 혁명의 경향을 보이기 때문이다. 그러므로 여러분은 스스로를 강제해 미래에 큰 승부를 걸 필요가 있다. 우리가 자율주행 자동차나 풍선의 힘을 이용한 인터넷처럼 무모한 투기로 보이는 분야에 투자를 하는 것도 바로 이 때문이다. 지금은 잘 상상이 안 되겠지만, 우리가 구글 지도Google Maps에 착수했을 때, 사람들은 모든 도로 사진을 포함해 전 세계의 지도를 그리겠다는 구글의 목표가 불가능할 것이라고 생각했다. 다시 말해, 과거가 우리의 미래에 대한 지표라면, 현재의 커다란 도박은 몇 년 지나지 않아 별로 무모하게 보이지 않을 것이다.

   이상은 내가 중요하다고 본 몇 가지 원칙이며, 이어지는 본문에서 더 많은 원칙이 소개될 것이다. 여기 소개되는 아이디어를 자기 것으로 만들어 여러분 자신의 놀라운 이야기를 창조한다면 더 바랄 나위가 없겠다.

래리 페이지
(구글 공동 창업주이자 현 CEO)

| CONTENTS |

추천의 글 _래리 페이지(구글 공동 창업주이자 현 CEO) 5

들어가면서 _맨 앞줄에서 배운 교훈 13

문화 _자신의 구호를 믿어라 49

붐비는 사무실 59 | 함께 먹고 일하며 생활하기 64 | 우리 부모 세대는 틀렸다 – 혼란이 미덕이다 65 | 히포의 말은 듣지 마라 68 | 7의 규칙 72 | 누구나 제 힘으로 서야 한다 74 | 모든 조직 개편은 하루에 끝내라 76 | 베조스의 피자 두 판 규칙 77 | 가장 영향력이 큰 사람으로 회사를 조직하라 78 | 네이브를 추방하고 디바를 위해 싸워라 81 | 좋은 의미의 과로 84 | 긍정의 문화를 세워라 87 | 거창한 여흥거리보다 재미를 89 | 복장 규정을 바꿔라 95 | 아차리에 100 | 악해지지 말자 101

전략 _당신의 계획은 잘못되었다 105

시장조사가 아니라 기술혁신에 승부를 걸어라 109 | 조합의 혁신 시대 116 | 더 빠른 말에 눈을 돌리지 마라 120 | 성장의 극대화 121 | 코즈와 회사의 특성 126 | 전문화하라 129 | 폐쇄보다 공개를 기본설정으로 131 | 예외적인 상황을 빼고는 개방을 기본으로 하라 136 | 경쟁에 치중하지 마라 139

재능 _직원 채용이 가장 중요하다 145

쏠림현상 151 | 열정이 있는 사람은 말이 필요 없다 153 | 학습하는 동물을 채용하라 156 | LAX-테스트 161 | 가르쳐줄 수 없는 통찰력 163 | 조리개를 넓혀라 166 | 뛰어난 인재는 누구나 알아본다 172 | 면접이 가장 중요한 기술이다 174 | 면접시간은 30분으로 180 | 평가소견 182 | 친구들끼리는 다른 친구를 채용(또는 승진)하게 내버려두지 않는다 184 | 빈자리가 아무리 중요하다고 해도 채용의 질적 수준을 양보할 수는 없다 189 | 커다란 보상 190 | 초콜릿은 내보내고 건포도는 간직하기 193 | 정말로 아끼는 사람이라면 놓아줄 수도 있다(단, 이 과정을 거치고 나서) 196 | 해고 198

결정 _합의의 진정한 의미_ 209

데이터로 결정하라 220 | 고개를 끄떡이는 인형을 조심하라 223 | 언제 종이 울릴지 알아야 한다 227 | 결정을 줄여라 230 | 매일 만나라 232 | 양쪽 의견이 다 옳다 235 | 모든 회의에는 주인이 있어야 한다 237 | 말 등의 법칙 239 | 80퍼센트의 이익에 80퍼센트의 시간을 소비하라 243 | 연속적인 계획을 세워라 244

소통 _뛰어난 라우터가 되어라_ 249

기본 모드를 공개설정으로 253 | 세부사항을 알아야 한다 257 | 사실대로 말하는 것이 안전하다 259 | 대화를 시작하라 262 | 반복구절이 기도를 망치지는 않는다 265 | 런던은 어땠어요? 270 | 스스로를 평가하라 272 | 이메일의 지혜 273 | 각본이 있으면 좋다 277 | 계급이 아니라 관계를 형성하라 284

혁신 _자연발생 구조를 만들어라 287

혁신이란 무엇인가? 294 | 당신의 배경을 알아야 한다 296 | CEO는 CIO가 될 필요가 있다 298 | 사용자에 초점을 맞춰라 304 | 큰 틀에서 생각하라 309 | (거의) 이룰 수 없는 목표를 세워라 316 | 70/20/10 319 | 20퍼센트의 시간 324 | 아이디어는 어디서나 나온다 330 | 일단 내어놓은 다음 개선하라 335 | 실패도 잘해야 한다 340 | 문제는 돈이 아니다 345

결론 _상상할 수 없는 것을 상상하라 349

〈다운튼 애비〉에서 다이어퍼스닷컴까지 351 | 플랫폼의 세계에서 누가 성공하고 누가 실패하는가? 353 | 소셜 웹의 출현, 페이스북이라는 신생기업 356 | 가장 어려운 질문을 제기하라 359 | 정부의 역할 365 | 큰 문제는 정보 문제다 367 | 미래는 너무도 밝아서… 371 | 차세대의 전문성과 창의력 374

감사의 글 377
옮긴이의 글 386
용어해설 395

"전문성과 창의력을 가진 인재smart creative"
그들은 열정을 가지고 미래를 탐험하는 괴짜이다!

들어가면서

맨 앞줄에서 배운 교훈

2003년 7월, 에릭 슈미트Eric Schmidt가 구글의 CEO(최고경영자)로 일한 지 2년쯤 되었을 때였다. 그는 구글의 이사·투자자이며 세쿼이아 캐피털Sequoia Capital의 파트너인 마이크 모리츠Mike Moritz에게서 이런 이메일을 받았다. 여기에는 다음과 같은 제안이 들어 있었다.

8월 중순경에 이사회를 열어 세 시간 정도, 핀란드와의 경쟁을 논의하는 경영진 발표회를 갖고 우리의 결의를 다지는 것이 어떨지요?(너무 중요한 사안이라 9월까지 기다릴 수 없을 것 같습니다. 우리 모두 알다시피 핀란드와 경쟁하다 보면 1년이란 시간은 후딱 지나갈 테니까요.)

잘 모르는 사람이 이 메시지를 보면 어리둥절할 것이다. 왜 캘리포니아 마운틴뷰에서 사원 700명 규모에 5년밖에 안 된 구글 같은 인터넷 신생 기업이 인구 500만이 넘는 핀란드와 경쟁을 한단 말인가? 더구나 핀란드는 8,000킬로미터 이상 떨어져 있고 미국과 우호적인 국가인 데다 평화로운 곳으로 알려져 있지 않은가?

이 핀란드 이메일이 도착한 것은 에릭이 드디어 구글에서 어느 정도

자리 잡았다고 느낄 때쯤이었다. 에릭은 노벨Novell의 CEO로 근무하다 왔으며 선 마이크로시스템스Sun Microsystems와 벨 연구소Bell Labs에서도 일한 적이 있었다. 북부 버지니아에서 성장기를 보낸 에릭은 프린스턴 대학교에서 전기공학을 전공했고 캘리포니아 대학교 버클리 캠퍼스에서 컴퓨터과학으로 석사와 박사 학위를 취득했다. 따라서 그는 엔지니어나 컴퓨터과학자들과 함께 근무하는 것이 낯설지 않았다. 그 자신도 그 일원이었기 때문이다. 그런데 구글에 들어와서는 전과 전혀 다른 곳에서 일을 시작하는 느낌이었다.

'내가 있는 곳은 이제 캔자스가 아니라는' 그의 느낌은 첫날부터 드러나기 시작했다. 자신에게 배정된 사무실에 도착해보니 거물급 CEO의 기준에서 보면 너무도 초라했다. 게다가 몇몇 소프트웨어 엔지니어가 이미 자리를 차지하고 있었다. 에릭은 이들을 쫓아내는 대신 옆방으로 옮겼다. 옆방은 사무실이라기보다 창문 하나 달린 벽장 같은 곳이었다.

몇 주가 지나자 사정은 더 악화되었다. 어느 날 아침, 홀을 따라 걸으면서 자신의 초라한 사무실로 가던 에릭은 비서인 팸 쇼어Pam Shore가 잔뜩 찌푸린 표정으로 앉아 있는 모습을 보았다.[1] 에릭은 이내 그 이유를 알게 되었다. 그의 사무실에 들어온 사람 때문이었다. 아미트 파텔Amit Patel이라는 검색 엔지니어였는데, 다섯 명이 함께 쓰던 아미트의 사무실에 한 명이 새로 더 들어왔다. 그래서 책상을 반으로 쪼갤 생각까지 했다고 한다. 그런데 마침 옆에 붙은 에릭의 사무실이 널찍해 보여서 들어왔다는 것이었다(시설과 직원은 아미트의 물품을 에릭의 사무실로 옮겨주는 것을 거부했기 때문에 아

---

[1] 팸이 따뜻한 미소를 짓고 있지 않으면 모두 '찌푸린' 표정으로 간주된다.

미트가 직접 옮겼다). 이후 에릭과 아미트는 몇 달 동안 사무실을 함께 썼다. 누가 봐도 구글에서는 사무실 크기가 지위와 비례하지 않는다는 증거가 아니겠는가.

보기 드문 시설의 규모를 제외하면 에릭의 구글 근무는 아주 순조로 웠다. 두 명의 공동 창업주인 래리 페이지Larry Page와 세르게이 브린Sergey Brin과의 관계도 나날이 깊어졌다. 회사의 광고 플랫폼인 애드워즈AdWords는 엄청난 이익을 올리고 있었다(2004년 주식공개를 신청할 때, 회사의 재무제표를 본 관계자들이 좋은 의미에서 깜짝 놀랄 정도였다). 그리고 동사로 쓰이는 '구글Google'은, 그로부터 3년이 지나서야 비로소《옥스퍼드 영어사전》에 등재되었지만,[2] 이 말은 구글 검색을 하는 수백만 사용자들에게는 이미 생활의 중요한 일부가 되어가고 있을 때였다. 회사도 성장을 거듭하며 직원은 다달이 수십 명씩 늘어나고 있었다. 제품관리를 책임지는 조너선 로젠버그 Jonathan Rosenberg는 2002년 2월에 이사로 합류했다. 에릭과 마찬가지로 조너선도 경제학 교수의 아들이었다. 조너선은 익사이트앳홈Excite@Home과 애플Apple에서 근무한 뒤 구글에 합류해 회사의 제품관리팀을 조직했고 이것으로 에릭의 직원 선발은 완료되었다.

하지만 마이크가 이메일에서 지적했듯 주 경쟁 상대가 다가오고 있었다. 그리고 상대는 대서양 건너편에 있는 북유럽의 우방이 아니었다. '핀

---

[2] 《옥스퍼드 영어사전》에 '구글'이 등재된 것은 2006년 6월 15일이다. 이후 업데이트 판에서는 "지오캐싱 geocaching[휴대용 GPS를 활용해 누군가 숨겨놓은 것(보물)을 찾아내는 게임 — 옮긴이]" "매시업mash-up(웹상에서 서로 다른 여러 가지 재료를 섞어 새로운 자료를 만드는 것 — 옮긴이)" "자기보관창고self-storage" "텍스팅texting(휴대전화로 문자 주고받기 — 옮긴이)" 같은 새 단어가 추가되었다. Candace Lombardi, "Google Joins Xerox as a Verb"(CNET News, 2006. 7. 6).

란드'는 마이크로소프트 사를 가리키는 구글 내부의 암호명이었고,[3] 마이크로소프트는 그 당시 지구상에서 가장 잘 나가는 기술회사였다.[4] 에릭은 구글 접속량의 상당 부분이 마이크로소프트의 인터넷 익스플로러 브라우저를 사용하는 사람들에게서 나온다는 것을 알고 있었다. 구글 사람이라면 누구나 그렇듯이, 에릭은 인터넷이 미래의 기술 플랫폼이고 인터넷에서 아주 쓸모가 많은 애플리케이션의 하나가 검색이라고 믿었다. 그러므로 레드몬드Redmond(마이크로소프트 본사가 있는 도시—옮긴이)의 친구들이 우리가 하는 일에 큰 관심을 쏟는 것은 시간문제였다. 그리고 마이크로소프트가 신생기업이 하는 일에 진정 관심을 기울인다면 재미있는 일이 벌어질 게 분명했다.[5]

회사의 미래가 걸린 일이었지만 무엇을 해야 할지 막막하기만 했다. 모리츠는 행동을 보여달라고 지적했다. 그는 에릭에게 팀을 소집해, 제품, 영업, 마케팅, 재정, 회사의 발전 등, 회사 전체를 구출할 방안을 확실히 마련해줄 것을 요청했다. 구글의 운영방식이 모든 측면에서 하나하나 검토되었고, 수익원을 쉽게 창출하려면 회사를 엉뚱한 신생기업 구조에서 사업단위별로 조직된, 좀 더 전통적인 형태로 바꿔야 한다는 말도 나왔다

---

[3] '핀란드'는 우리가 실제로 사용한 암호명이었다. 물론 우리가 이 책에서 이 암호명을 밝혔으므로 더 이상 암호라고 할 수는 없을 것이다. 그렇지 않을까?

[4] 당시 마이크로소프트가 불러일으킨 경외심은 이 회사에 대한 다음의 저서들 제목만 봐도 알 수 있다. 《마이크로소프트의 비밀: 세계적으로 가장 강력한 소프트웨어 기업이 기술을 구축하고 시장을 창출하며 인력을 관리하는 방법》(1995년) 《폭주: 빌 게이츠와 사이버공간 경주》(1997년) 《웹은 어떻게 승리했는가?: 빌 게이츠와 그의 인터넷 이상주의자들은 어떻게 마이크로소프트 제국을 변화시켰는가?》(2000년).

[5] 1980년대와 1990년대에 실리콘밸리의 기술 사업가들은 먼저 마이크로소프트의 전략에 대한 의견을 밝히지 않고 투자자에게 자금을 끌어오는 것은 사실상 불가능했다. 명확한 계획이 없다면 수표 한 장도 얻지 못하는 상황이었다.

(새로운 계획으로 해결해야 할 또 하나의 과제로서 말이다). 가장 중요한 것은 어떤 제품을 언제 출시할 것인지에 대한 이정표와 로드맵이 이 계획에 담겨야 한다는 것이었다. 간단히 말해, 모리츠는 분별 있는 정상적인 이사라면 누구나 원하는 것을, 요컨대 포괄적인 사업 계획을 요구하고 있었다.

모리츠는 다음과 같이 과장된 표현으로 이메일의 결론을 마무리 짓고 있었다.

그러니 8월 중순에 모여 우리 중 누구라도 강력한 작전을 위한 계획을 끝맺어야 하지 않겠습니까.

이 계획의 핵심은 제품이 될 것이므로 에릭은 조녀선에게 이 프로젝트를 맡기며 지시했다. "2주 후에 계획에 대한 평가 회의를 갖고 싶습니다."
우리의 경쟁 상대가 거대 기업이라는 사실 말고도 문제는 또 있었다. 모리츠의 말이 옳았다. 정글 속의 거대한 고릴라에게 도전하려면 계획이 있어야 했다. 하지만 그의 말은 또한 틀린 것이기도 했다. 그리고 왜 그가 틀렸는지, 왜 그가 부주의하게 우리 두 사람을 진퇴양난의 상황으로 몰고 가게 된 건지 이해하려면 먼저 구글이 어떤 회사인지 아는 것이 도움이 된다.

기술진에게 가서 말하라

1998년에 세르게이와 래리가 구글을 창립했을 때, 두 사람은 공식적으로 사업에 대한 훈련을 받거나 사업을 경험해본 적이 없었다. 이들은 이 것을 약점이 아니라 강점으로 생각했다. 회사가 스탠퍼드 대학의 기숙사에서 출발해 멘로 파크에 있는 수전 보이치키Susan Wojcicki의 차고로,[6] 다시 팔로알토의 사무실을 거쳐 마운틴뷰의 회사로 성장하는 동안 창업주들은 아주 단순한 원칙 몇 가지에 따라 회사를 운영했다. 이 원칙 중에 가장 중요한 첫 번째는, 사용자에 초점을 맞춘다는 것이었다. 이들은 뛰어난 서비스를 제공하면 돈은 저절로 따라온다고 믿었다. 전력을 기울여 세계 최고의 검색엔진을 만든다면 큰 성공이 따라오리라는 것이 이들의 판단이었다.[7]

뛰어난 검색엔진과 그 밖에 다른 우수 서비스를 만들어내려는 이들의 계획은 정말 그토록 단순했다. 가능하면 많은 소프트웨어 엔지니어를 채용하고 그들에게 자유를 준다는 것이었다. 이런 접근방식은 대학교 실험실에서 탄생한 회사에는 걸맞았다. 대학의 분위기에서 가장 고귀한 자산은 지적 능력이기 때문이다(또 일부 미국 대학에서는 풋볼을 50야드 던지는 것이 능력일 수도 있다). 대부분의 기업들이 직원이 가장 소중한 자산이라고 외치는 환경에서, 래리와 세르게이는 실제로 이런 방식으로 회사를 운영해왔다. 이런 행동은 기업메시징(대규모 문자발송)의 전략도 아니고 이타주의에 속하는 것도 아니었다. 두 사람은 구글이 드높은 야망을 성취하기 위해 가

---

6 수전은 직원으로 시작해 마침내 모든 광고제품과 유튜브의 책임자로 올라섰지만 구글에서 처음 불린 명칭은 '건물주'였다.

7 물론 사업 초보자로서 세르게이와 래리는 몰랐지만, "사용자에 초점을 맞춘다"는 이들의 방침은 사업 목표에 대한 피터 드러커Peter Drucker의 다음 생각과 일치하는 것이었다. "사업 목표의 유일한 타당성은 고객 창출에서 나온다. 고객은 사업의 토대로서 사업을 존속시켜준다." Peter Drucker, *The Practice of Management*, HarperBusiness, 1993 edition, p.37.

야 할 유일한 길은, 최고의 엔지니어를 끌어들이고 이들을 관리하는 것이라고 느꼈다. 그리고 이들이 말하는 것은 실제 엔지니어였다. 창업주들은 에릭이 들어와 첫 인사로 현재는 페이스북의 최고운영책임자COO가 되어 존경받는 셰릴 샌드버그Sheryl Sandberg를 채용하려고 했을 때 반대했다. 셰릴이 기술자가 아니라는 이유에서였다(셰릴은 이후 6년 동안 구글에서 아주 성공적으로 일했다). 회사가 커지면서 창업주들의 이런 한결같은 생각은 다소 누그러졌지만 큰 차이는 없었다. 오늘날까지 이런 경험법칙은 적어도 구글 직원(일명 구글러)의 절반은 엔지니어라는 결과를 낳았다.

창업주들이 회사를 운영하는 데 사용한 경영전술은 모두 단순한 것이었다. 스탠퍼드 대학 컴퓨터과학부의 실험실에서 학생들에게 졸업논문 프로젝트를 이렇게 저렇게 지시하기보다는 방향을 일러주고 제안해주던 교수처럼, 래리와 세르게이는 직원들에게 많은 자유를 주었다. 또 누구나 대체로 같은 방향으로 움직이게 하는 수단으로 '소통'이라는 도구를 사용했다. 이들은 인터넷의 엄청난 중요성과 검색의 힘에 대한 강력한 믿음이 있었고, 구글의 각 사무실에서 일하는 소규모 기술팀과 비공식회의를 통해 또 매주 금요일 오후마다 열리는 TGIF["Thank God, It's Friday(금요일이 온 것을 감사드립니다)"라는 말의 약자로 구글은 금요일마다 전체 회의를 열었다—옮긴이]에서 누구나 어떤 주제든 공평하게 토론하면서 이런 문제를 소통했다.

창업주들은 절차상의 문제에 대해서는 가볍게 취급했다. 수년간 회사 자원을 운영해온 구글의 기본적인 도구는 회사의 100대 프로젝트의 순서를 정한 스프레드시트였는데, 누구나 이것을 보고 활용할 수 있었고 4분기 중간회의 때 토론할 수 있었다. 회의 때마다 부분적으로 상황을 업데이트했고 부분적으로 자원을 할당했으며 브레인스토밍을 할 때도 있었다. 별로 과학적인 시스템이라고 할 수는 없었다. 대부분의 프로젝트는 1에서 5까지 등급을 정해 우선순위를 매겼지만 "새로운·참신한"이라든가 "비밀 실험실"로 분류한 분야도 있었다(지금 생각하면 이 두 가지 분야를 구분할 수 없을 것 같지만 당시에는 어떻게 생각하면 완전히 이해가 갔다). 이보다 더 장기적인 계획에 대해서는 필요하다는 인식도 없었고 그런 개념조차 없었다. 뭔가 더 중요한 문제가 불거지면 엔지니어들이 해결하고 프로젝트 목록에 맞추는 식이었다. 기술을 강조하는 이런 경향은 경영진이 확대되었을 때도 계속되었다. 창업주들이 에릭을 영입한 것도 그의 사업능력보다 과학기술자로서의 실적을 보았기 때문이다(에릭은 유닉스Unix전문가였고 자바Java 발명에 공로가 있다. 자바는 음료수나 섬 이름이 아니라 소프트웨어 언어를 말한다). 또 에릭은 벨 연구소 출신으로서 괴짜라는 평판이 있었다. 이들이 경영대학원MBA 출신의 경제학자인 조너선을 채용한 것은 조너선이 애플과 익사이트앳홈에 있을 때부터 제품개발을 적극 장려하는 혁신주의자라는 사실이 밝혀졌기 때문이다. 에릭과 조너선이 사업가라는 사실은 절대 약점이 아니었지만 그렇다고 강점도 아니었다. 적어도 세르게이와 래리의 생각으로는 그랬다.

조너선은 구글에 들어오고 얼마 지나지 않아 전통적인 사업 절차를 싫어하는 창업주들의 성향과 부딪히게 되었다. 제품관리의 노련한 경영자로서 조너선은 "게이트 기반gate-based"으로 알려진 제품개발방식에 경험이 풍부했다. 게이트 기반이란, 대부분 기업에서처럼 회사의 먹이사슬 상층부로 올라갈수록 느려지는 각종 경영평가를 거쳐 여러 운영진의 관점에 따라 다스려지는, 잘 정제된 과정과 이정표가 따라오는 방식이었다. 이런 방식은 자원을 보존하고 광범위한 사일로silo(곡물 저장창고라는 뜻으로 여기서는 부서별로 정보를 독점하는 것을 말함—옮긴이)에서 좁은 통로를 거쳐 소규모의 각 의사결정부서로 정보를 분산시킨다. 조너선은 정확하게 이런 유형의 원칙을 구글에 적용해야 한다고 판단했다. 그리고 자신이 그런 일에 적임자라는 자신감이 넘쳤다.

한두 달 지난 뒤, 조너선은 래리 페이지 앞에서 게이트 기반 방식으로 깔끔하게 마무리된 제품개발 계획을 발표했다. 거기에는 단계별 이정표와 승인과정, 우선순위 그리고 구글이 언제 무슨 제품을 출시해야 하는지에 대한 2년간의 계획이 담겨 있었다. 교과서적인 사고방식의 결정판이라고 할 수 있었다. 조너선은 뜨거운 박수와 격려를 받을 것으로 기대했다. 하지만 안타깝게도 결과는 그렇지 못했다. 래리의 마음에 들지 않았기 때문이다. "팀에서 작성한 일정 계획을 봤나요?" 음, 아니요. "팀에서 그 계획에 들어 있는 것보다 더 나은 제품을 내놓은 적이 있나요?" 아니요. "그럼 이 계획의 골자는 뭔가요? 이건 안 되겠어요. 더 나은 길을 찾아야 해요. 기술진engineers에게 가서 말해봐요." 래리의 반응을 확인한 조너선은 그가 말하는 '기술진'이 전통적인 의미의 엔지니어가 아니라는 것을 깨닫게 되었다. 그렇다. 기술진이란 똑똑한 프로그래머와 시스템 기획자를 가리키는 것이며, 이들 중 상당수는 깊은 전문지식을 갖추고 사업 감각도 뛰어나며 건강한 창의력을 겸비한 사람들이었다. 대학의 분위기에서 출발한 래리와 세르게이는 이런 직원들에게 전례 없는 자유와 권한을 주었다. 전통적인 계획 수립 구조로는 이들을 관리할 수 없다. 이런 방식은 이들에게 지침 역할을 하기는 하겠지만 동시에 이들을 속박하는 것이기도 했다. "왜 그런 식으로 하려고 합니까?" 래리가 조너선에게 물었다. "멍청한 짓이에요."

그래서 마이크 모리츠와 이사회에서 우리에게 전통적인 경영대학원 방식MBA-style의 계획을 수립해달라고 요구했을 때, 우리는 바보 짓은 하지 않기로 했다. 우리는 구글 괴짜들이 형식적이고 엄격히 통제된 계획을 받아들이지 않으리라는 것을 알고 있었다. 여러 가지 면에서 인체에 낯선 장기를 이식하는 것처럼 보일 것이 분명했다. 경험이 쌓인 경영자로서, 우리는 질서가 잡히지 않은 곳에 "어른 감독관adult supervision" 역할을 하기 위해 구글에 합류했다. 하지만 2003년 여름이 되자, 우리는 구글이 다른 곳과는 다른 방식으로 운영된다는 것을 충분히 확인할 수 있었다. 이곳의 직원들은 유난히 권한이 많고 급속히 성장하는 신흥기업답게 경영방식도 새로웠다. 우리는 새로 들어간 이 회사의 역동성을 충분히 이해했으며 마이크로소프트의 공세를 차단하는 길은 우수한 제품 개발에 끝없이 매진하는 길뿐임을 알았다. 동시에, 우수제품을 개발하는 최선의 방법은 미리 계획서를 작성하는 게 아니라 가능한 한 최고 수준의 엔지니어를 고용해 그들을 방해하지 않는 것임을 이해하게 되었다. 우리는 창업주들이 이 새로운 시대에 대처하는 법을 직관적으로 파악하고 있다는 것을 알았다. 다만 이들은— 이들 스스로 인정하듯이—그렇게 야심찬 목표를 달성하기 위해 어떻게 회사를 세워야 하는지를 몰랐을 뿐이다. 이들은 컴퓨터과학자 중에서도 뛰어난 인재들이었지만 위대한 회사를 세우기 위해 우리에게는 컴퓨터과학자 이상이 필요했다.

우리는 또 이런 방향으로 나가기 위한 법칙이 지금껏 없었다는 것도 알게 되었다. 그러니 마이크 모리츠가 원하는 전통적인 사업 계획에 이런 유형을 설명할 길이 없었다.

그래서 회사 역사상 매우 중차대한 시기였지만 우리는 어중간한 상태에 있었다. 우리는 모리츠가 원하는 대로 전통적인 사업 계획을 수립할 수도 있었을 것이다. 그러면 이사회야 좋아하겠지만 그것은 구글 직원들에게 동기부여를 하는 것도 아니고 감동을 줄 수도 없으며 회사에 절실한 인재를 끌어들이는 데도 도움을 주지 못하는 것이었다. 또 갓 출범한 신생기업의 전략적 역동성을 표현하지도 못했을 것이다. 가장 중요한 것은 회사의 창업주들이 그 계획이 빛을 보기도 전에 폐기할 것이라는 점이었다. 어쩌면 그런 사업 계획을 보는 순간 우리 두 사람을 해고할지도 모르는 일이었다.

핀란드 계획

마침내 우리가 이사회에 제출하게 된 계획서는 이사들이 충분히 만족한 상태에서 회의를 마칠 정도로 전통적인 사업 계획서와 닮은 구석이 많았다. 드디어 우리가 사업 계획서를 완성한 것이다! 지금에 와서 그 기록을 되돌아보면 여러 가지 면에서 얼마나 정확했는지 우리도 놀란다. 전체적으로 보면 구글이 어떻게 사용자에 초점을 맞춰야 하는지, 어떻게 우수한 플랫폼과 제품을 만들어야 하는지에 관한 것이었다. 구글은 언제나 고품질의 서비스를 제공하고, 그런 서비스에 쉽게 접근토록 한다는 내용이었다. 또 사용자에 토대를 두고, 더 많은 사용자가 더 많은 광고주를 끌어들이도록 하는 제안을 담고 있었다. 어떻게 경쟁사의 위협을 막아낼지에 대한 전술적인 제안도 몇 가지 있었다. 마이크로소프트 사에 도전하는 길은 근본적으로 우수한 제품을 만들어내는 것이라고 우리는 결론을 내렸다.

계획서는 정확하게 우리가 해야 할 내용을 담았다는 것이 드러났다.

마이크로소프트는 우리에게 도전 공세를 취했다. 소문에 따르면 인터넷 검색과 광고사업의 핵심 주자 역할을 하는 구글의 콧대를 꺾으려고 110억 달러에 가까운 자금을 쏟아붓고 있다는 것이었다.[8] MSN(마이크로소프트 네트워크) 검색과 윈도 라이브Windows Live, 빙Bing 같은 마이크로소프트 사의 프로그램이나 어퀀티브aQuantive 인수 등은 진정한 우위를 입증하는 데 실패했다. 그들의 실행 계획이 정밀하지 못해서가 아니라 구글이 너무도 준비를 잘해서였다. 우리는 검색기능을 개선하기 위해 끊임없이 노력했다. 우리는 이미지와 도서, 유튜브, 쇼핑 데이터, 그 밖에 우리가 찾아낼 수 있는 다른 정보 자료를 추가했다. 우리는 지메일과 닥스Docs 같은 구글 자체의 애플리케이션을 개발했고 그 모든 것이 웹을 기반으로 한 제품이었다. 또 인프라 구조를 급속히 개선한 결과 우리는 기하급수적으로 늘어나는 온라인 데이터와 콘텐츠의 색인작업을 더 빨리 진행할 수 있었다.[9] 검색은 더 빨라졌고 더 많은 언어로 이용할 수 있었으며 사용자 인터페이스도 보다 간편하게 개선되었다. 지도를 추가해 지역 검색결과도 더 나아졌다. 우리는 언제나 사용자가 구글에 편안히 접속한다는 것을 확실히 믿는 협력업체와 일했다. 또 마이크로소프트가 앞서고 있던 몇몇 분야

---

8 Jay Yarow, "Steve Ballmer's Huge Reorg of Microsoft Could Bury One of the Company's Biggest Embarrassments"(*Business Insider*, 2013. 7. 9).

9 이것은 너무도 크나큰 도전이었다. 오를수록 이전보다 더 빠르게 걸어야 하는, 끊임없이 규모가 커지는 산에 오른다고 상상해보라. 그 산이 흙과 바위 대신 데이터로 만들어졌다는 것만 빼고는 이와 똑같은 이치라고 할 수 있다.

까지 사업 영역을 확장했다. 가령 구글 크롬을 출시해 이 분야에서 가장 빠르고 가장 안전한 브라우저를 공급했다. 그리고 매우 효율적이고 강력한 기능을 가진 광고 시스템을 갖추어 이 모든 것에서 수익을 창출했다.

에릭은 팀원들에게 "마이크로소프트가 밀려오는 파도처럼 우리를 덮칠 것"이라고 경고하곤 했다. 마이크로소프트는 정말 그렇게 했고, 지금도 마찬가지지만, 그럼에도 불구하고 모리츠가 우리에게 개발하라고 부추긴 사업 계획은 우리가 상상한 것 이상으로 뛰어난 효과를 발휘했다. 현재 구글은 40여 개국에 5만 명 가까운 종업원을 거느리고 500억 달러 규모의 회사로 성장했다. 우리는 인터넷 검색과 검색광고에서 비디오와 그 밖의 디지털마케팅으로 사업을 다각화했고 PC 중심에서 모바일 중심의 세계로 전환하는 데 성공했으며 하드웨어 장치를 이상적으로 결합하는 제품을 생산하기도 했다. 또 기술 우위의 첨단제품을 개발한다는 약속을 하기에 이르렀다. 가령 누구나 빠른 속도로 인터넷에 접속할 수 있는 수단과 스스로 움직이는 자동차를 개발하고 있다.

하지만 구글이 성공한 중요한 이유 중의 하나는 2003년 그날 우리가 이사회에 제출한 계획서가 대단했기 때문이 아니다. 거기에는 재정 계획이나 수익원 창출에 대한 방안이 담겨 있지 않았다. 사용자나 광고주, 협력업체가 무엇을 원하는지 또는 이들이 세분화된 시장에서 어떻게 변할 것인지에 대한 시장조사도 없었다. 시장세분화market segmentation라는 개념조차 없었고 어떤 광고주를 우선 목표로 삼을 것인지에 대한 논의도 담겨 있지 않았다. 구글 광고제품을 어떻게 팔 것인지에 대한 논의나 유통 경로 전략도 없었다. 영업부에서는 무엇을 하고 제품관리부에서는 무엇을 하며 또 기술개발부에서는 무엇을 한다는 조직 기구표에 대한 개념도 없었다. 무엇을 언제 개발한다는 상세한 제품 로드맵이 없었다. 예산도 없었다. 또 이사회와 회사 지도부에서 진행과정을 검사할 수 있는 목표와 이정표가 없었다.

또 어떻게 회사를 세울 것인지에 대한 전술도 없었다. 좀 더 구체적으로 말해, 래리와 세르게이가 말하는 "기술진에게 가서 말해보라"라는 정신에 충실하면서 세계에서 가장 강력한 기술 기반의 기업을 건립하고 수십억 인류의 삶을 바꿔놓는다는 드높은 야망을 어떻게 달성할 것인지에 대한 전술이 없었다. 어떻게 해야 할지 당시에는 전술이 서지 않았다는 간단한 이치로 그냥 그대로 두었다. 경영 전술에 관해 우리가 그 당시 확실하게 말할 수 있는 것은, 단지 우리 두 사람이 20세기에 배운 것들은 틀린 게 많다는 것과 이제는 처음부터 다시 시작해야 할 때라는 것뿐이었다.

놀랍지 않은 세상

오늘날 우리는 기술이 사업 풍토를 좌우하고 변화를 가속시키는 새로운 시대, 즉 인터넷 시대에 살면서 일하고 있다. 이런 상황은 모든 기업 지도자들에게 아주 유별난 과제를 안겨주고 있다. 이 같은 도전적 과제를 이해하기 위해서 한 발짝 뒤로 물러나, 이 상황이 얼마나 놀라운 것인지 곰곰 생각해볼 필요가 있겠다.

기술 측면에서 강하게 흐르는 세 가지 추세가 대부분의 기업이 경쟁을 벌이는 경기장을 근본적으로 바꿔놓고 있다. 첫째, 인터넷은 어디서나 넘치는 정보를 자유롭게 이용하게 만들었다. 실제로 모든 것이 온라인으로 가능하다. 둘째, 모바일 장치와 네트워크는 세계적인 가용 환경을 만들어 주고 끊임없이 또 폭넓게 이용할 수 있는 연결 기능을 제공한다. 그리고 셋째, 클라우드 컴퓨팅cloud computing[10]은 컴퓨터의 활용능력을 실제로 무한대로 끌어올렸으며 누구나 저렴하게 또는 사용량에 따른 요금제로 기억용량과 정교한 도구 및 애플리케이션을 재량껏 활용하게 만들었다. 아직도 세계적으로 이런 기술에 접근하지 못하는 사람들이 많지만 오래지 않아 상황은 변할 것이고 나머지 50억 명의 인류가 온라인에 접속하게 될 것이다.

소비자의 관점에서 볼 때, 이 세 가지 기술 변화가 불가능한 것을 가능하게 만들었다. 비행기를 타고 어딘가로 간다? 그러면 출발하는 날, 여러분의 전화기가 공항으로 떠날 시간을 알려줄 것이며 탑승할 공항터미널과 게이트를 말해줄 것이다. 또 물어보지 않아도 도착지에서 우산이 필요한지 아닌지 알려줄 것이다. 모든 정보를 철저하게 조사하고 싶은가? 한두 마디만 입력하거나 말하면 모든 세계를 망라한 지식으로 이루어진 엄청난 정보 파일에서 필요한 대답이 즉시 뜬다. 좋아하는 노래가 있다? 전화기를 들고 단추 하나만 누르면 그 노래가 뜰 것이고 그것을 구매하면 세계 어디서든 원하는 장치로 노래를 들을 수 있다. 어딘가에 도착하는 과정을 알 필요가 있다? 전화기가 (또는 안경이나 시계가) 방법을 일러줄 것이

---

[10] "클라우드 컴퓨팅"이라고 불리는 이유는 네트워크 형태로 끌어오는 과거의 프로그램이 원 모양의 서버 아이콘에 둘러싸여 있기 때문이다. 네트워크 형태로 들어 있는 서버 뭉치는 몇 개의 원이 중복되어 마치 구름을 연상시킨다.

고 교통량을 보여줄 것이다. 외국으로 여행을 간다? 전화기에 (또는 안경이나 시계에) 대고 말하면 실제로 지구상의 어떤 언어를 막론하고 여러분이 하는 말을 현지 언어로 번역한 것을 보거나 들을 수 있을 것이다. 또 표지판에 전화기를 대면 여러분의 모국어로 읽어줄 것이다. 그림을 좋아한다? 그러면 실제로 세계적인 미술관 경내를 걸어 다니듯이 작품을 감상할 수 있을 것이다. 그 작품을 그린 작가 다음으로는 어느 누구보다 더 세밀하게 감상할 수도 있다. 오늘 밤의 데이트를 위해 분위기가 좋으며 주차하기도 쉬운 레스토랑을 알고 싶다? 그럼 차를 몰고 그곳으로 갈 수 있다. 출입문을 열고 안으로 들어가면 전화기가 일러준 대로 완벽한 모습의 14번 테이블이 기다리고 있을 것이다.

우리가 1970년대 후반과 1980년대 초반에 대학에 다닐 때는 일주일에 한 번, 일요일에 집에 전화를 했다. 언제나 오후 5시를 넘기지 않으려 했다. 이 시간이 지나면 전화선이 붐벼 요금이 비쌌기 때문이다. 몇 년 전, 조너선의 아들이 오스트레일리아에서 공부할 때에는 캘리포니아에 있는 가족이 저녁식사를 할 시간에 책상에 노트북을 올려놓고 화상통화로 함께 어울렸다. 물론 비용은 들지 않았다.

가장 놀라운 것은, 이렇게 놀라운 일들이 전혀 놀랍지 않다는 것이다. 지금까지는 사무실에 성능이 좋은 컴퓨터와 최고 수준의 전자기기가 있었다. 그러나 퇴근한 뒤에는 벽에 걸린 전화나 종이지도에 만족하고 라디오 방송국에서 틀어주는 입맛에 맞는 노래를 들으며 지내야 했다. 텔레비전을 들여놓으려면 건장한 남자 두 명이 무거운 텔레비전을 들고 와서 케이블과 안테나를 설치해야 했다. 사실 이런 생활방식은 오랫동안 변하지 않은 채로 있었다. 하지만 오늘날 혁신적인 기술은 놀랍게도 어디서나 흔히 볼 수 있게 되었다.

속도

기술은 소비자에게 준 영향 못지않게 그 어느 때보다 기업에도 큰 영향을 미쳤다. 경제적인 용어로 기업의 생산 요소에서 하향 중인 비용곡선은 이 기업에 대대적인 변화가 임박했다는 의미다.[11]

오늘날 생산의 3대 요인—정보, 연결성, 컴퓨터 성능—은, 이것이 포함된 모든 비용곡선에 영향을 주면서 값이 싸졌다. 하지만 여기서 파괴적인 효과를 피할 길이 없다. 기존의 기업들은—인터넷 이전의 기업—모든 것이 부족한 상황에서 사업을 일군 곳이 많다. 정보, 분배자원과 가용시장, 진열 공간 등이 모두 부족한 가운데 사업을 이끌어나갔다는 의미이다. 하지만 이제 이런 요인들은 넘쳐나고 있으며 진입장벽을 낮추거나 없애주고 있다. 따라서 이에 따라 변화에 대처하는 모든 기업의 여건도 성숙한 상태에 있다.[12]

우리는 이런 상황을 이제 디지털 기술로 조종하면서 모든 제품을 전

---

[11] "하향 중인 비용곡선"이란 경제학 용어를 보다 쉽게 설명하면 "값이 비싸던 재료가 지금은 싸졌다"는 뜻이다.

[12] 우리는 기술에 대한 비전이 뚜렷한 조지 길더George Gilder로부터 "풍요의 경제학"이란 구절을 빌렸다. 길더는 모든 경제 시대가 핵심적인 풍요와 핵심적인 부족(결핍)에 토대를 두고 있다고 본다(예를 들어 마력馬力이 부족했던 시대에는 땅이 풍족했고 마력이 킬로와트 시kilowatt hour당 몇 푼 안 하는 산업시대에 와서는 그 반대가 되었다). 놀라운 선견지명을 보여준 길더의 1996년 논문에 따르면, "대역폭 주파수의 가격이 싸지면 컴퓨터 구조와 정보경제가 완전히 달라질 것이다. (…) 새 시대의 가장 평범한 컴퓨터는 IP 주소를 가진 디지털 기능의 휴대전화가 될 것이다"라고 했다. George Gilder, "The Gilder Paradigm"(Wired, 1996. 12).

세계에 무료로 내보내는 미디어 산업에서 처음 목격했었다. 하지만 어떤 점에서는 이제 모든 기업이 사실상 정보 주도의 사업을 한다고 할 수 있다. 미디어, 마케팅, 소매업, 의료, 정부, 교육, 금융서비스, 교통, 방위 산업, 에너지……. 이런 시대의 흐름에서 벗어나 변화를 거부하는 기업은 상상할 수 없다.

이런 격변의 결과 기업의 성공을 좌우하는 최고의 요인은, 정보 통제나 분배 억제, 압도적인 마케팅의 위력이 아니라(물론 이런 요소들이 지금도 중요하기는 하지만) 우수한 제품이라고 할 수 있다. 이렇게 단정하는 데는 몇 가지 이유가 있다. 첫째, 소비자에게 지금처럼 정보가 많고 선택의 폭이 넓었던 적이 없다.[13] 지금까지는 기업들이 보잘것없는 제품이라도 탁월한 마케팅의 위력이나 유통능력으로 성공할 수 있었다. 적당한 제품을 만들어 충분한 마케팅 예산으로 평가 구조를 조종하고 고객의 선택폭을 제한하면 충분한 보상을 받을 수 있었다. 혹시 베니건스 레스토랑에서 식사를 해보았는가? 스테이크 앤드 에일 식당에 가보았는가? 이런 체인점들은 1980년대에 미국에서만 수백 군데가 넘었고 어디를 가나 요리와 서비스가 괜찮았다.

오늘날에는 사정이 달라졌다. 모든 도시와 교외 지역마다 각각의 입맛에 맞는 독특한 식당들이 생겼고— 체인점뿐 아니라 지역 소유의 식당도—잠재적인 고객은 차우하운드Chowhound나 옐프Yelp 같은 온라인 서

---

13 피터 드러커는 2001년 당시 이런 발전상을 예측하며 세상을 움직이는 힘의 중심이 공급자에서 유통업자로 이전될 것이며 "30년 정도 지나면 세계적 정보에 완전한 접근이 가능하다는 단순한 이유로 또 고객으로 이전될 것이 분명하다"라고 했다. Peter Drucker, *The Essential Drucker*(HarperBusiness, 2011), p.348.

비스로 전문가의 평가에서부터 일반 시민의 후기에 이르기까지 식당의 수준에 대한 풍부한 정보를 접할 수 있다. 이렇게 정보가 풍부하고 선택의 폭이 넓다 보니 기존의 평범한 식당은 (체인점이든 아니든) 아무리 마케팅 예산을 많이 퍼부어도 살아남기가 더 힘들어졌다. 반면에 질적 수준이 높은 새로운 곳은 더욱 쉽게 입소문을 탈 수 있다.[14] 자동차나 호텔, 완구, 의류, 그 밖에 온라인 검색이 가능한 다른 제품이나 서비스도 마찬가지다. 고객은 실제로 거의 무한한 디지털 전시 공간 때문에 폭넓은 선택을 할 수 있게 된 것이다(유튜브는 100만 개 이상의 채널이 있고 아마존은 사업경영 분야만 5만 종이 넘는 도서를 판다). 그리고 고객은 목소리를 낸다. 저질 상품이나 조잡한 서비스를 제공하면 문 닫을 각오를 해야 할 것이다.

우리는 인터넷 시대에 이런 현상을 몇 번이나 직접 경험했다. 조너선이 익사이트앳홈에서 일할 때였다. 구글과 검색사업을 제휴하려고 하자 당시 익사이트앳홈 CEO는 이 거래를 막으며 조너선에게 "구글의 검색엔진이 더 우수하지만 우리는 시장점유율에서 구글을 능가할 거야"라고 했다. 그런데 익사이트앳홈Excite@Home이 사라졌으니 그 말대로 되지 못한 것은 분명하다[좋은 점은 앳(@) 심볼이 계속 큰 인기를 끌었다는 점이다]. 익사이트앳홈의 경영방식은 브랜드의 힘을 믿고 우수하지 못한 제품을 마케팅한다는 점에서 별로 낯설지는 않다. 여러분은 혹시 구글 노트북이라는 제품을 들어보았는가? 놀Knol은 들어보았는가? 아이구글iGoogle이나 웨이브

---

14 하버드 경영대학원의 한 경제학자는 레스토랑의 이익에 대한 옐프의 영향력을 조사해, 긍정적인 평가가 독립 레스토랑의 매출 규모를 끌어올린다는 것을 알아냈다(체인점과 반대로). 이 결과 옐프 이용도가 높은 시장에서는 체인 레스토랑의 고객이 줄어들었다고 한다. Michael Luca, "Reviews, Reputation, and Revenue: The Case of Yelp.com"(Harvard Business School Working Paper, 2011. 9).

Wave, 버즈Buzz, 피전랭크PigeonRank는 들어보았는가?[15] 이것들은 모두 나름대로 장점은 있지만 사용자의 관심을 끌지 못한 구글 제품이었다. 장점이 충분하지 못했고 다 그만한 이유가 있어서 사라진 제품들이다. 구글의 마케팅·홍보엔진, 브랜드의 순풍은 평범한 제품의 역풍을 이길 만큼 강하지 못했다. 아마존의 설립자이자 CEO인 제프 베조스Jeff Bezos의 말대로 "전에는 시간의 30퍼센트를 훌륭한 서비스를 구축하는 데 소비하고 그것을 큰 소리로 알리는 데 나머지 70퍼센트를 썼다면, 이제 새 시대에는 그 반대다."[16]

제품이 우수해야 하는 두 번째 이유는, 너무도 중요한 요인인데, 실험 비용이나 실패에 따르는 비용이 대폭으로 하락했다는 데서 온다. 가장 극적인 예는 하이테크 산업에서 볼 수 있다. 여기서는 소규모의 기술진이나 개발팀, 디자인팀이 아주 뛰어난 제품을 만들어내고 이것을 온라인을 통해 무료로 전 세계에 배포한다. 신제품을 구상하여 만들어내고 제한된 고객층을 대상으로 정확하게 무엇이 통하고 안 통하는지 파악하면서 끊임없이 제품의 질을 개선해나가는 것은 너무도 쉬워졌다. 아니면 안 먹히는 제품은 포기하고 처음부터 다시 시작하는 게 경험을 쌓는 데 훨씬 바람직할 것이다.

제품에 드는 실험 비용도 싸졌다. 예를 들어 견본 모델을 디지털 방식으로 만들어서 3D 프린터로 뽑아내고 온라인을 통해 시장반응을 테스

---

[15] 피전랭크PigeonRank는 웹페이지의 상대적 가치를 계산하기 위해 "비둘기 떼pigeon clusters(앞 글자를 따면 PC가 된다)"를 이용한 것이다. 이 제품은 나오자마자 서비스가 종료되었다. 2002년 4월 1일 아침에 발표했다가 같은 날 자정에 폐쇄했다.

[16] George Anders, "Jeff Bezos's Top 10 Leadership Lessons"(*Forbes*, 2012. 4. 23).

트할 수 있다. 그리고 여기서 나온 데이터에 기초해 디자인을 조절할 수도 있고 견본을 온라인에 올리거나 깔끔한 영상을 만들어 생산자금을 모을 수도 있다. 아주 야심 찬 구글 제품 몇몇에 매달리고 있는 구글 엑스 팀은 단 90분 만에 구글 안경의 첫 견본을 만들어냈다. 당장 착용이 가능한 모바일 컴퓨터로 선글라스 한 개 무게밖에 안 나갔다. 비록 투박하기는 했지만 "말은 필요 없고 직접 보여주라"는 강력한 목표에 잘 맞는 것이었다.

제품개발은 더 유연해졌고 공정도 빨라졌다. 급속히 개선된 제품은 거인의 어깨를 딛고 선 것(앞서 이루어진 발견을 토대로 쉽게 발견한다는 의미—옮긴이)이라기보다 끝없는 개선을 발판으로 한 것이었다. 속도는 성공을 거두고 지속적으로 우수제품을 내놓는 토대가 된다. 안타깝게도 조너선이 실패를 한 게이트 기반의 제품개발 구조와 마찬가지로 오늘날 기업현장에서 보여주는 처리 과정은 대부분 뭔가 다른 생각이 반영된 것이다. 이것은 100년 전 사고방식이다. 값비싼 시행착오를 겪으며 최고 경영진만이 포괄적인 정보를 독점할 때, 리스크를 낮추는 데 기본적인 목표를 둔 소수의 경영진만이 독점한 정보를 가지고 결정을 내리던 시대의 사고라는 말이다. 이 같은 지시와 통제 구조에서는 데이터가 전체 조직으로부터 경영 상층부로 올라가고 그 뒤에 아래를 향해 결정이 내려진다. 이런 방식은 처리속도를 떨어뜨리게 되어 있고 지시에 따른 임무만 어김없이 수행한다. 사업이 지속적으로 가속화되어야 하는 상황에서 이런 구조는 사업에 방해가 된다는 의미다.

전문성과 창의력

기업을 교란하는 바로 그 풍요의 경제학이 작업장을 정 떨어지게 만든다는 소식은 반갑다. 오늘날의 작업환경은 20세기와는 근본적으로 달라졌다. 이미 언급했듯이, 실험 비용은 싸졌고 실패 비용도—잘만 하면—그동안 해온 것보다 훨씬 덜 든다. 게다가 데이터는 부족했고 컴퓨터 활용자원도 귀했지만 오늘날 이 두 가지는 넘쳐나는 실정이다. 그러므로 따로 축적할 필요가 없다. 그리고 사무실 전체의 협력도 쉬워졌고 바다 건너 대륙 간 협력도 쉽게 이루어진다. 이런 요소를 함께 모은다면 여러분 앞에는 갑자기 개인 제안자에서부터 관리자·경영자에 이르기까지 모든 근무자에게 엄청난 영향을 줄 수 있는 환경이 전개될 것이다.

오늘날 이런 직원을 부르는 기본용어는—정보기반의 일을 하는 사람, 간단히 말해 생각을 생계수단으로 삼는 사람—"지식 노동자knowledge worker"다. 이 용어는 경영의 달인이라고 불리는 피터 드러커가 1959년에 나온 저서 《내일의 이정표》[17]에서 처음 사용했다. 드러커는 많은 후속 저서에서 이런 지식 노동자를 더욱 생산적으로 만드는 방법을 다루었다. 이 용어는 1960년대 이후로 꾸준히 사용이 늘어났다. 전형적으로 가장 가치가 높은 지식 노동자는 소수의 보안된 기업 프로세스(처리과정)의 세계를 주도하고 희소가치가 있는 기술 분야의 전문지식을 깊이 구축해왔다("모티? 그 사람은 스프레드시트 전문이야. 비키? 그 사람은 창고 담당이고. 피트? 그는 농구대가 딸린 수영장을 관리해"). 이들은 이동 가능성을 추구하지 않는다. 조직의 현상유

---

[17] Peter F. Drucker, *Landmarks of Tomorrow* (Harper, 1959).

지라는 것은 이들이 두각을 나타내는 공간을 말한다. IBM이나 제너럴 일렉트릭, 제너럴 모터스, 존슨 앤드 존슨 같은 대기업은 잠재력이 뛰어난 직원들을 위해 차세대 리더 프로그램management tracks이란 것을 운영한다. 이 프로그램에 따라 스타급 직원은 2년 정도의 주기로 순환근무하며 여러 역할을 수행한다. 하지만 이런 수법은 관리 기술을 발전시키는 것일 뿐, 실제로 기술과 관계된 것이 아니다. 이 결과 전통적인 환경에서 일하는 지식 노동자는 대부분 기술적인 전문지식이 깊어지긴 해도 폭이 좁거나 아니면 광범위한 관리의 전문지식은 쌓아도 기술적인 깊이는 부족하기 마련이다.

전통적인 지식 노동자와 지난 10여 년간 우리 주변에 포진해 있던 구글의 엔지니어나 재능 있는 사람들을 비교하니, 구글 동료들이 전혀 다른 유형의 직원인 걸 알게 되었다. 이들의 실천은 특수한 임무에 한정되지 않는다. 이들은 회사의 정보에 접근하는 데 제한을 받지 않으며 모든 연산 시스템을 자유롭게 활용할 수 있다. 이들은 리스크를 떠맡는 것을 마다하지 않으며 리스크를 무릅쓰는 노력이 실패할 때 불이익을 받거나 책임 추궁을 당하지도 않는다. 이들은 역할 규정이나 조직의 구조에 얽매이지도 않는다. 사실 이들은 자신의 아이디어를 실제로 시도하도록 권장받는다. 그리고 어떤 결정에 찬성하지 않는다면 말없이 가만있지 않는다. 지루함을 느끼면 쉽게 분야를 바꾸기도 한다. 다양한 특징을 지니고 기술적 깊이와 사업감각, 창의적인 안목이 결합된 경우가 많다. 다시 말해, 이들은 적어도 전통적 의미에서의 지식 노동자라고 할 수 없다. 일종의 신종 동물로서 우리가 "전문성과 창의력을 가진 사람smart creative"이라고 명명한 이들은 인터넷 시대에 성공을 이끌어가는 핵심적 존재들이다.

오늘날, 분야를 막론하고 기업의 주된 목표는 제품개발 공정의 속도를 높이고 고품질 제품을 생산해내는 데 주력해야 한다. 산업혁명 이래, 기업은 리스크를 낮추고 과오를 범하지 않고 운영하는 데 치중했다. 이런 과정과 그 원인이라고 할 전반적인 관리방식은 전문성과 창의력을 억누르는 환경을 낳았다. 하지만 오늘날 성공하는 기업의 결정적 특징은 끊임없이 우수제품을 내놓는다는 것이다. 그리고 우수제품을 내는 유일한 방법은 전문성과 창의력을 가진 사람을 끌어들이고 그들이 비약적으로 성공할 수 있는 환경을 갖춰주는 것이다.

그렇다면 이 전문성과 창의력을 가진 사람은 정확하게 어떤 사람이란 말인가?

전문성과 창의력을 가진 사람이란, 깊은 기술 지식과 풍부한 직접적 경험을 바탕으로 직업적인 도구를 사용하는 방법을 아는 이다.[18] 우리 업종에서는 이들이 컴퓨터과학자일 가능성이 높고 적어도 우리가 일상적으로 보는 화면의 마술에 숨겨진 시스템의 생각과 구조를 잘 아는 사람이라는 것을 의미한다. 하지만 다른 업종에서는 의사나 디자이너, 과학자, 영화제작자, 엔지니어, 요리사, 수학자일 수도 있다. 이들은 자신이 하는 일의 전문가다. 단순히 개념적인 설계만 하는 것이 아니라 실제로 견본을 만들어낸다.

이들은 스마트하게 분석한다. 데이터를 좋아하며, 결론을 내리기 위해

---

18 영어는 대명사를 표현할 때 성을 선택해야 한다. 우리는 대명사를 사용하면 저술 작업이 더 쉬워진다고 생각한다. 이런 측면에서 우리는 전문성과 창의력을 갖춘 사람을 'she'로 표현하기로 한다. she는 he와 같은 말이다 (원문에서 공동저자는 인물들을 묘사할 때 전통적으로 사용하는 남성대명사 'he' 대신 'she'를 사용했지만 번역문에서는 굳이 성을 구분하지 않았다—옮긴이).

데이터를 쓸 줄 안다. 이들은 또 데이터의 오류를 이해하며 끝없는 데이터 분석을 경계한다. 데이터에 따라 결론을 내리지만 모든 것을 데이터에 의존하지도 않는다.

이들은 사업감각도 스마트하다. 기술적 전문지식에서 우수제품과 기업의 성공으로 이어지는 과정을 꿰뚫고 있다. 그리고 이 세 가지 모두의 가치를 이해한다.

이들은 경쟁력도 스마트하다. 혁신을 활용자산으로 삼아 출발하지만 그 자산에는 끝없는 노력이 포함된다. 이들은 뛰어난 인재가 될 자질이 있지만 '9시 출근/5시 퇴근' 같은 고정관념에 얽매이지 않는다.

이들은 스마트한 사용자다. 어느 기업이든 사용자 또는 소비자의 관점에서 나온 제품이 그 어느 것보다 우수하다는 것을 잘 안다. 우리는 이런 사람을 "고급사용자(파워유저)"라고 부른다. 단지 일시적인 기분이 아니라 거의 강박증에 가까운 태도로 자신의 기호를 추구하기 때문이다. 이들은 69년산 GTO(장거리·고속 주행용 고성능 자동차)에 매달려 주말을 보내는 자동차 디자이너이자 끝없이 자신의 집을 다시 설계하는 건축가이기도 하다.

이들은 자신의 포커스 그룹focus group(시장 조사나 여론 조사의 대상이 되는 전형적인 사람들—옮긴이)이자 알파 테스터alpha tester(새로운 제품개발 과정에서 이루어지는 첫 번째 테스트의 담당자—옮긴이)이며 실험재료이기도 하다.

전문성과 창의력을 가진 사람은 완전히 새로운 아이디어의 소화 호스다. 이들의 관점은 여러분이나 우리의 관점과는 다르다. 때로는 그들 자신의 관점과 다를 때도 있다. 전문성과 창의력을 갖춘 사람은 필요하다면 카멜레온처럼 관점을 바꿀 수 있기 때문이다.

이들은 창의적인 호기심으로 가득 차 있다. 끊임없이 질문을 하고 현상

유지에 결코 만족하지 않으며 어디서나 문제해결의 가능성을 보고 그것을 해결할 사람은 바로 자신이라고 생각한다. 이들은 거만할 수도 있다.

이들은 창의적인 리스크를 마다하지 않으며 실패를 두려워하지 않는다. 실패로부터 언제나 뭔가 귀중한 것을 건질 수 있다고 믿기 때문이다. 또 실패하는 그 순간에도 확신을 버리지 않으며 실패한 뒤에도 다시 벌떡 일어나 재기할 기회를 노린다.

이들은 자발적으로 창의력을 드러낸다. 무엇을 하라는 말을 들을 때까지 기다리지 않으며 지시를 받아도 동의하지 않을 때는 그 지시를 무시하기도 한다. 또 주도적으로 행동에 나설 때가 많다.

이들은 개방적인 창의력을 보여준다. 아이디어가 어디서 나왔는지 따지는 데는 별 관심 없으며 다만 장점을 토대로 그 아이디어를 판단하고 분석하면서 자유롭게 협력한다. 그러니까, "내가 당신에게 1센트를 주면 당신은 1센트만큼 부자가 되고 나는 1센트만큼 가난해진다. 그런데 당신에게 내가 새로운 아이디어를 준다면 그 아이디어는 나에게도 여전히 남아 있다"와 같은 의미이다. 이들은 자수를 하라고 하면 베개에 수를 놓을 것이다. 그런 다음에는 베개가 방 안을 날아다니며 레이저 광선을 쏘게 하는 방법을 찾아내려고 할 것이다.

이들은 완벽하리만치 창의적이다. 언제나 세부적인 것을 놓치지 않고 줄줄 외고 있지만 공부하고 기억해서가 아니라 그 내용을 알기 때문이다. 이들은 세부적인 내용 그 자체라고 할 수 있다.

이들은 창의적으로 소통한다. 재미가 넘치고 날카로운 감각으로 자신을 표현하며 일대일이든 일대 다수든 카리스마를 풍긴다.

전문성과 창의력을 겸비했다고 해서 누구나 다 이렇지는 않다. 사실 그

중에서도 소수만이 이런 특징을 띤다. 하지만 이런 사람들은 모두 사업감각과 기술적인 지식, 창의적인 에너지가 넘치며 실제로 접근해 일을 마무리하는 특징을 띤다. 이들에게는 기본적인 자질이라고 할 수 있다.

아마 전문성과 창의력을 갖춘 사람의 가장 큰 장점은 이들이 어디에나 있다는 점일 것이다. 우리와 함께 일하는 전문성과 창의력을 갖춘 사람 중에는 명문대학교에서 컴퓨터과학으로 학위를 땄다고 자랑하는 경우도 많지만 학위가 없는 사람이 더 많다. 사실 전문성과 창의력을 갖춘 사람은 어느 도시, 어느 학교, 어느 교실에서도 찾아볼 수 있고 대부분의 기업이나 비영리단체, 정부기구 등 다양한 인구집단 속에서도 찾을 수 있다. 시대를 막론하고 야망을 품은 사람은 더 많은 목표를 달성하기 위해 기술의 도구를 이용하려고 애쓰기 마련이다. 이들은 보편적으로 열심히 일하면서 특별한 방법으로 목표에 도전할 자세를 갖추고 현상유지 같은 방식에는 회의를 보인다는 특징이 있다. 이것이 바로 그들이 놀라운 영향력을 발휘하는 이유다.

이들은 또 관리하기가 유난히 힘들다. 특히 과거의 모델로 다루기가 힘들다. 아무리 애를 써도 이런 사람에게 과거의 방식으로 생각하는 법을 강요할 수는 없기 때문이다. 그런 방식에 대해 말할 필요가 없어지니, 그렇다면 그들이 생각하는 환경을 관리하는 법을 배워야 했고, 그리고 그 환경은 그들이 매일 오고 싶어 하는 곳이 되어야 했다.

우리 두 사람에게 재미있는 프로젝트

구글에서 우리가 했던 경험으로 돌아가보자. 2003년 이사회에 사업 계획을 발표할 당시, 우리는 오늘날 많은 기업 지도자에게도 당면한 과제를 해야 함을 알았다. 운영규칙을 새로 정하고, 놀라운 전문성과 창의력을 갖춘 직원들이 성장할 수 있는 새로운 작업환경을 만들고 유지해나가는 것이었다. 더구나 구글은 급속도로 성장하고 있는 회사였다. 구글의 성공에 '어른 감독관' 역할을 하러 왔으나 우리는 결국 경영에 대해 안다고 생각했던 모든 것을 다시 배워야 했다. 이때 우리에게 가장 훌륭한 교사는 구글 플렉스(구글 본사)에서 매일 마주치는, 우리를 둘러싸고 있는 사람들이었다.

그 후 우리는 고분고분한 학생처럼 계속 이런 바탕에서 일했고 이런 사실을 늘 염두에 두었다. 직원회의나 제품평가회의에서 뭔가 흥미로운 말을 들으면 우리는 정신없이 적기에 바빴다. 에릭이 회사의 우선순위에 대하여 구글러들에게 주기적으로 메모를 보낼 때, 조너선은 그중에 가장 중요한 부분을 적고 훗날 써먹기 위해 안전한 곳에 따로 저장했다. 조너선이 제품개발부에 이메일을 보내 잘된 것은 칭찬하고 잘못된 것은 따끔하게 지적할 때, 에릭은 거기에 자신의 의견과 분석결과를 추가했다. 그렇게 시간이 지나자 우리는 이 새로운 세계에 대한 경영방식의 틀을 짜기 시작했다.

2~3년 전인가 구글의 국제영업과 사업운영 책임자로 일하는 니케시 아로라Nikesh Arora가 조너선에게 전 세계에 포진한 일단의 구글 영업 지도자들에게 강연을 해달라고 부탁한 적이 있었다. 니케시는 전문성과 창

의력을 갖춘 모범적인 인물이었다. 그는 인도 공과대학에서 전기공학을 전공했는데 2004년에 구글에 입사했다. 큰 규모의 판매 조직을 지휘한 경험은 없었지만 유럽 영업을 담당하고 있었다. 이후 2009년 그는 세계 사업팀을 이끌기 위해 캘리포니아로 왔다. 니케시는 늘 뛰어난 능력을 보여주곤 했는데 조너선은 그가 이 특별강연에 기대치가 아주 높다는 것을 알았다. 창립 10주년이 지나 구글이 미친 듯이 성장할 때였다. 니케시는 차세대 지도자들을 위해 조너선과 에릭이 구글을 경영하며 축적한 일종의 부족의 지혜를 들려달라고 했다. 이야말로 수년간 '학생' 노릇을 하며 '교사'들에게 배운 내용을 종합해볼 절호의 기회였다.

강연은 아주 반응이 좋았기 때문에 우리는 이 강연을 구글 본부장들을 위한 경영 세미나 형태로 전환했다. 구글의 각 소규모 그룹의 지도자들이 모여 우리의 원칙을 평가하고 전문성과 창의력을 갖춘 직원의 관리방식을 놓고 의견을 나누는 모임이었다. 마침내 에릭은, 훌륭한 경영자라면 어떤 결실을 원할 때 취하는 행동을 했다. 그는 이메일로 아이디어를 하나 내놓았다.

나는 이 경영 세미나에 깊은 인상을 받았습니다. 하여 조너선과 함께 경영에 대한 책을 써보고자 제안드립니다.
물론 저술 원칙에 따라 작업은 전부 조너선이 하고 그 모든 내용은 내가 쓴 것으로 할 것입니다(※이 말은 농담).
어쨌든 나는 이것이 우리 두 사람에게도 재미있는 프로젝트가 될 것이라 생각합니다. 조너선, 당신 생각은 어때요?

에릭은 존 챔버스John Chambers의 강연을 듣고 감동을 받은 적이 있었다. 시스코Cisco의 CEO였던 챔버스는 신망이 두터운 인물이었는데 1990년대 초에 시스코 근무를 시작하면서 한두 달마다 휴렛패커드의 CEO인 루 플랫Lew Platt을 만나 전략과 경영에 대한 대화를 나누었던 얘기를 그 자리에서 들려주었다. 상대의 설명에 감동을 받은 존은 루에게, 왜 타 회사의 젊은 경영자를 돕는 일에 아까운 시간을 그렇게 많이 투자하는지 묻자, 플랫은 "이것이 실리콘밸리가 돌아가는 방식이죠"라고 대답했다고 한다. "우리는 당신을 도우려고 온 겁니다."

애플의 설립자이자 CEO로서 지금은 고인이 된 스티브 잡스Steve Jobs는, 래리 페이지가 에릭을 구글의 CEO로 영입했을 때 이와 똑같은 정신을 좀 더 다양하게 표현해서 조언해주었다. 실리콘밸리의 역사를 연구하는 우리의 친구 레슬리 벌린Leslie Berlin은 인텔의 공동 창업주인 밥 노이스Bob Noyce의 생애를 조사하던 중, 스티브 잡스와 인터뷰를 하며 창업 초기에 왜 그가 노이스와 그토록 많은 시간을 함께 보냈는지 물었다. 스티브는 "쇼펜하우어가 마술사에 대해 한 말과 같죠"라고 대답했다. 그러면서 그는 19세기 독일 철학자 쇼펜하우어의 에세이 한 권을 검색하고는 "세상의 고통에 대하여"라는 제목이 붙은 구절을 읽어주었다. "살아 생전 두 세대나 세 세대가 지나게 되는 것을 본 사람은, 마치 시장에서 마술사의 재주를 연속적으로 두세 번 보는 사람과 같다. 마술은 한 번만 봐야 한다. 더 이상 보여줄 새로운 재주가 없을 때 눈속임의 효과는 사라진다."[19] (우리는 인터뷰를 하는 동안 쇼펜하우어를 인용하는 능력도 그런 눈속임의 하나가 아닌지

---

[19] Arthur Schopenhauer, *Essays and Aphorisms*(Penguin, 1970).

의심했다.)

우리 두 사람은 스스로의 지식과 능력을 자부하는 노련한 사업 경영자로 구글에 왔다. 하지만 겸손한 자세로 10년의 세월을 보내는 동안 "모든 것을 알고 난 다음에 배우는 것이 중요하다"[20]는 존 우든John Wooden의 관찰에 담긴 지혜를 알게 되었다. 우리는 맨 앞줄의 자리front row에서 우리의 동료인 두 창업주를 도와 거대한 회사를 만들어냈고—여러분은 우리가 마술사의 재주를 본 것이라고 말할지도 모르지만—우리가 경영에 대하여 안다고 생각한 모든 것을 다시 배우게 되었다. 요즘 우리는 전 세계의 온갖 분야에서 크고 작은 기업들이 실리콘밸리로 모여드는 광경을 본다. 이들은 실리콘밸리처럼 특수한 공간을 만든 통찰력과 에너지를 흡수할 수 있는지 확인하기 위해 이곳으로 오는 것이다. 이들은 기꺼이 변화를 수용할 자세가 되어 있으며 이것은 이 책에서 관심을 쏟는 주제이기도 하다. 이곳 실리콘밸리를 일군 선구자들의 정신 속에서, 우리는 마술사의 비밀을 공유하여 그것을 누구나 이용할 수 있는 교훈으로 바꾸고자 한다.

이 책은, 성공을 거두었거나 성장 중인 기업 또는 벤처기업의 발전상을 조명하기 위해 기획된 것이다. 성공을 거둔 기업을 살피면서는 언덕을 굴러 내려오며 모멘텀(추진력)을 받아 점점 더 커지는 눈덩이처럼 저절로 성장하는 선순환의 과정을 보여줄 것이다. 우리는 전문성과 창의력을 갖춘

---

[20] 2010년 99세의 나이로 작고한 우든 감독은 UCLA 남자 농구팀 감독으로 재임하는 동안 이 팀을 10회나 전국 챔피언으로 만들었다. 하지만 첫 챔피언에 오른 것은 15년의 감독생활을 거친 뒤였기 때문에 배움에 대한 교훈을 깨달았다. John Wooden and Steve Jamison, *Wooden on Leadership*(McGraw-Hill, 2005), p.34.

인재를 회사에 끌어들이고 이들에게 동기부여를 해줄 수 있는 일련의 과정을 제시할 것이며, 각 과정마다 기업은 다음 단계로 나갈 추진력을 얻는다는 것을 보여줄 것이다. 각각의 단계는 서로 영향을 주고 상호의존적이다. 어떤 단계도 완성된 것이 아니지만 모든 단계에는 자체의 역동성이 담겨 있다.

우리는 최고의 전문성과 창의력을 갖춘 인재를 끌어들이는 방법을 공개적으로 논의하면서 이것이 문화에서 비롯된다는 사실을 보여줄 것이다. 문화와 성공은 함께 손잡고 나아가는 것이다. 자신의 구호를 믿지 못하는 사람은 멀리 가지 못하기 때문이다. 이어 전략을 제시할 것이다. 전문성과 창의력을 갖춘 인재는 강력한 전략적 토대에 뿌리를 둔 아이디어를 가장 좋아하기 때문이다. 사업 계획 같은 것은 이들에게 사업을 일으킨 기둥만큼 중시되지 않는다. 다음으로 사업 지도자가 하는 일 중에 가장 중요하다고 할 직원 채용을 다룰 것이다. 유능한 인재를 채용하면 지적 결합이 이루어질 것이고 그러면 자연스럽게 창의성과 성공에 이바지하게 된다.

팀원을 채용하고 사업이 성장하면 이제 힘든 결정을 할 시기가 찾아온다. 이때가 합의가 필요한 시점이고 여기서 어떻게 합의에 이르는지에 대한 논의가 필요하다. 다음으로 소통(커뮤니케이션)을 다룰 것이다. 소통은 조직이 성장할수록 중요해진다(또한 힘들어진다). 그다음에는 혁신이다. 성공을 지속시키는 유일한 길은 끊임없이 우수제품을 내놓는 것이다. 그런데 자연발생적으로 혁신을 낳는 환경을 만드는 것이야말로 우수제품을 내놓을 유일한 방법이다. 우리는 기존의 기업체에 대한 몇 가지 생각과 더불어 불가능한 것을 상상하는 결론을 내릴 것이다.

세워지지 않은 피라미드

피라미드를 세우는 것은 쉽지 않으며 우리가 배운 수많은 교훈도 끝없는 회의와 격렬한 다툼, 시행착오를 통해 얻게 된 것이다. 우리는 또 우리가 뛰어난 창업주들이 운영하는 굉장한 회사에 합류하게 된 행운도 인터넷 등장한 역사의 독특한 순간과 맞물렸기 때문이라는 사실을 겸허하게 인정한다. 우리는 3루타를 쳐서 3루에 있다는 생각은 하지 않는다. 1루나 2루에 있다고 보는 게 맞을 것이다.

우리가 모든 의문에 대답할 수 없다는 것은 분명하지만 기술이 지배하고 직원이 각자 독특한 권한을 행사해 다양한 차이를 만드는 이 새로운 세계에서 많은 배움을 얻은 건 사실이다. 우리는 여기서 배운 교훈이 대기업에서부터 신생기업에 이르기까지, 비영리단체에서 비정부기구NGO와 정부에 이르기까지 다양한 유형의 지도자들에게 통찰력과 아이디어를 제공할 수 있을 것이라고 믿는다.

적어도 우리가 구글에서 쌓은 경험이 다른 기업이나 다른 분야의 지도자들에게 어떻게 적용될 수 있는지, 정보를 토대로 한 토론을 불러일으킬 수는 있을 것이다. 하지만 우리가 가장 바라는 건 여러분에게—이 책을 잘 읽어본다면—무언가 새로운 것을 구축할 수 있는 아이디어와 도구를 제공하는 것이다.

그리고 우리가 여기서 말하는 "여러분"이란, 기업가를 말한다. 사업 현장에 있는 사람들 말이다. 여러분 자신은 이렇게 생각하지 않을지 모르지만 여러분은 이미 기업가이다. 여러분은 모든 것을 바꾸라는 생각을 하고 있을 것이다.

어쩌면 견본이나 제품의 초기 형태를 만들었는지도 모른다. 여러분은 유능하고 야망이 있을 것이며 아마 회의실이나 차고, 사무실, 카페, 아파트 또는 기숙사에서 혼자서 아니면 소규모 팀과 함께 쭈그리고 앉아 있을 것이다. 여러분은 아마 공부를 하거나 일상적인 일을 수행하거나 아니면 아이들이나 애인과 시간을 보내는 등, 뭔가 다른 일을 해야 하는 순간에도 자신의 아이디어에 매달리고 있을 것이다. 여러분이 벤처사업을 구상하고 있다면 우리는 기꺼이 돕고 싶다.

그리고 여기서 말하는 "벤처사업"이란 이곳 실리콘밸리에서 우리 주변에 널린 신생 기술기업에 국한되는 게 아니다. 직원들은 현재의 회사에서 훨씬 더 많은 것을 기대하지만 그 기대는 이루어지지 않을 때가 많다. 이때가 기회라고 할 수 있다. 우리가 여기서 말하는 원칙은 새로운 벤처사업을 세우거나 아니면 아주 밑바닥이나 기존의 조직에서부터 시작하려는 사람이라면 누구에게나 적용되는 것이다. 비단 신생기업만을 위한 것도 아니며 하이테크 사업에만 적용되는 것도 아니다.

사실 노련한 지도자들은 가동 중인 조직의 뛰어난 자산을 백 퍼센트 활용할 줄 안다. 이런 조직의 영향력이 신생기업보다 훨씬 더 큰 것은 사실이다. 설령 여러분이 벤처 자본가에게 인정받지 못해 거액의 투자 유치에 실패한다고 해도, 이로 인해 다음의 큰 단계로 발을 내딛지 못할 이유는 없다.

여러분에게 필요한 것은 여러분의 사업이 빠른 속도로 변해야 한다는 통찰력이며, 리스크를 무릅쓰고 그 변화의 일부가 되는 용기다. 그리고 최고의 전문성과 창의력을 갖춘 인력을 끌어들이고 이들에게 그런 변화를 일으키게 하는 자세와 능력이다.

여러분은 여기에 해당하는가? 그럴 준비가 되었는가? 피터 드러커가 지적하듯, 수천 년 전에 피라미드를 구상하고 세운 이집트인들은 실제로 아주 성공적인 경영자였다.[21] 인터넷 시대에는 세워지지 않은 피라미드가 넘쳐난다. 시작하기만 하면 된다. 이제는 노예 인부도 필요 없다.

---

[21] Peter F. Drucker, *The Essential Drucker*(HarperBusiness, 2011), pp.312~313. 드러커는 다음과 같이 말했다. "실제 경영은 역사가 오래되었다. 역사를 통틀어 가장 성공적인 경영자는 이집트인일 것이다. 이들은 4700여 년 전에 피라미드를 구상했고—전례라고는 없었다—그것을 설계하고 완수해내는 기록을 세웠다."

"자기 자신의 구호를 믿기"
메가폰 밖에서 메가폰 안으로 들어온 사람들.

문화

자신의 구호를 믿어라

Culture

2002년 5월의 어느 금요일 오후, 래리 페이지는 구글 사이트를 뒤적이고 있었다. 검색어를 칠 때마다 검색결과와 함께 광고가 떴는데, 이걸 보고는 기분이 언짢아졌다. 구글은 하나를 검색하면 그와 연관된 수많은 결과를 보여주었지만 동시에 뜨는 광고 중 일부는 검색어와 전혀 무관한 것이었기 때문이다.[22] 예를 들어 일제 오토바이 "가와사키 H1B"를 검색하면 H-1B 미국 비자를 얻으려는 이민자에게 조언을 해준다는 변호사 광고가 줄줄이 떴다. 검색에 딸려 나온 이 광고들은 고풍스러운 모터사이클과는 전혀 관계가 없는 것이었다. 또 "프랑스 동굴 벽화"를 치면 "프랑스 동굴벽화는 ~에서 구입하세요"라는 광고가 수없이 뜨면서 프랑스 동굴벽화를 보유하지 않고 있는 게 분명한(또는 팩시밀리조차 없는) 온라인 소매점 이름들이 줄줄이 소개되었다. 래리는 어떤 검색어에 어떤 광고가 가장 효과적인지 알려주는 애드워즈AdWords(구글에서 제작한 광고 프로그램—옮긴이)가 때로 구글 사용자에게 쓸데없는 메시지를 강요한다는 것에 충격을 받

---

[22] 여러분이 구글 검색을 하면 결과는 무료와 유료 유형 두 가지가 나온다. 무료 검색의 결과는 구글 검색엔진이 보여주는 "자연스러운" 것이지만 유료 유형은 광고 엔진의 기능으로 나오는 것이다.

았다.

 이 시기 에릭은 여전히 구글이 아주 정상적인 신생 벤처기업이라고 생각하고 있었는데 이후 72시간 동안 벌어진 일은 이 인식을 완전히 바꿔놓는다. 정상적인 기업이라면 불량제품을 발견한 최고경영자는 당장 제품 담당자를 호출할 것이다. 문제점을 토론하기 위해 두세 차례 회의도 열 것이고 해결 가능성을 타진한 다음 행동방침을 결정할 것이다. 그런 식으로 문제해결 방안이 수립되는 것이다. 그리고 여러 차례 품질향상 테스트를 거쳐 해결 과정에 착수한다. 정상적인 기업이라면 이 과정에 몇 주가 소요된다. 하지만 래리는 그런 방식으로 하지 않았다.

 대신 그는 원치 않는 결과가 나온 페이지를 인쇄해서 눈에 거슬리는 광고를 부각시킨 다음 당구대 옆 주방 벽에 걸린 게시판에 붙여놓았다. 그리고 큼직한 대문자로 "이런 광고는 너절해!"라고 써놓고는 집으로 돌아갔다. 래리는 사원들 중 아무에게도 전화를 하거나 이메일을 보내지 않았다. 긴급회의 계획도 잡지 않았고 이 문제를 우리 중 누구에게도 언급하지 않았다.

 그다음 주 월요일 새벽 5시 5분에 검색 엔지니어 중 한 명인 제프 딘이 이메일 한 통을 발송했다. 그와 몇몇 동료(조지 해릭, 벤 곰즈, 노엄 새지어, 올컨 서치노글루)가 벽에 붙은 래리의 글을 보고 광고가 형편없다는 래리의 평가에 공감했다는 내용이었다. 하지만 이메일에는 단순히 발제자의 생각에 공감한다는 것 외에도 이 문제를 조사하기 위한 몇 가지 쓸 만한 의견서가 첨부되어 있었다. 거기에는 왜 이런 문제가 발생했는지에 대한 상세한 분석과 함께 해결책이 들어 있었고 이들 다섯 명이 주말 동안에 암호화해놓은 뛰어난 해결방안에 링크가 걸려 있었다. 또 이 새로운 방안으로 현재 진행 중인 시스템을 어떻게 개선할 것인지를 보여주는 예를 몇 가지 열거하기도 했다. 해결책의 세부 과정이 특이하고 복잡하긴 했지만[우리가 메모를 주고받을 때 즐겨 쓰는 "검색조각 단어벡터query snippet term vector"(텍스트 문서를 단어 색인 등의 식별자로 구성된 벡터로 표현하는 대수적 방식―옮긴이)처럼] 이 방법의 핵심은 "온라인 광고의 품질"을 측정하는 데 있었다. 즉, 검색어와 연관된 광고의 품질을 평가한 뒤 그 점수를 바탕으로 광고가 해당 페이지에 들어가도 되는지 또 들어가면 어느 부분에 들어가야 하는지를 결정하는 식이다. 이 발상의 핵심은―광고는 단순히 광고주가 얼마나 돈을 지불하고 얼마나 많은 조회 수를 기록하는 것이 아니라 연관성에 의거해 배치되어야 한다는―구글 애드워즈 엔진의 기초가 되었고 수십억 달러 규모의 사업으로 확대되었다.

이들을 질투하는 사람들이 있었냐고? 제프팀은 광고부서와는 아무런 접촉도 없었다. 단지 금요일 오후에 사무실에 들렀다가 래리의 게시물을 보고 모든 정보를 체계화해서 누구나 쉽게 접근할 수 있도록 유용하게 만드는 것이 임무라고 인식했을 뿐이다. 그리고 그렇게 불필요한(쓸모없는) 광고(정보에 해당하는)가 나오게 되는 것이 문제라고 본 것이다.

이런 생각 끝에 이들은 주말 동안 이 문제와 씨름했다. 광고에 대해 직접적인 책임도 없고 광고가 졸렬하다고 하등 비난 들을 일도 없던 몇몇 직원이 이성적 판단에 따라 주말을 소비해가며 누군가의 문제를 이롭게 해결했다는 것, 이는 문화의 힘이 무엇인지 웅변해준다. 제프와 동료들은 자신들이 몸담고 있는 회사의 우선 과제가 무엇인지 알고 성공에 걸림돌이 되는 큰 문제가 생겼다면 자유롭게 뛰어들어 고쳐볼 수도 있단 것을 알았다. 설령 실패했다 해도 이들을 질책할 사람은 아무도 없었고 성공했어도 아무도 (광고팀에서조차) 이들의 수훈을 질투하지 않았다. 그런데 이 다섯 명의 엔지니어를 주말에 회사의 진로를 바꿀 정도로 문제해결의 닌자(해결사)로 키우는 것이 구글의 문화는 아니다. 그보다는 이런 닌자를 먼저 회사로 끌어들이는 것이 구글의 문화였다.

일자리를 고를 때 많은 사람은 기본적으로 자신이 맡을 역할과 책임에 관심을 갖는다. 또 회사의 실적과 기업 이미지, 보수를 따진다. 이 같은 관심목록을 죽 살피다 보면 "출퇴근 거리"와 "휴게실의 커피 맛" 사이 어느 지점에 아마 기업문화도 있을 것이다. 하지만 전문성과 창의력을 겸비한 사람이라면 문화를 가장 우위에 둔다. 효율성의 측면에서, 자신이 일할 공간에 관심을 가질 필요가 있는 것이다. 바로 이것이 새로 회사를 창업하거나 사업을 추진할 때 문화를 가장 먼저 고려해야 하는 이유다.

기업의 문화는 대개 저절로 형성되는 것이며 따로 계획하는 사람은 없다. 그래서 대수롭지 않게 여긴다면 성공의 중대한 요인을 잡을 기회를 놓치는 셈이다. 이 책에서는 앞으로 실험의 가치나 실패의 장점 같은 문제를 논하겠지만, 문화라는 것은 어쩌면 하나의 시도에 실패하여 타격을 입은 기업에게는 중대한 요인으로 작용할 수도 있다. 탄탄하게 자리 잡은 기업문화는 쉽게 변하지 않게 마련이다. 회사생활 초기에 구성원 스스로 선택한 성향이 시간이 흐르며 뿌리를 내리기 때문이다. 똑같은 경우라고 해도 회사가 일할 만하다고 생각하는 사람도 있고 그렇지 않은 사람도 있다.[23] 누구나 발언권이 있고 공동으로 의사결정을 하는 문화를 존중하는 회사는 같은 생각을 가진 직원을 끌어들일 것이다. 반면에 더 독재적이고 권위적인 접근방식을 선호하는 회사라면 이런 방식에 순응하는 직원을 구하기가 아주 힘들 것이다. 이런 방식은 회사가 의도하는 방향에도 어긋날 뿐 아니라 직원 개인의 믿음에 역행하는 것이다. 그러면 가시밭길을 걸을 수밖에 없다.

그러므로 직장생활을 시작할 때 자신이 어떤 문화를 원하는가를 심사숙고해서 판단하는 것이 현명한 방법이다. 가장 좋은 방법은 자신이 원하는 핵심 부서를 이끄는 독창적인 인물, 창조적인 비전을 알고 자신만큼이나 그 비전을 믿는 사람들이 있는지 확인하는 것이다. 문화는 설립자들에게서 나오는 것이지만, 이들의 모험정신으로 형성되고 거기서 신뢰를 받는 팀에 가장 잘 반영된다. 따라서 그 팀에 물어봐야 한다. 무엇에 관심을 갖는가? 무엇을 믿나? 어떤 사람이 되기를 원하는가? 회사가 어느 방향으로 나가고 어떤 결정을 내리기를 바라는가? 이런 다음 여기서 나오는 답변을 기록해보라. 아마 그 대답에는 분명히 설립자의 가치관이 들어 있겠지만 팀의 다양한 관점과 경험에서 나온 통찰로 그럴듯하게 포장돼 있을 가능성이 높다.

대부분의 회사는 이런 맥락을 무시한다. 이들은 성공을 거둔 다음에야 그들의 문화를 기록하기 위해 필요한 결정을 내린다. 이런 일은 인사처나 홍보부에 있는 누군가가 담당하게 되는데 대개 창업 멤버는 아니지만

---

23 1987년 조직 심리학자인 벤저민 슈나이더Benjamin Schneider가 학술지에 발표한 논문 〈사람이 자리를 만든다The People Make the Place〉(*Personnel Psychology*, 1987. 9.)에서 매우 중요한 학술 용어가 소개되었다. 많은 영향을 끼쳤던 이 논문에서 슈나이더는 조직의 문화가 개인의 특성과 선택에 따라 어떻게 발전하는지를 설명하는 "유인-선택-퇴출 모델ASA model"을 제시한다. '유인'이란 구직자가 자신이 잘 맞는다고 느끼는 조직으로 모여드는 경향을 말하는 것이고, '선택'은 현재 근무 중인 직원이 자신과 같은 사람들을 고용하는 경향을 의미한다. '퇴출'도 무작위로 이루어지는 것이 아니라 직원들이 더 이상 자신과 조화가 안 된다고 생각하는 조직을 떠나는 경향을 말한다. 이처럼 '유인 – 선택 – 퇴출'의 과정이 오랜 시간을 두고 진행되는 동안 조직은 점점 동질적인 문화로 탈바꿈한다.

회사의 핵심 정신이라고 할 사명 선언mission statement을 매끄럽게 작성할 것으로 기대되는 사람이 맡는다. 이 결과 보통 고객 "만족", 주주 가치의 "극대화", 사원의 "혁신" 등 일련의 상투적인 수사로 가득 찬 기업 선언이 나오게 된다. 다만 성공적인 기업과 그렇지 못한 기업의 차이는 사원들이 이 말을 믿는가, 안 믿는가에서 드러난다.

간단한 실험을 하나 해보자. 여러분이 근무해온 직장을 생각해보라. 그리고 그 회사의 사명 선언을 암송해보라. 할 수 있는가? 또 암송할 수 있다면 그 말을 믿는가? 그 말이 회사와 종업원의 행동이나 문화를 정직하게 반영할 만큼 진실하게 들리는가? 아니면 캔맥주를 옆에 놓고 하룻밤 용어사전을 뒤지다 떠오른 마케팅이나 소통이론 용어의 조합 같은 느낌이 드는가? 가령 "우리의 사명은 지식과 창조력을 통해 경쟁 없는 동반자 정신과 고객에 대한 가치를 창출하고 주주를 위해 놀라운 성과를 이끌어내며 세상 사람들에게 기여하는 것이다"[24]와 같은 선언문이 이에 해당한다. 모든 항목을 점검해보면 이 말이 맞는가? 고객과 직원, 주주 항목을 빠짐없이 점검했는가? 리먼 브라더스는 적어도 2008년 파산할 때까지는 이와 비슷한 선언문이 있었다. 리먼은 분명 무엇엔가 기여했지만 사명 선언과는 무관한 것이었다. 리먼 브라더스의 지도자들과는 달리 시대를 초월한 "전문성과 창의력의 명예의 전당Smart Creative Hall of Fame" 창립 위원인 데이비드 패커드David Packard는 문화를 진지하게 생각했다. 그가 1960년에 임원을 대상으로 한 연설에는 다음과 같은 말이 나온다. "기업은 가치 있는 일을 하기 위해 존재하는 것입니다. 기업은 사회에 기여해

---

[24] Susan Reynolds, *Prescription for Lasting Success*(John Wiley and Sons, 2012), p.51.

야 합니다. (…) 주위를 돌아보면 돈 외에는 아무것에도 관심이 없는 사람들이 보일 것입니다. 하지만 그들을 움직이게 하는 기본적인 동력은 대부분 무엇인가 하려는 욕구에서 나옵니다. 뭔가를 생산하고 봉사를 하고 일반적으로 뭔가 가치가 있는 일을 하려는 욕구 말입니다."[25]

인간의 심리 감지기BS detectors는 기업의 사명을 말로 표현할 때는 민감한 반응을 보이기 때문에 조금만 의미가 달라도 부정적인 신호를 보낼 것이다. 그러므로 이 사명을 글로 적어두면 더 진실성을 갖게 된다. 훌륭한 테스트로는 문화를 표현하는 선언문을 바꿀 때 무슨 일이 일어날지 물어보는 방법이 있다.

엔론 사의 좌우명은 "인화, 성실, 소통, 우수성"이었다. 만일 엔론의 경영진이 이런 가치를 뭔가 다른 목표로—예컨대 탐욕, 탐욕, 금전욕, 탐욕—바꿨다면 비웃음을 샀을 것이고 동시에 아무런 효과도 없었을 것이다. 한편 구글이 출범하면서 내세운 가치의 하나는 언제나 "사용자에게 초점을 맞춘다"는 것이었다. 이런 가치를 가령 광고주나 홍보협력업체의 필요에 따라 바꾼다면 편지함은 온갖 이메일로 흘러넘칠 것이며, 엔지니어들은 화가 나서 회사 전체의 주간 TGIF 회의를 소집할 것이다(이 회의는 래리와 세르게이가 주재하며 전 직원의 참여를 환영한다. 또 회사의 결정에 반대하는 목소리도 종종 낸다). 직원에게는 언제나 선택권이 있고 자신의 가치를 부정할 때는 스스로 책임을 져야 한다.

정착하기를 바라는 것이든, 이미 정착된 것이든 여러분의 문화를 생각

---

[25] 1960년 3월 8일에 연설한 이 문장은 데이비드 패커드의 저서 *The HP Way: How Bill Hewlett and I Built Our Company*(HarperCollins, 2005)에 전문이 나온다.

해보라. 또 앞으로 수개월이나 수년 후에 업무처리 속도가 느리거나 힘든 결정을 앞에 두고 결단을 못 내리는 직원이 있다고 상상해보라.[26] 그 사람은 커피를 한잔 마시려고 휴게실로 가면서 회사 모임에서 들어본 문화적 가치를 생각해볼 것이다. 동료들과 점심을 먹을 때면 누구나 존경하는 장기 근속자에게 볼 수 있는 가치를 생각할 것이다. 그런 가치는 이 직원에게—모든 직원도 마찬가지로—회사에 가장 중요한 문제나 여러분이 관심을 갖는 문제를 명확하고 쉽게 드러내야 한다. 그렇지 않으면 그 가치는 무의미한 것이며, 창의적인 정신으로 올바른 결정을 내리도록 도와야 할 상황에서 한 푼어치의 가치도 없을 것이다. 여러분은 이 무기력한 직원이 어떤 가치를 존중하기를 바라는가? 그것을 단순하고 간결하게 적어보라. 그런 다음 그것을 공유하라. 포스터나 안내문 형식이 아니라 끊임없이 진정성을 갖고 직접 소통해야 한다. 제너럴 일렉트릭의 전 CEO인 잭 웰치Jack Welch는 저서 《위대한 승리》에서 다음과 같이 말하고 있다. "어떤 비전도 끊임없이 소통하고 보상을 주면서 강조하지 않는 한 단순히 인쇄된 종잇장에 지나지 않는다."[27]

2004년 구글이 기업공개를 하게 되자, 세르게이와 래리는 이를 회사의 여러 기능과 결정사항을 이끌어줄 가치를 성문화할 완벽한 기회로 인

---

[26] 문화 이론가들은 적어도 공유하는 믿음과 가치, 기준, 문화를 통해 사람들의 생각과 행동이 형성된다고 주장한 에밀 뒤르켐Émile Durkheim의 이론에 토대를 둔다는 공통성이 있다. 현대의 사회과학자들은, 특히 가장 주목받는 사회심리학자인 헤이즐 마커스Hazel Markus는 사람들이 인식하지 못할 때도 그들의 문화가(일본인 대 미국인, 노동계층 대 전문직 하는 식으로) 일상적인 선택을 좌우한다는 것을 보여주기 위해 제어실험을 실시했다. 이 연구에서 주목할 부분은 다음 책에 잘 나와 있다. Hazel Rose Markus and Alana Conner, *Clash!: 8 Cultural Conflicts That Make Us Who We Are*(Hudson Street Press/Penguin, 2013).
[27] Jack Welch · Suzy Welch, *Winning*(HarperCollins, 2005), p.69.

식했다. 단순히 가장 중요한 기능이나 결정 또는 단순한 경영 활동과 정책 결정이 아니라 크든 작든 모든 구성원이 일상적으로 보여주는 행동과 결정을 말하는 것이다. 이런 가치는 그로부터 6년 전에 창립되었을 때부터 회사를 경영하는 방법을 보여준 것이었으며, 창업자들의 개인적인 경험에 깊이 뿌리박힌 것이었다. 워런 버핏이 버크셔 해서웨이Berkshire Hathaway(워런 버핏이 운영하는 지주회사 — 옮긴이)의 주주들에게 보내는 연례보고서에서 영감을 받은 이들은 "창업자가 드리는 보고서"의 문안을 짜서 기업공개의 사업설명서에 포함시켰다.

처음에 증권관리위원회는 이런 보고서는 투자자와 연관된 정보를 담고 있지 않기 때문에 회사의 투자설명서에 포함될 필요가 없다고 판단했다. 우리는 이의를 제기한 끝에 결국 이 보고서를 포함시켰다. 그래도 보고서에 담긴 선언문의 일부 표현 때문에 변호사와 은행임원들은 속이 쓰릴 정도로 못마땅해했다. 언젠가 조너선은 회의실에 들어갔다가 이들이 떼로 몰려와 항의하는 바람에 곤욕을 치른 적도 있었다. 그는 확고부동한 태도로 보고서의 내용을 옹호했다. 그가 강조한 요지는 두 가지였다. 첫째, 보고서는 소수 구글 직원을 포함해 래리와 세르게이가 직접 작성한 것이라 하나도 고칠 수 없다(사실 협상 자리에서 생각을 바꾸는 것이 전혀 불가능할 때 양보하지 않는 것은 쉬운 일이다). 둘째, 보고서에 말하는 모든 내용은 진심에서 우러난 것이며 흔들림 없는 사실이다.

2004년 4월에 이 보고서가 출간되자마자 사방에서 궁금해했고 일부에서는 비판하기도 했다. 하지만 사람들이 대부분 이해하지 못한 것은 바로 왜 회사의 창업자들이 정확한 보고서를 얻느라 그렇게 많은 시간을 들였는가(또 왜 조너선은 은행 임원이나 변호사들이 바꾸라고 요구할 때마다 완강하게 거부했는가)

였다. 보고서는 기본적으로 더치 경매 Dutch auction(매도자가 최고 호가로부터 점차 가격을 낮추어가는 방법—옮긴이)나 의결권에 관한 내용이 아닌 데다가 월가와 관련된 문제에는 노골적으로 무관심을 드러냈다. 사실 우리가 월가를 불쾌하게 했다면, 하나만 생각해보면 문제는 풀릴 것이다.[28] 즉, 창업자들은 단기적인 가치와 주식의 시장성을 극대화하는 것에는 관심이 없었다는 것이다. 미래의 직원과 협력업체를 위한 회사 특유의 가치를 기록하는 것이 장기적인 성공에 훨씬 더 도움이 된다는 것을 이들은 알았다. 우리가 이 글을 쓰는 현 시점에서 볼 때, 10년 전의 기업공개를 둘러싼 세부적인 내용은 이해가 어려운 역사적인 문제이지만 "장기적인 초점"이나 "최종 사용자에 대한 봉사" "악해지지 말자" "세상을 살기 좋은 곳으로 만들자" 등의 가치는 지금도 회사의 경영방침을 여실히 보여준다.

이 밖에 보고서에는 나와 있지 않은—붐비는 사무실, 히포, 네이브, 이스라엘 전차 지휘관 등등—구글문화의 다른 측면도 있다. 앞으로 보겠지만, 이런 요인들은 문화를 창조하는 데, 또 지켜나가는 데 없어서는 안 될 것들이다. 이런 바탕에서 "이런 광고는 너절해"같이 단순한 표현 하나가 일을 되게끔 만드는 데 필요한 모든 것임을 말해준다.

붐비는 사무실

구글 플렉스를 처음 찾아온 방문객이라면 직원들이 이용할 수 있는 눈

---

[28] 전문성과 창의력을 가진 직원으로 유명한 퍼크의 해명.

부신 편의시설에 눈이 휘둥그레질 것이다. 배구장, 볼링장, 인공 암벽코스, 개인 트레이너가 딸린 체육관, 풀장, 각 건물 사이를 오갈 수 있는 다채로운 색깔의 자전거, 고급요리를 자유롭게 이용할 수 있는 구내식당, 온갖 먹을거리와 음료, 최고급 에스프레소 기계가 갖추어진 수많은 휴게실. 이런 시설은 보통 방문객에게 구글은 사치가 흘러넘친다는 인상을 주고 사치가 구글문화의 일부라는 잘못된 인상을 심어주기도 한다.

열심히 일하는 직원들에게 즐거움을 주는 전통은 1960년대의 실리콘 밸리로 거슬러 올라간다. 당시 빌 휴렛Bill Hewlett과 데이비드 패커드David Packard는 산타크루스 산에 몇백 에이커의 땅을 사서 리틀 베이진 주립공원[29]을 만들었다. 직원과 그 가족들을 위한 야영지와 휴양지였다.[30] 1970년대에 롬ROLM 같은 기업은 일터와 가까운 곳에 종합체육관과 회사 지원을 받아 고급요리를 제공하는 구내식당이 딸린 편의시설을 갖추기 시작했다. 또 애플은 전설적인(적어도 전도유망한 컴퓨터광들의 네트워크에서는 그렇다) 금요일 오후의 맥주 파티를 지원했다. 구글의 경우 편의시설에 대한 발상은 스탠퍼드 대학의 기숙사 방에서 시작한 초창기로 거슬러 올라

---

[29] 2007년에 휴렛패커드HP는 리틀 베이진 야영지를 비영리법인인 셈퍼비렌 기금과 반도공지신탁POST에 매각했고 다시 이곳은 캘리포니아 주립공원부에 팔렸다. 현재 이곳은 빅 베이진 레드우즈 주립공원의 일부가 되었으며 공공시설로 개방되고 있다. Paul Roger, "Former Hewlett Packard Retreat Added to Big Basin Redwoods State Park"(*San Jose Mercury News*, 2011. 1. 14).

[30] 구글이 자체의 CEO를 영입하기 수십 년 전에, 휴렛과 패커드는 종업원과 고객에게 무료 음식을 제공하는 것이 매우 중요하다는 사실을 깨달았다. 휴렛패커드의 직원 존 밍크는 다음과 같은 기록을 남겼다. "일부 생산라인의 다양한 전원공급용 변압기가 딸린 납땜인두 위로 늘 따듯하게 준비된 도넛과 식판이 놓여 있었다. 이런 편의시설이 회사 전체에 갖추어져 있기 때문에 공장시설을 둘러보는 고객들이 놀라고는 했다." Michael Malone, *Bill & Dave: How Hewlett and Packard Built the World's Greatest Company*(Portfolio/Penguin, 2007), p.130.

간다. 래리와 세르게이는 대학교와 유사한 환경을 만드는 일에 착수했다. 즉, 대학생처럼 세계 수준의 문화를 누리고 운동도 할 수 있으며 학술적인 시설을 갖춘 곳에서 늘 공부에 최선을 다하는 환경을 염두에 둔 것이다. 여러분이 작업 공간 부근에 있는 배구장이나 카페, 휴게실에서 나오는 전형적인 구글러(구글사 직원)를 따라간다면(비록 우리는 최근에 보안상의 이유로 중단하려고 하지만, 아마 링크드인과 야후, 트위터, 페이스북의 직원도 같을 것이다) 무엇이 눈에 띌까? 일종의 창의력의 배양기지로서 사람들로 북적이고 어질러진 칸막이 방을 보게 될 것이다.

여러분은 지금 여러분의 사무실에 있는가? 동료들이 가까이에 있는가? 사방으로 팔을 뻗어 흔들어보라. 누군가 부딪치는가? 여러분의 자리에 앉아 전화로 조용히 대화를 할 때 동료들이 여러분의 말을 들을 수 있는가? 아마 그렇지 않을 것이다. 여러분은 관리자인가? 그렇다면 문을 닫고 사적인 대화를 나눌 수 있는가? 아마 그럴 것이다. 사실상 여러분이 몸담고 있는 회사의 편의시설은 특히 공간 사용과 정숙에 중점을 두어 이를 극대화할 수 있게 설계되어 있을 가능성이 아주 높다(비용은 최소화한 상태로). 그리고 여러분의 직위가 높을수록 여러분은 더 많은 공간과 정숙을 누릴 수 있을 것이다. 신입사원들을 칸막이가 되어 있는 좁은 공간에 밀어 넣는 반면에 CEO는 큼직한 사무실을 사용하며 문밖에는 사무실 전속비서가 근무하기 때문에 회사의 모든 구성원과 장벽을 쌓고 있는 것이 현실이다.

인간은 본래 자기 영역을 구축하는 존재이며 기업 세계는 이런 환경을 반영한다. 대부분의 회사에는 여러분이 차지한 사무실의 규모와 가구의 품질, 창밖의 경관에 그동안의 업적과 존경의 의미가 담겨 있다. 반대로 새 사무실의 설계도만큼 유능한 직원을 쉽게 투덜이로 만드는 것도 없다. 사람들을 글자 그대로 "그들의 자리에" 묶어두는 내부설계가 수동적인 공격성의 수단이 되는 것이 흔한 일이다. 에릭이 벨 연구소에 있을 때 그의 상사가 사용하는 사무실이 몹시 추웠다. 이를 본 에릭은 카펫을 사다가 시멘트 바닥에 깔아놓았다. 하지만 상사는 자신이 그런 고급 설비를 누릴 만큼 높은 직책이 아니라는 이유로 카펫을 치우게 했다. 이 연구소는 모든 특권이 필요성이나 공로가 아니라 직책에 따라 주어지는 곳이었다.

실리콘밸리는 이 같은 증후군에 면역이 되지 않은 곳이다. 결국 실리콘밸리도 에어론 체어Aeron chair(허먼 밀러 사의 중역용 명품 의자—옮긴이)가 지위의 상징이 된 곳이다(닷컴 기업의 수많은 CEO는 "내가 허리가 아파서 그래"라고 말하지만 정말 그럴까? 개당 500달러가 넘는 이런 의자가 허리뿐만 아니라 엉덩이와 가슴 등, 몸 전체를 편하게 해주는 것은 사실이다). 하지만 차별적인 편의 우선 문화는 없어져야 하며 차별적인 시설이 건물 내에 자리 잡기 전에 추방해야 마땅하다. 사무실은 지위에 따른 고립된 공간이 아니라 에너지와 상호작용을 극대화하도록 설계되어야 한다. 전문성과 창의력을 가진 직원은 상호작용이 원활한 환경에서 자라나기 마련이다. 이들이 자주 부딪치도록 한 곳에 채워 넣을 때 발생하는 혼합의 효과는 연소성이 강하기 때문에 가장 우선적인 원칙은 계속해서 상호작용을 하도록 왕래가 빈번하고 붐비는 공간을 만드는 것이다.

여러분이 팔을 내밀어 누군가의 어깨를 두드릴 수 있다면 상호소통과 아이디어의 교류를 방해할 것은 아무것도 없다. 개인적인 칸막이 방으로 구성된 전통적인 사무실 배치는 지속적으로 정숙을 유지하도록 설계되어 있다. 각 집단 사이에 상호작용을 원활하게 하려면 따로 계획하거나(회의실에서 만나는 형식처럼) 아니면 우연하게 이루어지게 하는 수밖에 없다 (복도나 휴게실, 주차장으로 가다가 만나는 경우처럼). 이야말로 후진적인 문화다. 떠들썩하고 에너지가 넘치는 가운데 붐비는 사무실에서 상호작용을 극대화하는 상태가 정상이 되어야 한다. 또 직원들이 다른 집단에 방해를 받을 때면 언제나 조용한 곳을 찾을 수 있도록 선택권이 주어져야 한다. 구글이 카페나 간이주방시설, 소회의실, 테라스 같은 옥외 공간, 냅팟nap pods(낮잠을 잘 수 있는 휴식용 의자 — 옮긴이) 등 각종 은신처를 제공하는 것은 바로 이 때문이다. 하지만 이들이 다시 자리로 돌아가면 동료들에 둘러싸여야 한다.

조너선이 익사이트앳홈에서 근무할 때, 회사의 시설지원팀은 제2의 건물을 임대해 고객지원센터로 사용했다. 그런데 전 직원이 새 공간으로 옮겨갈 때가 되자 경영진은 지원 인력을 몇 달 동안 원래의 모퉁이 사무실에서 북적이게 했다. 대신 새 건물은 점심시간에 축구경기를 하는 장소로 이용되었다(새 모퉁이 사무실은 코너킥 장소가 되었다). 축구경기는 사람을 모이게 하는 효과를 가져왔으며, 사람들을 한적한 공간에 들어가게 했으면 서로 격리되는 결과를 낳았을 것이다. 사무실 공간을 사람들로 붐비게 한 것은 또 편의시설에 대한 부러움을 없애는 부수효과를 낳았다. 개인 전용 사무실을 가진 사람이 아무도 없자 그에 대한 불만도 사라진 것이다.

함께 먹고 일하며 생활하기

그러면 사람들로 빽빽하게 채워진 칸막이 사무실에 누가 들어가야 하는가? 우리 생각에 이런 시설은 특히 직무의 연관성이 깊은 부서에 중요하다. 직원들이 하는 일에 따라 분리된 곳은 너무도 많다. 제품 담당 관리자(프로덕트 매니저)가 여기에 앉아 있다면 현장 기술자는 길 건너 맞은편 건물에 있는 식이다. 이런 배치는 전통적인 제품 담당 관리자에게는 통할지도 모른다. 이들은 보통 퍼트PERT(대규모의 생산계획 일정을 컴퓨터를 이용하여 계획·관리하는 방법—옮긴이)와 간트 차트Gantt charts(작업의 계획이나 진척도를 나타내는 관리도표—옮긴이)[31]만 보고도 잘 해낸다. 그리고 경영권을 장악하려고 주식을 사들이는 "공식 계획"의 실행 따위에는 자신이 비판적인 것처럼 보이게 한다. 투자 수익률이 회사 자본의 절사율hurdle rate(투자 프로젝트 채택 결정에 사용되는 최저 필요투자 이익률—옮긴이) 비용을 웃도는 것을 보여주는 가상의 파워포인트를 미리 확인해둠은 물론이다. 이들은 그 자리를 굳게 지키며 정해진 계획에 빈틈을 찾아내거나 장애물을 탐색하며 "틀을 벗어나 새로운 관점으로 생각하고"(실상은 가장 틀 안의 생각), CEO가 뒤늦게 딴소리를 할 때는 비굴하게 그 말에 영합하면서 담당 부서에 그대로 따르라고 다그친다. 이런 방식은 그래도 잘 굴러가니까 가능한 것이다. 그리고 기술진과 여타 제품 관리자들에게 때로 더 좋을 때도 있다. 이들이 늘 새롭게 갱신되는 정규 작업과정과 현장의 실태가 점검된 현황 보고서를 받아볼 수 있다는 전제에서 보면 그렇다는 말이다. 이런 방식에 대해 우리가 따

---

[31] 끔찍할 정도로 복잡하면서도 매우 유용한 도구.

로 강력하게 의사를 개진하려는 건 아니다. 다만 한 가지 분명한 사실은, 이런 방식은 20세기 제품 관리자의 몫이지 21세기 방식은 아니라는 점이다.

인터넷 시대에 제품 관리자가 할 일은 디자인팀과 기술진이 협력하여 우수한 제품을 만들도록 다양한 방법을 개발하는 것이다. 이렇게 하려면 부분적으로 제품의 라이프사이클product lifecycle(어떤 제품이 개발되어 시장에 판매되고 발전·성숙기에 들어갔다가 사라지기까지의 경제적 양상 — 옮긴이)을 꿰뚫고 제품의 로드맵을 정하거나 소비자의 목소리를 대변하기도 하며 담당 부서와 경영진 등 전체적인 소통이 이루어지도록 전통적인 행정사무의 뒷받침이 필요하다. 물론 전문성과 창의력을 더 겸비한 제품 관리자라면 자료를 이해하고 분석하며 기술의 추세를 확인하고 이런 요인이 자신의 기업에 어떤 영향을 줄지 예측하면서 더 나은 제품을 만들 기술적인 안목까지도 갖출 필요가 있다(또 기술의 발전 과정에서 이런 틀이 어떻게 변할 것인지도 알아야 한다). 이 과정을 잘 해내기 위해 제품 관리자는 담당 기술진과 함께 일하고 먹으며 생활할 필요가 있다(또 화학자나 생물학자, 디자이너도 마찬가지이며 제품을 디자인하며 개발하기 위해 고용한 직원이 전문성과 창의력을 갖추었다면 똑같이 적용된다).

우리 부모 세대는 틀렸다 — 혼란이 미덕이다

사무실이 혼잡하게 붐빌 때는 그 안에서 일하는 사람들도 지저분해지는 경향이 있다. 이때는 그대로 두는 것이 좋다. 2001년, 에릭이 처음 구글에 들어왔을 때, 그는 설비 책임자인 조지 샐러에게 실내를 깨끗이 치워달라고 부탁했다. 조지는 지시에 따랐지만 대신 이튿날 래리에게 "내 물건들이 다 어디로 갔지?"라는 쪽지를 받았다. 이렇게 물건들을 멋대로 쌓아놓았다는 것은 일을 자극하는 힘이 넘치고 바쁘다는 표시였다.[32] 페이스북의 최고운영책임자인 셰릴 샌드버그는 구글에 있을 때, 자신의 영업 지원 팀원들에게 각각 50달러씩 주고 각자의 공간을 장식하라고 했다. 반면에 조너선은 세계적으로 알려진 "구글식 벽장식" 경연대회를 열었다. 부서별로 사무실 벽을 구글 로고와 함께 루빅큐브에서부터 사진 모자이크, 페인트 볼 총으로 페인트를 쏘아 장식하는 형태였다[시카고 사무실은 알 카포네 스타일(1920년대의 시카고 갱 알 카포네의 패션 스타일로 시카고 갱 룩, 갱 스타일로도 불린다 — 옮긴이)로 장식했다]. 카네기멜론 대학교의 고故 랜디 파우시Randy Pausch 교수는 유명한 저서 《마지막 강의》[33]에서 어린 시절 침대 벽이 자신의 페인트 글씨로 뒤덮인 사진을 보여준 적도 있다. 파우시 교수는 이 강의에 모인 학부모들에게 "여러분의 자녀가, 제가 좋아했듯이, 침실에 페인트칠을 하기를 원하면 하도록 내버려두세요"라고 말했다. 지저분하다는 것은 그 자체로 목적이 될 수는 없지만(우리는 이런 예를 보여주는 똑똑한 인재가 될 십대들을 알고 있다) 자기표현과 혁신의 부산물이라는 점에서 보통 좋은 신호로 보면 된다.[34] 많은 기업에서 보듯, 이런 성향을 억누르는 것은 놀랄 정도로 부정적인 효과를 낳을 수 있다. 여러분의 사무실이 엉망진창이더라도 그대로 놔둬도 문제가 없다는 말이다.

대신 사무실이 붐비고 지저분할 때는 직원들이 일을 하는 데 필요한

---

[32] Xoogler의 블로그, 2011. 4. 9. http://xooglers.blogspot.com/2011/04/photo-of-pre-plex.html.
[33] Randy Pausch, *The Last Lecture*(Hyperion, 2008), p.30.

모든 지원을 아끼지 말아야 한다. 우리의 경우, 구글은 컴퓨터 기업이기 때문에, 전문성과 창의력을 가진 직원에게 가장 필요한 것은 정보처리 능력을 극대화하는 분위기라고 할 수 있다. 이런 이유로 우리는 기술진에게 세계에서 가장 방대한 데이터 센터와 구글 전체의 소프트웨어 플랫폼에 접근할 권한을 주고 있다. 이것은 전문성과 창의력이 넘쳐나는 직원들 사이에서 편의시설에 대한 부러움을 없애주는 방법이기도 하다. 그러므로 이들의 업무를 위해 필요한 자원에는 아주 관대할 필요가 있다. 대신 화려한 가구나 커다란 사무실처럼 중요하지 않은 설비에는 인색하게 굴되 그들에게 중요한 자료에는 투자를 아끼지 않은 것이다.

업무에 몰입하는 태도를 이끌어내는 방법이 있다면 이에 대한 투자는 낭비라고 볼 수 없다. 우리가 사무실에 투자하는 이유는 직원들이 집에서가 아니라 바로 회사의 자기 자리에서 일하기를 기대하기 때문이다. 정상적인 근무시간에 재택근무를 하는 것은 많은 사람에게 엄청 진화된 문화로 보일지는 몰라도—조너선이 자주 말하듯이—회사 전체의 활력을 앗아가버리는 문제를 일으킨다. 벨 연구소의 이사회 의장이던 고 머빈 켈리

---

34 2003년에 나온 한 연구서에서는, "우리의 연구원들은 다른 부서와 다른 개성을 부여하고 그들에게 자기견해의 근거를 확인하도록 해주었을 때 가장 큰 창의력을 발휘한다는 것을 보여주었다"라고 결론 내렸다(우리는 적어도 이 말이 우리의 요지를 뒷받침해준다고 본다. 언제 연구에 "개성을 부여한다"는 말을 사용할 수 있을지 말하기는 어렵다). 2013년에 나온 또 다른 연구에서 다음과 같이 지적한 책상에서 창의력이 향상되는 효과가 나옴을 보여주었다. "정돈된 상태는 일반적으로 보수주의와 전통의 심리적 경향을 촉진하고 무질서한 상태는 미지의 것에 대한 욕구를 자극하는 효과를 가져왔다." William B. Swann Jr., Virginia S. Y. Kwan, Jeffrey T. Polzer, and Laurie P. Milton, "Fostering Group Identification and Creativity in Diverse Groups: The Role of Individuation and Self-Verification"(*Personality and Social Psychology Bulletin*, 2003, 11). Kathleen D. Vohs, Joseph P. Redden, and Ryan Rahinel, "Physical Order Produces Healthy Choices, Generosity, and Conventionality, Whereas Disorder Produces Creativity(*Psychological Science*, 2013, 9).

Mervin Kelly는 직원 간의 상호작용을 촉진하는 방향으로 회사 건물을 설계했다.35 실제로 기술자나 과학자가 긴 복도를 걸어가다 보면 동료와 마주치거나 다른 사무실로 들어갈 수밖에 없게 만들어졌다. 이런 식으로 우연히 이루어진 만남은 재택근무를 할 때는 절대 일어날 수 없을 것이다. 수십억 달러의 사업으로 확대된 구글의 애드센스AdSense(광고주를 위한 애드워즈와 대비되는 구글의 광고 프로그램으로 웹사이트 소유자는 애드센스에 가입함으로써 광고 수익을 구글과 나눌 수 있다 — 옮긴이)36 제품은 어느 날 사무실에서 다른 팀과 당구를 치던 엔지니어 몇 명이 발명한 것이다. 여러분의 동료나 룸메이트 중에 우수한 재능을 가진 이가 있다고 해도 여러분 두 사람 중 한 명이 집에서 일하며 커피 한잔하는 사이에 10억 달러짜리 사업을 일으킬 가능성은 아주 낮은 법이다. 집 안에 당구대가 있다고 해도 마찬가지다. 따라서 사무실은 붐벼야 하며 대신 아무 때나 이용할 수 있는 시설이 갖춰져야 한다.

히포의 말은 듣지 마라

하마hippo는 매우 위험한 동물 중의 하나다. 생각 이상으로 속도가 빠르고 자신의 영역에 적이 들어오면 상대를 가리지 않고 죽이는(또는 물어뜯어 두 동강 내는) 능력이 있다. 회사 내의 히포Hippo(최고 급여를 받는 사람의 의견

---

35 Jon Gertner, "True Innovation"(*New York Times*, 2012. 2. 25).
36 구글이 대규모 게시자 사이트 네트워크에 올려놓는 광고 제품.

Highest-Paid Person's Opinion 또는 최고 급여를 받는 사람 — 옮긴이)도 위험하기는 마찬가지다. 의사결정의 질적 수준은 급여의 수준과는 본질적으로 무관하다. 오로지 설득력이 있을 때만이 가치가 있는 것이다. 불행하게도 대부분의 회사에서는 경험이 많은 사람이 큰 목소리를 낸다. 이 같은 회사에 대해 우리는 "재직기간중심회사tenurocracy"란 말을 쓴다. 우수성의 여부가 아니라 재직기간에서 힘이 나오기 때문이다. 이런 상황과 마주칠 때 우리는 "데이터가 있다면 데이터에 따르자. 각자 의견이 다르다면 내 의견대로 하자"[37]라는 말을 즐겨 인용한다. 넷스케이프의 전 CEO인 짐 박스데일Jim Barksdale이 한 말이다.

히포의 말에 귀를 기울이는 습관을 멈추고 나면 여러분은 실력주의merito-cracy를 만들어내기 시작할 것이다. 우리의 동료인 쇼나 브라운Shona Brown의 간단한 묘사 대로 "중요한 것은 아이디어의 질적 수준이지 누가 말했느냐가 아니다"라는 말이 통하는 것이 실력주의이다. 말은 쉬워도 실제로는 간단치 않다. 실력주의를 만들어내려면 그날의 일정을 좌지우지할 수 있는 히포와 위험을 무릅쓰고 질적 가치와 장점을 따르는 전문적이고 창의적인 아이디어가 모두 동등하게 의사결정에 참여할 수 있어야 한다.

구글의 광고 책임자인 스리드하르 라마스와미Sridhar Ramaswamy는 구글 회의에서 이런 예를 생생하게 보여주는 이야기를 소개한 적이 있다. 구글의 최고 광고제품인 애드워즈 초창기에 세르게이 브린Sergey Brin은 스

---

[37] 넷스케이프의 전 수석 부사장 밥 리스본Bob Lisbonne이 회장 짐 박스데일의 재담을 전해주었는데, 이 말은 리스본이 박스데일과 회의를 할 때 적어서 개인 웹사이트에 올린 것이다. lisbonne.com/jb.html.

리드하르의 기술팀에 실행권을 주고 싶다는 생각이 있었다. 이 자리에서 세르게이가 가장 많은 급여를 받는 지위에 있다는 것은 의심할 여지가 없었지만 그는 왜 자신의 의견이 최선인지 내세우는 식으로 강요하지 않았고 스리드하르도 그 의견에 동의하지 않았다. 당시 스리드하르는 히포에 해당할 정도의 고위 경영자가 아니었다. 세르게이는 스리드하르에게 단순히 자신의 의견에 따르도록 지시를 할 수도 있었다. 하지만 그는 지시 대신 타협안을 내놓았다. 스리드하르팀의 절반은 세르게이가 원하는 방식을 따르도록 하고 나머지 절반은 스리드하르의 의견대로 하자고 한 것이다. 그래도 스리드하르가 동의하지 않자 두 가지 의견에 담긴 상대적인 장점을 놓고 긴 토론이 벌어졌고 그 끝에 결국 세르게이가 의견을 접었다.

이런 결과는 오로지 세르게이 스스로가 전문성과 창의력을 겸비한 인물로서 플랫폼platform 기술과 결정과정의 전후사정을 깊이 이해했으므로 가능했다. 진행되는 사안을 이해하지 못하는 히포일수록 자신의 방식이 성공할 수 있다고 위협할 가능성이 많다. 여러분이 책임자의 위치에 있지만 직무를 감당하지 못할 때 "내가 말했잖아!" 하는 식으로 고함을 지르며 자신의 방식을 고집하기는 쉽다. 여러분은 직원들에게 신뢰를 받아야 하며 또 자신감을 갖고 그들이 더 나은 방법을 찾도록 맡길 줄도 알아야 한다.

세르게이도 스리드하르에게 통제권과 영향력의 권리를 양도하는 데 개의치 않았다. 자신이 고용한 스리드하르가 자신보다 더 나은 아이디어를 낼 가능성이 있음을 알았기 때문이다. 히포로서 그가 할 일은 자신의 아이디어가 최선이 아니라는 것을 알게 되고 나서는 동료들을 방해하지 않는 것이었다. 스리드하르가 할 일은 자신의 견해를 강력히 주장하는 것이었다. 실력주의가 자리 잡으려면 "반대할 의무"[38]가 존재하는 문화가 필요하다. 어떤 아이디어에 잘못이 있다고 생각하면 그에 대한 관심을 불러일으켜야 한다. 이렇게 하지 않아 그 아이디어가 채택되면 비난받아 마땅하다. 우리의 경험에 비춰볼 때, 전문성과 창의력을 가진 직원은 대개 강력한 의견이 있기 때문에 말하고 싶어 입이 근질거릴 정도이며, 이때 이들이 의견을 개진할 자유를 주는 것이 반대할 의무가 존재하는 문화다. 하지만 이렇지 못한 곳에서는 반대 의견을 내세울 때 불편해한다. 특히 공개 토론회 자리에서 심하다. 바로 이것이 반대 의견이 선택사항이 아니라 의무가 되어야 하는 이유다. 선천적으로 과묵한 사람이라고 할지라도 히포에게 대들 필요가 있다.

실력주의는 보다 나은 결정을 유도하며, 모든 종업원의 가치와 권한을 인정하는 환경을 만들어낸다. 또 실력주의는 히포가 우왕좌왕할 때, 불안과 어둡고 불투명한 환경문화를 추방한다.

그리고 실력주의는 뛰어난 아이디어에 방해가 되는 편견을 제거해준다. 우리의 동료인 엘렌 웨스트Ellen West는 이와 관련해 게이글러Gaygler(레즈비언과 게이, 양성애자, 성전환자 직원들로 구성된 구글의 다양한 집단) 중 한 사람이 한 말을 들려준 적이 있다. 이 사람은 엘렌에게 게이글러들이 자신들이 근무

---

[38] 우리는 매킨지에서 오래 근무한 쇼나 브라운에게 이 말을 들었다. 매킨지의 웹사이트를 보면 이 말이 잘 드러난다. "매킨지의 컨설턴트는 어떤 일이 정확하지 않거나 고객의 이익에 반한다고 생각할 때 누구나 반대할 의무가 있다. 모든 사람의 의견은 존중받아야 한다. 최고 직책이나 고객의 생각에 반대하는 걸 망설일 때는 자신의 의견을 다른 사람과 공유해야 한다. 멘토의 역할이 대개 그렇듯이, 반대할 의무는 자신이 믿는 것을 분명히 밝히고 자신의 관점을 뒷받침하는 사실을 제시하며 다른 사람들에게 자신의 관점을 이해하도록 영향을 줌으로써 자신의 의견에 깊이를 더해주고 스스로 성장하도록 해준다. 이것이 신뢰받는 조언자가 되는 지름길이다."

하는 구글이 "포스트 게이post-gay(동성애자가 성적 취향 외에 다른 것으로 자신의 정체성을 정의하는 것—옮긴이)"를 우선적으로 배려하는 회사인가 아닌가에 대해 토론을 벌였다고 전했다. 여기서 포스트-게이를 먼저 생각하는 회사라는 결론에 의견이 일치했다고 한다. 구글은 "당신이 누군가가 아니라 무엇을 하는가를 중시하는 회사"라는 것이 그 이유였다. 바로 이거다.

7의 규칙

조직 개편은 기업백과에서 아주 경멸받는 용어의 하나다. 아마 "아웃소싱"이나 "80컷 슬라이드 프레젠테이션"만큼이나 싫어하는 말일 것이다. 경영진이 회사의 구조가 문제의 근본 원인이라는 진단을 내릴 때는, 조직을 바꾸면 모든 것이 새롭게 변하고 문제가 해결될 것이라고 판단한다. 그러면 회사는 중앙집권적인 조직에서 분산된 조직으로 변하기도 하고 기능별 조직에서 각 부서별 조직으로 바뀌기도 한다. 이때 일부 경영진의 의견이 받아들여지고 다른 의견은 기각된다. 직원들의 의견은 대부분 묵살되는 가운데 일자리를 계속 유지할 수 있을지 걱정한다. 그래서 살아남을 경우, 누가 새 상사가 될 것인지, 창가 쪽 자리에서 계속 근무할 수 있을지에 신경을 곤두세운다. 그러다가 한두 해가 지나 다른 경영진(똑같은 사람일 수도 있다)이 여전히 문제가 있다고 판단하면 다시 조직을 개편한다. 이런 현상은 기업의 생명으로 볼 때 지독한 "포 루프for loop(컴퓨터 프로그래밍에서 반복문의 일종으로, 특정 부분의 코드가 반복적으로 수행될 수 있도록 한다—옮긴이)"[39]에 해당한다.

조직을 짜는 것은 힘든 일이다. 여러분이 작은 부서에 있을 때 작동하던 것이 큰 부서에서 많은 사람과 일할 때는 작동하지 않을 수도 있다. 그토록 조직 개편이 많이 그리고 자주 이루어지는 것은 바로 이 때문이다. 완벽한 대책이 없을 때 회사는 최적에 못 미치는 대안 사이에서 비틀거리게 마련이다.

이렇게 불안한 흔들림을 방지하기 위한 최선의 방법은 회사를 어떻게 조직해야 하는가에 대한 선입견을 버리고 몇 가지 중요한 원칙을 고수하는 것이다.

먼저 수평적인 관점을 유지해야 한다. 대부분의 회사에서는 기본적으로 긴장감이 흐른다. 사람들은 최고위층에 더 가까이 다가가기 위해 수평 조직을 원한다고 주장하지만 사실 내심으로는 계급적인 조직을 갈망하게 마련이다. 전문성과 창의력을 가진 직원은 이와 달리 수평 조직을 선호한다. 최고경영자에 다가가고 싶어서라기보다 일이 마무리되기를 바라고 의사결정권자와 직접 맞부딪칠 필요가 있다고 생각하기 때문이다. 래리와 세르게이는 언젠가 일체의 관리직을 폐지함으로써 이런 욕구를 수용하려고 한 적이 있다. 이들은 이것을 "탈조직dis-org"이라고 불렀다. 기술 책임자인 웨인 로징Wayne Rosing이 거느리는 직속 부하 직원은 한때 130명에 이른 적도 있다. 전문성과 창의력을 가진 직원도 이와 다르지 않다. 다른 사원들처럼 이들도 여전히 공식적인 조직 구조를 필요로 한다. 결국 관리자가 없는 조직은 끝이 났고 웨인은 다시 직원들을 지휘하게 되었다.

---

39 경제학을 전공한 조너선 로젠버그가 쓴 말로 컴퓨터 과학 내부에서 사용되는 유머러스한 표현.

우리들의 머리에 우연히 떠오른 해결방식은 다소 덜 엄격하면서도 아주 간단한 것이었다. 우리는 이것을 7의 규칙이라고 부른다. 우리가 다른 회사에 근무할 때도 7의 규칙이 있었는데 이 규칙은 어떤 경우든 직속부하의 수를 최대 7명으로 제한해야 한다는 의미였다. 구글의 방식은 관리자가 최소 7명의 직속 부하 직원을 둔다는 것을 암시한다(조너선은 구글 제품 담당 부서를 이끌 때 보통 직속 부하직원이 15~20명이었다). 우리는 지금도 공식적인 조직도를 갖고 있지만 규칙상(예외가 있기 때문에 실제로는 지침에 가까운) 관리자의 감독을 줄이고 직원의 자유를 더 허용하도록 좀 더 수평적인 체계를 유도한다. 직속 부하 직원이 많으면—관리자는 대부분 일곱 명 이상의 부하 직원을 거느린다—당연히 섬세히 관리할 시간이 없게 마련이다.

누구나 제 힘으로 서야 한다

에릭이 선Sun에 있을 때, 회사가 급속도로 성장하는 바람에 갈수록 사업이 복잡해졌다. 결국 경영진은 사업 단위별로 조직을 개편하기로 했다. 새로 생긴 사업부는 "행성"이라고 불렀다. 컴퓨터 서버를 파는 선(태양)의 핵심사업을 중심으로 공전했기 때문이다. 그리고 각 부서는 자체의 손익구조를 갖고 있었다[선에 있는 사람들은 종종 분리된 손익구조를 "누구나 제 힘으로 서야 한다(Every tub has its own bottom: 즉, 모든 통은 제 바닥으로 서야 한다)"는 말로 설명했다. 아마 행성은 바닥이 없고 통은 태양 주위를 돌지 않기 때문일 것이다. "이것이 대기업의 경영방식이다"라는 말로는 부족했기 때문인지도 모른다].

회사의 거의 모든 수입이 하드웨어 사업에서 (즉 행성이 아니라 태양에서) 나오므로 이런 문제가 생긴 것이다. 그러므로 회계부서에서 수입을 살피고 각 행성에 배분해야 할 필요가 있었다. 이 같은 방식의 경영 구조는 자체로 비밀이었기 때문에 각 사업 단위의 책임자들에게는 이 내용이 기록된 문서를 보관하지 못하게 하고 단지 읽어주었을 뿐이다.

우리는 가능하면 기능별 조직이, 기술부서와 제품 담당, 재정, 영업부서 등 각각 분리된 부서에서 CEO에게 직접 보고하는 편이 낫다고 생각한다. 사업부서별 조직이나 생산라인별 조직은 사일로silo(곡식, 사료를 저장해두는 굴뚝 모양의 창고인 사일로에 빗대어 조직 장벽과 부서 이기주의를 의미하는 말—옮긴이)를 형성할 수 있기 때문이다. 이런 조직은 보통 정보와 사람 사이의 자유로운 소통을 짓누른다. 분리된 손익구조는 실적을 제대로 평가하는 방법으로 보이지만 비뚤어진 행동을 유도하는 뜻밖의 부작용을 낳을 수 있다. 사업 단위의 책임자들은 회사의 손익 구조보다 해당 부서의 손익 구조를 우선하고 싶은 유혹을 느낄 수 있기 때문이다. 여러분은 진정한 외부의 고객과 협력업체가 손익 구조를 만들어내는 것임을 명심해야 한다. 선에서는 행성 구조가 생산성의 엄청난 저하로 이어졌다. 책임자들(회계 담당자들)이 실질적 이익을 남기는 훌륭한 제품을 만드는 데 초점을 맞추지 않고 회계 결산할 때 수치를 극대화하는 데 중점을 두었기 때문이다. 가능하면 언제나 조직의 비밀기록이 생기게 되는 상황을 피해야 한다.

모든 조직 개편은 하루에 끝내라

실제로 조직 개편을 할 필요가 있을 때가 있다. 이럴 때 우리는 두 가지 규칙을 적용한다. 첫째, 다양한 집단의 경향을 파악하는 것이다. 기술팀에서는 복잡한 공정을 추가하고 마케팅 부서는 관리 레이어(계층)를 늘리며 영업팀은 보조 직원을 늘리게 마련이다. 이 모든 것을 관리해야 한다(그리고 이것이 매우 중요한 첫걸음이라는 것을 염두에 둬야 한다). 둘째, 모든 조직 개편을 하루에 마치도록 한다. 실제로 하루에 끝내는 것이 불가능해 보일지는 모르지만 직관과는 반대되는 방법이 유리할 때도 있다. 전문성과 창의력을 갖춘 직원이 일하는 회사라면 여러분은 지저분한 환경을 눈감아줘도 된다. 전문성과 창의력을 가진 사람들은 어지러운 환경에서 혼란을 느끼기보다 영감을 얻기 때문에 실제로 도움이 되는 경우가 많다.

2012년에 니케시 아로라Nikesh Arora는 수천 명이 영업과 경영, 마케팅에 매달리는 구글의 사업 조직을 개편하면서, 모든 세부사항이 결정되기도 전에 팀이 개편된다고 신속하게 움직이며 알렸다. 구글의 생산 라인은 단 하나의 주력상품인 애드워즈에서 불과 몇 년 사이에 여러 제품군 — 유튜브 광고, 구글 디스플레이 네트워크, 모바일 광고를 포함해—으로 확대되면서 새로운 영업팀이 생겼고 현장에서는 일부 혼란이 발생했다. 니케시는, 여러 제품과 관계된 영업 책임자들이 대개 그렇듯이 다시 고객에게 초점을 맞추는 "단일한 구글" 조직을 만들고 싶었다. 그런데 대부분의 영업 팀장들과는 달리 니케시는 단 1~2주 만에 계획을 짜고 개편을 **완료했다**(물론 하루에 끝낸 것은 아니다. 클래런스 대로Clarence Darrow가 지적한 대로, 때로는 하루가 반드시 24시간을 의미하는 것은 아닐 때도 있다).[40] 자신의 팀이 달려들어 임무를 완수할 것을 알았기 때문이다. 이후 몇 달 동안 이 사업팀은 개편의 본래 목적에 충실히 따르면서 적응했고 업무에 좀 더 능률을 올리게 되었다. 조직 개편의 열쇠는 신속하게 처리하고 개편이 완료되기 전에 새 조직을 가동하는 것이다. 결과적으로 조직 구도는 처음 생각했던 것보다 강력했고 팀원은 조직의 성공에 더욱 노력을 기울이게 되었다. 자신들이 최종결과를 이끌어내었기 때문이다. 완벽한 조직 구성이란 존재하지 않으므로 완벽한 것을 찾으려고 애쓸 필요가 없다. 여러분이 할 수 있는 최대의 노력을 기울이고 나머지는 전문성과 창의력을 가진 직원에게 맡기면 된다.

베조스의 피자 두 판 규칙

조직은 작은 팀으로 구성되어야 한다. 아마존의 창업자인 제프 베조스는 전에 "피자 두 판 팀" 규정을 만들었는데[41] 이것은 부서의 규모는 피자 두 판이면 모두 충분히 먹을 수 있을 만큼 작아야 한다는 말이다. 규모가 작은 팀은 큰 팀보다 더 많은 일을 하며 정치운동이나 누가 공로를 인정받을 것인지에 대해서도 신경을 덜 쓴다. 작은 팀은 가족과 같아서 말

---

40 여러분이 자랄 때, 또는 지루한 미국사 수업 시간에 꾸벅꾸벅 졸면서 1925년에 있었던 스코프의 재판에 대한 일화를 들었을지도 모르겠다. 유명한 변호사인 클래런스 대로가 테네시 주법을 위반하고 진화론을 가르친 고등학교 교사 존 스코프를 변호한 이야기다. 이 재판에서 대로는 성서의 천지창조에서 말하는 "날짜"는 24시간이 아니라 더 길 수도 있기 때문에 진화론은 성서의 가르침과 모순되지 않을 수도 있다고 주장했다.

41 Richard L. Brandt, "Birth of a Salesman"(*Wall Street Journal*, 2011. 10. 15).

다툼을 벌이거나 싸울 수도 있고 제 기능을 전혀 못 하게 될 수도 있지만 보통 위기가 닥칠 때는 뭉친다. 작은 팀은 제품 생산이 늘어날 때 규모가 커지는 경향이 있다. 소수의 인원으로 구성된 조직이 자체의 기능을 유지하다 보면 마침내 훨씬 더 큰 팀이 되게 된다. 규모가 커지더라도 새로운 돌파구를 찾는 작은 팀의 존재를 방해하지 않는 한 문제 될 것은 없다. 규모를 조정하는 회사에서는 둘 다 필요하다.

가장 영향력이 큰 사람으로 회사를 조직하라

조직 구성의 마지막 원칙은 영향력이 가장 큰 사람들을 확보하고 이들 중심으로 조직을 구성하라는 것이다. 직무나 경험이 아니라 실적과 열정을 토대로 회사를 경영할 사람이 누구인지 알아야 한다. 최고의 지도자라면 이런 자질을 타고나며— 본인이 나서지 않아도 주위에서 선출하는 사람들—쇠가 자석에 이끌리듯 사람들이 이들 주위로 모여들기 마련이다. 인튜이트Intuit의 전 CEO이자 현재 우리 두 사람에게 코치와 멘토 역할을 하는 빌 캠벨Bill Campbell은 애플의 전 인사처 책임자인 데비 비온도릴로Debbie Biondolillo가 한 이 말을 종종 인용한다. "당신의 직함은 당신을 경영자로 만들어주지만 당신을 따르는 사람들은 당신을 지도자로 만든다."

에릭은 전에 워런 버핏에게 기업을 인수하면서 어떤 사람을 찾는지 물어본 적이 있다. 버핏의 대답은, 자신을 필요로 하지 않는 지도자를 찾는다는 것이었다. 버크셔 헤서웨이에 매각해서 떼돈을 버는 방법이 아니라 기업의 성공에 전념하기 때문에 좋은 실적을 올리는 사람이 회사를 경영한다면 버핏은 그 회사에 투자한다는 말이다. 내부의 팀도 이와 똑같은 방법으로 작동된다. 여러분은 여러분의 승인과 무관하게 자신이 옳다고 생각하는 방향에 따라 노력하는 사람들에게 투자해야 한다. 그러면 이런 사람들이 보통 전문성과 창의력을 가진 최고의 인재라는 것을 알게 될 것이다.

이 말은 스타 시스템star system(유명 인사 중심으로 꾸린 조직—옮긴이)을 만들어 내야 한다는 뜻이 아니다. 사실 최고의 경영 시스템은 슈퍼스타의 종합세트보다는 무용단처럼 전체적인 조화를 바탕으로 만들어진다. 뛰어난 재능으로 팀워크가 잘 맞으므로 기회가 찾아오면 장기적인 조화를 만들어 낸다.

고위층에서 가장 큰 영향력을 행사하는 사람들은—회사를 경영하는 사람들—제품 담당자들이어야 한다. CEO가 회의석상에서 주위를 둘러볼 때 적용해야 할 경험법칙 중 하나는, 적어도 모인 사람의 50퍼센트는 회사의 제품과 서비스 분야에서 전문가여야 하고 제품개발에 책임을 지는 사람이어야 한다는 것이다. 이 법칙은 지도부가 계속 우수한 제품에 초점을 맞추는 데도 도움이 될 것이다. 재정이나 영업, 법률 담당 같은 조직적 요인도 기업의 성공에 분명히 중요하지만 이런 요소가 회의의 흐름을 주도해서는 안 된다. 여러분은 또 지도자로서 자신의 이해관계를 회사보다 우위에 두지 않는 사람들을 선발해야 한다. 우리는 회사 내의 각 사업 단위나 부서에서 이런 사례를 많이 본다. 다시 말해 앞에서 본 대로 각 단위별 부서의 성공을 회사 전체의 이익보다도 우선하는 사람이 있다는 말이다. 선에 근무할 때, 에릭은 서버가 필요한 적이 있었다. 연휴 기간이었기 때문에 에릭은 회사의 구매 시스템을 이용하는 대신 직접 도매상으로 가서 선반에서 서버 시스템 하나를 끄집어냈다. 그가 상자를 열자 "사용 전 알아두기"를 적은 글이 여섯 가지나 되었다. 각 부서의 히포가 각각 자신의 메시지가 가장 중요하다고 여겨 기록한 내용이었다.

정부의 수많은 웹사이트도 이런 문제에서 자유롭지 못하다(TV 리모컨도 마찬가지다. 적어도 왜 리모컨이 그토록 복잡한지 납득시켜주는 것은 설명서밖에 없다. 왜 음소거 버튼은 작고 잘 안 보이는데 "연결 버튼"은 크고 색깔이 다채로운지 실로 심각한 문제다. 연결 업무 부서를 이끄는 경영자가 따로 광고할 인기 상품이 있어서거나 아니면 시청자가 광고음을 쉽게 끄면 아무도 돈을 못 받기 때문일 것이다). 제품 디자인을 보고 회사의 조직도에서 담당 기술진을 바꿀 수 있게 돼서는 안 될 것이다. 만일 여러분이 새로 아이폰을 사서 포장을 뜯어본다 치자. 애플사의 최고 결정권자가 누구인지 알아볼 수 있겠는가? 바로 고객인 여러분이다. 소프트웨어의 책임자도 아니고 제조부서나 소매점, 하드웨어나 앱의 책임자도 아니며 "수표에 서명하는 사람"도 아니다. 고객이 최고 결정권자가 되어야 한다는 말이다. 당연히 그래야 한다.

최고의 영향력을 지닌 사람이 누구인지 일단 확인한 다음에는 그들에게 더 많은 일을 맡겨라. 최고의 능력을 지닌 사람에게 더 많은 책임을 지우면 그들이 책임을 진다고 믿어야 하며 실제로 과중할 때는 지나치다는 말을 할 것이다. 옛말에도 있듯이, 끝내고 싶은 일이 있을 때는 바쁜 사람에게 맡기는 것이다.

네이브를 추방하고 디바를 위해 싸워라

어린 시절 나이트knight(카드의 기사, 정직한 사람—옮긴이)와 네이브knave(카드의 잭, 부정직한 사람—옮긴이)를 두고 전해졌던 수수께끼를 기억하는가? 여러분이 나이트와 네이브가 있는 섬에 있다고 쳐보자. 나이트는 언제나 진실만을 말하고 네이브는 언제나 거짓말을 하는 사람이다. 여러분이 갈림길에 있는데, 한쪽 길은 자유에 이르는 길이고 나머지 한쪽은 죽음에 이르는 길이다. 마침 그곳에 두 사람이 서 있는데 한 사람은 나이트고 또 한 사람은 네이브다. 하지만 누가 누군지 구분이 안 된다. 여러분은 어느 쪽 길로 가야 할지 몰라서 '예·아니오'만 대답할 수 있는 질문을 묻게 된다. 어떻게 물어야 하는가?[42]

세상은 이 섬과 같다. 다만 조금 더 복잡할 뿐이다. 실생활에서 네이브는 정직하지 않을 뿐만 아니라 불성실하고 이기적이며 회사생활을 할 때 비열한 방법을 쓰는 것이 현실이다. 예컨대 오만한 태도는 네이브가 성공했을 경우 당연히 보일 성향이다. 이들에게 예외주의는 성공에 없어서는 안 될 기본 토대이기 때문이다. 반면 선하고 겸손한 기사(기술자)는 오로지 자신만이 세계적인 제품을 발명할 존재라는 생각을 견디지 못하는 법이다. 이런 태도는 자만심의 맹점만큼이나 위험스럽다.

---

[42] 올바른 대답을 유도하는 질문이 몇 가지 있다. 예를 들어 한 방향을 가리키며 두 사람 중 한 사람에게 물어본다. "내가 당신에게 '이쪽이 자유로 가는 길이냐'고 물으면 맞다고 말할 건가요?" 그렇다는 대답이 나오면 그쪽은 자유에 이르는 길이다. 아니라는 대답이 나오면 죽음에 이르는 길이다. 또 둘 중 한 사람에게 이렇게 물어본다. "내가 저쪽 사람에게 어느 길로 가야 하는지 물어본다면 어떤 말을 할까요?" 이때는 대답의 반대를 선택하면 된다. 혹은 몇몇 미국 대통령이 한 것처럼 침공 명령을 내릴 수도 있다.

사람을 네이브로 분류하는 요인은 이 밖에도 더 있다. 여러분은 동료가 성공하면 질투를 하는가? 그렇다면 여러분은 네이브다(전문성과 창의력을 가진 오셀로에게 "아, 장군님, 질투를 조심하세요! 그것은 사람의 마음을 사로잡아 농락하는 녹색 눈의 괴물이랍니다"라고 경고하는 이아고의 말을 생각해보라.)[43] 누군가의 공을 가로채는가? 이 역시 네이브다. 고객에게 필요없거나 이익이 되지 않는 물건을 파는가? 네이브다. 전자레인지 회사에서 사실을 숨기고 간단한 요리만 하도록 부추기는가? 네이브다. 교회당 벽에 자신의 이름이나 서명으로 낙서를 하는가? 네이브다.

한 기업의 성격은 거기서 일하는 사람들의 성격을 종합한 결과이다. 그러므로 여러분이 신뢰할 만한 회사를 만들기 위해 노력한다면, 그것이 곧 여러분의 직원들이 따르는 기준이 될 것이다. 이러면 네이브가 들어설 자리가 없다. 그리고 우리의 경험에 비춰볼 때, 일반적으로 한번 네이브가 되면 끝까지 네이브로 남는다(톰 피터스Tom Peters는 "진실성에는 작은 실수도 없는 법이다"라고 했다).

다행히 직원의 행위는 사회적 규범이 된다. 나이트의 가치를 존중하는 건전한 문화에서는 네이브를 가려내며 이들에게 열심히 하든지 아니면 떠나라고 한다.(이것은 붐비는 사무실에서도 엿볼 수 있다. 인간은 사회적 통제를 받을 때 최선을 다하게 마련이다. 붐비는 사무실은 수많은 사회적 통제로 채워져 있지 않은가!) 이런 환경은 대부분의 네이브가 규범을 위반할 때 매우 효과적이다. 네이브는 일반적으로 나이트보다 개인의 성공에 더 자극을 받기 때문이다. 또 이들은 자신의 행위가 성공을 보장하지 못한다고 생각하면 더 쉽게 떠날 것이

---

[43] 윌리엄 셰익스피어.

다. 여러분이 관리하는 팀에서 네이브를 발견하게 되면 그의 책임을 줄이고 나이트에게 그 일을 맡기는 것이 최선이다. 그리고 터무니없이 규범을 위반할 때는 당장 제거해야 한다. 다른 새끼들의 어미에게서 젖을 훔쳐 먹는 바다코끼리 새끼(네이브)를 생각해보라. 이런 새끼는 자신의 젖먹이 어미에게뿐 아니라 다른 암컷 바다코끼리에게도 공격당한다.[44] 여러분은 회사의 기본적인 이익을 해치는 사람들에게는 언제나 엄격해야 한다. 바다코끼리처럼 물지는 않더라도 신속하고 과감하게 대처해야 한다. 미연에 방지하는 것이 최선이다.

네이브가 되는 데는 티핑 포인트tipping point(작은 변화들이 쌓여, 이제 작은 변화가 하나만 더 일어나도 갑자기 큰 영향을 초래하는 단계—옮긴이)라는 것이 있다. 일정량이 쌓여서 네이브가 된다는 말이다(여러분이 생각하는 것보다는 적은 양이다).[45] 성공하기 위해 네이브가 될 필요가 있다고 믿기 시작하면 문제가 악화된다. 전문성과 창의력을 가진 사람은 수많은 장점이 있지만 이들이 성인聖人은 아니기 때문에 네이브의 측면이 없는지 살피는 것이 중요하다.

---

[44] 여기서 바다코끼리는 사업을 의미한다. "무는 것은 때로 심각한 부상을 낳는다. 젖을 뗀 이 새끼가 울며 도망치면 이웃에 있는 암컷들의 주의를 끌게 되고 이들은 종종 도망치는 새끼를 무는 일에 가담한다. 이 결과 젖을 훔쳐 먹다 들킨 새끼는 보통 암컷 사회에서 추방된다." Joanne Reiter, Nell Lee Stinson, and Burney J. Le Boeuf, "Northern Elephant Seal Development: The Transition from Weaning to Nutritional Independence"(*Behavioral Ecology and Sociobiology*, Volume 3, 1978. 8), pp.337~367.

[45] 심리학에서 분명히 밝혀진 것으로 인간의 경험에 광범위하게 두루 적용되는 사실 하나는, "악이 선보다 강하다"라는 어느 심리학자의 말로 대변된다. 조직에서는 때로 미꾸라지 한 마리가 연못 전체를 흐리는 일이 있다. Roy F. Baumeister, Ellen Bratslavsky, Catrin Finkenauer, and Kathleen D. Vohs, "Bad Is Stronger Than Good"(*Review of General Psychology*, Volume 5, issue 4, 2001. 12). 조직 내의 미꾸라지 효과에 대해서는 다음 책 참조. Will Felps, Terence R. Mitchell, and Eliza Byington, "How, When, and Why Bad Apples Spoil the Barrel: Negative Group Members and Dysfunctional Groups"(*Research in Organizational Behavior*, Volume 27, 2006. 1).

네이브를 디바diva(인기 있고 뛰어난 여자 스타를 의미하는 용어이지만 여기서는 돌출행동을 하는 인재를 뜻함—옮긴이)와 혼동해서는 안 된다. 네이브의 행위는 불성실한 데서 나오는 것이며 디바의 행위는 높은 예외주의의 산물이다. 네이브는 팀보다 개인을 우선시하고 디바는 자신이 팀보다 뛰어나다고 생각하지만 성공을 바라는 것은 똑같다. 네이브는 가능하면 신속하게 대처할 필요가 있지만 디바는, 색다른 자신감으로 기여를 하는 한, 눈감아줘야 하고 때로 보호할 필요도 있다. 뛰어난 사람들은 종종 인습을 뛰어넘고 까다로우며 일부는 반감을 살 만큼 기벽奇癖이 있다. 문화는 사회적 기준에 관한 것인데 디바는 기준을 거부하는 성향이 있어 문화 요인으로 네이브와 함께 디바까지도 쓸어낼 수가 있다. 아무튼 사람들이 디바와 함께 일하는 의미를 이해하고 디바의 실적이 디바의 방식으로 생기는 부수적인 손실보다 더 큰 가치가 있는 한, 여러분은 디바를 위해 노력하고 싸워야 한다. 디바는 흥미로운 일을 함으로써 여러분의 투자에 기대만큼의 성과를 올릴 것이다(지금 디바를 언급하니 여성을 떠올릴지 모르지만 스티브 잡스도 세계적으로 유명하고 뛰어난 디바의 한 사람이었음을 기억하기 바란다).

좋은 의미의 과로

일과 개인생활의 균형. 이 말은 "진화된" 관리방식의 또 다른 기준으로서 아마 전문성과 창의력을 가진 직원에게는 모욕이 될지도 모른다. 표현 자체에 문제가 있다. 많은 사람에게 일이란 별개의 것이 아니라 생활의 중요한 일부이기 때문이다. 최고의 문화는 좋은 의미에서 지나치게 일이 많기도 하고 직원을 과로하게 하기도 한다. 집에서나 회사에서나 해야 할 흥미로운 작업들이 수두룩한 것이다. 따라서 여러분이 관리자라면 일에 활기를 주고 알차게 만드는 것이 여러분이 할 일이다. 직원이 지속적으로 주당 40시간 근무를 하는지 확인하는 게 여러분이 할 일의 핵심이 아니다.

우리 두 사람, 에릭과 조너선은 완전히 어두워진 다음에 퇴근하는 젊은 엄마들과 일한 적이 있다. 이들은 가족과 함께 시간을 보내며 아이들을 재울 저녁 시간대까지 일을 하는 것이다. 그러고 나서 한 9시쯤 되면 이메일과 채팅이 들어오기 시작한다. 다시 일로 돌아와 신경을 쓰는 것이다(아빠도 마찬가지지만 이런 생활방식은 특히 워킹맘에게 해당하는 현실이다). 이들이 지나치게 일을 많이 하는 것인가? 그렇다. 이들은 집에서도 할 일이 많다고 할 수 있는가? 그렇다. 이들이 일 때문에 가족과 자신의 삶을 희생한다고 말할 수 있는가? 그럴 수도 있고 아닐 수도 있다. 스스로의 생활방식을 선택한 것이기 때문이다. 일 때문에 모든 것이 뒤로 밀릴 수가 있으며 이때는 희생을 감수해가며 상황을 받아들인다. 하지만 근무 중에 잠시 빠져나가 아이들과 해변에서 오후 시간을 보낼 때도 있고, 때로는—더 흔한 경우—사무실 주변에서 가족과 점심이나 저녁식사를 하며 사적인 시간을 보낼 때도 있다(여름철 구글 플렉스의 중앙에 있는 정원 풍경을 보면 마치 가족들이 야영을 하는 것 같다. 아이들이 여기저기 뛰어다니는 가운데 부모들은 멋진 저녁식사를 한다). 과중한 업무는, 특히 신생기업에서는 수주나 수개월이 걸릴 수도 있지만 결코 끝없이 계속되는 것은 아니다.

이런 상황을 관리하려면 그들에게 책임과 자유를 주어야 한다. 늦게까지 일하도록 지시해서도 안 되지만 일찍 집에 가서 가족과 함께 지내라고 말해서도 안 된다. 그 대신 책임을 지는 일을 맡겨주면 알아서 임무를 수행할 것이다. 그렇게 할 수 있도록 공간과 자유를 주어라. 2012년에 야후의 CEO가 된 직후 실리콘밸리에서 세계적으로 유명한 워킹맘의 한 사람이 된 마리사 메이어Marissa Mayer는 탈진증후군이 과로 때문이 아니라 실제로 중요한 일을 포기해야 할 때 느끼는 분노에서 발생한다고 말한다.[46] 전문성과 창의력을 가진 직원에게는 스스로 통제할 권한을 주어라. 그러면 그들은 대개 어떻게 하면 생활의 균형을 찾을 것인지 알아서 최선의 결정을 내릴 것이다.[47]

이들을 소규모 부서에 배치하는 것도 도움이 될 수 있다. 규모가 작은 팀에서는 팀원들이 누가 언제 탈진 상태를 보이는지, 언제 일찍 퇴근하거나 휴가를 갈 필요가 있는지 더 빨리 알게 된다. 규모가 큰 부서라면 누가 일손을 놓고 휴가를 가더라도 이유를 잘 모를 수가 있다. 작은 부서에서는 동료의 빈 의자를 보면서도 안도할 수 있다.

우리는 비록 "일과 생활의 균형"을 맞추도록 해주지는 않지만 실제로 휴가를 가서 휴식을 취하라고 장려한다. 자신이 1~2주 일손을 놓으면 업무가 마비될 것이라고 믿을 만큼 회사의 성공을 좌우할 중요한 직원이

---

[46] Marissa Mayer, "How to Avoid Burnout"(*Bloomberg Businessweek*, 2012. 4. 12).
[47] 과중한 업무에서 탈진증후군이 발생할 수 있다는 것은 의심할 여지가 없다. 사람의 시간과 에너지는 유한하기 때문이다. 하지만 탈진증후군에 대한 연구결과는 통제력 부족도 주요 원인이라는 것을 보여준다(다른 원인으로는 불충분한 보상과 공동체 내의 부조화, 불공정, 가치관의 대립을 꼽을 수 있다). 탈진증후군에 대한 대표적 연구가인 심리학자 크리스티나 마슬라흐Christina Maslach는 탈진증후군을 사람과 직업 간의 부조화에 따른 증상으로 보며 조직에 좀 더 인간적인 작업환경을 조성하라고 권고했다. Christina Maslach and Michael P. Leiter, *The Truth About Burnout: How Organizations Cause Personal Stress and What to Do About It*(Jossey-Bass, 1997).

있다 치자. 이런 사실을 인정해야 한다는 것은 꽤나 심각한 문제라고 할 수 있다. '없어서는 안 될 직원'이란 존재가 있어서도 안 되고 있을 수도 없다. 여러분은 때로 이런 상황을 의도적으로 조장하는 직원과 맞닥뜨리는 경우가 있을 것이다. 아마 자신감을 과시할 목적이거나 아니면 "없어서는 안 될 역할"이 자신의 자리를 보장해줄 거란 잘못된 믿음 때문일 것이다. 이런 사람들에게는 휴가를 주어서 그들이 없는 동안에도 후임자가 얼마든지 업무를 대신할 수 있다는 것을 분명히 보여줘야 한다. 휴가에서 돌아온 이들은 재충전과 동기유발이 된 상태로 업무를 시작할 것이고 이들을 대신한 직원은 더욱 자신감이 생길 것이다(이러한 제도는 부모로서 출산휴가나 육아휴직을 내는 사람들에게 보이지 않게 크나큰 이익을 안겨주기도 한다).

긍정의 문화를 세워라

필자 두 사람은 모두 자녀가 있으며 직접 겪은 경험을 통해 부모가 반사적으로 '안 된다'고 말하는 습관이 자녀를 의기소침하게 하는 걸 알고 있다. "탄산수 좀 마셔도 되나요?" 안 돼. "아이스크림을 하나 더 가져가도 되나요?" 안 돼. "숙제를 아직 못 했는데 비디오게임 해도 되나요?" 안 돼. "고양이를 건조기에 넣어도 되나요?" 안 돼.

이렇게 "무조건 안 된다고 말하는" 증후군이 직장에도 나타날 수 있다. 회사는 안 된다고 말함으로써 정교하고 때로 수동적으로 공격성을 드러낸다. 지시에 따르고 승인을 받고 회의에 참석하는 과정이 다 마찬가지다. 전문성과 창의력을 가진 직원에게는 "안 된다"는 말이 죽음이나 다름

없다. 안 된다는 말은 회사가 창립 당시의 열정을 상실하고 지나치게 기업화되었다는 신호다. 이렇게 부정적인 반응이 많으면 전문성과 창의력을 가진 직원은 더 이상 묻지 않고 이탈하기 시작한다.

이런 현상을 방지하려면 해도 된다는 긍정의 문화를 세워야 한다. 성장 중에 있는 회사는 혼란스러울 수밖에 없다. 이때 관리자들은 대개 처리 과정을 더 많이 둠으로써 규제하려고 한다. 이런 과정은 회사가 발전하는 데 도움이 되는 것도 있지만 가능하면 뒤로 미루는 것이 좋다. 새로운 처리 과정이나 승인제도를 도입할 때는 기준을 높여 함부로 적용하지 말아야 한다. 사업상의 이유로 부득이하게 강제로 적용할 수밖에 없는 규정은 따로 만들어야 한다는 것을 명심하라. 우리가 즐겨 인용하는 표현 중에, 학자이자 코네티컷 대학교의 전 총장인 마이클 호건Michael Hogan의 이런 말이 있다. "내가 하고 싶은 첫 번째 충고는 해도 된다고 말하라는 것이다. 가능하면 된다는 말을 자주 하는 것이 좋다. 해도 된다는 긍정의 말은 일을 진척시키는 방법이다. 된다는 말은 새로운 경험으로 이어지며 새로운 경험은 여러분을 지식과 지혜로 이끌어줄 것이다. (…) 긍정의 태도는 이 불확실성의 시대에 여러분이 앞으로 나갈 수 있는 방법이다."[48]

몇 년 전, 유튜브의 전 책임자인 살라르 카망거Salar Kamangar는 그 자신의 "긍정의 태도"를 경험한 순간이 있었다. 주간 직원회의에서였다. 고화질 재생장치 신제품 테스트에 대해 논의하는 자리였고, 테스트는 잘 진행되었다. 너무 잘된 나머지 살라르는 실제로 당장 출시해도 아무 문제

---

[48] Steve Friess, "In Recession, Optimistic College Graduates Turn Down Jobs"(*New York Times*, 2009. 7. 24).

가 없지 않겠냐고 물었다. "그런데요"라며 직원 하나가 입을 열었다. "일정상으로는 몇 주 뒤에나 시판하게 돼 있습니다. 좀 더 테스트를 해보고 최종적으로 이상이 없다는 것을 확인해보는 게 어떨까요." "일리가 있군요"라고 살라르가 대답했다. "그런데 일정 외에 지금 출시할 수 없는 다른 이유가 또 있습니까?" 아무도 이유를 대지 못했다. 그 고화질 유튜브는 그다음 날 시판이 되었다. 아무런 문제도 발생하지 않았고 시판을 가로막을 것도 없었다. 수많은 유튜브 사용자들은 한 사람의 긍정적인 결정 덕분에 몇 주 빨리 혜택을 보았다.

거창한 여흥거리보다 재미를

매주 열리는 구글의 전체 TGIF 회의에서는 전 직원이 다양한 색깔의 프로펠러가 달린 모자를 써서 자신을 드러낸다. 세르게이는 따뜻한 환영 인사로 전 직원의 박수를 받고 나서 "이제 자리로 돌아가 일들 하세요"라고 말한다. 대단한 농담은 아니지만 세르게이의 무표정한 얼굴과 가벼운 러시아 악센트 때문에 언제나 좌중에는 웃음이 터져 나온다. 그의 여러 재능 중에, 전문성과 창의력을 가진 지도자로서 세르게이가 가진 강점의 하나는, 유머 감각이다. TGIF 회의를 주재할 때면 그가 즉흥적으로 내뱉는 간단한 한마디가 실내를 웃음바다로 만든다. 창업자의 농담에 대한 반응으로 웃는 것이 아니라 마음에서 우러나오는 웃음이다.

훌륭한 신생기업이나 훌륭한 프로젝트라면—훌륭한 직업도 마찬가지로—재미fun가 있어야 한다. 여러분이 아무 즐거움도 없이 녹초가 되도록 일만 한다면 뭔가 잘못된 것이다. 부분적으로 재미는 미래의 성공에 대한 설렘에서 오기도 하지만 회사 동료와 농담을 주고받으며 즐겁게 근무하는 데서 오는 경우가 많다.

대부분의 회사는 대문자 'F'로 시작하는 거창한 '여흥거리Fun'를 만들어내려고 한다. 가령 이러한 식이다. "우리는 연례행사로 회사 야유회를 갈 것이다, 휴일 파티를 열 것이다, 금요일에 옥외행사를 열 것이다." 거창한 음악회를 열거나 거창한 상을 제정하기도 하고 거창한 경연대회를 열어 일부 동료들을 당황하게 만들기도 한다. 얼굴에 그림을 그리는 페이스페인팅이나 광대극, 점쟁이 콘테스트 같은 행사를 열 수도 있다. 또 요리 솜씨를 겨루는 행사(술 마시는 행사는 제외)도 열 수 있다. 여러분은 이런 데 참석해서 신나는 시간을 보낼 수도 있을 것이다. 하지만 이와 같은 거창한 오락행사에는 재미가 없다는 문제점이 따른다.

꼭 이렇게 해야 할 필요는 없다. 멋지게만 한다면 회사에서 준비한 행사가 나쁠 것은 전혀 없다. 사실 재미난 회사 파티를 여는 것은 어렵지 않다. 그 공식은 흥겨운 결혼식과 똑같다. 축하하러 온 반가운 손님들(반가운 손님을 초대하지 않겠는가?)과 흥겨운 음악, 풍성한 음식만 있으면 족하다. 물론 선천적으로 무뚝뚝한 사람들(보카 러턴 출신의 바버라 아주머니나 경리과의 크레이그처럼) 때문에 흥이 깨질 수도 있지만 뛰어난 1980년대 리메이크 밴드나 맛 좋은 술만 있으면 크게 문제될 것은 없다. 빌리 아이돌의 노래에 맞춰 춤을 추며 앵커 스팀 비어를 쭉 들이켜노라면 모든 사람이 즐거워할 것이다.

또 그룹별이나 회사 차원의 옥외행사도 있다. 이런 행사는 종종 구성원의 단합에 도움이 되는 "팀워크 구축" 행사라는 이유로 정당화된다. 로프

코스ropes course(팀워크 구축을 위해 나무에 오르거나 밧줄을 타는 모험 여행―옮긴이)나 요리교실도 있고 성격검사나 그룹별 문제해결 모임도 있으며 단체로 기구운동을 할 수도 있다. 또 참여하지 않을 수도 있다. 다만 옥외행사에 대한 우리의 생각은, "팀워크 구축"이란 목표 따위는 잊어버리고 재미나게 즐기라는 것이다. 야유회에 대한 조너선의 기준은 실제 여행처럼 느낄 수 있게 충분히 멀리 떨어진 새로운 장소에서 야외 집단 활동(날씨가 허용될 경우)을 하라는 것이다. 또 하루에 마칠 수 있어야 하고 혼자서는 경험할 수도 없고 계획하지도 못할 기회를 제공해야 한다는 것이다.

조너선은 뮤어우즈 국립공원과 피너클스 국립공원, 유명한 바다코끼리를 볼 수 있는 아뇨 누에보 섬, 산타크루스 해변의 나무판자를 깐 산책로 등, 북캘리포니아 일대의 모든 여행 코스에 이 기준을 적용했다. 이런 행사는 비용이 많이 들지 않으며 또 저렴하게 즐길 수 있는 코스다(거창한 행사Fun는 보통 그렇지 못하다). 구글 초창기부터 래리와 세르게이가 주관하는 롤러 하키게임에 가입하는 데는 스틱과 스케이트 한 벌 그리고 창업자와 힙 체크hip-check(아이스하키에서 상대편의 엉덩이와 부딪치는 바디체크―옮긴이)를 할 자세만 되어 있다면 충분하다. 셰릴 샌드버그는 자신이 이끄는 영업팀을 대상으로 독서 클럽을 운영했는데, 우리 인도 사무실에서는 너무 인기가 많아 독신자는 죄다 참여했다. 에릭은 사무실을 찾은 한국의 인기 스타 싸이와 함께 '강남 스타일' 춤을 추며 서울팀을 이끌었다[에릭은 "아무도 보지 않는 듯이 춤을 춰라"라는 새첼 페이지Satchel Paige(미국의 전설적인 흑인 야구선수―옮긴이)의 충고에 개의치 않았다. 여러분이 지도자라면 모든 사람이 볼 것이고 중요한 것은 여러분이 춤을 춘다는 것이지 춤을 잘 추고 못 추고는 문제가 아니다]. 조너선은 마케팅 책임자인 신디 매카프리Cindy McCaffrey와 내기를 한 번 한 적이 있는데, 신디는 직원들을 대상으로 한 구글 가이스트Googlegeist라는 연례 설문조사에 자신의 팀이 예년보다 더 많이 참여한다는 데 걸었다. 내기에 진 사람은 이긴 사람 차를 세차해주기로 합의했다. 조너선이 내기에 지자, 신디는 리무진을 한 대 빌려 완전히 흙투성이로 만든 다음(어떻게 그렇게 했는지는 지금도 모르겠다) 팀원들을 불러모아 조너선이 거대한 SUV에 달라붙어 물 풍선을 던져가며 세차하는 모습을 지켜보게 했다. 또 한 번은 조너선이 농구 게

싸이와 함께 구글러들 앞에서 춤을 추는 에릭.

임을 하려고 농구 세트를 가지고 와서 몇몇 기술팀에게 누가 먼저 조립을 하는지를 두고 내기를 했다. 기술팀 사람들은 동글dongle(컴퓨터에 연결하는 작은 크기의 하드웨어로 현재는 브로드밴드 무선 어댑터를 가리키는 말로 널리 쓰인다—옮긴이)로 덩크슛을 하는 방법은 몰랐지만 세트를 보자 이내 기술적인 문제를 간파했다.

놀이문화의 결정적인 요인은 혁신성에 달려 있다. 재미는 어디서든 찾을 수 있다. 그에 대한 열쇠는 가능하면 허용 범위를 넓게 잡는 데 있다. 불가침의 영역이 있어서는 안 된다. 2007년에 몇몇 기술진은 조직 내의 네트워크에 있는 에릭의 프로필 사진이 공유폴더 안에 있는 것을 발견했다. 이들은 사진의 배경을 바꿔 빌 게이츠의 사진을 집어넣었다. 그리고 만우절 날 에릭의 페이지에 새로 업데이트 된 사진을 올려놓았다. 에릭을 검색하는 구글 직원은 누구나 그 사진을 볼 수 있었고, 에릭은 그 사진을 한 달간 자신의 프로필 사진으로 갖고 있었다.

전문성과 창의력을 겸비한 유머는, 배경에 빌 게이츠의 사진을 넣은 것에서 보듯, 점잖기만 한 것은 아니다. 다만 경계를 허물었다는 데 의미가 있는 것이다. 2010년 10월, 콜린 맥밀런Colin McMillen[49]과 조너선 파인버그Jonathan Feinberg라는 두 기사가 밈젠Memegen이라는 내부 사이트를 개설했다. 구글러들이 밈meme을 만들어내고—이미지에 어울리는 간단한 제목을 붙여서—각자의 창작품에 투표를 하도록 하는 사이트였다. 밈젠은 구글러가 회사의 상태에 대해 신랄한 표현을 하면서 재미를 느낄 수

---

[49] 구글에 들어오기 전에 콜린은 리캡차reCAPTCHA의 공동 창업주였다. 이 소프트웨어 앱은 웹사이트의 이용자가 연속 검색프로그램bot이 아니라 '인간'이라는 것을 확인시켜주는 장치였다. 왜곡된 문장을 보면 상자에 입력하게 되어 있었다. 어쨌든 그의 대표적인 업적은 밈젠이라고 할 수 있다.

직원들이 만우절 선물로 올린 '빌 게이츠 사진 앞의 파일럿 모자를 쓴 에릭'.
에릭은 이 사진을 매우 재미있어해 한 달간이나 프로필에 올려놓았다.

밈젠에 대해 설명하는 에릭.
에릭은 '밈젠'을 하는 구글러들에게 매우 인기 있는 풍자 대상이었다.

있는 새로운 방법을 제시했다. 이 사이트는 대대적인 성공을 거두었다. 밈젠은 톰 레러Tom Lehrer(미국의 피아니스트, 풍자가, 싱어송라이터—옮긴이)와 존 스튜어트Jon Stewart(미국의 코미디언, 풍자가, 방송 진행자—옮긴이)의 멋진 전통을 이어받으며 회사 내에서 화제의 중심으로 떠오른 가운데 엄청난 재미를 불러일으켰다. 한마디로 에릭은 밈젠 참여자들에게 인기를 끈 것이 분명했다.

회사에 갖고 있는 불만을 회사에서 풀어냄으로써 훨씬 재미있게 발산하는 방법을 보여주었던 것이다.

이런 것은 본격적인 오락행사가 아니며 지시한다고 되는 것도 아니다. 이런 일은 재미가 있으며, 오로지 동료들을 신뢰하고 "이 일이 새나가면 무슨 일이 일어날까?"라고 전전긍긍하는 소심한 사람과는 거리가 먼 자유로운 환경에서만 가능하다. 이런 재미를 지나치게 누릴 수는 없다. 많을수록 할 일이 더 늘어나니까.

복장 규정을 바꿔라

노벨의 CEO가 되고 얼마 지나지 않아 에릭은 아는 사람에게 훌륭한 충고를 들었다. 그 사람은 이렇게 말했다. "방향전환을 하려거든 먼저 유능한 인물들을 찾으세요. 유능한 인물들을 발견하려면 그런 사람을 먼저 한 명만 찾아내면 됩니다." 몇 주 뒤, 에릭은 그에게 좋은 인상을 준 노벨의 기사 한 명과 새너제이에서 유타(본사가 있는)로 가는 비행기에 올랐다. 에릭은 방향전환에 대해 들었던 충고를 떠올리며 이 유능한 기사의 말을 중간에 자르고 노벨에서 그가 아는 아주 유능한 인물 열 명의 명단을 작

"구글에 온 것을 환영합니다"
누글러(새로 입사한 구글러)에게 선물한 모자.

구글 글라스용 앱을 위해 시험 제작된
구글 글라스를 착용 중인 개.

헬륨 풍선을 이용해 수십억 명의 사람들에게
광대역 인터넷 접속 기회를 제공한 룬 프로젝트.

성해달라고 부탁했다. 몇 분 뒤 에릭은 이 명단을 손에 쥐었다. 이후 그는 이 열 명과 각각 일대일 면담을 했다.

며칠 뒤, 명단에 오른 첫 번째 사람이 에릭의 사무실에 창백한 얼굴로 나타났다. "제가 뭐 잘못한 것이 있나요?" 그가 물었다. 이후의 면담도 비슷한 형식으로 진행되었다. 이 유능한 인물들은 모두 겁에 질려 수세적인 모습으로 면담 자리에 나왔다. 에릭은 이들의 태도가 CEO와 일대일 면담을 한다는 사실을 의식했기 때문이라는 것을 이내 알아차렸다. 그는 무심코 회사의 인재들에게 해고될지도 모른다는 불안을 느끼게 한 것이다.

이것은 현재의 기업문화를 바꾸는 것이 얼마나 힘든지 일찌감치 깨닫게 해준 교훈이었다. 유능한 인물을 찾으라는 충고는 들었지만 시행단계에서 에릭이 미처 생각지 못한 문화적 구속력 때문에 혼란이 온 것이다. 신생기업에서 문화를 구축하는 일은 비교적 쉬운데 현재 존재하는 기업문화를 바꾸는 것은 유난히 어렵다. 하지만 성공의 길에 훨씬 더 중요한 것은 전문성과 창의력을 가진 직원들이 대개 지나치게 "기업화"되고 정체된 문화를 아주 싫어한다는 사실이다.

우리는 최근, 2012년에 구글이 인수한 모토롤라 모빌리티Motorola Mobility의 작업에서 이런 시나리오에 따른 몇몇 예를 실제로 경험했다.[50] 이 과정에서 중요한 몇 가지 단계가 있다. 첫째, 문제를 알아야 한다. 현재의 회사를 규정하는(사명 선언이나 가치 선언에서 묘사한 것이 아니라 실제로 매일 근무하는 사람들이 겪는) 문화는 무엇인가? 사업상의 원인에서 나온 것이라면 이런 문화에는 어떤 문제가 있는가? 중요한 것은 단순히 현재의 문화를 비판하

---

[50] 구글은 2014년 모토롤라를 레노버에 매각했다.

는 것이 아니다. 이것은 단지 사람들에게 모욕을 줄 뿐이다. 문제는 실패한 사업들 사이에 어떤 연관성이 있고 이런 상황에서 문화가 어떤 방안을 제시할 수 있는지 파악하는 것이다.

이런 다음 마음에 그리는 새로운 문화를 명백하게 밝히고—"미래를 쓴다write the future"라는 2010년 월드컵 때 나이키의 광고 문구를 잠깐 빌리자면—이 방향으로 남의 이목을 끄는 독특한 발걸음을 내딛는 것이다. 투명성을 높이고 부서 간에 서로 아이디어를 공유해야 한다. 모든 사람의 일정을 공개하여 다른 사람이 무슨 일을 하고 있는지 모든 직원이 알도록 해야 한다. 전 직원회의를 더 자주 열고, 보복이 없다는 것을 분명히 알린 상황에서 솔직한 질문이 나오도록 장려해야 한다. 그리고 이렇게 거침없는 질문이 나올 때는 정직하고 진실하게 대답해야 한다. 모토롤라가 주간 TGIF 회의의 화제에 올랐을 때 몇몇 구글러가 회사의 제품에 도발적인 질문을 해왔다. 그리고 이에 대해 가능한 성실하게 답변해주었다. 이후 조너선은 질문한 이가 해고되는 것 아니냐고 몇몇 모토롤라 직원이 수군대는 소리를 듣고 절대 그런 일은 없다고 분명하게 말했다.

간혹 문화를 재정립하려고 할 때는 처음의 문화를 살피는 것이 도움이 된다. IBM의 방향전환을 모색하는 데 도움을 준 루 거스너Lou Gerstner는 자신의 저서 《코끼리를 춤추게 하라》에서 "모든 기관은 한 사람의 그림자가 확대된 것에 지나지 않는다."[51] 아이비엠IBM의 경우에는 이에 해당

---

[51] 이 인용문은 본디 "기관은 길게 늘어진 한 사람의 그림자다"라는 랠프 월도 에머슨Ralph Waldo Emerson의 말에서 나온 것이다. Ralph Waldo Emerson, *Self-Reliance and Other Essays*(Dover Thrift Editions, 1993), p.26.

하는 사람이 토머스 J. 왓슨Thomas J. Watson, Sr.이었다"[52]라고 말했다. 거스너는 계속해서 왓슨의 핵심적인 신념에 기초해서 IBM을 재건한 것을 언급한다. 즉, 뛰어난 능력과 탁월한 고객 서비스, 개인에 대한 존중이 그가 하는 모든 업무의 바탕에 깔려 있다는 것이다. 하지만 창업자의 유산을 내세우더라도 쓸모없는 치장을 걷어내는 것을 두려워하면 안 된다고 강조한다. 거스너는 왓슨이 전통을 세운 파란 정장에 흰 셔츠라는 복장 규정을 폐지했다. 이런 복장이 고객을 존중하라는 목적에 더 이상 맞지 않는다고 판단했기 때문이다. "우리는 다른 복장 규정으로 대체한 것이 아니다. 나는 단순히 일상 환경에 맞춰 옷을 입고 누구를 상대하는지 알고 있어야 한다는 왓슨의 지혜를 빌려 결정했을 뿐이다."[53] (에릭은 언젠가 회의석상에서 구글의 복장 규정이 무엇이냐는 질문을 받은 적이 있다. "뭐라도 입어야 한다는 것입니다"가 그의 대답이었다.)

이 모든 일에는 시간이 많이 걸린다. 우리가 모토롤라의 경험에서 배운 가장 중요한 교훈은, 현직에 있는 사람이면 대개 이미 알고 있는 것이다. 즉, 우리가 이 책에서 주장하는 것처럼 문화를 바꾸는 일은 예상보다 시간이 많이 든다는 것이다.

---

[52] Louis V. Gerstner Jr., *Who Says Elephants Can't Dance?: Inside IBM's Historic Turnaround* (HarperBusiness, 2002), p.183.
[53] 같은 책, pp.184~185.

아차리에

누가 새 벤처사업을 시작한다고 할 때(또는 기존 사업을 처음부터 다시 시작할 때) 당신이 여러 날 동안 잠도 못 이루고 생일파티 가는 것도 빼먹으며 발을 들여놓을지 고민을 거듭한다고 해보자. 당신은 당신을 완전히 신뢰하는 사람을 고용해야 하며, 똑같은 희생을 기꺼이 감수할 만큼 생각이 맞는 사람이어야 한다. 이렇게 하기 위해서 여러분은 정신 나갈 정도로 성공하겠다는 생각에 집착해야 하지만 동시에 실제로 성공을 거두기 위해서는 온전한 정신도 있어야 한다. 이러려면 헌신적인 정신과 불굴의 의지, 무엇보다 흔들리지 않는 각오가 있어야 한다. 이스라엘의 전차 지휘관은 전투에 돌입할 때 "돌격!"이라고 고함치지 않는다. 대신 "아차리에 Ah'cha'rye"라고 외치면서 부대를 집합시킨다. 아차리에는 "나를 따르라!"라는 히브리어다. 전문성과 창의력을 갖춘 부대를 지휘하고 싶은 사람이라면 누구나 이런 태도를 본받을 필요가 있다.

에릭은 팔로알토에 있는 페이스북 본사에서 마크 주커버그Mark Zuckerberg와 만난 적이 있다. 당시는 페이스북과 마크가 대대적인 성공을 거둘 것이라는 사실이 이미 명백해진 때였다. 두 사람은 몇 시간 동안 얘기를 나눈 뒤 저녁 7시 무렵에 대화를 마무리했다. 에릭이 떠나려고 할 때 비서가 마크의 저녁식사를 들고 들어와 그의 컴퓨터 옆에 놓았다. 마크는 자리에 앉아 다시 일을 시작했다. 그의 마음이 어디에 쏠려 있는지는 의심할 여지가 없었다.

회사 초창기에 입사한 우리 기술진 중에 맷 컷스Matt Cutts라는 직원은 기술팀 관리자인 우르스 휠즐Urs Hölzle과 자주 마주친 상황을 기억한다.

구글 데이터센터의 인프라 구조를 설계하는 팀을 지휘한 횔즐이 자주 식판을 들고 복도를 지나가더란 것이다. 여러분은 이런 말을 실리콘밸리에서 자주 들어보았을 것이다. 현관 밖에 쌓여 있는 신문지 뭉치를 주워 올리는 CEO나 카운터를 닦는 창업자 얘기는 흔하다. 지도자들은 이런 행위로 평등주의적 성격을 보여주는 것이다. 이런 점에서 우리는 모두 똑같은 존재이며 누군가 맡은 일이 천하다고 해서 그 위에 군림하는 사람은 우리들 중에 아무도 없다. 이렇게 하는 까닭은 회사에 대한 애정이 넘치기 때문이다. 리더십은 열정을 요구한다. 열정이 없다면 떠나야 할 것이다.

악해지지 말자

에릭이 구글에 들어온 지 6개월 정도 되었을 때였다. 당시 그는 "악해지지 말자Don't be evil"는 회사의 정신을 잘 알고 있었다. 이 말은 회사 초창기의 회의에서 폴 부흐하이트Paul Buchheit와 아미트 파텔Amit Patel이 처음 만들어냈다. 이 단순한 구절이 어떻게 회사 문화의 한 부분이 되었는지 에릭이 완벽하게 이해하게 된 계기가 있다. 한 회의에 참석했는데, 이 자리에서는 회사에 잠재적으로 수익성이 높은 광고 시스템으로 전환하는 문제를 놓고 토론을 벌이고 있었다. 기술팀에서 나온 사람이 테이블을 탕탕 치면서 말했다. "그렇게는 할 수 없어요. 그건 악한 짓이에요." 실내가 갑자기 조용해졌다. 마치 옛날 서부극에서 포커 게임을 하다가 한 사람이 상대가 속임수를 쓴다고 비난하자 주위에 서 있던 사람들이 뒤로 한 걸음 물러나며 누군가 권총을 뽑아 들기를 기다리는 장면 같았다. 에릭은 '아니, 이 사람들이 너무 심각하게 받아들이네!'라는 생각이 들었다. 긴 격론이 이어지다가 결국 시스템 전환 안건은 통과되지 않았다.

"악해지지 말자"라는 구글의 유명한 정신은, 결코 겉으로 드러나는 의미가 다가 아니다. 물론 이 말은 구글러들이 깊이 공감하는, 회사의 가치와 열망에 대한 순수한 표현이다. 하지만 "악해지지 말자"라는 정신에는 또 다른 방법으로 직원들에게 힘을 실어주는 주된 의미도 들어 있다. 에릭의 경험은 이례적인 것이 아니었다(주먹 인사법fist pounding을 제외하고). 구글러들은 결정을 내릴 때 규칙적으로 윤리 기준을 점검한다.

토요타에서 제품을 적기에 납입하는 간반 시스템kanban system을 도입했을 때, 이 시스템의 품질관리 규정 중 하나는 생산라인의 어떤 종업원이라도 품질의 문제점을 발견했을 때는 생산을 중단시킬 수 있다는 것이었다.[54] 간단한 세 단어로 이루어진 우리의 구호(Don't be evil) 배후에는 이와 똑같은 철학이 자리 잡고 있다. 에릭이 참석한 회의석상에서 그 엔지니어가 새 시스템을 "악한 짓"이라고 표현했을 때, 그는 생산 중단의 신호를 보낸 것이며 모든 참석자에게 새 시스템을 평가하고 그것이 회사의 가치와 일치하는지 판단하라고 신호한 것이다. 어느 회사든 간에 모든 관리 레이어와 제품 개발 계획, 사내 정치에 두루 적용될 "악해지지 말자"와 같은 문화적 지침이 필요하다.

이것이 기초가 튼튼하고 이해하기 쉬운 회사문화에 담긴 궁극적 가치

---

[54] David Magee, *How Toyota Became #1: Leadership Lessons from the World's Greatest Car Company*(Portfolio/Penguin, 2007).

이다. 이런 가치는 여러분과 회사가 하는 모든 일의 기초가 된다. 동시에 궤도를 벗어나는 것을 방지하는 보호 장치이기도 하다. 가치 자체가 궤도이기 때문이다. 최고의 문화에는 야망이 담겨 있다. 이 장에서는 문화의 각 요소를 살펴보며 우리의 이상에 따라 실천한 사례 몇 가지를 제시했다. 하지만 아직 우리가 이르지 못한 목표에 대해서는 쉽게 말했는지도 모른다. 앞으로 실패하는 경우도 있겠지만 그럴수록 회사의 구성원들이 더 많이 기여해줄 것이다. 그리고 기여가 늘어나면서 요구 수준도 더 높아질 것이다. 이것이 훌륭한 문화의 힘이다. 문화는 사내 모든 구성원의 자질을 향상시켜준다. 그와 더불어 회사는 더욱 돋보이게 될 것이다.

"전략을 잘못 짜고 출발하는 건 실패를 자초하는 일이다."

전략

당신의 계획은 잘못되었다

Strategy

우리는 여러분의 사업이 무엇인지, 어떤 기업인지 아는 것이 없기 때문에 사업 계획을 어떻게 짜라고 조언해줄 수는 없다. 다만 여러분이 어떤 사업을 한다고 할 때 잘못된 요소가 있다면, 그것을 100퍼센트 확실하게 지적해줄 수는 있다. 경영대학원 방식의 사업 계획은, 아무리 잘 짜이고 용의주도해 보이더라도 늘 몇 가지 중요한 점에서 결함을 안고 있다. 분명한 것은 에릭 리스Eric Ries라는 사업가가 말했듯 계획을 잘못 세우면 "자초한 실패achieving failure"[55]로 이어진다는 것이다. 벤처 자본가들이 언제나 사업 계획이 아니라 사업팀에 투자한다는 원칙을 따르는 것도 바로 이 때문이다. 계획이 잘못되었다면 사람이 바로잡아야 한다. 성공적인 팀은 그들의 계획에서 잘못을 찾아내서 방향을 조정한다.

그러면 새 사업을 할 때 계획도 없이 어떻게 필요한 인재를 끌어들이고 (재정문제 같은) 중요한 요건을 갖출 수 있는가? 물론 계획이 있다는 것은 좋은 일이지만 계획을 추진하는 과정에서 변화가 발생하고 제품과 시장

---

[55] 리스는 아무 쓸모도 없는 계획을 성공적으로 수행하는 것을 "자초한 실패"로 정의한다. 계획 자체가 완전히 잘못되었기 때문이다. Eric Ries, *The Lean Startup*(Crown Business/Random House, 2011), p.22, 38.

여건에 변수가 생긴다는 것을 감안해야 한다. 이런 상황에 빠르게 대처하는 것은 성공을 좌우하는 결정적인 요인이지만 계획을 세우는 토대도 똑같이 중요하다. 인터넷 시대가 열리면서 급격히 기술적인 변화가 일어났고 이러한 구조적인 변화로 부분적으로는 누구나 똑같이 전략적인 토대가 필요하게 되었다. 우리가 학교에서 배웠던 토대는 작업현장에서는 이미 들어맞지 않는다.[56] 따라서 여러분의 계획이 바뀌더라도 현실에 맞게 작동하고 변화의 양상이 성공을 낳는 일련의 기초적인 원칙에 따를 필요가 있다. 계획은 유동적이라고 해도 기초는 흔들리지 말아야 한다.

이런 유동성으로 볼 때, 같이 일할 것으로 예상되는 팀원 중에서 해고될 사람이 나올지도 모른다. 사람들은 대부분 불확실성을 싫어한다. 반면에 전문성과 창의력을 갖춘 사람은 "해결책이 있을 거야"라는 식의 접근방법을 좋아한다. 조너선이 그런 사람들 중 한 명을 평한 말로, 이들은 "변덕스러운 환경에 대처하는 유연성"[57]을 갖추고 있다. 사실 이들은 완벽한 대책을 세웠다고 주장하는 계획은 신뢰하지 않는다. 대신 대책이 부

---

[56] 또는 학교에서 올바른 토대를 배우지 못했을 수도 있다. 예컨대 피터 드러커는 1974년, 어떤 질문에 답변하면서 경영상의 주요 결정은 실제로 효과를 보기까지 수년이 걸린다고 지적하면서 "오늘날 10년이란 세월은 시간의 폭으로는 짧은 것입니다"라고 말했다. 그러나 그는 곧바로 장기적 계획이 종종 오해를 빚는다는 설명을 덧붙인다. "'단기'와 '장기'라는 말은 주어진 시간의 길이로 규정되는 것이 아니라는 말이다. 어떤 결정이 실행하는 데 한두 달밖에 걸리지 않는다고 해서 단기적이라고 할 수는 없다. 중요한 것은 계획의 실행이 효과를 미치는 데 걸리는 시간의 폭이다. 이런 점에서 어떤 결정이 1970년대 초에 이루어지고 1985년에 그 실행을 결심했다고 해서 장기적이라고 볼 수도 없다. 이런 것은 결정이라기보다 게으른 전환이라고 해야 옳다. 여덟 살배기 아이가 나중에 커서 소방관이 되겠다고 하는 계획과 다를 바 없다." Peter F. Drucker, *Management: Tasks, Responsibilities, Practices*(Harper & Row, 1974).

[57] 조너선이 사용한 이 말은 애플에 있을 때 그의 상사였던 제임스 아이작스James Isaacs의 표현에서 따온 것이다. 아이작스는 자신이 아끼는(또는 그렇게 우리가 믿고 싶은) 직원 중의 한 사람인 조너선 로젠버그를 평가할 때 이 말을 사용했다.

족할지언정 올바른 토대 위에 세워진 계획이라면 자발적으로 달려든다.

조너선의 팀은 조너선이 2002년 회사에 합류한 직후에 그에게 이 교훈을 가르쳐주었다. 당시 회사는 매우 용의주도한 전략적 토대를 갖추고 있었다. 다만 깔끔하게 문서화되지만 않았을 뿐이었다. 사실 1998년 회사가 창립되었을 때부터 가지고 있던 구글의 전략을 완벽하게 기록할 시간이 되는 사람은 아무도 없었다. 조너선은 누가 봐도 치밀하지 못한 이런 실태를 즉시 시정하려고 했다. 그는 자신에게 익숙한 전통적인 형태의 사업 계획을 세우고 싶어 했다. 어찌 보면 계획서의 잉크가 마르기도 전에 노후화의 운명이 정해진 계획을 세우려고 한 것이다. 하지만 그를 돕는 팀원들이—마리사 메이어, 살라르 카망거, 수전 보이치키(현재 유튜브를 이끄는)—그를 막고 나섰다.[58] 이들은 회사의 계획을 문서화할 필요가 (문서로 보유할 필요조차) 없다고 주장했다. 다만 새로운 인력을 채용하고 모두가 같은 방향으로 나가기 위해서라면, 그러한 토대를 기록해둘 필요는 있다는 것이었다. 살라르와 마리사, 수전은 이구동성으로, 이런 기본 요소를 구글러들에게 알려주면 나머지는 그들이 알아서 찾아낸다고 했다.

이후 "구글의 전략: 과거, 현재 그리고 미래"라는 제목의 프레젠테이션이 있었다. 이 행사는 2002년 10월의 이사회에서 열렸으며 (마이크 모리츠의 제안으로 이듬해 여름을 겨냥해 좀 더 포괄적인 계획서를 준비했다) 여기에 담긴 내용들은 이후 수년 동안 구글의 접근방식을 묘사하는 데 지속적으로 이용되었다. 여기서 기술된 원칙은 1990년대 후반의 정상적인 닷컴기업에서 보던

---

[58] 조너선은 마리사, 살라르, 수전, 이 세 사람을 "고집 센 낙타 떼"라고 불렀다. 언제나 그들의 의견을 내세우며 조너선의 의견에 반대하곤 했다. 결국 이 말은 친근감의 표현이 되었다.

계획서와는 전혀 다른 것이었으며, 지금도 인터넷 시대의 성공 스토리를 창조하는 데 기초적인 청사진으로 남아 있다. 골자는, 난관이 닥칠 때 절묘한 방법으로 해결하고, 매출이 아니라 성장을 극대화하며, 우수한 제품으로 모든 사람을 위한 시장을 확대하는 데 도움이 되는 기술혁신에 승부를 건다는 것이다.

시장조사가 아니라 기술혁신에 승부를 걸어라

1990년대 중반, 래리와 세르게이는 박사학위 논문에 들어갈 프로젝트를 조사하는 일에 착수했다. 그 프로젝트는 바로 웹사이트 콘텐츠 기반의 결과물을 보여주는 대표적인 검색엔진에 대한 것으로 여기서 구글이 탄생했다. 예를 들어 "대학교university"라는 질문을 입력하면 서점이나 자전거 판매점의 웹사이트에 접속한 것과 똑같이 실제 대학교의 웹사이트에 접속이 되어야 한다. 하지만 래리가 실제로 다른 회사의 검색엔진을 사용해서 "대학교"를 입력했을 때 나온 결과는 불만스러울 정도로 빈약했다. 그는 잘못이 자신에게 있다는 말을 들었다. 질문을 더 정확하게 입력했어야 한다는 것이었다. 그래서 래리와 세르게이는 좀 더 나은 방법을 찾기로 했다. 두 사람은 웹페이지의 질적 수준을—사용자의 질문과 콘텐츠가 얼마나 연관성이 있는지를—결정하는 것은 다른 페이지와의 연결성이라는 사실을 알게 되었다. 그리고 수많은 다른 페이지가 가리키는 페이지 하나를 찾아내면 바로 이것이 콘텐츠의 질적 수준이 높은 페이지라는 결론에 이르렀다.[59] 다른 경쟁업체보다 구글 검색을 훨씬 우월하게 만들어준 요인은 많지만—일례로 구글은 대학 웹사이트를 토대로 더 신뢰성이 높은 결과를 올려주었다—핵심적인 경쟁우위는 최선의 대답을 이끌어내는 로드맵에 있으며 웹의 연결 구조를 이용하는 단 하나의 기술혁신에서 나온 것이다.

이후 큰 성공을 거둔 구글의 제품은 대부분 강력한 기술혁신이 토대가 된 것이다. 반면에 성적이 부진한 제품은 기술혁신도 부족한 것이 대부분이었다. 구글 광고엔진으로 회사에 가장 많은 이익을 올려주는 애드워즈는, 광고도 누가 더 많은 돈을 지불하느냐보다 사용자에 대한 정보의 가치에 토대를 둔 페이지에서 등급이 정해진다는 인식에서 나온 것이다.[60] 수많은 매스컴의 주요 뉴스를 모아놓은 사이트인 구글 뉴스는 연산방식(알고리즘)으로 출처(소스)가 아니라 주제에 따라 이야기를 분류할 수 있다는 인식에 기초한 것이다. 구글의 오픈소스 브라우저인 크롬Chrome은 웹사이트가 더 복잡해지고 성능이 강화됨에 따라 브라우저도 속도에 맞춰 재설계해야 할 필요가 있다는 인식을 토대로 한 것이다. 여러분이 혁신적이고 큰 성공을 거둔 구글 제품을 찾아보면 적어도 그 배후에는 엄청난

---

59 이 방법은 구글 검색이 기반을 둔 페이지랭크 알고리즘PageRank algorithm으로 래리 페이지의 이름을 딴 것이며, 로렌스 페이지와 세르게이 브린, 레지브 모트와니, 테리 위노그래드의 "The PageRank Citation Ranking: Bringing Order to the Web"(*Stanford InfoLab Technical Report*, 1999)에 설명되어 있다.

60 2000년대 초반, 구글의 경쟁사 중 한 곳인 오버추어Overture는 경매 시스템을 이용해 광고를 싣는 사업의 선두주자였다. 오버추어의 방식에 담긴 문제는 우수한 광고를 실어도 광고사에 보상을 해주지 않고 불량광고를 실어도 제재를 가하지 않는다는 데 있었다. 광고사는 고의로 아무 관련이 없는 사용자의 질문에 광고를 올리기 시작했다(식당 검색에 자동차 광고를 올리는 식으로). 이런 광고에 대한 사용자의 조회 수가 줄어들어도 광고사는 책임을 지지 않았지만 사용자들은 여전히 광고주의 이름과 메시지를 보면서 좋지 않은 인상을 받았다. 광고사가 이런 방법을 많이 쓸수록 광고의 질은 떨어졌다. 구글은 광고 등급 분류에서 이런 실태를 무력화함으로써 (불량광고는 보여주지 않는) 더 우수한 광고와 더 많은 조회로 이어졌다.

기술혁신이 놓여 있다는 것을 알게 될 것이다. 이 모두가 기술전문지에 소개될 만한 아이디어라고 할 수 있다. 지식 그래프Knowledge Graph는 특정 인물이나 장소, 사물과 관련해 체계화되지 않은 방대한 인터넷의 데이터를 체계적인 데이터로 구조화하고, 간편하게 이용할 수 있는 형식으로 보여주는 데 토대를 둔 것이다. 유튜브의 콘텐츠 아이디Content ID는 모든 오디오와 비디오 클립에 독특한 데이터 표현data representation을 하게 만들어준다. 그리고 데이터베이스의 세계적 권리를 위한 지문 인식의 방법으로 콘텐츠의 소유자에게는 유튜브에서 자신의 콘텐츠를 찾을 수 있는(때로는 창출할 수 있는) 권리를 부여하고 있다. 구글 번역은 수많은 다중언어 이용자의 도움으로 끊임없이 번역의 수준을 높여간다. 행아웃Hangouts(한 사람 또는 다수를 상대로 하는 실시간 채팅)은 기기 수준과 상관없이 클라우드의 다양한 비디오 형식의 코드를 변환해주고 클릭 한 번으로 어떤 기기에서든지 손쉽게 세계적으로 통하는 화상 회의를 할 수 있게 해준다.

각 제품의 책임자들은 제품개발 계획을 세우지만 이런 계획은 가장 중요한 요소를 빠뜨리는 일이 종종(보통!) 있다. 새로운 아이디어나 신제품 또는 플랫폼에 대한 계획을 세울 때 그 토대가 되는 기술혁신은 무엇인가? 기술혁신은 비용을 절감하거나 중요한 요인으로 제품의 기능과 유용성을 높여주는 기술 또는 디자인에 대한 새로운 적용방식이다. 기본적으로 경쟁제품보다 우수한 결과가 나와야 한다. 비교우위는 분명할 때가 많다. 이 제품이 다른 제품과 다르다는 것을 고객에게 알리기 위해 열심히 마케팅하지 않아도 된다.

때로 기술혁신 중심의 개발은 간단하지만— 옥소OXO는 생명공학적으로 주방기구를 재설계한 사업을 시작했다—종종 힘들 때도 있는데, 이것은 아마 기업들이 대부분 기술혁신을 전략의 기초로 삼지 않기 때문일 것이다. 이보다 기업들은 무엇으로 최고의 지위에 오르는지 알아내기 위해(마이클 포터Michael Porter가 말하는 경쟁우위)[61] 습관적으로 경영대학원 방식을 따르고 있으며 그다음으로는 인접시장을 확대하기 위해 차입금 유치(레버리지) 방식을 쓴다. 이런 접근방식은 성공을 퍼센트 포인트로 측정하는 기존의 환경에서는 매우 효과적일 수도 있지만 새로운 벤처사업에서는 그렇지 못하다. 여러분의 전략이 관련 시장을 공략하기 위해 오로지 경쟁우위에만 의존한다면 여러분은 그 사업을 중단하지도 않을 것이고 사업구조를 전환하지도 않을 것이며 그 결과 최고 수준의 전문성과 창의력을 가진 인력을 절대 끌어들이지 못할 것이다.

기업들은 또 힘겹게 시장점유율을 높이고 수익 증진을 위해 가격책정과 마케팅, 영업방식에서 나름대로 참신한 전술에 의존하기도 한다. 식품점 통로에 보이는 모든 제품에는 "향상된, 새로운"이라는 표시가 잔뜩 붙어 있지만 실제로 확인해보면 눈에 띄는 개선 요소는 포장이나 광고일 뿐이다. 이런 전술은 시장조사에 토대를 둔 것으로서 컨설턴트가 슬라이싱과 다이싱slicing and dicing(정보를 작은 조각으로 분해하여 항목별로 분류하는 작업—옮긴이)을 한 결과가 포함된 것이다. 회사의 잠재적인 고객층은 아

---

[61] 경제학자로서 하버드 경영대학원의 교수이자 모니터Monitor 컨설팅의 공동 창업자인 마이클 포터는 기업이나 지방정부, 국가가 경쟁에서 우위를 차지하는 방법에 큰 영향력을 끼친 전략 전문가다. 기념비적인 저서 *Competitive Strategy: Techniques for Analyzing Industries and Competitors*(Free Press/Simon & Schuster, 1980)에서 포터는 기업이 경쟁력을 유지하고 이익을 남기는 5대 요인을 제시한다. 똑같이 큰 영향을 준 후속 저서 *Competitive Advantage: Creating and Sustaining Superior Performance*(Free Press/Simon & Schuster, 1985)에서 포터는 경쟁사를 상대로 우위를 차지하는 행동을 설명하면서 이 같은 경쟁우위가 원가우위전략, 차별화, 특수 틈새시장에 초점을 맞추는 전략에서 나온다고 주장한다.

주 세밀한 부분으로 분류되어—디지털 밀레니엄 세대, X세대, 10~12세, 6~7세, 시대에 뒤진 세대 하는 식으로—제품 디자이너는 급기야 평범한 맛을 31가지로 분류하기도 한다(나쁜 뜻으로 하는 말은 아니지만 예컨대 배스킨 라빈스가 그렇다). 시장조사에 대한 최고의 결과가 컨설턴트에게서 나온단 말인가? 이들은 비난받기도 쉽고 잘못되었을 때는 해고된다.

조너선이 1990년대 후반에 제품 담당 팀을 이끌던 익사이트앳홈은 TV 쇼 채널을 연결해주는 동축케이블을 각 가정에 광대역 파이프라인으로 전환해주는 일련의 기술혁신에 토대를 두고 굴러가는 회사였다. 익사이트앳홈이 개발한 케이블 모뎀은 획기적인 제품이었지만 앞뒤를 가리지 않고 시장조사라는 다루기 힘든 적에게 달려든 것이 문제였다. 케이블 담당 기사들은 고객들이 대부분 인텔 80286과 80386 프로세서(연산처리방식)가 달린 PC를 보유하고 있다는 데이터를 얻었다. 그래서 익사이트앳홈의 모뎀도 이런 시스템을 지원해줄 필요가 있었다. 익사이트앳홈의 기사들은 이런 낡은 프로세서는 광대역 연결방식으로 큰 효과를 발휘할 만한 성능이 못 되며, 그런 컴퓨터를 가지고 있는 고객들은 자사의 서비스를 받아도 인상만 나빠질 것이라는 점을 알았다. 하지만 케이블 운영자들은 이런 견해를 무시해가며 성능이 떨어지는 PC에 쓸모없는 서비스를 제공하도록 강요했다. 시장조사의 결과가 그렇게 하도록 나왔기 때문이다. 시장조사에서는 약 2년마다 PC 성능이 두 배로 향상된다는 무어의 법칙 Moore's Law을 계산에 넣지 않았고 그래서 속도가 느린 PC는 곧 사라질 것이라는 점을 간과한 것이다.[62]

익사이트앳홈이 이런 특수한 논란에 휩싸여 있는 동안 회사는 시장조사를 근거로 한 실수에 면역이 되어 있지 않았다. 잠재적 고객층에게 가장 관심을 두는 것을 물었을 때 '속도'라는 대답이 가장 많이 나와서 익사이트앳홈은 속도 마케팅에 초점을 맞추었다. 하지만 광대역 케이블이 빠르다고 해도 서비스를 받아본 고객들이 실제로 좋아한 제품은 "인터넷에 상시 접속된 것"으로서 전화연결과 쉿 하는 모뎀 소리를 기다릴 필요 없이 그들의 사이버공간과 인터넷을 연결해주는 서버였다. 조너선과 직원들은 고객이 원한다고 얘기한 것을 시장에 내놓았지만, 시장조사로는 고객이 이해하지 못하는 문제의 해결방법을 찾아낼 수 없다. 고객이 원하는 것을 제공하는 것보다는, 고객 자신에게 필요한데도 아직 몰라서 원하지 못했던 것을 찾아내 제공하는 것이 훨씬 더 중요한 법이다.

지속적인 품질개선과 참신한 경영전술은 전혀 나쁠 것이 없지만 시장조사가 기술혁신보다 더 중시된다면, 주객이 전도된 것이다. 현재 사업에 종사하는 사람들은 대부분 기술혁신을 통해 창업하지만 그 뒤에 빗나가고 만다(종종 발생하는 주객전도처럼). 실험실 가운보다 정장 차림이 더 중요해지는 것이다. 이런 현상은 유행처럼 번진 실수일 수도 있고 아닐 수도 있지만 현직 사업가에게는 확실히 실수인 동시에 경쟁자에게는 절호의 기회가 될 것이다.

기술혁신에 토대를 둔 제품을 만드는 것은 항상 구글의 핵심 원칙이었

---

62 인텔의 공동 창업자인 고든 무어Gordon Moore에게서 나온 무어의 법칙은, 칩의 반도체 수가—즉 연산능력이—2년마다 두 배로 증가한다는 사실을 예언했다(1965년에 처음 발표한 논문에서 그는 실제로 해마다 두 배로 증가한다고 예측했다가 이후 어림잡은 비율로 바꿨다). Gordon E. Moore, "Cramming More Components onto Integrated Circuits"(*Electronics*, 1965. 4. 19), pp.114~117. 이때까지는 이 예언이 옳았지만 무어의 법칙은 어느 땐가부터 칩 생산에 관련된 물리학이나 경제학적인 이유로 한계에 다다랐다. Karl Rupp and Siegfried Selberherr, "The Economic Limit to Moore's Law"(*Proceedings of the IEEE*, 2010. 3); Rick Merritt, "Moore's Law Dead by 2022, Expert Says"(*EE Times*, 2013. 8. 27).

지만 2009년에 우리의 생산라인을 점검하고 하나의 뚜렷한 특징이 나타나는 것을 보자 이 원칙의 중요성은 훨씬 더 명백해졌다. 그 특징이란 바로, 뛰어난 제품은 사업상의 요인이 아니라 기술적인 요인을 토대로 성공을 거두었지만 이와 달리 반응이 지지부진한 제품은 기술적 차별성이 떨어진다는 점이었다. 우리의 브랜드는 우리가 출시한 어느 제품을 막론하고 단지 구글에서 만들었다는 이유로 일정한 시장 모멘텀(추진력)을 얻을 만큼 강력한 경쟁력이 생겼다. 만일 사용자의 숫자로 성공을 측정한다면 우리는 스스로를 속여가며 제품이 성공적이라고 믿을 수 있을 것이고, 또 실제로 믿은 적도 있다. 하지만 이런 것은 때로 성공과 거리가 있었다. 이렇게 출시한 제품의 상당수가 모멘텀에 제동이 걸렸기 때문이다. 그리고 실제로 모든 경우에 죽어가는 제품은 기술혁신이 부족한 것들이었다.

예컨대 당시 구글은 온라인 광고의 전문기술을 인쇄물과 라디오, TV를 포함해 다른 광고시장에 적용하려는 실험을 하고 있었다. 이런 시도는 빈틈없는 직원들의 지원을 받은 현명한 노력이었다. 그런데 기본적인 기술혁신이 결여되었기 때문에 가격 대비 성능곡선이 들쭉날쭉하면서 예상과는 상당한 차이가 빚어졌다. 결국 세 분야의 광고 모두 실패로 돌아갔다. 또 이 밖에 성공하지 못한 다른 구글 제품(아이구글, 데스크탑, 노트북, 사이드위키, 놀, 헬스, 심지어 인기를 끈 리더조차도)을 돌이켜볼 때, 이것들도 똑같이 처음부터 기본적인 기술혁신이 부족했거나 아니면 그 바탕에 깔린 혁신성이 인터넷 발달의 속도를 못 따라가는 것이었다.

조합의 혁신 시대

그러면 여러분은 이렇게 놀라운 아이디어를 어디서 찾을 것인가? 인터넷 시대의 회사에는 모두 기술을 적용해 커다란 문제를 새로운 방법으로 해결할 기회가 주어진다. 우리는 구글의 수석 이코노미스트인 할 배리언Hal Varian이 "조합의 혁신combinatorial innovation"이라고 부른 새로운 시대로 접어들고 있다. 이런 시대는 다양한 구성 요소의 이용도를 극대화해서 서로 결합하거나 끊어진 것을 다시 연결하여 새로운 발명을 이끌어낼 수 있을 때 올 수 있다. 예를 들어 1800년대에는 기어나 전동장치, 도르래, 사슬, 캠 장치cams(기계의 회전운동을 왕복운동이나 진동 따위로 바꾸기 위한 장치―옮긴이) 같은 기계의 디자인을 표준화해서 기계 제작의 급속한 발전을 이끌어냈다. 1900년대에는 가솔린 엔진이 자동차와 오토바이, 비행기 쪽에서 혁신을 이끌어냈다. 1950년대에는 수많은 응용 분야에서 집적회로의 급증이 이런 역할을 했다. 이 모든 경우에 구성 요소의 상호보완적인 기능이 발달하면서 발명의 시대가 이어졌다.

오늘날 이런 구성 요소는 모두 정보와 연결성, 컴퓨터 작업과 관계된 것이다. 발명가의 꿈이 있는 사람은 세계의 모든 정보를 찾아내고 세계 시장에 진출해서 사실상 무한한 컴퓨터의 능력을 활용한다. 이들에게는 서로 상대의 작업에 쉽게 의존할 수 있는 오픈소스 소프트웨어와 풍부한 응용프로그램 인터페이스API[63]가 있다. 또 표준 프로토콜(통신규약)과 표준

---

[63] 응용프로그램 인터페이스Application Programming Interfaces는 다른 시스템과의 상호작용을 위해 소프트웨어를 응용 가능하게 해준다.

언어를 사용한다. 이들은 교통 정보에서 날씨 정보에 이르기까지, 경제적인 거래와 인간유전학, 나아가 전체적인(승인을 받아) 또는 개인적인 토대에서 사회적으로 누가 누구와 접촉하는지에 이르기까지 다양한 데이터를 가지고 정보 플랫폼에 접속한다. 그러므로 기술혁신의 환경을 촉진하는 한 가지 방법은, 이렇게 접근 가능한 기술과 데이터를 활용하여 기존의 문제를 새로운 방법으로 해결하려고 노력해보는 것이다. 이런 공동의 기술 외에, 각 기업은 또 자체의 특수한 기술적인 전문성과 설계 전문기술을 보유하고 있다. 우리는 언제나 컴퓨터과학을 기본적인 기술적 전문지식으로 하는 컴퓨터 관련 사업에 종사해왔다. 하지만 의약품이나 수학, 생물학, 화학, 항공학, 지질학, 로봇공학, 물류학 등등, 기본적으로 다른 전문성을 기반으로 하는 기업도 있다. 연예계는 전혀 다른 기술적 전문성—스토리텔링, 공연, 작곡, 창작 등— 을 기반으로 구성된 것이며 소비재 기업은 제품개발을 위해 기술과 디자인을 결합시킨다. 금융 서비스 회사는 새로운 유가증권과 거래 기반을 창출하기 위해 기술혁신을 활용한다(그리고 거품이 꺼지거나 고발당하거나 하기 전까지는 엄청난 부를 얻는다). 그렇기 때문에 여러분이 어떤 사업을 하든 관계없이 기업의 토대가 되는 집적된 기술 지식이 있게 마련이다. 여러분의 회사에서 컴퓨터에 미친 괴짜geeks는 누구인가? 그런 사람이 있다면 새롭고 흥미로운 재료를 가지고 실험실이나 연구소에서 작업을 하는가? 그 재료가 무엇이든 그것은 여러분의 기술이라고 할 수 있다. 그런 괴짜와 재료를 찾아내라. 그러면 여러분의 성공에 필요한 기술혁신을 찾게 될 것이다.

  기술혁신의 또 다른 잠재적 자원은 제한된 범위의 문제를 해결하는 것에서 출발해 그 적용 범위를 확대하는 길을 찾는 것이다. 이런 방법은 발명의 세계에서 오래 이어져온 훌륭한 전통과 조화를 이룬다. 신기술은 종종 매우 특수한 문제와 관련된 아주 원시적인 조건에서 세상에 나오는 경향이 있다. 증기기관은 동력 기관차로 불리는 발명품이 나오기 훨씬 전부터 광산에서 물을 퍼내는 재치 있는 수단으로 이용되었다.[64] 마코니가 처음에 라디오를 판 것은 선박과 해안 사이의 소통수단으로서였다. "바바 부이!"를 외치는 방송이나 "아이들은 누구나 평균 이상의 능력이 있다"고 하는 라디오 쇼를 듣기 위한 장치로서가 아니었다. 벨 연구소는 1960년대에 레이저를 발명하고 나서 상업적인 이용 면에서 너무도 관심을 받지 못하는 바람에 특허신청을 뒤로 미룰 정도였다. 인터넷조차도 처음에는 과학자와 교수들이 연구결과를 공유하는 수단으로 받아들여졌다. 이들은 인터넷을 만들어낸 사람만큼이나 전문지식이 있었다. 그러나 오늘날 우리가 활용하듯이 그림과 영상을 공유하고 친구들과 접촉하며 무언가에 대한 무언가를 배우는 놀라운 작업이 가능한 미래의 기능은 전혀 상상조차 못 했다.

제한된 범위의 문제를 해결하는 방법을 발전시킨 것과 관련해 우리가 즐겨 인용하는 예는, 초기에 성인 오락 산업에 영리하게 기술을 적용한 사람들과 관계가 있다. 구글 검색이 확대되자 가장 인기를 끈 질문은 성인 주제와 관련된 것이었다. 당시에 포르노 필터(여과장치)는 비효율적이라는 평판이 자자했기 때문에 우리는 연방대법관인 포터 스튜어트Potter

---

[64] 신기술이 원시적인 상태에서 세상에 나온다는 생각은 조너선의 부친이자 유명한 경제사학자인 네이선 로젠버그Nathan Rosenberg의 관찰에서 나온 것이다. Nathan Rosenberg, *Perspectives on Technology*(Cambridge University Press, 1976).

Stewart가 포르노에 대해 "구글 검색을 해보면 안다"라고 한 발언에 주목했다. 그리고 알고리즘 방식으로 이 문제에 대처하기 위한 기술 전담팀을 꾸렸다. 이 시도는 몇 가지 기술혁신을 결합해 성공을 거두었다. 이 장치는 이미지(스킨이라고 알려진)의 내용을 아주 잘 이해했으며 사용자가 이 내용과 어떤 상호관계를 일으키는지를 봄으로써 전후관계를 판단할 수 있었다(이를테면 어떤 사람이 포르노와 관계된 용어나 이미지를 검색했는데 이 내용이 의학 교과서에 나온 것이라면 클릭하지 않을 가능성이 높고 클릭을 해도 그 사이트에 오래 머물지 않을 것이다). 우리는 곧 세이프서치SafeSearch라는 여과장치를 개발했는데, 이것은 인터넷상의 다른 어떤 장치보다 부적절한 이미지를 차단하는 데 훨씬 효과적인 필터였다. 이야말로 제한된 범위의 문제(성인 콘텐츠를 차단하는)에 대한 해결책(세이프서치)이 아니겠는가.

그렇다고 여기서 멈춰서야 되겠는가? 이후 몇 년간 우리는 포르노 문제를 해결하기 위해 개발한 기술을 축적해 좀 더 광범위한 목적에 이용했다. 우리는 세이프서치를 위해 개발한 콘텐츠 기반의 수많은 모형을(사용자가 다양한 이미지를 보고 반응을 일으키는 모형) 활용해 질문 검색에 대한 이미지(단순히 포르노뿐 아니라 어떤 이미지든)의 검색 성능을 평가하는 우리의 능력을 발전시켰다. 이런 다음에 사용자가 검색결과에서 찾으려고 하는 것과 유사한 이미지("요세미티 공원의 사진을 보고 싶다. 그와 비슷한 이미지를 더 찾아보라")를 찾게 해주는 제품을 추가로 개발했다. 드디어 우리는 질문 입력이 아니라 ("요세미티 하프돔") 사진으로도(여러분이 요세미티를 방문했을 때 찍은 하프돔 사진) 검색을 시작하는 능력을 개발했다. 이 모든 제품은 처음에 포르노를 걸러내려고 세이프서치를 개발한 기술에서 점차 발전한 것이다. 그러므로 여러분이 찍은 것과 아주 흡사한 요세미티 사진을 하나하나 화면으로 찾다

보면 여러분은 이런 기술을 개발하는 데 도움을 준 성인 오락 산업에 고마워할지도 모르겠다.

더 빠른 말에 눈을 돌리지 마라

제품개발 전략의 토대를 기술혁신에 둔다면 여러분은 단순히 고객이 찾는 것을 공급하는 식의 미투제품me-too products(경쟁사의 인기상품을 모방한 제품—옮긴이)을 피할 수 있을 것이다(헨리 포드는 "고객의 말에 귀를 기울였다면 나는 더 빨리 달리는 말馬을 찾아 나섰을 것이다"라고 말했다).[65] 이런 형태의 점증적 기술혁신은, 현상을 유지하는 일에 관심을 쏟고 시장 점유율의 퍼센트 포인트를 놓고 옥신각신하는 현직 사업가에게는 족할지 모른다. 하지만 여러분이 새로운 벤처사업을 시작하거나 기존의 사업방식을 전환하려고 한다면 이런 방법만 가지고는 충분치 않다.

기술혁신에 토대를 둔 제품을 개발하는 것은 꽤나 분명한 접근방식으로 보이지만 실행으로 옮기는 것은 말보다 훨씬 어렵다. 지난 2009년에 이런 전략을 따르는 것이 얼마나 중요한지를 보여주는 상품 평가를 실시한 뒤에 우리는 제품 관리자들에게 진행 중인 모든 주력 상품에 대해서

---

65 비록 출처가 미심쩍기는 해도 우리는 이 구절을 좋아한다. 포드의 자서전 《나의 삶과 일》에는 더 빨리 달리는 말이라는 구절이 보이지 않는다. 그리고 실제로 그는 자신이 자동차를 만들기 전에 이미 오랫동안 말 없는 마차에 대한 논의가 있었다고 쓰고 있다. 1885년에 카를 벤츠Karl Benz가 최초로 가솔린 동력의 자동차를 만들자 포드는 이것을 보고 "가치 있는 제품으로 보이지 않는다"라고 평하했다. 아마 헨리 포드의 관심은 빠른 말이 아니라 더 빠른 벤츠를 만드는 데 있었을 것이다.

개발 계획에 깔려 있는 기술혁신을 몇 마디 문장으로 기술해달라고 부탁했다. 일부는 설명이 됐지만, 많은 제품에서 토대가 된 기술혁신을 다 설명해내지 못했다. "당신의 기술혁신은 무엇인가?"라는 말은, 물어보기는 쉬워도 대답하기는 힘들다는 사실이 드러났다. 따라서 여러분이 개발한 제품에 대해 이 질문을 던져보라. 만일 매끄럽게 답할 수 없다면 그 제품은 재고하는 것이 좋다.

성장의 극대화

기업은 느린 속도로 순차적으로 성장하는 것이 보통이다. 제품을 개발하고 인접 지역별로 또는 지방 여건에 맞게 성공을 이룬 다음 영업 조직과 유통 및 서비스망을 세우고 발달 속도에 맞게 제조 능력을 확대함으로써 한 번에 한 걸음씩 규모를 늘려간다. 모든 일에는 시간이 걸리는 법이다. 도토리는 수십 년의 긴 시간이 걸려서야 떡갈나무로 자란다.

우리는 지금까지 이것을 "성장"이라고 불렀으며 아직도 이것으로 충분하다고 느끼는 기업들이 있다. "이번 분기의 전체 매출 증가율 8퍼센트"라는 말에서 보듯이, 이 정도면 보너스를 받고 승진하는 데는 충분하다. 이때를 충분히 즐길 만하다. 이런 시간은 별로 오래가지 못하니 말이다. 여러분이 좀 더 야심이 크다면 단순한 성장만으로는 충분치 못하며 스케일scale(비약적인 확대와 향상)이 필요하다. 아침에 다이어트 효과를 확인하기 위해 올라가는 스케일(체중계)이나 무언가에 올라간다는 의미의 동사를 말하는 것이 아니다[물론 뭔가에 올라간다는 것은 훌륭한 운동이며 사다리(스케일)를 오를 때는 꽤 효과가 있을 것이다). 이런 것이 아니라 내 말은 새로운 형태의 스케일을 의미한다. 이것은 뭔가 매우 빠르게 세계적인 차원으로 성장한다는 의미이다.

인터넷 시대에는 이 같은 성장이 누구에게나 가능하다. 우리에게는 민주화된 환경이 있기 때문에—정보, 접속 가능성, 컴퓨터 이용, 제조, 유통, 재능—이제는 세계적인 수준의 회사를 창업하는 데 많은 인력이나 광범위하게 곳곳에 흩어져 있는 사무실이 필요 없다. 그렇다고 스케일을 이루기 위한 질문을 무시해도 되는 전략을 세우라는 말이 아니다. 오히려 그 반대라고 할 수 있다. 스케일링(비약적인 성장)은 여러분이 닦는 토대의 핵심적인 부분이 되어야 한다. 경쟁은 훨씬 치열해질 것이고 경쟁우위는 오래가지 않기 때문에 여러분은 "급속도의 성장" 전략을 세울 필요가 있다.

생태계는 아주 중요하다. 인터넷 시대의 성공적인 지도자들은 대부분 어떻게 하면 플랫폼을 창조하고 신속하게 키울 것인지 이해하는 사람들이 될 것이다. 근본적으로 플랫폼이란, 다면 시장을 형성하기 위해 사용자와 공급자 집단을 한데 모으는 일련의 제품과 서비스라고 할 수 있다.[66] 플랫폼은 갈수록(독점이 아니라면) 기술에 기반을 두고 있다. 예컨대 유튜브는 누구든지 비디오를 만들어 세계의 시청자들에게(또는 대부분의 경우처럼 단

---

[66] 그렇다면 시장이란 무엇인가? 두 명 또는 그 이상의 사용자 집단이 서로 연결되어 유익한 서비스를 주고받는 곳이다. 신용카드가 그렇듯이(소비자와 상인) 신문이 좋은 예에 해당한다(독자와 광고주를 연결해주는). 플랫폼과 다면 시장을 더 자세히 알고 싶으면 다음 글을 참조. Thomas Eisenmann, Geoffrey Parker, and Marshall W. Van Alstyne, "Strategies for Two-Sided Markets"(*Harvard Business Review*, 2006. 10).

순히 가족을 대상으로) 분배할 수 있게 해주는 플랫폼이다. 또 고전적인 예로는 전화가 있다. 전화라는 플랫폼은 (유선 네트워크와 스위치로 연결해서 사람들이 서로 말을 나누게 해주는) 최초의 전화가 가설되었을 때는 전화를 걸 상대가 아무도 없었기 때문에 훨씬 가치가 떨어졌다. 하지만 점차 전화가 늘어나면서 이 네트워크는 모든 사람이 사용할 정도로 유용해졌다(전화를 걸 상대가 많아졌기 때문에).

요즘 지상 통신선을 이용하는 전화를 언급하는 것조차 정말 어색하게 느껴진다. 이 전화를 사용하던 당시에 스케일링이란, 이용자가 수백만 명에 이르러야 한다는 의미였다. 세계적인 전화 네트워크를 구축해 1억 5,000만 명을 연결하는 데는 89년이 걸렸다.[67] 오늘날의 플랫폼은 수십억 명을 지원해줄 만큼 성장할 수 있으며 이에 걸리는 시간도 훨씬 짧다. 애플리케이션 플랫폼을 지향하며 수많은 소셜 네트워킹 사이트 중에서 돋보이는 페이스북은 창업 8년이 지난 직후에 사용자가 10억에 이르렀다.[68] 대표적인 모바일 운영체제인 안드로이드는 5년 만에 10억 개째의 장치를 가동했다.[69] 아마존은, 금융 애널리스트들이 그 수익성에 배 아파하는 동안 계속 성장에 초점을 맞추고 있다. 이제 아마존은 소매, 미디어, 컴퓨터 활용 등, 적어도 세 가지 분야의 사업에서 아주 막강한 파괴력을 행사하는 기업에 속한다.

1999년 어느 날, 조너선과 처음 만난 래리 페이지는 조너선이 차를 세

---

[67] Jessi Hempel, "How Facebook Is Taking Over Our Lives"(*Fortune*, 2009. 2. 17).
[68] Helen A. S. Popkin, "Facebook Hits One Billion Users"(*NBCNews.com*, 2012. 10. 4).
[69] "Mobile Makeover" infographic(*MIT Technology Review*, 2013. 10. 22).

워둔 구글 주차장으로 걸어가면서 구글을 검색 사이트의 기본으로 만드는 방법이 반드시 있을 것이라고 입을 열었다. 어쨌든 래리는, 누군가 검색을 하면 정확하게 자신들이 찾는 것이 구글이라는 말을 할 것이라고 판단했다. 당시에는 구글의 검색 이용량은 증가하고 있었지만 회사는 별로 이익을 남기지 못했다. 래리와 조녀선은 구글과 익사이트앳홈의 잠재적인 제휴관계를 논의하고 있었다. 익사이트앳홈은 케이블 모뎀 사업의 선구자인 앳홈과 인터넷의 초기 검색엔진인 익사이트가 합병해 자본이 탄탄한 회사였다. 하지만 익사이트앳홈이 가능한 모든 수단을 동원해 이용량을 늘리려고 하는 동안 구글은 끈질기게 성장에 초점을 맞추었다. 돈을 벌 기회는 얼마든지 있었다. 접속량으로 볼 때, 구글닷컴은 빠르게 성장했으며 회사는 다른 상업 사이트의 본을 받아 홈페이지에 광고를 실을 수도 있었다. 하지만 그렇게 하지 않았다. 대신 검색엔진의 개선에 투자했다.

우리는 광고 플랫폼인 애드워즈와 비슷한 접근방식을 택했다. 우리는 자사 사이트에 올리기 위해 구글 광고시스템을 사용하는 아메리카 온라인AOL이나 애스크 지브스Ask Jeeves 같은 검색엔진 파트너와 거래를 시작했다. 이런 제휴 거래를 하며 한 가지 우려되는 것은 언제나 소득이 쪼개진다는 것이었다. 우리가 아메리카 온라인이나 애스크 지브스의 웹사이트 광고를 싣고 사용자가 접속한다고 치자. 그러면 광고주는 일정액의 돈을 구글에 지불할 것이고 우리는 이 돈을 협력업체와 나누게 된다. 그렇다면 얼마나 분배를 한단 말인가? 우리의 방식은 보통, 가능한 한 많은 액수를 분배하려 하는 것이었다. 우선적인 원칙은 돈을 버는 것이 아니라 성장에 있다는 사실을 기억하기 바란다. 이런 방침에 협력업체는 아주 기뼈했다. 이들은 모두 야심 찬 목표가 있었으며, 이런 목표는 구글 검색이 탄력을 받을수록 더 심해졌다. 그러므로 분기 말이면 불평등 격차를 줄이고 수입을 늘리기 위해 이들은 언제나 광고를 더 많이 싣자는 결정을 내렸다.

심지어 조녀선이 아메리카 온라인의 담당자를 만나 광고량을 늘리지 말라고 설득할 정도였다. 당신들은 지금 당신들 사용자의 경험을 망치고 있다고 말했다. 이런 식으로 나가면 결국 당신들 사이트의 접속량에 영향을 줄 것이라는 말도 했다. 그래도 소용이 없었다. 그들은 성장보다 이익을 우선했고 우리는 그 반대였다.

당연한 말이지만 기초가 튼튼하면 수익창출의 확실한 토대가 형성되게 마련이다. 전에 닷컴 회사에서 되풀이하던 "어떻게 돈을 벌지 모르겠다[하지만 우리의 다중계정sock puppet(인터넷 커뮤니티에서 한 사람이 사용자들에게 각각 다른 여러 사람인 것처럼 속이기 위해 활동하는 여러 개의 계정을 가리켜 부르는 말—옮긴이)을 보라!]"라는 주장은 옳지 않으며 지금도 마찬가지다. 구글의 창업자들은 광고사업으로 돈을 벌 수 있음을 알고 있었다. 다만 처음에는 정확하게 어떻게 할지 방법을 모르는 상태에서 플랫폼이 급속히 성장하는 동안 때를 기다렸을 뿐이다. 하지만 일반적인 수입 모델에 대해서는 분명히 알고 있었다.

플랫폼이 주는 혜택에는 중요한 것이 또 있다. 플랫폼이 확대되고 가치가 높아질수록 더 많은 투자를 유치한다는 것이다. 이것으로 플랫폼이 지원하는 제품과 서비스의 기능을 개선할 수 있다. 이것이 바로 기술 산업에서 회사가 항상 '제품이 아니라 플랫폼'을 생각하는 이유다.

코즈와 회사의 특성

인터넷이 보여준 아주 강력한 효과—그리고 정당한 평가를 받지 못하는—의 하나는 단순히 기술 산업에서뿐 아니라 어느 산업에서든 플랫폼 건설 능력을 엄청나게 확대했다는 것이다.

기업은 언제나 네트워크를 구축하지만 역사적으로 볼 때 이런 네트워크는 내부용이었고 비용 절감에 맞춰 설계되었다. 이 점에서 기업은 시카고 대학교의 경제학자이자 노벨상 수상자이기도 한 로널드 코즈Ronald Coase의 견해를 따랐다고 볼 수 있다. 코즈는 기업이 외부보다는 내부적으로 네트워크를 구축하는 것이 이치에 맞을 때가 있다는 말을 했다. 판매자를 찾고 계약 협상을 하며 사업이 잘 진행된다는 것을 확인할 때의 거래 비용이 높기 때문이라는 것이다. 코즈가 주장하듯이, "기업은 회사 내에서 추가거래를 관리하는 비용이 공개된 시장무역의 수단으로 똑같은 거래를 할 때의 비용과 또는 다른 회사의 관리 비용과 동일해질 때까지 성장하려는 경향이 있다."[70] 20세기의 참신한 기업 중에 숫자로 승부를 해서 그들이 이루고 싶은 목표를 상당 부분 성취한 경우가 많았다는 점에서 코즈의 주장은 옳다. 이런 식으로 기업은, 조직 내에서 할 수 있는 온갖 수단을 동원했으며 회사의 영역을 벗어나 외부로 진출할 때는 가까이서 확실하게 통제할 수 있는 작은 협력업체 집단과 제휴했다. 따라서 20세기는 커다란 계급조직 또는 자체로 무척이나 팽창성이 있는 폐쇄적인 네트워크 기업이 지배하는 시대였다.

---

[70] Ronald Coase, "The Nature of the Firm"(*Economica*, 1937. 11).

오늘날에도 코즈의 이론 구조는 여전이 유효하기는 하지만, 실제로는 20세기의 많은 경우와는 상당히 다른 결과를 낳고 있다. 가능한 폐쇄 구조를 최대한 키우기보다 기업은 더 많은 기능을 아웃소싱에 의존하고 있으며 더 크고 다양해진 협력업체의 네트워크와 제휴하고 있다. 왜 그럴까? 돈 탭스콧Don Tapscott은 《위키노믹스》에서 그 이유를 잘 설명하고 있다. 탭스콧은 "인터넷이 거래 비용을 대폭 감소시키는 바람에 코즈의 법칙을 거꾸로 읽는 것이 더 쓸모 있게 되었다. 즉, 오늘날의 기업은 내부적으로 거래를 성사시키는 비용이 외부적으로 성사시킬 때의 비용보다 적게 든다면 오히려 움츠리고 기다려야 한다"[71]라고 말한다. 대부분의 기업이 순전히 조직상의 논리와 비용절감의 이유로 이런 방식을 따랐다. 이들은 저임금 시장의 인력을 아웃소싱하는 수단으로 돈을 벌었다.

하지만 이런 방식은 중요한 요인을 놓치고 있다. 인터넷 시대에는 네트워크 구축이라는 목표가 단순히 저임금과 경영의 효율성뿐 아니라 기본적으로 보다 우수한 제품을 만들기 위해 필요하다. 수많은 회사는 비용을 절감하려고 네트워크를 구축하지만 제품의 기능이나 사업모델을 전환하기 위해 그렇게 하는 곳은 드물다. 이것은 현재 수많은 기업의 종사자들에게는 엄청난 기회 상실인 동시에 새로운 경쟁자들에게는 절호의 공격 기회라고 할 수 있다.

트위터Twitter는 기술회사가 아니라 출판기업이며 에어비앤비Airbnb는 숙박 산업을 위한 플랫폼이다. 우버Uber는 개인 이동 서비스를 위한 플랫

---

71 Don Tapscott and Anthony D. Williams, *Wikinomics: How Mass Collaboration Changes Everything*(Portfolio/Penguin, 2006), p.56.

폼이고 23앤미23andMe는 소비자 서비스 회사이자 플랫폼 게임이기도 하다. 여기서는 요금을 내면 고객의 개인 유전자 암호를 지도로 그려준다. 이런 자료를 모두 모은다면 강력한 데이터 플랫폼을 만들 수도 있을 것이다. 예를 들어 제약회사가 새로운 연구에 착수하면서 23앤미의 데이터를 활용해 참여자를 구분해낼 가능성도 있다. 또 이렇게 해서 그들이 만들어낸 추가 자료를 다시 플랫폼에 실을 수도 있다.

이 밖에도 플랫폼 목록은 얼마든지 더 있다. 소기업 결제 서비스를 위한 스퀘어Square, 건강 피트니스를 위한 나이키 퓨얼밴드Nike FuelBand, 금융 서비스를 위한 킥스타터Kickstarter, 체중감량을 위한 마이피트니스팰MyFitnessPal, 비디오 오락을 위한 넷플릭스Netflix, 음악을 위한 스포티파이Spotify 등등. 이 회사들은 기존의 사업을 재창조하기 위해 새로운 방법으로 가지고 있던 기술 구성 요소를 조합했다. 이들은 고객과 협력업체의 상호작용을 위해 플랫폼을 세웠으며 고도로 차별화된 제품과 서비스를 만들어내기 위해 이 플랫폼을 활용한다. 이런 사업모델은 어느 분야에서든지—여행, 자동차, 의류, 식당, 요리, 소매업—적용할 수 있으며 실제로 모든 회사의 제품을 더 많은 사람이 사용하도록 개선할 방법은 얼마든지 있다.[72]

이것이 20세기 경제와 21세기 경제의 차이다. 20세기 경제가 단일한 폐쇄 네트워크에 지배되었다면 21세기는 세계적이고 개방된 모델이 이

---

[72] 네이선 로젠버그는 이런 회사들이 기존의 기술을 새로운 방법으로 적용시키는 가치 있는 역할을 했다고 지적했다. 그는 '혁신'이란 말에 대한 바람직한 정의로써 "점진적인 개선을 수행하기 위해 새로운 틀을 세우는 것"을 제안을 했다. 이런 틀에서 완전히 새로운 기업이 나오는 일이 종종 있다.

끌어갈 것이다. 우리 주변에는 플랫폼을 위한 기회가 널려 있다. 성공적인 지도자는 이것을 발견하는 사람이다.

전문화하라

성공을 위한 접근방식에는 또 전문화의 길을 찾는 것이 있다. 때로 플랫폼을 키우는 최선의 방법은 확장 가능한 전문성을 찾아내는 것이다.[73] 1990년대 후반에 구글은 검색 플랫폼을 확대하기 위해 한 가지 목표에만 집중했다. 즉 5대 축을 중심으로 확대된 검색기능을 측정한 것이다. 5대 축이란, 속도(빠른 것이 언제나 느린 것보다 좋다), 쉬운 이용(할아버지, 할머니도 구글을 사용할 수 있는가?), 정확성(사용자의 질문과 얼마나 연관성이 있는가?), 포괄성(모든 인터넷을 검색하는 것 같은가?), 생동(결과가 얼마나 최근에 나온 것인가?)을 말한다. 회사는 이용자들이 올바른 대답을 얻는 데 노력을 집중했기 때문에 구글의 검색결과는 종종 맨 밑에 종종 야후나 알타비스타, 애스크 지브스 링크를 걸어놓았다. 따라서 이용자들은 구글의 검색결과가 마음에 들지 않

---

[73] 철학자 이사야 벌린Isaiah Berlin의 논문에 나온 이미지를 차용해 짐 콜린스Jim Collins는 전문화의 발상을 "고슴도치 개념Hedgehog Concept"이라고 부른다(벌린 자신은 그리스의 시인 아르킬로쿠스Archilochus가 말한 "여우는 아는 것이 많지만 고슴도치는 중요한 것 한 가지만 안다"라는 신비로운 구절을 소상히 설명한 바 있다). 콜린스는 기업을 분석한 《좋은 기업을 넘어 위대한 기업으로》에서 위대한 기업은 모두 고슴도치 같다는 사실을 발견했다. 학자들은 고슴도치 개념이 기업이 성공하는 열쇠가 틀림없다는 결론을 내린 콜린스를 비난했다. 전문화는 엄청난 성공을 낳을 수도 있지만 엄청난 실패로 이어질 수도 있는 위험한 전략이라는 이유에서였다. Phil Rosenzweig, *The Halo Effect*(Free Press/Simon & Schuster, 2007). 어쨌든 우리는 고슴도치가 아는 중요한 것이 무엇인지 몰라도 고슴도치 개념은 마음에 든다.

을 때는 쉽게 이들 사이트로 이동해 나머지 검색을 할 수 있었다.

한때, 대부분의 경쟁 사이트들이 다양한 흥밋거리와 욕구 해소를 제공하는 다기능 미디어 사이트인 "포털portals"이 되려고 애를 썼다. 이런 기업들 중에 일부는—넷스케이프, 야후, 아메리카 온라인—검색기능에 관심을 두지 않았으며 구글과 제휴하여 이 업무를 우리에게 위임하는 데 만족했다.[74] 구글은 급성장하는 인터넷 시장에서 검색이 엄청 중요한 응용소프트웨어(애플리케이션)의 하나라는 것을 확신했기 때문에 포털을 전문화하는 일에는 관심이 없었다. 우리가 예상할 때 검색이, 당장 인기는 더 많지만 변화무쌍한 포털 사업보다 궁극적으로 돈이 잘 벌리고 더 효과적이었기 때문이다. 포털보다 검색에 집중한 까닭은 또 이것이 다른 어느 업체보다 우리가 우위를 차지한 분야라고 보았기 때문이기도 하다.[75] 이렇게 인터넷 시대의 초기에 이들 기업 지도자들이 인터넷 포털사업을 일으키려고 여념이 없을 때 구글 검색은 이용자들의 질문에 우수한 답변을 제공하며 날로 발전을 거듭한 것이다(구글 검색을 개선한 것은 이 밖에 출판 사이트의 접속량이 증가하는 유익한 효과도 가져왔다. 이용자들이 이들 사이트에서 제공하는 뉴스와 정

---

[74] 1999년 최초로 넷스케이프와 제휴를 맺었을 때, 스위치를 켜면 접속자 수가 너무 많아 우리는 넷스케이프 이용자들에게 서비스하기 위해 우리 자체의 구글닷컴을 일시적으로 접속불능 처리할 수밖에 없었다. 우리 직원인 크레이크 실버스타인의 말에 따르면 우리가 구글닷컴을 끌 때 "#ifdef MAKE_GOOGLE_UNAVAILABLE_BECAUSE_DISASTERS_ARE_HAPPENING"라는 주석행comment line으로 휴면 상태를 만들어 기록한 암호가 지금도 구글 프로그램에 남아 있다고 한다.

[75] 래리와 세르게이도 모르는 사이에 검색엔진은 마이클 포터에게서 빌려온 핵심 아이디어를 토대로 구축되고 있었다. 포터의 글에는 다음과 같은 말이 나온다. "평균 이상의 결과를 얻기 위한 효과적인 전략은 매우 제한된 제품군을 중심으로 전문화하는 것이다. (…) 또 전문가가 아는 전문지식과 특수제품 분야의 이미지의 결과로 고객을 확보한 상태에서 차별화된 제품을 늘릴 수 있어야 한다." Michael Porter, *Competitive Strategy: Techniques for Analyzing Industries and Competitors*(Free Press, 1980), pp.208~209.

보, 오락물을 찾기가 더 쉬워졌기 때문이다. 이 때문에 좀 더 콘텐츠가 다양한 온라인으로 옮겨가는 현상이 가속화되었다.)

폐쇄보다 공개를 기본설정으로

플랫폼은 일반적으로 공개할 때 성장하는 속도가 더 빠르다. 최대의 플랫폼이라고 할 인터넷을 보면 알 수 있다. 1970년대 초반에 빈트 서프Vint Cerf와 로버트 칸Robert Kahn[76]이 서로 다른 컴퓨터 네트워크(인터넷의 조상격인 아르파넷ARPANET 같은)를 연결해서 소통하는 TCP/IP(네트워크 전송 프로토콜/인터넷 프로토콜Transmission Control Protocol/Internet Protocol)을 개발했을 때, 이들은 자신들이 연결해주는 네트워크의 규모가 얼마가 될 것인지, 또는 얼마나 이용할 것인지 확실하게 알 수 없었다. 이들은 연결 가능한 네트워크의 숫자에 상한선을 두지 않았기 때문에 사실상 어떤 네트워크든지 이들의 프로토콜을 사용해 다른 네트워크와 접속할 수 있도록 했다. 이 단 한 번의 결정으로 인터넷은 개방되었고(당시로서는 이례적인) 곧 우리가 오늘날 일상적으로 사용하는 놀라운 웹 세상이 열린 것이다(할 배리언은 인터넷을 "풀어놓은 실험실 실험"이라고 부른다).

또는 고전적인 예로 지상 통신선을 사용하는 전화를 다시 살펴보자. 단일 용도—음성 소통—로 알려진 미국전신전화회사AT&T 네트워크의 성

---

[76] 인터넷의 창시자 중 한 사람으로 알려진 빈트야말로 전형적으로 전문성과 창의력을 갖춘 인물이다. 현재 구글 최고의 인터넷 전도사라고 할 수 있다.

장은 미국에서 점점 둔화되었다. 실용적인 혁신은 없었고 성장은 오로지 인구증가와 베이비붐 세대인 십대들이 두 번째 전화를 개설할 때만 이루어졌다. 하지만 정부의 개입으로 AT&T는 새로운 장치와 다른 통신업체에 개방되면서 혁신에 착수했다. 새로운 형태의 전화, 팩시밀리 송수신기, 데이터 모뎀, 저렴한 장거리 전화—"장거리 통화"란 말이 기억나는가?—가 속속 등장했다. 여기서도 알 수 있듯이, 일단 모든 혁신은 플랫폼을 폐쇄체제에서 개방체제로 전환한 뒤에만 일어날 것이다.[77]

또 다른 예로 1981년에 출범한 IBM PC를 들 수 있다. 이 PC는 소프트웨어 개발자들과 제조자들에게 아이비엠의 기술 사용료를 지불하지 않고도 애플리케이션과 추가부품, 나아가 그들 자신의 '복제clone' PC를 만들 수 있도록 길을 열어놓았다. 이런 결정으로 IBM PC는 마이크로소프트와 인텔이라고 하는 몇몇 소규모 회사에 엄청난 활력을 불어넣으면서 "초소형 컴퓨터"가 등장한 시기에 일정한 표준 제품으로 자리 잡았다.[78] 동시에 수많은 애플리케이션과 부속품, 경쟁업체를 생태계로 끌어들이며 궁극적으로 이후 25년간 지배적인 컴퓨터 플랫폼을 만들어냈다. 만일 PC가 폐쇄적인 플랫폼이었다면 이런 일들은 절대 일어나지 않았을 것이다.[79]

---

[77] Phil Lapsley, *Exploding the Phone: The Untold Story of the Teenagers and Outlaws Who Hacked Ma Bell*(Grove/Atlantic, 2013), pp.298~299.
[78] James M. Utterback, *Mastering the Dynamics of Innovation*(Harvard Business School Press, 1994), p.15.
[79] 이와 대조적으로 1984년에 출범한 애플 매킨토시는 폐쇄 시스템이었다. 빌 게이츠는 1985년 당시 애플의 CEO인 존 스컬리John Sculley에게 보내는 메모에서 다음과 같이 말했다. "매킨토시와 비교한다면 아이비엠의 구조는 아마 호환이 가능한 제조업자의 투자가 있을 경우 거기에 적용되는 공학 자원이 100배 이상 될 것입니다." Jim Carlton, "They Coulda Been a Contender"(*Wired*, 1997. 11).

'개방'은 다양한 기업이 각기 자사의 목적을 달성하기 위해 서로 다른 방법으로 개방을 규정한다는 점에서 〈라쇼몽Rashomon〉(구로사와 아키라 감독의 대표작. 주관적인 관점으로 객관적 사실이 다양하게 기억되는 측면을 보여준 영화—옮긴이)과 동류항이라고 볼 수도 있다. 하지만 일반적으로 개방이 뜻하는 것은, 소프트웨어 코드나 연구결과 같은 지적 재산을 더 많이 공유하고 자신의 표준보다 공개된 표준을 지지하며 고객들이 쉽게 자신의 플랫폼에서 나갈 자유를 제공하는 것이다. 이런 방식은 경쟁사에 대해 자사의 지속가능한 우위를 확보하고 이 우위를 철옹성처럼 끓는 기름과 불화살로 지켜내라고 가르치는 전통적인 경영대학원의 사고방식과는 반대인 것처럼 보일 수 있다. 이단적인 사고가 대부분 그렇듯이, 개방은 창업의 사고방식으로는 겁나는 것이다. 위험을 무릅쓰고 살벌한 바깥세상으로 나가 혁신과 이점을 둘러싸고 치열한 경쟁을 벌이는 것보다는 고객을 자사의 아늑한 세계에 가둬두는 것이 훨씬 쉽기 때문이다. 여러분이 개방을 하면 급성장과 혁신의 방향으로 거래를 조절하게 된다.[80] 그리고 전문성과 창의력을 가진 여러분의 직원이 그 방법을 찾아낼 것이라고 믿어야 한다.

여러분이 만일 쉽게 변하지 않는 현직 사업가와 경쟁한다면 상대의 바로 그 변하지 않는 특징을 여러분의 이점으로 활용할 수 있을 것이다. 돼지 같은 그 경쟁업자는 아마 폐쇄된 여물통에 흡족해하고 있을 것이며, 여러분은 그사이에 파괴적인 위력이 있는 사업 모델에서 나온 파괴적

---

[80] "개방형 혁신open innovation"의 대표적 연구가인 경제학자 헨리 체스브로Henry Chesbrough는 다음과 같은 저서를 내놓았다. *Open Innovation: The New Imperative for Creating and Profiting from Technology*(Harvard Business School Press, 2003). *Open Business Models: How to Thrive in the New Innovation Landscape*(Harvard Business School Press, 2006).

인 제품을 이용해 그 여물통을 빼앗을 수 있을 것이다. 개방은 이 부분에서 매우 효과적인 힘을 발휘할 수 있다. 개방은 혁신을 생태계로 몰고 가(플랫폼을 위한 새로운 제품, 협력업체에서 나온 새로운 애플리케이션) 상호보완적인 구성 요소의 비용을 절감하게 해준다. 이 모든 일은 보통 폐쇄된 플랫폼(아마도)을 운영하는 사업가의 비용으로 사용자들을 위해 더 많은 가치와 새로운 생태계를 위한 더 많은 성장을 이끌어낸다. 예컨대 칸 아카데미Khan Academy나 코세라Coursera, 유다시티Udacity 같은 조직이 어떻게 교육시장에서 발판을 구축하는지 보라.81 이들은 인터넷 시대의 기술과(온라인 비디오, 쌍방향의 사회적인 도구) 개방된 사업 모델(누구나 무료로 어느 수업이든지 들을 수 있는)을 결합시켜 변화라고는 모르는 사업가들(고액의 수강료를 받으며 수준 높은 수업을 하는)과 급격히 차별화되고 있다. 기존 시장을 뒤흔드는 이런 사업가들 중에 누가 성장을 이루고 번창할지 또는 좀 더 빈틈없는 기존 사업가들이 이 바람을 피해 갈지는 아무도 속단할 수 없다. 다만 확실히 알 수 있는 것은 "모든 곳, 모든 사람을 위한 세계적인 수준의 무료 교육"이라는 칸의 사명선언처럼, 이 같은 기술과 개방의 조합이 좀 더 나은 학습 생태계로 이어질 것이라는 점이다.

개방은 또 수많은 사람의 재능을 활용할 수 있는 길을 열어준다. 선Sun의 공동창업주인 빌 조이Bill Joy가 기록했듯이, "여러분이 누구든 간에 아주 유능한 사람들이 대부분 다른 누군가를 위해 일하는"82 구조이기 때

---

81 에릭 슈미트는 칸 아카데미 이사다.
82 Karim Lakhani and Jill A. Panetta, "The Principles of Distributed Innovation"(*Innovations*, Volume 2, Number 3, Summer 2007).

문이다. 개방은 이미 이루어놓은 일을 개혁할 필요 없이 새로운 발명으로 전체 시스템을 앞으로 몰고 나가는 일에 집중하기 때문에 더 큰 혁신을 자극한다. 넷플릭스가 좋은 예라고 할 수 있다. 2006년, 이 영화대여회사는 기존의 추천 알고리즘을 개선하고 싶었지만 내부의 노력은 정체 상태에 있었다. 이들은 사전에 영화 평점을 준 수억 명에 이르는 익명의 이용자 자료를 공개한 뒤 이 데이터를 활용해 현재 시행 중인 추천 알고리즘의 정확성을 적어도 10퍼센트 이상 끌어올리는 개인이나 단체에게는 100만 달러의 상금을 주겠다고 발표했다. 또 이 콘테스트의 과정도 공개했다. 넷플릭스는 상위에 오른 팀들의 개선방식을 공개 점수판에 올렸고 3년도 안 되어 상금을 획득한 방안이 나왔다.[83]

이 밖에도 오픈소스open source(무상으로 공개된 정보를 공유하는 소프트웨어—옮긴이)는 눈에는 덜 띄지만 똑같이 중요한 혜택을 준다. 정보를 온라인에 올릴 때 금지된 분야가 따로 없다는 것을 보여준다. 우리가 소스코드를 공개하는 소프트웨어에서는 누구나 이 코드가 한 회사에 특정 이익을 안겨주는지 아닌지를 알 수 있다. 만일 그런 일이 있다면 그런 이점을 바로잡는 조치를 취한다. 오픈소스 자체가 사실상 우리가 하나의 플랫폼이지만 기업을 키우면서 전체로서 생태계를 발전시키는 일에 전념한다는 의미다. 오픈소스는 모든 사람에게 특정 참여자에게 부당한 이익을 주지 않는 공평한 기회의 장이라는 것을 알려준다. 이렇게 부당한 이익에 대한

---

[83] Steve Lohr, "Netflix Awards $1 Million Prize and Starts a New Contest"(*Bits blog*, *New York Times*, 2009. 9. 21).

의혹을 제거하면 성장이 따른다.[84]

초기설정을 '개방'에 두는 마지막 이유는, 이용자의 자유라는 개념과 관계가 있다. 고객 로킨lock-in(고객이 특정업체에 종속되게 하는 것―옮긴이)과는 반대로 이용자가 쉽게 나갈 수 있도록 운영하는 것이다. 구글에서는 전담부서를 운영해 이용자가 가능하면 구글에서 쉽게 나갈 수 있게 해준다. 우리가 원하는 것은 동등한 입장에서 경쟁하며 제품의 장점에 따라 이용자의 충성을 얻는 것이다. 이용자는 출구 장벽이 낮을 때 오히려 더 오래 머무를 것이다.

예외적인 상황을 빼고는 개방을 기본으로 하라

개방은 도덕적 논란의 대상이 아니다. 초기설정을 개방에 맞추는 것은 보통 개혁을 추진하고 생태계의 비용을 낮추기 위한 최선의 방법이다. 그러므로 각자의 재량에 따른 또 하나의 전략적 수단으로 봐야 한다. 개방을 하면 급성장과 수익성을 창출하는 데 도움이 될까? 개방의 도덕적 후광은 전문성과 창의력을 가진 인력을 끌어들이는 데 도움이 될 것이다. 어느 시인이 노래한 대로, 세계적인 플랫폼만큼 세상을 바꿀 수 있는 것

---

84 소기업이나 창업지원 육성회사(인큐베이터)라 할지라도 소스를 공개할 수 있다. 신생기업을 위해 초기 자금을 지원해주는 와이컴비네이터YC는 누구나 자유롭게 이용할 수 있도록 엔젤 투자자에게서 자본을 모아 YC의 지원으로 창업한 회사의 주요 거래조건이나 그 밖의 법적 서류를 공개한다. 이런 기록의 소스를 공개하며 목적을 명시하면 양측 모두 재정 확보가 더 쉽다(값도 더 싸고). Michael Arrington, "Y Combinator To Offer Standardized Funding Legal Docs"(*TechCrunch*, 2008. 8. 13). "Series AA Equity Financing Documents"(ycombinator.com/seriesaa).

은 없기 때문이다(어쨌든 이 시인은 이렇게 노래했다).

몇 가지 예외가 있다면 개방과 관련된 구글의 초기설정에서 예를 찾을 수 있는데, 이때의 예외적인 조치로 우리는 종종 위선적이라는 비난을 들었다. 몇 가지 분야에서는 개방을 강조하면서도 때로는 우리 자신의 충고를 무시했기 때문이다. 이것은 위선적인 것이 아니라 그저 실용적인 태도에서 그랬던 것이다. 우리는 보통 개방이 최선의 전략이라고 믿지만 특정 상황에서는 폐쇄적인 작업이 나을 때도 있다. 여러분이 명백하게 우수한 (보통 강력한 기술혁신을 기반으로 하기 때문에) 제품을 가지고 급속하게 확대되는 새로운 시장에서 경쟁한다면 플랫폼을 개방하지 않을 때 빠르게 성장할 수 있다. 바로 우리의 초창기에 구글 검색과 광고엔진에 해당하는 경우지만 이것은 꽤나 드문 상황에 속한다.

이 밖에 플랫폼 개방이 이용자나 혁신에 이롭지 않은 상황도 있다. 플랫폼을 폐쇄한 기존의 사업가들은 대부분 시스템 개방이 품질을 손상시킨다는 의견을 받아들여 폐쇄된 플랫폼을 유지함으로써 그들이 훌륭한 기업 시민으로서 고객의 이익을 도모한다는 사실을 폐쇄해버린다. 우리처럼 몇몇 경우에는 이런 주장이 실제로 맞는다. 구글의 검색 및 광고 알고리즘을 개방하면 품질을 타협해야 하는 상황이 올 수도 있다. 검색 업계의 수많은 경쟁자들이 이용자의 좋지 않은 경험에서 이익을 보려 하기 때문이다. 이들은 이용자가 가장 연관성이 깊은 답변 결과와 광고를 보고 클릭하기를 바라지 않으며 비록 이용자가 초라한 경험을 할지라도 그들 자신의 결과와 광고를 보러 오기를 원한다. 따라서 검색의 생태계는 우리가 이용자의 질문과 답변 결과를 이어주는 알고리즘의 비밀을 유지할 때 최선의 서비스를 할 수 있다고 우리는 믿는다.

2005년, 우리가 안드로이드라는, 당시로서는 소규모의 모바일 운영체제를 사들였을 때, 경영진 사이에서는 이것을 공개해야 할지 여부를 놓고 논란이 분분했다. 앤디 루빈과 안드로이드팀은 폐쇄해야 한다는 생각이었지만 세르게이는 왜 공개해서는 안 되는지 반문하며 반대 의견을 냈다. 안드로이드를 개방하면 사방에 흩어진 모바일 운영체제 업계 사이에서 우리가 급성장하는 데 도움이 될 거라는 주장이었다. 결국 그렇게 하기로 결론이 났다. 한편 애플 사는 아이폰을 출시했는데 이것은 확장성을 통제하는 방법으로 폐쇄된 애플 iOS 기반의 제품이었다. 안드로이드의 개방은 놀라운 성장을 가져다주었고 우리에게 검색의 상호보완성이 강한 플랫폼을 제공함으로써(스마트폰 사용자가 온라인에 많이 접속한다는 것은 그만큼 더 많은 사람이 더 빈번하게 검색한다는 것을 의미한다) 구글이 PC에서 모바일로 플랫폼 이동을 매끄럽게 해주는 데 도움이 되었다. 애플 iOS도 폐쇄체제를 유지하여 성장과 수익성에서 모두 큰 실적을 올렸다. 새로운 벤처사업의 관점에서 볼 때 두 가지 방법 모두 승리했다. 그런데 아이폰으로 애플이 성공한 것은, 구글의 검색기능과 마찬가지로 급성장하는 업계에서 확실히 우월한 제품을 창조해낸 이례적인 기술혁신에 토대를 두고 있다는 사실을 명심해야 할 것이다. 만일 여러분이 이렇게 폐쇄적인 시스템으로 극단적인 성과를 올릴 수 있다면 한번 시도해보라. 그렇지 않다면 초기설정을 개방에 맞춰라.

경쟁에 치중하지 마라

너무도 많은 기업 경영자들이 경쟁에 사로잡힌 것을 볼 때마다 우리는 끊임없이 놀란다. 여러분이 여러 대기업에서 모인 고위 경영진과 같은 방에 들어간다고 쳐보자. 그들은 스마트폰의 새로운 메시지나 그날의 나머지 일정에 관한 생각에 관심을 쏟다가도 그들과 관계된 경쟁을 화제로 올리면 갑자기 여러분을 주목할 것이다. 그러면 여러분은 마치 조직 내에서 특수한 지위에 있는 것 같은 느낌을 받게 되고 여러분의 조직이 어떻게 실적을 올리는가에 대한 것만큼이나 어떤 경쟁을 할 것인지를 두고 걱정하게 될 것이다. 최고위층의 기본 사고방식은 병이 되는 경우가 너무 많다.[85]

이렇게 경쟁에 집착하는 태도는 끝없는 평범의 악순환으로 이어진다. 기업 경영자들은 경쟁사를 지켜보며 그대로 따라하는 데 많은 시간을 소비한다. 그러다가 일정한 때가 되면 흉내를 멈추고 뭔가 새로운 시도를 하면서 신중하게 리스크를 떠안기로 하지만 오로지 효과가 낮은 점진적인 변화밖에 모른다. 경쟁사에 신경을 쓰면 편해진다. 이것은 마치 요트 경기에서 선두에 선 배가 뒤따르는 배를 감시하며 방향을 바꾸거나 더 강력한 바람을 받지 못하도록 갈지자로 나가는 엄호 전술을 펴는 것과 같다. 기존의 사업가들은 떼를 지어 모이기 때문에 아무도 신선한 새 바람을 찾지 못한다. 하지만 래리 페이지가 말한 대로, 대강 똑같은 방식으로 따라오는 다른 회사에게 최선을 다해 패배를 안겨주는 것이 과연 신

---

[85] Steven Levy, "Google's Larry Page on Why Moon Shots Matter"(Wired.com, 2013. 1. 17).

나는 일일까?

　경쟁에 집중하다 보면 여러분은 결코 진정한 혁신을 이루지 못할 것이다. 여러분과 상대 경쟁사가 시장점유율의 자투리를 놓고 열심히 싸우는 사이에 이와 상관없는 누군가가 비집고 들어와 완전히 판도를 뒤집어엎는 새로운 플랫폼을 건설할 것이다. 다시 래리의 말을 인용해보자. "우리가 어느 정도 경쟁을 의식한다는 것은 분명하다. 하지만 나는 주로 직원들에게 경쟁을 의식하지 않게 하는 것이 내가 할 일이라고 느낀다. 내 생각에 일반적으로 사람들은 기존의 일에 관심을 갖는 경향이 있다. 우리가 할 일은 진정 필요하지만 아직 누구도 생각하지 못한 일을 생각하는 것이다. 그리고 만일 경쟁자가 그것을 안다면 당연히 그들은 그것을 우리에게나 다른 누구에게 발설하지 않을 것이다."[86]

　이 말은 경쟁을 무시하라는 의미가 아니다. 경쟁은 여러분을 발전시켜준다. 또 빈틈없는 태도를 유지하게 해준다. 아무리 지속적으로 조심하자고 다짐해도 우리는 모두 자기만족에 빠지기 쉬운 인간이다. 경쟁만큼 불을 환히 밝혀주는 길잡이도 없다. 마이크로소프트 사에서 2009년 빙 검색 엔진을 출시했을 때, 우리는 검색에 모든 노력을 집중하며 "모두 손을 걸어붙이고 돕는all-hands-on-deck" 처리공정(프로세스)에 관심을 기울이기 시작했다. 이것이 기초가 되어 구글 인스턴트Google Instant(입력한 데 따른 검색 결과)와 이미지 서치Image Search(이미지를 검색창에 끌어다 넣으면 구글은 그것이 무엇인지 밝혀내고 질문에 따라 활용한다) 같은 신제품이 나왔다. 여러분은 빙이 출시됐을 때부터 이 우수한 신제품에 이르기까지 두루 경험하며 비교할 수 있을 것

---

[86] Miguel Helft, "Larry Page on Google"(*Fortune*, 2012. 12. 11).

이다.

니체는 《차라투스트라는 이렇게 말했다》에서 "그대는 적에 대해 자부심을 가져야 한다. 그러면 적의 성공은 그대의 성공이 될 수도 있다"라고 말했다.[87] 적에 대해 자부심을 가져라.

단, 따라가지는 마라.

---

[87] Friedrich Nietzsche, ed. tr. Stanley Appelbaum, *Thus Spake Zarathustra*(Selections)(Dover Publications, 2004).

전략 점검목록

우리는 여러 팀을 동원해 전략을 짜는 일에 수없이 많은 시간을 보내왔다. 이제 여러분이 전문성과 창의력을 겸비한 일단의 직원을 모아 새로운 벤처사업에 기초가 될 사항을 적을 준비가 되었다면 흥미로운 경험을 하게 될 수도 있다. 여러분이 처음으로 즉흥적인 전략을 구상하는 중이라면, 이제 소개하는, 우리가 수년 동안 회의실의 화이트보드에 적은 것이나 전략회의에서 모아놓은 이 주옥같은(우리 희망) 지혜를 참고하기 바란다. 벽에 붙여놓은 것이나 메모장에 휘갈겨 쓴 것, 우리 자신에게 보낸 이메일도 포함되었다.

올바른 전략은 많은 사람의 감각과 아이디어를 모아 성공적인 연주회를 할 때처럼 보기에 아름답다.

먼저 5년 후에 무엇이 사실로 드러날지, 또는 그 반대일지 생각해보라. 여러분이 단언할 수 있는 사실이 금세 변하게 되는 건 아닌지 신중하게 조사하라. 특히 기술로 가격을 인하하거나 새 플랫폼을 구축할 수 있는지 제품의 요인을 살펴야 한다.

5년 동안의 사업 스케줄을 짜보면 여러 시장에서 나타날 수 있는 방해 요인—그리고 기회—이 있을 것이다. 무엇이 여러분에게 방해가 될 것 같은가?

이제 여러분에게 거의 완벽한 시장 정보와 자본을 광범위하게 이용할 가능성이 있다면 여러분은 제품과 플랫폼에서 성공을 해야 한다. 대부분의 시간을 이 제품과 플랫폼을 생각하는 데 소비하라.

시장 내에 방해 요인이 있다면 가능한 시나리오는 두 개가 있다. 여러분이 현재 사업에 종사한다면 방해가 되는 도전자가 생길 수도 있고 여러분이 만들어낼 수도 있으며 무시할 수도 있다. 도전자를 무시한다면 그 효과는 단기적일 수밖에 없다. 도전자가 생기거나 여러분이 만들어내는 경우에는 도전자가 공격에 활용하는 기술혁신과 선택조건을 속속들이 파악해야 한다.

여러분이 도전자 입장이라면 새로운 제품을 발명하고 이 제품을 중심으로 사업 여건을 조성해야 한다. 또 사업에 발판이 되는 것들(사업상의 여러 관계, 규제사항, 법적 요건)과 기존의 사업자가 여러분을 따돌릴 방해 장치를 알아야 한다.

여러분의 사업에 도움이 되는 동기를 가진 제3 사업자의 역할을 파악하라. 여러분의 전략에는 사업 구조(사업 분야, 회사, 팀) 밖에 포진한 사람들이 내부 사람들과 함께 혁신을 생각할 수 있는 방법이 포함되어야 한다.

가장 중요한 것은 성장이다. 인터넷 시대의 대대적인 성공은 모두 성장과 더불어 날로 발전하고 강해지는 거대한 플랫폼을 구현하게 된다.

목적 달성에 필요한 대강의 소요 시간과 달성하고 싶은 최종 시점을 분명하게 밝혀라.

시장조사와 경쟁자에 대한 분석을 하지 마라. 슬라이드를 이용한 프레젠테이션은 토론의 열기를 죽일 뿐이다. 방 안에 모인 사람들의 모든 아이디어를 입력하라.

반복은 전략에서 가장 중요한 부분이다. 언제나 학습을 통해 아주 빠르게 반복이 이루어질 필요가 있다.

대대적인 성공을 거둔 대기업은 모두 주목을 받기 시작할 때 다음과 같은 특징을 보였다.

- 이들은 절묘한 방법으로 문제를 해결했다.
- 이들은 이 해결책을 빠른 성장과 확장에 이용했다.
- 이런 성공은 대부분 제품을 기반으로 한 것이었다.

여러분은 이런 전략을 짜고 있는가? 전략팀은 현명하게 선발해야 한다. 단순히 근무경력이 오래된 사람이나 높은 직책을 가진 사람이어서는 안 된다. 그보다는 전문성과 창의력을 갖춘 사람, 탁월한 견해로 다가오는 변화를 읽을 줄 아는 사람이어야 한다.

"열정적인 사람은 그 열정을 가슴에 품고 있을 뿐, 남에게 알리지 않는다."
스스로 몸에 점을 찍는 표범.

재능

직원 채용이 가장 중요하다

Talent

2000년 2월 어느 날, 조너선은 구글의 제품관리 책임자 자리에 면접을 보기 위해 세르게이를 만나러 마운틴뷰로 가는 중이었다. 이때 그는 이 만남이 형식적인 절차에 지나지 않을 거라고 예상했다. 당시 익사이트앳홈의 수석 부사장으로 근무하던 그는 자신의 현재 직업에 아주 행복해했고 직장을 정말 옮기고 싶은지도 확신이 없었다. 이직을 한다면 그는 그 자신이 전문가라 자신하는 온라인 검색과 광고 분야가 맞을 거란 생각은 있었고, 클라이너 퍼킨스Kleiner Perkins의 파트너이자 구글과 익사이트앳홈의 이사인 존 도어John Doerr도 이 자리에 그를 추천했었다. 따라서 조너선은 이 자리는 그가 원하기만 하면 주어지는 직책일 것이고 면접이라는 것도 아마 세르게이가 이 자리를 맡아달라고 설득하는 시간이 될 것이라고 예상했다.

그는 101번 고속도로에서 엎어지면 코 닿을 거리에 있는 베이쇼어 파크웨이의 붐비는 사무실에 도착해서 세르게이를 따라 어느 회의실로 들어갔다. 의례적인 말이 오고간 뒤에 세르게이는 평소 면접할 때 자주 묻는 질문을 했다.

"좀 복잡한 걸로 내가 모르는 게 있으면 하나만 가르쳐주시겠습니까?"

조너선은 클레어몬트 맥케나 대학에서 경제학을 전공했고 스탠퍼드 경제학자의 이론을 익히기도 했다. 실제로 면접을 보는구나 싶어 다소 놀라기는 했지만, 그는 한계 비용이 평균 비용을 최저선에서 반으로 줄여주는 경제법칙을 화이트보드에 써가며 증명해 보였다. 그는 회사의 생산량을 최대화하여 비용과 수익 함수로 생산과 이익의 적정선을 찾아내는 방법을 보여주며 세르게이가 놀라서 눈이 휘둥그레질 것이라고 생각했다 (경제학 전공자에게 이 정도의 이론은 일상 수다 정도에 지나지 않는다).

답변을 들은 세르게이가 롤러블레이드를 만지작거리며 창밖을 내다보는 모습을 보자 조너선은 자신이 질문의 더 깊은 뜻을 제대로 파악하지 못했다는 것을 이내 알아차렸다. 그는 세르게이에게 아무것도 가르치지 못했다. 질문에 대한 경제법칙의 답변은 재미가 없었고 수학을 잘하는 세르게이는 이미 미적분을 포함해 화이트보드에 쓴 경제공식도 알고 있을 가능성이 컸다. 그래서 조너선은 경제학 강의를 중단하고 구애에 대한 얘기로 화제를 돌렸다. 그리고 자신의 아내를 사례연구로 삼아가며 첫 데이트를 얻어내는 수단으로서 "올가미를 던지는 법"을 설명하기 시작했다.[88] 그러자 세르게이는 귀를 기울였고 결국 조너선은 책임자 자리를 얻었다.[89]

만일 여러분이 대기업의 관리자들에게 "당신이 하는 일 중에 가장 중요한 것 한 가지가 있다면 그것은 무엇입니까?"라고 묻는다면 그들은 대

---

[88] 조너선은 아내에게 장미와 수수께끼를 보냈다. 장미는 본 적이 없는 남자에 대한 호기심을 자극하려는 것이었고 수수께끼는 여자의 능력을 확인해보려는 의도였다. 아내는 능력을 입증해 보였고 어쨌든 데이트에 응했다.

[89] 조너선은 2000년 2월에 구글에 합류해달라는 제안을 받았지만 여러 가지 측면에서 구미에 당기는 조건이 없어서 거절했다. 그리고 2002년 2월에 에릭이 다른 조건을 제시했을 때 이를 받아들였다.

부분 반사적으로 "회의에 참석하는 것"이라고 대답할 것이다. 여러분이 물러서지 않고 "아니, 가장 지루한 일 말고 가장 중요한 일 말입니다"라고 재차 묻는다면 그들은 아마 경영대학원에서 배운 몇 가지 기본적인 원칙을 늘어놓을 것이다. 가령 "날로 경쟁이 뜨거워지는 시장에서 재정 효과를 늘리기 위하여 참신한 전략을 짜내고 적시의 시너지를 도출해내는 일"이라는 대답이 나올지도 모른다. 그러면 이제 스포츠팀의 감독이나 단장에게 똑같은 질문을 한다고 가정해보자. 그들도 매일 회의에 참석하지만 하는 일 중에 가장 중요한 것을 묻는다면 아마 선수를 선발하고 (드래프트) 충원하고 될 수 있는 한, 최고의 선수를 트레이드해오는 것이라고 대답할 것이다. 유능한 감독은 전략이 아무리 좋아도 뛰어난 재능을 따라가지 못한다는 것을 안다. 그리고 이것은 경기장에서뿐만 아니라 경영에서도 똑같이 들어맞는다. 인재를 스카우트하는 것은 면도와 같다. 매일 하지 않으면 표가 나게 마련이다.

"당신이 하는 일 중에 가장 중요한 것 한 가지가 있다면 그것은 무엇입니까?"라는 질문에 관리자라면 직원 채용이라고 대답해야 옳다. 이날 조너선을 면접할 때 세르게이는 단순히 상대의 실력을 떠보는 게 아니라 중요한 일에 몰두하고 있었다. 조너선은 상대의 이런 태도를 보고 세르게이 가까이서 일할 고위 경영진을 뽑기 때문일 것이라고 해석했다. 하지만 일단 구글에 들어가자 그는 이 회사의 경영진은 어떤 직원을 뽑든지 똑같은 강도로 면접을 치른다는 것을 알게 되었다. 소프트웨어 분야의 신입 엔지니어를 뽑든 고위 경영자를 뽑든, 이런 것은 중요하지 않았다. 구글은 최고 수준의 인력을 얻기 위해 시간과 정력을 들이는 것을 우선으로 삼았다.

여러분은 이 정도의 원칙은 흔한 일이라고 생각할지 모른다. 하지만 비록 관리자들이 대부분 익숙한 채용 과정을 통해—이력서에 대한 전화인터뷰, 면접, 추가면접, 조건제시, 지루한 타협 과정, 수락—자신의 직책을 얻는다고 해도 일단 채용되면 있는 힘을 다해 다른 직원을 채용하는 일에서 빠지고 싶어 하는 것으로 보인다. 직원 모집은 채용 담당자의 일이라고 생각하기 때문이다. 이력서를 검토하는 일은 젊은 직원이나 인사처에 근무하는 누군가에게 맡겨진다. 게다가 면접은 지루한 일이다. 피드백 양식은 너무 길고 짜증이 나기 때문에 양식을 작성하는 일은 금요일 오후까지 미뤄지기 일쑤다. 이때쯤 되면 면접할 때의 세부적인 일은 기억이 희미해질 수밖에 없다. 그러므로 면접 담당자는 엉성한 보고서를 급히 작성하면서 다른 누군가가 면접의 피드백을 더 잘해주기를 기대한다. 대부분의 조직에서는 직급이 높은 관리자일수록 채용 과정에서 한 발 물러나 있다. 하지만 이와는 반대로 해야 옳다.

인터넷 시대에는 직원 채용을 잘해야 하는 이유가 또 있다. 전통적인 채용방식은 계급적인 형태를 보여준다. 인사부의 직원들이 의견을 제시하는 가운데 인사부장이 누구를 뽑을지 결정하면 사장은 부장이 어떤 결정을 하든 상관없이 고무도장을 찍어준다. 이 같은 방식에 담긴 문제점은, 이렇게 채용된 직원이 일단 회사에 들어오면 아주 자유롭고 노골적으로 부서 중심의 근무 행태를 보이고(보일 수밖에 없고) 서열을 무시한다는 것이다. 결국 이렇게 되면 인사부장 혼자서 인사부 외의 수많은 부서에 직접적인 영향을 주는 결정을 내린 셈이다.

계급 구조의 채용방식이 옳지 않은 데는 또 다른 이유가 있다. 지도자들(그리고 경영관리 도서 저자들)은 종종 자신보다 더 유능한 사람을 뽑는다는 말을 하지만 실제로 이런 일이 계급적 채용 과정에서 일어나는 경우는 드물다. "이 사람이 유능하기 때문에 이 사람을 뽑자"는 이성적인 결정은 보통 "이 사람이 나보다 유능하면 내가 못나 보여서 승진이 어려울 것이고 그러면 아이들은 아빠를 패배자로 생각할 것이며 어쩌면 아내는 이 자와 피츠 커피 전문점에서 눈이 맞아 살림을 챙겨 함께 도망칠지도 모른다"라는 감정적인 결정에 밀리게 된다. 바꿔 말하면 인간의 본성이 가로막는 것이다.

처음부터 구글의 창업자들은 최고의 인재 채용에 일관성을 기하기 위해서는 미국 회사의 방식이 아니라 학계의 방식을 따라야 한다는 것을 알았다. 대학에서는 보통 교수를 해고하지 않는다. 그러므로 교수의 채용과 승진에는 보통 오랜 시간을 투자해가며 위원회를 가동한다. 이것이 바로 우리가 직원 채용은 계급적 구조가 아니라 평등 구조 기반의 위원회에서 결정해야 한다고 믿는 이유다. 또 당장 지원자의 경험이 담당 업무와 일치하지 않는다고 해도 가능하면 최고의 인재를 선발하는 데 초점을 맞춰야 한다.

에릭은 빈자리가 없는데도 셰릴 샌드버그를 채용했다. 셰릴이 자발적으로 소규모의 영업팀 조직을 짜는 데는 오랜 시간이 걸리지 않았으며 이 자리는 그녀가 만들어낼 때까지는 존재하지 않던 직책이었다(물론 셰릴은 이후 우리 회사를 떠나 페이스북의 최고운영책임자가 되었고 베스트셀러 저자가 되었다. 여러분이 전문성과 창의력을 가진 인재를 채용한다면 이들 중에서 언젠가는 회사에서 나가 스스로 커다란 기회를 만들어내는 사람이 나올 것이다. 이 문제는 뒷장에서 다시 언급할 것이다). 평등 구조 기반의 채용 과정에서는 조직이 아니라 사람에 중점을 둬야 한다. 담당 직책보다는 전문성과 창의력이 더 중요하고 경영자보다는 회사가 더 중요한 법이다.

"우리 직원들이 가장 소중한 자산이다." 이 문장은 흔해빠진 표현처럼 들리지만 전문성과 창의력을 갖춘 인력으로 조직을 구성하면 이 말 이상으로 많은 결과를 실현하게 된다. 여러분은 조직의 구성원을 채용하는 방법을 바꿀 필요가 있다. 변화를 위해서는 누구나 변화를 유도할 수 있어야 좋다. 앞에서 언급한 추천문화 중에서 현재의 회사가 적용하기 어려운 것도 있을 수 있다. 문제는 누구나 채용방식을 바꿀 수 있어야 한다는 것이다. 물론 많은 작업과 시간이 필요하다는 것이 단점이긴 하지만 이런 투자는 전혀 아깝지 않다.

쏠림현상

우수한 인력은 우수한 업무에서 그치는 것이 아니라 다시 우수한 인력을 끌어들이는 역할을 한다.[90] 최고 수준의 인력은 무리를 지어 이동하는 동물처럼 서로 따르는 경향이 있다. 이런 인재를 한 사람 구한다면 더 많은 인재가 뒤를 잇는 결과가 따를 것이다. 구글은 멋진 편의시설로 유명하지만 전문성과 창의력을 가진 인력이 구글에 이끌리는 것은 무료로 이용할 수 있는 점심식사나 마사지 시설 때문도 아니고 시원한 잔디밭이나

---

[90] 주 23번에서 언급한 ASA 모델이란 말 기억나는가? Benjamin Schneider, "The People Make the Place" (*Personnel Psychology*, 1987. 9). 여기서는 처음의 A가 유도 작용을 한다. 우수한 인력이 다른 우수한 인력을 끌어들이는 선순환의 작용으로 우수한 인재의 문화가 세워진다.

개가 자유롭게 드나들 수 있는 사무실 때문도 아니다. 이들이 구글에 들어오는 것은 전문성과 창의력을 갖춘 최고의 인재들과 함께 근무하고 싶기 때문이다.

이러한 "쏠림현상herd effect"은 두 가지 상반된 결과로 나타난다. A형이 A형을 채용하는 경향이 있다면 B형은 B형뿐만 아니라 C형과 D형까지 채용한다. 가령 여러분이 기준을 양보하거나 실수를 해서 B를 채용한다면 회사에는 곧 B형과 C형, D형이 생길 것이다. 그리고 회사에 이익을 주는가, 손실을 끼치는가에 상관없이 직원이 전문성과 창의력을 갖추고 회사가 새롭게 출발하는 상황에서 쏠림현상은 더 강력한 힘을 발휘한다. 이 경우 각 직원의 상대적인 중요성은 극대화된다. 초창기의 직원이 더 눈에 띄기 때문이다. 따라서 여러분이 우수한 인력이 우수한 인력을 부르는 방식을 사용한다면, 이들이 아이디어를 공유하며 상호작용을 하는 효과가 나타날 것이다. 이런 사실은 언제나 예외 없이 들어맞으며 특히 창업 초기에 더하다.

적극적인 사람들의 쏠림현상은 오케스트라처럼 조화를 이룰 수 있다. 구글이 신입사원을 모집할 때 사용하는 돋보이는 광고 문구 "당신이 우수하다면 우리는 채용한다You're brilliant, we're hiring"는[91] 일종의 영리한 마르크스주의 책략이다. 카를 마르크스가 아니라 그루초 마르크스Groucho Marx(미국의 희극 배우—옮긴이) 방식을 말한다. "네, 이 클럽이 나를 원하기 때문에 나도 가입하고 싶습니다!"라는 식의 반응을 유도하는 표현이기 때

---

[91] 이 구절은 마리사 메이어가 스탠퍼드 대학에 다닐 때 전산학과 건물에 붙어 있던 직원모집 광고 전단에서 처음 본 것이다. 이 문구가 마음에 든 그녀는 구글에 들어와 사용했다.

문이다. 이 말의 의도는 지원자를 단념시킨다기보다 채용 문턱이 높다는 것을 세상에 알리는 데 목적이 있으며, 그 자체로 유용한 인재모집 전략이 되었다. 조너선은 자신이 채용할 직원의 이력서 뭉치를 책상에 보관하는 습관이 있었다. 그리고 채용 범위를 좁히려고 할 때는 이 후보자를 채용할 부서에 이력서를 넘겨주며 검토해보라고 보여준다. 조너선이 엄선해서 채용한 집단이 아니라 팀원 전체에게 보여주는 것이다. 이곳이 바로 전문성과 창의력을 겸비한 구글의 그루초들이 들어가고 싶어 하는 클럽이라고 할 수 있다. 그러니까 처음부터 문턱을 높이 세운 상태에서 위에서 불러들이는 형태라고 할 수 있다.

이 형태는 특히 제품 담당 직원들에게 중요하다. 처음부터 깊은 인상을 받을 수 있기 때문이다. 이들을 채용하는 과정에 주목해야 한다. 이 과정으로 회사의 핵심인 제품개발부에 우수한 인력을 확보할 수 있게 되면 곧 다른 부서에도 영향을 주게 된다. 타협이라는 유혹에 넘어가지 않는 채용문화를 세우는 것이 목표다. 고도성장이라는 거센 소용돌이의 한가운데서 점점 목소리가 커져가기만 하는 타협의 유혹에 넘어가면 안 될 일이다.

열정이 있는 사람은 말이 필요 없다

전문성과 창의력을 보여주는 확실한 증표는 열정이다. 이런 사람들은 알아서 제 역할을 다 한다. 그러면 어떤 사람이 정말 열정이 있는지 없는지 어떻게 구분할 것인가? 진정 열정적인 사람은 "저속한 말P-word"을 사용하지 않는다는 것을 기준으로 판단할 것인가? 우리의 경험에 비추어 보건대, 많은 구직자가 기업에서 자주 요구하는 특징이 '열정'임을 이미 알고 있다. 어떤 사람이 "나는 ~에 대해 열정이 있습니다"라는 말을 자꾸만 늘어놓으며 여행이나 축구, 가족 같은 평범한 분야를 계속 언급한다면 이것은 오로지 그 사람의 진정한 열정은 면접하는 동안 "열정"이란 단어를 유난히 많이 사용하는 데 있다는 경고신호라고 볼 수 있다.

열정적인 사람은 그 열정을 가슴에 품고 있을 뿐 남에게 알리지 않는다. 이들은 열정을 생활 속에 간직하고 있다. 열정이란 이력서에 담아낼 수 없는 것이다. 그 특징은 ―지속성, 근성, 진정성, 끊임없이 전념하는 태도― 점검목록으로 측정할 수 없다. 언제나 성공과 동의어가 된다고도 할 수 없다. 어떤 사람이 무언가에 진정 열정이 있다면 처음에 성공하지 못하더라도 오랫동안 그 일에 매달리는 법이다. 실패는 종종 더 큰 열정을 부르기도 한다(이것이 우리가 운동선수를 높이 평가하는 이유 중 하나다. 스포츠는 실패 후에 다시 일어나는 법을 가르치며 적어도 다시 도전할 기회를 수도 없이 제공하기 때문이다).

열정이 있는 사람은 종종 자신이 추구하는 것에 대해서 한가롭게 산책하듯이 오랫동안 말할 때가 있다. 그가 추구하는 일은 전문성이 높을 가능성이 있다. 구글에서 "완벽한 검색"은 직원들이 회사생활에서 전적으로 매달리는 기본 업무이며 지금도 매일 새로운 과제를 찾으며 이 일에 전념한다. 동시에 이 일은 취미가 될 수도 있다. 안드로이드를 출범시킨 앤디 루빈은 로봇을 좋아한다(또 지금은 이 분야에서 구글의 사업을 진두지휘하고 있다). 구글의 첫 공학팀장인 웨인 로징Wayne Rosing은 망원경에 빠져 있다. 회장인 에릭은 비행기 조종을 좋아한다(또 비행기 조종에 대한 말을 즐겨 한다).

이처럼, 겉보기엔 본 업무와 무관한 일에 열정을 쏟는 것이 회사에 직접적인 이익이 되는 경우가 많다. 안드로이드에서 이용하는 뛰어난 기능의 스카이 맵Sky Map은 전화기로 별자리표를 보여주는 천체 애플리케이션이다. 이것은 구글러팀이 여가시간에(우리가 "20퍼센트의 시간"이라고 부르는 여가시간인데 이에 관해서는 뒤에서 다시 언급하겠다) 만들어낸 것이다. 이들이 컴퓨터 프로그래밍을 좋아해서가 아니라 열광적인 아마추어 천문학자이기 때문이다.[92]

우리는 한 지원자가 산스크리트를 공부했다는 사실 하나 때문에 깊은 인상을 받기도 했고 낡은 전자 오락기(핀볼 머신) 고치는 일에 열심인 지원자에게 감동을 받기도 했다. 깊은 관심 자체가 이들에게 더 많은 관심을 불러일으킨다. 이것이 우리가 면접 과정에서 "그 얘기는 이제 됐어요!"라는 말을 하지 않는 철학을 적용하는 이유다. 이들이 깊은 관심을 갖는 분야가 화제에 오르면 우리는 이들이 얘기를 풀어놓도록 한다.

일단 이야기가 시작되면 귀를 기울이고 들어야 한다. 그들이 어떻게 열정을 보이는지 주목해야 한다. 예를 들어 어떤 운동선수가 대단한 열정이 있다고 할 때, 여러분이라면 이 사람이 3종 경기나 울트라마라톤ultra-marathon(정규 마라톤 거리를 크게 상회하는 초장거리 경주 ― 옮긴이) 선수로서 혼자 힘으로 목표를 추구하기를 바라는가 아니면 집단 속에서 훈련하기를 바라는가? 운동선수는 독자적인 존재인가 사회적인 존재인가? 배타적인 환경과 집단적인 환경 어느 쪽이 좋은가? 자신의 전문적인 경험에 대해 누군가 얘기를 꺼냈을 때, 이들은 어떤 말을 해야 할지 정확히 알고 있다.

---

[92] 스카이 맵은 구글에서 개발되어 2009년에 시판되었다. 코드는 2012년에 오픈소스로 전환했다.

외톨이로 일하는 걸 좋아하는 사람은 거의 없다.

자신이 열정을 쏟는 일에 대해 말을 할 때면 누구나 경계를 풀기 마련이고 이때 여러분은 그들의 인물 됨됨이에 대해 더 많이 통찰할 기회를 얻는다.

학습하는 동물을 채용하라

여러분의 직원에 대해 생각해보라. 솔직하게 말해서 이들 중에 누가 여러분보다 더 유능한가? 이들 중에서 제퍼디 퀴즈 쇼나 낱말 맞추기 게임을 할 때 여러분이 같이 맞붙고 싶지 않은 사람은 누구인가? 자신보다 유능한 사람을 채용하라는 말은 전부터 격언처럼 사용하는 표현이다. 여러분이라면 이 격언을 얼마나 잘 따를 것인가? 이 격언은 지금도 맞는 말이지만 근거가 분명한 것은 아니다. 물론 유능한 사람은 아는 것이 많기 때문에 재능이 부족한 사람보다는 더 많은 실적을 올릴 것이다. 하지만 이들을 채용할 때는 현재 가지고 있는 지식이 아니라 이들이 아직 모르는 것을 보아야 한다. 레이 커즈와일Ray Kurzweil은 "기술에 대한 정보는 지수적(기하급수적)으로 증가하지만 (…) 미래에 대한 인간의 직관은 지수적이 아니라 직선적이다"[93]라는 말을 했다. 우리의 경험으로 볼 때, 지수적 사고를 하는 사람들은 타고난 지력을 갖추었다. 지력은 변화에 대처하는 사

---

[93] "IT Growth and Global Change: A Conversation with Ray Kurzweil"(*McKinsey Quarterly*, 2011. 1)에서 재인용.

람의 능력을 보여주는 최고의 지표다.

  하지만 변화는 지력만 가지고는 안 된다. 우리가 아는 매우 똑똑한 사람들 중 다수는 변화의 롤러코스터에 직면했을 때, 낯익은 찻잔 회전 놀이기구(주로 어린아이들이 타는 찻잔 모양의 안전한 놀이기구 — 옮긴이)를 선택한다. 이런 사람은 짜릿한 흥분을 느낄 수 있는 어지러운 놀이기구를 회피한다. 바꿔 말해 현실을 선택하는 것이다. 헨리 포드는 "배우기를 멈추는 사람은 20세건 80세건 늙은 것이다. 반대로 계속 배우려고 하는 사람은 나이에 상관없이 젊다고 할 수 있다. 인생에서 가장 위대한 것은 마음을 젊게 유지하는 것이다."[94]라고 말했다. 우리가 이상적으로 생각하는 지원자는 롤러코스터를 선택하는 사람으로 배움을 멈추지 않는 사람이다. 이 "학습하는 동물"은 거대한 변화에 대처하는 지적 능력과 변화를 좋아하는 성격을 지니고 있다.

  심리학자 캐럴 드웩Carol Dweck은 이러한 특징을 "성장 지향성growth mindset"[95]이란 말로 표현한다. 만일 여러분이 여러분을 규정하는 자질을 돌에 새긴다면 어떤 상황에서든지 이 자질을 입증하는 일에 계속 몰두할 것이다. 여러분에게 성장 지향성이 있다면 여러분은 자신을 규정하는 이 자질이 변할 수도 있고 노력을 통해 연마될 수도 있다고 믿을 것이다. 여러분은 자신을 변화시킬 수 있고 변화에 적응할 수도 있다. 사실 누구든 강제성이 주어질 때 오히려 마음이 편하고 더 잘할 수 있는 법이다. 드웩

---

94 이 경우는 흔히 포드가 한 말로 알려졌지만 그가 정말 이 말을 했는지 확신할 수는 없다.
95 적어도 드웩은 비전문가들과 대화할 때 이 표현을 종종 사용한다(그녀의 연구에서 사용된 이 용어는 이런 사람들이 지능과 개성에 "성장이론"이나 그 밖의 적극적인 특징을 띤다는 것을 말한다). Carol S. Dweck, *Mindset: The New Psychology of Success*(Random House, 2006). 비전문가를 위한 책이다.

이 실시한 실험은 사람의 사고방식이 생각과 행동을 연결하는 전체적인 사슬을 움직이게 한다는 것을 보여주었다.

만일 자신의 능력이 고정되어 있다고 생각한다면 여러분은 이 자기 이미지를 유지하기 위해 드웩이 말하는 "성취목표performance goals"에 스스로를 맞출 것이다. 하지만 성장 지향성이라면 여러분은 "학습목표learning goals"[96]에 자신을 맞출 것이다. 이것은 예컨대 어리석은 질문이나 틀린 대답 때문에 자신이 남들에게 어떻게 보일지에 대해서는 신경도 안 쓰며 위험을 무릅쓰고 달려드는 목표를 말한다. 여러분이 이런 사람이라면 두려움이 없을 것이다. 학습하는 동물이기 때문이다. 그리고 이 긴 학습 과정에서 여러분은 더 많은 것을 배우고 더 높은 단계로 오를 것이다.[97]

빈자리가 나서 사람을 채용할 때 사람들은 대부분 그 자리에 뛰어난 능력을 지닌 사람을 찾는다. 이것은 학습하는 동물을 찾는 방법이 아니다. 또 실제로 모집광고를 자세히 살펴보면 우선적인 채용 기준 중 하나는 관련 분야의 경험이라는 것을 알 수 있다. 예컨대 위젯widget(사용자가 자주 사용하는 기능만을 바탕화면에 모아놓은 도구모음—옮긴이) 디자이너를 모집하는

---

[96] Elaine s. Elliott and Carol S. Dweck, "Goals: An Approach to Motivation and Achievement"(*Journal of Personality and Social Psychology*, Volume 54, Number 1, 1988. 1), pp.5~12.

[97] 사고방식의 차이가 아이들의 동기유발과 적극적 학습에 얼마나 큰 영향을 주는지에 대한 드웩의 선구적인 설명을 보려면 Carol S. Dweck, "Motivational Processes Affecting Learning"(*American Psychologist*, Volume 41, Number 10, 1986. 10). 학습하는 동물은 또 이와 연관된 특징으로서 심리학에서 "근성"이라고 부르는 열정과 인내를 조합한 자질을 갖추고 있다. 심리학자인 앤절라 덕워스 팀은 "근성이 더 강한" 사람들이 좌절과 유혹을 더 참고 견딘다는 사실을 발견했다. 그 결과 대학졸업처럼 긴 목표를 향해 전진하며 전국단어 철자대회National Spelling Bee에서 더 높은 점수를 따려고 애쓰고 육군사관학교의 "야수막사Beast Barracks" 훈련도 통과하려고 한다는 것이다. Angela L. Duckworth, Christopher Peterson, Michael D. Matthews, and Dennis R. Kelly, "Grit: Perseverance and Passion for Long-Term Goals"(*Journal of Personality and Social Psychology*, Volume 92, Number 6, 2007. 6).

광고라면 우선적인 요구사항은 위젯 디자인 분야에서 5~10년 활동한 경력이 있거나 위젯 관련 분야를 전공한 대학 졸업자일 때가 많다.

지적 능력보다 전문성을 선호하는 것은 완전히 잘못된 것이다. 특히 하이테크 분야에서 그렇다. 세상은 모든 사업 분야를 막론하고 빠르게 변하고 있기 때문에 여러분이 빈자리를 채우려고 하는 노력도 변해야 한다. 어제의 위젯은 내일이면 쓸모가 없어질 것이고 변화무쌍한 환경에서 전문가를 고용하면 뜻밖의 실수를 할 수 있다. 전문가는 자신이 우위에 있다고 생각하는 바로 그 전문지식에서 나온 문제해결 방식에 내재편향 inherent bias이 있으며 새로운 전문지식을 요구하는 새로운 유형의 해결방식을 보면 위협을 느낄지도 모른다. 다방면의 지식을 쌓은 사람은 편향성이 없기 때문에 자유롭게 광범위한 해결책을 조사하다가 최선의 방법에 끌리게 된다.

학습하는 동물을 찾는 일은 어려운 과제일지 모른다. 지원자에게 과거의 실수를 되돌아보라고 요구하는 것이 조너선의 수법이다. 2000년 초에 그는 지원자들에게 "1996년에 당신이 놓친 인터넷의 주요 흐름은 무엇인가요? 당신의 판단은 무엇이 옳았고 무엇이 틀렸나요?"라고 질문하곤 했다. 이것은 상대에게 속임수를 쓰는 교묘한 질문이었다. 이런 질문은 지원자에게 자신이 관찰한 것과 관련해서 예상한 것을 말하게 하면서 자신의 바닥을 드러내게 하고 "나의 최대 약점은 일종의 완벽주의자라는 것" 같은 어설픈 대답이 아니라 억지로 실수를 인정하게 만든다. 적당히 얼버무린 대답은 불가능하다.

이런 질문은 최근에 있었던 주요 사건에 적용할 수도 있다. 핵심은 상대가 선견지명이 있는지 없는지를 보려는 것이 아니라 상대가 어떻게 자신의 사고를 발전시키고 자신의 실수에서 어떤 학습을 하는지 보려는 데 있다. 이 질문에 능숙한 답변을 하는 사람은 많지 않지만 만일 제대로 답을 하는 사람이 있다면, 학습하는 동물이라는 확실한 증표라고 할 수 있다. 물론 자신을 드러내면서 "나는 특별한 재능이 없습니다.[98] 다만 호기심이 많을 뿐입니다"라는 대답이 나올 수도 있다. 이것은 알베르트 아인슈타인이 한 말이다. 이런 대답을 하는 사람이라면 우리는 즉석에서 채용할 것이다(설사 저속한 말을 즐겨 쓰는 사람이라고 해도 상대성이론 같은 원리를 발견하기만 한다면 그건 것은 전혀 문제가 안 된다).

일단 그런 학습하는 동물을 채용한다면 계속 학습하게 만들어야 한다.[99] 모든 직원이 끊임없이 새로운 것을 학습할 수 있는 기회를 마련해줘야 하고—기술과 경험이 직접 회사에 이익이 되지 않는다고 해도—그렇게 배운 것을 활용하도록 만들어야 한다. 이런 일은 기쁜 마음으로 훈련을 거듭하며 기회를 노리는 진정한 학습하는 동물에게는 어려운 과제가 아닐 것이다. 하지만 그렇게 하지 않는 직원은 계속 살펴봐야 한다. 이들은 어쩌면 여러분이 생각한 것과 달리 학습하는 동물이 아닐지도 모르기 때문이다.

---

[98] 1952년 3월 11일, 아인슈타인이 전기 작가인 칼 실리그Carl Seelig에게 보낸 편지, Einstein Archives 39–013(*The Expanded Quotable Einstein*, Princeton, 2000).
[99] 하다못해 기초문법부터 시작하더라도 말이다.

LAX-테스트

그러므로 열정은 지적 능력이나 학습하는 사고방식과 마찬가지로 채용문제에서 결정적인 요인이라고 할 수 있다. 이 밖에 중요한 자질로는 성격이 있다. 단순히 상대를 어떻게 대하는지, 신뢰감을 주는지 아닌지 하는 특징을 말하는 것이 아니라 적극적으로 참여하면서도 원만한 성품을 말하는 것이다. 흥미로운 사람이어야 한다.

면접 과정에서 성격을 판단하는 것은 꽤나 쉬운 일이다. 취업 면접에는 종종 식당에 가서 점심이나 저녁식사를 하는 순서가 포함돼 있으며 때로는 〈매드맨Mad Men〉(1960년대 패션, 광고회사의 내부 사건 등을 보여주는 드라마 — 옮긴이) 스타일로 술도 한두 잔 나눌 수도 있기 때문이다. 이런 기회에 인사관리자는 지원자가 "일반 시민"으로서 어떻게 처신하는지 관찰할 수 있다. 그가 경계를 풀 때 무슨 일이 발생하는가? 그는 웨이터나 바텐더에게 어떻게 대하는가? 성격이 좋은 사람은 술이 취하건 안 취하건 상관없이 타인을 대하는 태도가 올바르다.

요즘에는 취업 지원자와 술을 마시는 일은 없기 때문에 여러분은 더 세심하게 관찰할 필요가 있다. 특히 면접을 전후한 시간을 잘 살펴야 한다. 조너선은 경영대학원 과정 2년차에 접어들었을 때 대형 컨설팅사에서 취업 면접을 본 적이 있다. 이 자리를 놓고 그와 경쟁하는 지원자는 유복하고 유서 깊은 가문 출신이었다. 조너선이 지금도 호즈워스 보즈워스 3세라는 이름을 똑똑히 기억하는 이 경쟁자는, 그보다 훨씬 뛰어난 자격을 갖추었을 뿐 아니라 얼굴도 더 잘생겼다. 조너선은 자신에게는 기회가 오지 않을 것이고 보즈워스가 분명히 그 자리를 차지할 것이라고 믿었다. 이때 조녀선은 자신의 차례를 기다리며 이사 비서와 얘기를 나누던 중에 그녀가 자신의 출신 주인 캘리포니아로 여행 갈 계획을 짜고 있다는 것을 알았다. 그는 즉시 친절하게 여행에 대한 조언을 해주며 가볼 만한 곳을 추천해주었다. 면접을 치른 다음날 회사에서 근무조건에 대한 논의를 하러 회사로 나오라고 연락이 왔다. 그는 뭔가 잘못되었거나 아니면 두 사람 다 채용된 것이라고 판단했다. 그러나 그것이 아니었다. 보즈워스가 채용되지 못한 것이다. 면접 담당자가 "그 사람은 내 비서에게 멍청한 짓을 했어요. 우리 비서는 당신을 좋아해요"라고 말했다. 우리는 보통 직원들에게 지원자를 어떻게 생각하는지 의견을 묻고 그들의 대답을 듣는다. 그리고 이것을 '보즈워스 규칙'이라고 부른다.

또 성격만큼 중요한 것은 지원자가 흥미로운 사람인가 하는 것이다. 공항에서 여섯 시간이나 동료와 시간을 보내야 한다고 생각해보라. 예를 들어 에릭은 대개 가장 불편한 LA국제공항(LAX)을 이용한다(물론 애틀랜타나 런던에 급히 갈 일이 있을 때는 어쩔 수 없지만). 여러분이라면 그 동료와 재미난 얘기를 나누면서 여섯 시간을 때울 수 있겠는가? 계속 그렇게 시간을 보낼 것인가, 아니면 이 지루한 상대와의 대화를 피하기 위해 가방에서 노트북을 꺼내 새로 들어온 이메일이나 뉴스거리를 보며 시간을 소비하겠는가?(TV 스타인 티나 페이Tina Fey도 SNL 쇼의 프로듀서인 론 마이클스Lorne Michaels가 했다는 말을 소개하며 자신만의 LAX-테스트 방식을 들려주었다. 론 마이클스가 "새벽 3시에 화장실에서 마주치고 싶지 않은 사람은 뽑지 마라. 그랬다가는 밤새 사무실에 갇혀 있어야 할 것이다"라고 말했다는 것이다).[100]

---

[100] 티나 페이는 2011년 4월 20일, 구글에서 자신의 무대생활에 대한 인터뷰를 할 때 이 말을 인용했다.

우리는 네 가지 기준 중의 하나로—일반적인 인지능력, 업무관계 지식, 리더십 경험 등과 더불어—"구글다움Googleyness"을 면접 피드백 양식에 집어넣어 LAX-테스트를 제도화했다. 구글다움에는 야심과 추진력, 팀 지향성, 서비스 지향성, 청취와 소통의 기술, 행동 편향, 효율성, 대인관계 기술, 창의력과 진실성 같은 자질이 포함된다[래리와 세르게이는 CEO를 구할 때 LAX-테스트를 한 단계 더 발전시켰다. 두 사람은 물망에 오른 후보들을 데리고 주말여행을 떠났다. 에릭은 조금 더 고전적인 방식을 썼다. "이것 보라구, 친구들. 나는 자네들과 버닝 맨 Burning Man(미국 네바다 주 블랙록 사막에서 개최되는 행사—옮긴이)까지 갈 수는 없는데, 함께 저녁을 먹는 건 어떨까?"라고 묻고는 했다].

가르쳐줄 수 없는 통찰력

LAX나 구글다움, 또는 새벽 3시의 SNL 등 어떻게 부르든, 이 테스트를 통과했다면 여러분과 함께 재미있는 대화를 할 수 있는 사람이어야 한다. 그렇다고 해서 이 사람이 반드시 여러분이 좋아하는 유형이라고 할 수는 없다. LAX에서 같이 시간을 보낼 상대가 여러분과 공통점이라고는 전혀 없는 사람이라고 상상해보라. 또 여러분이 어떤 정치색을 갖고 있든 그와 정반대되는 사람이라고 생각해보라. 하지만 상대가 지적 능력이나 창의성 면에서 여러분과 비슷한 사람이라면—우리가 구글다움이라고 부르는 자질—두 사람은 서로 동기부여를 자극하는 대화를 할 수 있을 것이고 여러분의 회사는 같은 팀에 두 사람이 있기 때문에 더 발전할 것이다.

여러분은 사람들이 맥주 한잔 나누고 싶은 사람과 함께 근무하고 싶다는(또는 그런 사람이 대통령에 선출되기를 바란다는) 말을 하는 것을 종종 들어보았을 것이다. 솔직히 말하면 아주 유능한 동료들 중에는 정말 맥주를 함께 마시고 싶지 않은 사람이 끼어 있게 마련이다(드문 경우긴 하지만 차라리 머리 위에 맥주를 쏟아붓고 싶은 사람도 가끔 있을 것이다). 여러분이 좋아하지 않는 사람들과 함께 근무해야 하는 까닭은, 직원들이 모두 "사무실에서 가장 친한 동료들"로 이루어져 있다면 동질적인 조직으로 변할 가능성이 있고 동질성은 조직에서 실패의 요인이 될 수 있기 때문이다. 복합적인 관점—일명 다양성— 은 근시안을 막아주는 최고의 방어수단이다.

이런 상황에서 인종이나 성적 취향, 육체적 조건의 틀에서 다양한 인력을 채용하고자 하면 정치적으로 올바른 접점을 찾기가 어려워진다. 그리고 사람들을 다양하게 만들어주는 환경은 무엇이든 바람직한 것이다. 나아가 엄밀하게 기업적인 관점에서 볼 때, 채용과정에서 의견이 다양한 것이 훨씬 더 바람직한 현상이라고 볼 수 있다. 배경이 서로 다른 사람은 세상을 다른 눈으로 본다. 여자와 남자, 백인과 흑인, 유대교와 무슬림, 가톨릭과 프로테스탄트, 참전용사와 민간인, 동성애자와 이성애자, 라틴계와 유럽계, 클링곤과 로뮬런Klingons and Romulans(SF 드라마 〈스타트랙〉 시리즈에 등장하는 가공의 휴머노이드형 외계인— 옮긴이),[101] 아시아계와 아프리카계, 휠체어 사용자와 정상인 등, 얼마든지 배경이 다를 수 있다.

다양한 관점에서 따로 가르쳐줄 수 없는 통찰력이 나온다. 여러분의 작

---

[101] 우리는 보그Borg(〈스타트랙〉에 나오는 외계 종족의 하나로 타 종족을 동화시킴— 옮긴이)의 예에서 이런 배경을 본다. 동화되는 상황에서는 다양성이 발산되지 않기 때문이다.

업환경에서 이렇게 다양한 견해를 한데 모은다면, 이것은 돈으로도 살 수 없는 좀 더 폭넓은 견해를 만들어내는 바탕이 될 수 있다.[102]

뛰어난 인재는 여러분과 모습도 다르고 행동도 다를 때가 있다. 면접실로 들어갈 때는 잠시 편견을 내려놓고[103] 지원자가 얼마만큼 열정과 지적 능력을 지녔는지, 성공할 만큼 성격이 원만하고 능력이 뛰어난지에 초점을 맞추라.

관리직을 채용할 때도 마찬가지다. 채용할 때와 똑같이 관리직의 실적도 오로지 실력주의에 따른 객관적인 자료로 평가해야 마땅하다. 여러분은 성과 인종, 피부색에 따라 맹목적인 결정을 해서는 안 된다. 인재를 올바로 평가하기 위해 경험에 기초한 객관적인 방법을 만들어둘 필요가 있다. 이렇게 하면 그 사람이 어디 출신이든, 외모가 어떻게 생겼든 상관없이 최선의 결과가 나올 것이다.

---

[102] 실제로 학자들은 다양성의 가치를 확인하는 실험을 실시했다. 예를 들어 영리기업의 사례연구에서 사회학자인 세드릭 헤링Cedric Herring은 인종적인 다양성과 판매수익 증가 및 고객 증가, 시장점유율 확대, 상대적 이익 증가 사이의 연관성을 찾아냈다. 그는 또 이런 재정적인 성과와 성의 다양성 간의 연관성도 발견했다. Cedric Herring, "Does Diversity Pay?: Race, Gender, and the Business Case for Diversity" (*American Sociological Review*, Volume 74, Number 2, 2009. 4). 반면에 다른 학자들은 다양성이 동료들 사이의 갈등을 유발한다는 사실을 지적하기도 한다. 하지만 우리의 경험에 비춰볼 때, 갈등은 좋은 것으로 보통 좀 더 사려 깊은 결정을 이끌어낸다.

[103] 실제로 행하기보다 말하기는 쉽다. 이런 이유로 구글에서는 직원들에게 무의식적인 편견을 배제하는 훈련을 실시하고 있다. 무의식적인 경향에 대한 자세한 정보는 다음 글 참조. Anthony G. Greenwald and Mahzarin R. Banaji, "Implicit Social Cognition: Attitudes, Self-Esteem, and Stereotypes" (*Psychological Review*, Volume 102, Number 1, 1995. 1).

조리개를 넓혀라

자, 지금 이상적인 지원자가 문밖에 있다. 열정도 있고 지적 능력과 성실성, 자신만의 독특한 견해도 있다. 이제 여러분은 어떻게 이 사람을 가려내고 한배를 탈 것인가? 그러려면 서로 연결된 중요한 네 가지 단계로서 채용 계획, 면접, 채용, 보상의 과정을 거쳐야 할 것이다.

우선 여러분이 찾는 인력의 유형을 규정하는 충원 계획부터 시작해보자. 우리의 직원모집 파트너로 활동하는 마사 조지프슨Martha Josephson은 이 과정을 "조리개 확대"라고 부른다. 조리개는 이미지를 포착하는 카메라의 감지장치로 빛이 흘러들어오는 구멍을 말한다. 전형적인 채용 관리자라면, 오로지 특정 분야에서 특정 자격을 갖춘 사람들을 찾으면서 현재의 직무를 분명히 잘 해낼 수 있는 인물로 조리개를 제한할 것이다. 하지만 성공한 관리자라면 조리개를 넓히고 1차 대상자의 범위를 벗어나는 사람까지 모아들인다.

여러분이 특정 회사에 근무하는 사람으로서 대단한 재능을 지닌 것으로 알려진 인물을 채용하고 싶다고 쳐보자. 이 회사에서 여러분이 자사의 직원을 원한다는 사실을 알고 있다면 거기서 이들을 빼내오기가 무척 힘들 것이다. 이때 조리개를 넓히고 단순히 현재뿐만 아니라 앞으로 그 직책을 잘할 수 있는 사람을 찾다 보면 의외로 보석을 발견할 수도 있다. 이들에게 현재의 직원이 할 수 없는 일을 할 기회를 제공할 수 있을 것이다. 제품 관리직으로 옮기고 싶어도 부서를 떠날 기회가 막힌 기술자가 있을 수 있고 영업부로 옮기고 싶어도 빈자리가 없어서 못 가는 제품 관리자도 있을 수 있다.

이때 여러분이 리스크를 감수하고 이들에게 새로운 분야에 도전할 기회를 준다면 탁월한 인재를 얻게 될지도 모른다. 이들이 여러분의 팀에 합류한다면 그것은 정확히 여러분이 리스크를 마다하지 않았기 때문이다. 그리고 이들도 기꺼이 리스크를 감수하면서 여러분이 찾고 있는 바로 그 자기 선택의 성향을 실험할 것이다.

예를 들어 여러분이 소프트웨어 기사를 채용하려고 할 때, 여러분의 부호(코드)가 특정 컴퓨터 언어로 쓰였다고 한다면, 이것은 여러분이 반드시 그 언어에 익숙한 전문가를 채용해야 한다는 의미는 아니다. 상대가 어떤 코드를 선호하는지와 상관없이 최고의 기사를 채용해야 한다는 말이다. 만약 그 사람이 최고의 기사라면 자바Java에서 C언어로 바꿔 파이선 Python을 고Go로 만드는 능력이 충분할 것이기 때문이다.[104] 그리고 선택한 언어를 변환할 때 (불가피하다면) 이 사람은 어느 누구보다 더 잘 적응할 것이다. 슈퍼컴퓨터의 개척자인 세이머 크레이Seymour Cray는 일부러 무경험자를 채용하고는 했다. 이런 기회에 "불가능하다는 게 뭔지 모르는" 사람들을 구할 수 있기 때문이다.[105]

우리 구글에서도 제품관리 부책임자APM 프로그램에서 이와 비슷한 과정을 밟는다. 이것은 마리사 메이어가 조너선의 팀에서 본부장으로 있는 동안 대학에서 아주 유능한 컴퓨터과학자를 직접 채용하는 중요한 업무를 맡았을 때 도입한 방식이다. 이례적인 방식이라고 할 수는 없다. 많은 회사에서 갓 졸업한 유능한 인재를 채용하고 있고 어려운 작업도 아니

---

[104] 자바, C, 파이선, 고는 모두 컴퓨터 언어다.
[105] Tracy Kidder, *The Soul of a New Machine* (Little, Brown, 1981), p.59.

다. 힘든 점이라면, 이들이 현실적인 효과를 낼 수 있는 프로젝트에서 활발히 활동할 수 있게 임무를 맡기는 것이다.

리스크를 꺼리는 관리자가 움츠러드는 동안에 전문성과 창의력이 있는 인재는 마음껏 능력을 발휘한다. 경험이 없는 사람들이잖아!(그게 어때서?) 일을 망치면 어쩌려고 그래?(그럴 수도 있지만 당신이 상상할 수 없는 방법으로 성공할 수도 있다고). 브라이언 라코프스키Brian Rakowski는 우리가 처음으로 APM을 가동할 때, 스탠퍼드 대학교에서 직접 직원을 채용하고 즉시 이들에게 지메일Gmail의 제품관리 임무를 맡기면서 수석 기사인 폴 부흐하이트Paul Buchheit와 함께 근무하게 했다. 브라이언은 지금 크롬팀을 지휘하고 있고 지메일도 별로 성과가 나쁘지 않았다.

물론 이런 방법이 일을 그르칠 때도 있다. 언젠가 살라르 카망거는 마케팅팀에서 마음에 드는 젊은 직원 한 사람을 발견하고 이 젊은이를 APM프로그램으로 보내려고 했다. 그런데 안타깝게도 APM프로그램은 대학에서 컴퓨터과학을 전공한 사람만 받아들였고 이 사람은 그 자격이 없었다. 살라르는 이 젊은 직원이 독학으로 프로그래머가 되었고 "기사들 곁에서 배송 실무 경력을 쌓았다"고 주장했지만 조너선을 포함해 영향력 있는 몇몇 경영진이 조리개를 확대하는 것을 줄기차게 거부하면서 전출에 반대했다. 케빈 시스트롬Kevin Systrom이라는 마케팅팀의 이 젊은 직원은 결국 구글을 떠났다. 그는 구글을 나가서 인스타그램이라는 회사를 공동 창업했고 후에 10억 달러를 받고 이 회사를 페이스북에 매각했다.[106] 잘했어, 케빈!

조리개를 확대하기 위해서는 지나온 경로를 토대로 지원자를 판단하는 것도 한 가지 방법이다. 전에 우리와 함께 일하던 제어드 스미스는 뛰어난 인재는 거듭 승진을 하고 있는 사람 중에서 나올 때가 종종 있다는 말을 했다. 그 사람의 앞길을 점쳐 보면 엄청난 성장 잠재력과 큰 실적을 올릴 가능성이 엿보이기 때문이라는 것이다. 유능하고 경험이 많은 사람들 중에 뛰어난 실적을 올린 사람은 많다. 이런 지원자들에게서 정확하게 무엇을 얻을 수 있을지(장점)는 파악하기 쉽지만 특별한 잠재력을 지닌 사람은 별로 없다(단점). 중요한 것은 나이와 삶의 궤적이 상관이 없다는 것이며 직접 사업을 경영하거나 비전통적인 경력을 밟은 사람들처럼 궤적을 판단하는 기준에도 예외가 있다는 것이다.

조리개를 확대하는 것은 회사의 먹이사슬 윗 단계로 오를수록 더 힘들어진다. 간부사원을 채용할 때는 거의 언제나 경험을 보고 판단한다. 경험은 물론 중요하다. 그런데 오늘날 대부분의 기업에서는 기술이 환경을 너무도 급속히 변화시켰기 때문에 올바른 경험을 쌓아온 것은 성공 요인의 일부에 지나지 않는다. 간부 지원자를 판단할 때 기업은 늘 해당 경험을 과대평가한다. 따라서 전문성과 창의력을 겸비한 인재라면 무엇을 해낼 수 있을지에 더 집중해야 한다.

예를 들어 우리가 2004년 기업공개를 한 뒤에 경영진 구성을 마무리 지으려고 인사책임자를 물색하고 있을 때였다. 50명 정도의 지원자와 면접을 치렀다. 많은 지원자가 전통적 의미에서 대단한 경험이 있었지만 우리에게 필요한 업무의 자격을 갖춘 사람은 한 명도 없었다. 우리 회사는 사상 유례가 없을 정도로 빠른 성장을 거듭하고 있었기 때문에 지원자들

---

106 Somini Sengupta, Nicole Perlroth, and Jenna Wortham, "Behind Instagram's Success, Networking the Old Way"(*New York Times*, 2012. 4. 13).

이 제시한 모든 표준운영standard operating의 경험은 기대에 못 미치는 것이었다. 우리에게 필요한 사람은 회사가 근본적으로 다른 기조에서 탄탄하게 성장할 수 있도록 동력을 일으키는 방법을 이해하는 경영자였다.

인사책임자를 구하는 과정은 아주 길었다. 어느 시점에선가 에릭이 불쑥 말했다. "로즈 장학생Rhodes scholar(영국 옥스퍼드 대학에서 공부하는 미국·독일·영연방 국가 출신 학생들에게 주어지는 로즈 장학금을 받는 학생―옮긴이) 중에서 천체 물리학자를 찾아봐." 우리는 몇 차례 논의 끝에 이 자리에 자격을 갖춘 천체 물리학자는 구글의 경영진에 가담하지는 않을 것이라는 결론을 내렸다. "알았어," 세르게이가 말했다. "그럼 법률 파트너law partner(법적 협력자의 역할을 하는 변호사로서 기업의 이익 지분을 보장받는 고위직―옮긴이)를 찾아보기로 하지."

조너선은 법률 파트너 가운데 지원자 한 사람이 세르게이의 사무실에서 열심히 계약서를 작성하는 모습을 보았다. 세르게이가 이 사람에게 포괄적이고 재미있으면서도 세련된 계약서를 쓰라는 과제를 주었기 때문이었다. 30분이 지나자 이 지원자는 악마와의 계약서(contract 666)를 내밀었다. 미스터 세르게이 브린이 1달러와 그 밖의 수많은 대가를 받고 그의 영혼을 악마에게 판다는 내용이었다. 내용은 재치가 넘치고 재미도 있었지만 이 사람은 채용되지 못했다. 다 좋은데 기술이 모자란다는 이유였다.

법률 파트너 계획이 지지부진하게 흘러가는 가운데 검색 파트너인 마사 조지프슨이 컨설팅 업체 매킨지의 파트너이며 로즈 장학생이라면 이상적인 자격이 되지 않겠냐며 의견을 내놓았다. 그래서 쇼나 브라운Shona Brown을 데려왔는데 비록 이전에 해당 업무를 해본 경험이 없었음에도 우리는 이 사람을 사업운영business operation 담당자로 채용했다. 업무 처리가 너무 매끄러워 2008년 우리가 존경하는 조지 레이어스George Reyes의 후임으로 새 최고재무책임자CFO가 필요했을 때, 에릭은 마사에게 "쇼나 브라운 같은 인재를 한 명 더 찾아봐요"라고 말할 정도였다. 결국 마사는 로즈 장학생으로서 전직 매킨지 파트너였던 패트릭 피체트Patrick Pichette를 찾아냈고 이 사람이 2008년 CFO가 되었다(구글이 인재를 선호하는 경향은 고위 경영진도 예외가 없다. 어느 해인가 조너선은 런던 사무실에 갈 일이 있었다. 쇼나가 주재하는 로즈 장학생 행사에서 연설하기로 된 데다 몇 가지 처리할 업무가 있었기 때문이다. 그는 이들 중에서 누구에게 마운틴뷰에서 면접을 보라는 요청을 할 것인지 고민하던 중 복도에서 세르게이와 마주치자 이 문제를 털어놓았다. "뭘 고민해?" 세르게이가 말했다. "전부 일자리를 주라고." 조너선은 이 말을 듣고 처음에는 정신 나간 짓이라고 여겼지만 가만히 생각해보니 별로 이상할 것도 없었다. 몇몇 로즈 장학생 출신이 구글에서 업무 능력이 아주 뛰어났기 때문이다).

조리개를 확대하는 것은 리스크를 부른다. 실패로 이어지기도 하고 신생기업이 우수한 능력의 무경험자를 채용할 때는 능력이 떨어지는 유경험자를 채용할 때보다 비용이 더 들어간다. 채용 관리자는 비용 증가를 싫어할지 모르지만 더 큰 목표를 위해서라면 이런 염려는 할 필요가 없다. 회사를 위해서는 다방면의 능력을 갖춘 인재를 고용하는 것이 훨씬 좋은 법이다.

뛰어난 인재는 누구나 알아본다

여러분은 정말 이색적인 경력이 있는 사람을 알고 있을지도 모르겠다. K2를 정복했다든가 올림픽 수준의 하키 실력이 있는 사람, 비평가의 극찬을 받은 소설을 출간한 사람, 대학 시절 내내 우수한 성적을 받고 미술 전시회를 한 번 연 다음 비영리사업을 시작한 사람, 4개 국어를 하고 특허를 3개나 따낸 사람, 인기를 끄는 게임용 앱을 100개나 코드화한 사람, 밴드에서 리드 기타를 치는 사람, 브루노 마스와 무대에서 한 번 춤을 춰본 사람 등등. 만일 이런 사람을 적어도 한 사람이라도 알고 있다면 여러분과 함께 근무하는 사람들이 모두 그 사람을 알고 싶어 할 것은 당연하다. 그렇다면 왜 직원 채용을 채용 담당자에게만 맡기는가? 누군가 뛰어난 능력이 있다는 것을 모두가 안다면, 왜 그런 사람을 채용하는 것이 모든 사람의 업무여서는 안 된다는 것인가?

우수한 인력을 지속적으로 공급해주는 성공적인 채용문화를 세우는 일은 지원자를 발탁하는 채용 담당자의 역할을 이해하는 데서 시작한다. 이 일은 채용 담당자의 독점적인 업무가 아니라는 것을 알아야 한다. 오해하면 안 된다. 우리도 뛰어난 채용 담당자를 좋아한다. 우리는 이들과 계속 일해오고 있으며 이들의 통찰력과 힘든 업무도 잘 이해한다. 하지만 인재를 발굴하는 일은 누구나 해야 하는 일이며 이런 인식이 회사의 조직에 스며들어야 한다. 채용 담당자는 이 과정을 관리할 수 있지만 채용 과정에 누구나 참여할 수 있어야 한다.

소규모의 회사라면 이것이 쉽다. 모든 사람이 팔을 걷어붙이고 힘을 모으는 것이 자연스럽기 때문이다. 하지만 회사가 일정한 규모로 커지면— 우리의 경험으로 볼 때 직원 수가 500명 정도에 이르게 되면—관리자는 누구를 빈자리에 충원할지보다 머릿수를 채우는 일을 더 걱정한다. 여러분은 "인재 발굴"이라는 말보다 "머릿수를 채우기 위한 싸움"이라는 말을 더 많이 들어보았을 것이다. 인재 발굴이 채용 담당자의 일이란 말인가? 그렇지 않다. 채용 담당자에게 지나치게 의존할 때의 문제점은 이들이 엄선된 인력을 찾는 것을 포기하고 별 능력이 없는 인력이나 아니면 적당히 반반씩 섞어 모집해버리자는 유혹을 받기 쉽다는 것이다. 이들이 저지른 실수의 결과는 이들이 아니라 오로지 회사가 감당해야 할 몫이다. 한편 우수한 인력을 두 배로 늘리는 일은 어느 회사나 쉬운 일이다. 래리 페이지가 종종 우리에게 말하듯이, 모든 유능한 직원에게 한 사람씩만 찾아내라고 하면 된다. 여러분이 담당자에게 직원 채용을 완전히 위임해버리면 질적 수준은 떨어질 수밖에 없다.

모든 직원의 직무 내용에 채용업무를 포함시키려면 간단한 방법이 있다. 일을 업무평가에 반영하는 것이다. 추천과 면접 과정을 살펴보고 면접의 피드백 양식을 얼마나 빨리 작성하는지 평가하면 된다. 채용 과정을 돕고 자주 이 과정을 점검하도록 직원들을 독려할 필요가 있다. 그런 다음에 실적평가와 승진의 기회가 있을 때 이 측정 기준을 참고하면 된다. 직원 채용은 전 직원의 임무라고 생각하고 이런 방향으로 밀고 나가야 한다.

면접이 가장 중요한 기술이다

직원 채용에 대한 기대가 클수록 면접 과정은 그만큼 더 힘들고 중요해진다. 면접은 한 사람을 진정으로 파악할 수 있는 기회이며 이력서보다 훨씬 더 중요하다. 이력서는 그 사람이 컴퓨터과학을 전공하고 명문학교에서 평점 3.8의 성적을 받았다는 사실을 말해주지만 면접은 그 사람이 그동안에 독창적인 아이디어라고는 내놓은 적이 없는 따분한 공부벌레라는 사실을 말해준다.

어느 사업가를 막론하고 발전시킬 수 있는 기술 중에 가장 중요한 것이 면접이다. 아마 여러분은 어떤 경영학 책에서도 이런 말을 읽어본 적이 없을 것이고 경영대학원 수업에서도 들어보지 못했을 것이다. CEO나 교수들, 벤처 자본가들은 언제나(정말) 우수한 자질이 성공의 열쇠라는 말을 늘어놓지만 어떻게 그런 사람들을 구할 수 있는지에 대해서는 말을 아낀다. 이들은 이론을 말할 뿐이다. 하지만 사업은 현실이며 현장에서 여러분이 할 일은 인위적으로 시간의 제약이 따르는 면접 과정에서 지원자의 장점을 파악하는 것이다. 여기에는 독특하면서도 어려운 기술이 요구되며 대부분 이 일에 서툰 게 일반적인 현실이다.

다시 처음에 제기한 물음으로 돌아가서 "당신이 하는 일 중에서 가장 중요한 것은 무엇입니까?"라는 질문에 "회의 참석"이라고 대답한 예를 살펴보자. 회의는 실제로 사업가 대부분이 시간을 소비하는 방식이다. 회의의 좋은 점은 여러분이 먹이사슬의 상층부로 올라갈수록 여러분이 준비해야 할 일은 줄어든다는 것이다. 여러분이 최고의 지위에 있다면(또는 권력 서열에서 높은 지위에 있다면) 다른 직원이 열심히 회의 준비를 하는 동안 여러분은 그저 듣고 있다가 간간이 의견만 말하면 된다. 그리고 직원들에게는 조치사항을 넘기고 여러분은 그저 가만히 있다가 다음 회의에 참석하기만 하면 된다.

훌륭한 면접을 하려면 뭔가 다른 준비를 해야 한다. 이것은 여러분이 고위 경영진이든 신입사원이든 상관없이 적용되는 사실이다. 훌륭한 면접관이 되려면 역할을 잘 이해해야 하고 이력서를 잘 살펴야 하며 또 가장 중요한 것으로 질문을 준비해야 한다.

여러분은 먼저 누가 면접을 받는지, 왜 그 사람이 중요한지 스스로 조사해야 한다. 이력서를 검토할 때 구글 검색을 하면서 그 사람이 무슨 일을 했는지 알아내고 또 그 일을 검색해봐야 한다. 축제 때 술 마시고 찍은 사진을 찾을 것이 아니라 상대에 대한 자신의 견해를 확정할 자료를 찾아봐야 한다.

그 사람은 흥미로운 인물인가? 그런 다음 면접을 하는 동안 여러분이 조사한 지식을 활용해 그들의 계획을 더 깊게 파고들어야 한다. 또 상대를 곤란하게 하는 까다로운 질문을 할 필요가 있다. 그 사람의 계획에서 결함은 무엇인가? 아니면 왜 그 계획이 성공을 거둘 수 있는가? 여러분은 지원자가 실제로 바위를 깰 능력이 있는지(망치), 헛수고만 하는 사람인지(계란), 변화를 일으킬 사람인지 그저 소극적으로 따라갈 사람인지 알아야 한다.

여러분의 목적은 지원자와 예의 바른 대화를 나누는 것이 아니라 그 사람이 지닌 가능성의 한계를 밝혀내는 것이다. 그렇다고 면접이 지나치게 스트레스를 주는 자리가 되어서도 안 된다. 최고의 면접은 친구들끼리 지적인 토론을 하는 것 같은 느낌을 준다("자네 요즘 무슨 책을 읽고 있어?").

질문은 면접 담당자가 (지원자가 어떻게 경계를 하고 방어태세를 취하는지 보려고) 대답을 종용하는 범위에서 폭넓은 대답이 나올 수 있도록 (그 사람의 사고과정을 알 수 있게) 광범위하고 복잡해야 한다. 지원자들에게 똑같은 질문을 하는 것도 좋은 방법이다. 그러면 각각의 대답에 대한 눈금 조정을 할 수 있을 것이다.

지원자의 배경에 대해 물을 때는 그 사람이 자신의 경험을 늘어놓을 기회를 주지 말고 그 경험에서 어떤 통찰력을 얻었는지 말하게 할 필요가 있다. 단순히 이력서의 내용을 반복하게 하지 말고 상대의 생각을 보여주도록 만들어라. "왜 그렇게 놀라지요?"라는 질문은, 지원자의 예상과는 전혀 다른 질문이기 때문에 상대의 생각에 접근하는 좋은 방법이다. 그러면 여러분은 준비된 대답을 듣지 않고 조금씩 다른 관점에서 나온 생각을 말하도록 강요하는 셈이 된다. "대학 다닐 때 학비는 어떻게 조달했나요?"라는 질문도 좋고 "만일 내가 당신의 인터넷 사용기록을 열람한다면 이력서에는 안 나오는 다른 정보를 알 수 있는 것이 뭐가 있을까요?"도 마찬가지다. 이런 질문은 지원자를 훨씬 잘 이해할 수 있게 해준다. 상대가 얼마나 질문을 잘 듣고 적절하게 이해했는지 측정할 수 있게 해주는 독특한 질문이기 때문이다.

시나리오에 따른 질문도 종종 도움이 될 때가 있으며 간부직과 면접할 때는 특히 큰 도움이 된다. 이런 질문은 사람을 어떻게 쓰고 자신의 부하직원을 어떻게 신뢰하는지 알 수 있게 해주기 때문이다. 예컨대 "당신이 위기에 처했거나 중요한 결정을 앞두고 있다면 어떻게 대처할 건가요?"라는 질문은, 지원자가 '마무리하고 싶은 일이 있다면 스스로 해결하라'라는 식의 방식을 선호하는지 아니면 주변의 직원들에게 의존하는지를 알려주기도 한다. 앞의 방식은 자신을 위해 일하는 사람들에게 실망할 가능성이 높아서 통제방식을 선호할 것이며, 뒤의 방식은 유능한 직원을 채용해서 자율성을 주고 그들을 신뢰할 가능성이 높다. 이런 질문에 평범한 대답을 한다면 문제에 대한 통찰력이 결여된 사람이라는 증거일 수 있다. 여러분은 재미있거나 적어도 독특한 대답을 들을 필요가 있다. 만일 마케팅 교본에 나오는 내용을 풀과 가위로 오려 붙이듯이 하거나 단순히 누구나 쉽게 사용하는 격언을 반영한 대답이라면 그 사람은 평범한 인물일 것이며 심사숙고해서 문제를 해결하는 데 익숙지 않은 사람일 것이다.

구글에는 풀기 어렵기로 유명한 수수께끼를 내는 전통이 있었는데, 최근에 면접 과정에서 이렇게 수수께끼 같은 질문을 하는 관행을 중지했다. 이런 질문 중 다수가 (대답도) 온라인에 올라와 있기 때문에 계속 사용한다고 해도 복잡한 문제에 대처하는 지원자의 능력이나 면접 이전의 연구능력을 꼭 알아낸다는 보장이 없었다. 또 지원자가 사전에 준비를 하고서도 수수께끼에 대한 답을 몰랐던 것처럼 반응할 수도 있기 때문이다(유용한 기술이라는 것은 분명하지만 우리가 원하는 기술은 아니다).

이 수수께끼 관행은 엘리트주의의 도구라는 비난을 뒤집어써야 했다. 이런 비난에 대해서는 마지막으로 한 번 더 짚고 넘어갈 필요가 있다. 그런 비난은 맞는 말이기는 하다. 하지만 우리는 최고의 인재를 채용해서 활용하고 싶다는 것을 말해두고 싶다. 우리는 유능한 사람과 위대한 사람은 큰 차이가 있다고 믿으며, 이 두 가지 유형을 구분하기 위해 전력을 기울이고 있기 때문이다. 그리고 우리를 비난하는 여러분이 아직도 채용의 엘리트주의가 잘못이라고 믿는다면 하나만 물어보기로 하자. 여러분에게 동전 열두 개가 있는데 그중 하나는 위조품이고 무게도 다르고 균형도 맞지 않는다. 무게를 세 번만 재보라고 한다면 여러분은 이 가짜 동전을 어떻게 찾아낼 것인가?[107]

　면접을 준비할 때는 지원자만 면접을 받는 게 아니라는 사실을 염두에 두는 것이 좋다. 자질이 뛰어난 지원자라면 여러분이 그를 평가하는 것만큼 여러분을 평가할 것이다. 만일 여러분이 이력서를 읽거나 별로 중요하지 않은 얘기를 하는데 처음 몇 분을 낭비한다면 몇 가지 조건을 생각하는 지원자는(우수한 지원자라면 언제나 몇 가지 조건이 있는 법이다), 별 감동을 받지 못할 것이다. 첫인상은 양쪽 모두에게 중요한 것이다.

　의미 있는 질문을 하고 싶다면 의미 있는 질문을 할 지원자를 가려내야 한다. 빈틈없는 질문을 하는 사람은 호기심이 많고 유능하며 유연한 사고를 하고 흥미롭기 마련이다. 또 모든 질문에 대답하지 못하는 것도 잘 안다. 이런 사람이 바로 여러분이 찾는 전문성과 창의력을 겸비한 유형이다.

　면접을 잘하는 유일한 방법은 연습뿐이다. 이것이 바로 우리가 젊은이들에게 면접을 잘하기 위해 모든 기회를 활용하라고 말하는 이유다. 이들

---

107 첫 번째 무게를 재기 위해 동전 네 개를 빼낸 다음 나머지 여덟 개를 서로 네 개씩 무게를 달아본다. 두 무더기가 서로 균형을 이룬다면 위조 동전은 분명히 세 번째 무더기에, 즉 미리 빼놓은 것에 들어 있을 것이다. 이 경우라면 방금 무게를 재본 여덟 개 중에서 세 개를 고르고 아직 재보지 않은 네 개 중에 세 개를 고른다. 이 두 무더기가 서로 균형을 이룬다면 위조품은 아직 한 번도 달아보지 않은 마지막 한 개에 들어 있을 것이다. 만약 두 무더기가 균형을 이루지 않는다면 위조품은 두 번째 무게를 달 때의 세 개 중에 하나일 것이다. 세 번째 무게를 달 때는 두 번째 저울에 오른 세 개 중에서 두 개를 골라 서로 무게를 비교해본다. 균형을 이룬다면 위조품은 저울에 올리지 않은 것이고 두 번째 저울에서의 방향에 따라 무거운지 가벼운지 알 수 있다. 그렇지 않다면 두 번째의 저울 방향과 같은 방향으로 기운 것이 위조품이다. 이것은 쉬운 시나리오에 속한다. 첫 번째 측량에서 균형이 맞지 않을 수도 있다. 어쨌든 여러분 뜻대로 답을 맞혀보기 바란다. 우리가 이런 질문을 좋아하는 데는 두 가지 이유가 있다. 첫째, 상대가 답을 맞히든 못 맞히든 상관없이 복잡한 문제를 푸는 지적 능력이 있는지 알 수 있기 때문이다. 둘째, 이런 과정이 재미있지 않은가?

중 일부는 그렇게 하지만 대부분 자신이 더 중요하다고 생각하는 일에 시간을 소비하며 면접을 대수롭지 않게 여긴다. 그들은 우리가 제공하는 소중한 선물을 깨닫지 못한다. 자, 서둘러요, 여러분은 아주 중요한 기술을 익힐 수 있고 그 기술로 돈을 벌 수 있답니다. 아무 데나 취업해서 힘들게 살 필요가 있나요! 우리가 이렇게 말해줘도 그들은 이 말을 무시한다. 면접을 준비하게 하는 것은 정말 어렵고 힘든 일이다.

당연히 누구나 면접을 잘하는 것은 아니다. 그리고 면접을 잘하고 싶은 생각이 없다면 발전도 있을 수 없다. 구글에서 우리는 실제로 면접을 잘하고 또 그것을 좋아하는 엘리트팀을 꾸려 신뢰받는 면접관 프로그램을 설치했다. 이 팀이 프로그램의 주요 부분(실적평가에서 높은 점수로 보상해주는)을 담당하고 있다. 이 프로그램에 참여하는 제품 관리자들은 면접 훈련을 통과해야 했고 취업 지원자들과 대면을 할 때면 최소 네 명의 면접관을 그림자처럼 따라다녀야 했다. 일단 이 프로그램에 들어간 사람들은 다양한 측정 기준에 따라 점수를 받는다. 몇 차례나 면접을 실시했는지, 얼마나 신뢰할 수 있는지(얼마나 많은 사람을 면접해야 하는지 알고는 놀라서 마지막 단계에서 포기하는 사람도 있고 아예 나타나지 않는 사람도 있다), 피드백은 얼마나 신속하고 정확했는지(피드백의 질적 수준은 48시간이 지나면 급격히 떨어진다. 최고의 면접관은 면접 직후에 피드백에 들어가는 것으로 일정을 잡는다)에 따라 점수를 매기는 것이다. 우리는 이 통계를 발표하고 프로그램에 참여해서 직무에 "도전"하지 않으면 업무실적이 좋더라도 교체하게 했다. 바꿔 말하면, 면접에 참여하지 않으면 처벌을 받을 수 있음을 알린 것이다. 이 프로그램을 가동함으로써 면접은 지루한 일이 아니라 특권이 되었으며 회사 전체의 질적 수준이 올라갔다.

그리고 축제에 나가 술 마시고 찍은 사진에 대해 한마디 하자면, 사진이 심각한 문제를 노출하지 않는 한 우리는 일반적으로 지원자의 온라인 사진을 나쁘게 생각하지 않으며 비판하지도 않는다. 우리는 지원자의 열정을 보고 채용한다는 사실을 기억하기 바란다. 열정이 있는 사람은 때로 온라인상에 나타나는 모습이 다채로울 수 있다. 이것은 디지털 매체에 대한 애정을 입증하는 것으로서 오늘날 중요한 특징이라고 할 수 있다.

면접시간은 30분으로

면접이 한 시간은 걸려야 한다고 누가 정했는가? 여러분이 면접실로 들어가면 불과 수분 내에 지원자가 회사와 해당 직책에 어울리지 않는다는 것을 알게 되는 때가 종종 있다. 그 나머지 시간을 쓸데없는 대화로 소비하라고 누가 그러는가? 정말 시간 낭비가 아닐 수 없다. 구글의 면접시간을 30분으로 잡은 까닭은 바로 이 때문이다. 면접은 대개 채용하지 않는 것(부적격)으로 결론이 나기 때문에 여러분은 면접시간을 줄일 필요가 있다. 훌륭한 면접관이라면 대부분 30분이면 부적격 판정을 내릴 수 있다. 만일 지원자가 마음에 들어 계속 말을 나누고 싶을 때는 언제나 별도의 면접일정을 잡고 적당한 시간을 선택할 수 있을 것이다(피드백 과정에 15분의 추가시간을 적어놓는 것은 어렵지 않다). 면접시간이 짧으면 더 밀도가 높고 시간낭비를 줄이는 대화를 할 수밖에 없을 것이다. 가벼운 잡담이나 무의미한 질문을 할 시간은 없다. 이렇게 되면 (특히!) 당신을 포함해서 누구나 실제로 토론을 해야 한다.

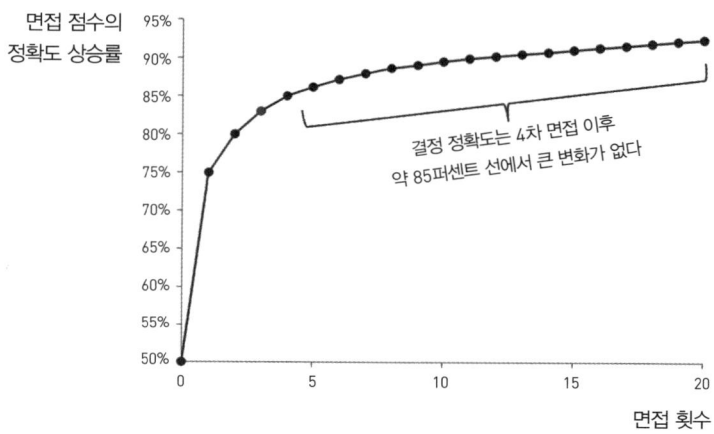

대부분의 회사는 면접시간이 길 뿐만 아니라 면접 횟수가 많다. 구글 초창기에 한 번은 우리가 어느 특정 지원자와 30회나 면접을 치른 적도 있다. 그래도 과연 그 사람을 채용해야 하는 것인지 끝내 결론을 내릴 수 없었다. 이것은 잘못된 것이다. 그래서 우리는 한 지원자와 30회 이상 면접을 치를 수 없다고 못 박았다. 이후 우리는 몇 가지 조사를 해본 결과 네 번째 이후에 치르는 면접은 "결론의 정확도" 상승효과가 1퍼센트 미만이라는 사실을 알게 되었다. 즉, 네 번째 이후의 면접은 추가면접에 따르는 비용이 궁극적으로 채용 결론이 나올 때의 가치보다 더 크다는 말이다. 그래서 우리는 5회로 최대치를 낮춰 잡았다. 이는 최고 수준의 인재를 채용할 때의(적어도 컴퓨터과학자를 위해서) 추가 혜택을 감안한 숫자였다.

평가소견

면접관의 관점에서 면접의 목적은 평가소견을 얻기 위함이라는 사실을 기억해야 한다. 가부간에 확실한 의견을 확보해야 한다. 구글에서는 면접 지원자의 등급을 1에서 4까지 구분한다. 평균 점수가 3 언저리라면 이것은 "나는 이 사람에게 일자리를 주는 것을 찬성하지만 다른 사람도 동의했으면 한다"라는 의미다. 평균치로서 3은 좋은 점수지만 개인의 반응이라는 점에서 이것은 책임회피라고 볼 수도 있다. 이 점수에 담긴 진정한 의미는 면접 담당자로서 결론을 내리지 못하고 다른 사람에게 결정을 미루는 것이기 때문이다. 우리는 면접관들에게 확실한 태도를 밝히도록 권고한다. 예컨대 제품관리 부서에서 4.0이라는 점수는 "이 사람은 해당 직무에 완벽하게 어울린다. 이 사람을 채용하지 않을 것이라면 먼저 내 의견을 듣기 바란다"라는 뜻이다. 이것은 단순하게 우리가 그 사람을 채용해야 한다는 말을 하는 것이 아니다. 이 말은 "만일 누군가 이 사람을 채용하는 것을 방해한다면 나는 끝까지 책임추궁을 하겠다. 그리고 첨부서류에 들어 있는 객관적인 데이터를 놓고 자세하게 따져보겠다"라는 의미이다.

이 점수에 들어 있는 언어—"먼저 내 의견을 듣기 바란다"—에는 의도적인 감정이 배어 있다. 전문성과 창의력을 가진 직원은 누가 자신의 팀에 합류할지에 큰 관심을 갖고 있기 때문이다. 이것은 마치 누군가를 자신의 집에 초대하는 것과 같다. 이들은 모든 면접은 결론을 내어야 하며 이 결론은 담당자 본인이 내리는 것이라고 믿고 있다. 흐리멍덩한 면접이라는 것은 없다.

하지만 여러분이 직원들에게 평가소견이 있어야 한다고 말할 때는 무엇에 대한 의견인지 분명하게 하라고 말해주어야 한다. 채용 여부는 분명하더라도 면접관은 자신의 의견을 어떻게 세울 것인지에 대해서도 지침을 줄 필요가 있다. 우리는 구글에서 지원자에 대한 평가를 직무와 조화를 이루는 서로 다른 4대 영역으로 쪼갠다. 영업에서 재무, 공학기술에 이르기까지, 전문성과 창의력을 가진 사람은 어느 직위에서 무슨 일을 하든 모든 분야에서 좋은 점수를 받는 경향이 있다. 4대 영역의 내용은 다음과 같다.

- 리더십: 우리는 어떤 직원이 다양한 상황에서 팀의 능력을 총동원하기 위해 서로 다른 특징을 어떻게 활용하는지 알고자 한다. 여기에는 직무나 조직에서 리더십 역할을 보여주는 것과 공식적 지도자가 아니라고 해도 팀이 성공하도록 돕는 능력이 포함된다.
- 업무 관련 지식: 우리는 단순히 자기 혼자만의 기술을 보유한 게 아니라 다양한 힘과 열정을 가진 사람을 찾는다. 또 지원자가 해당 업무에서 성공하기 위한 경험과 배경이 있다는 것을 확인하고 싶어 한다. 특히 공학팀 지원자의 경우, 우리는 전문지식의 코딩 스킬(암호화 작업 기술)과 기술 영역을 조사한다.
- 일반적 인지능력: 우리는 성적증명서의 점수나 등급보다는 지원자가 어떤 사고를 하는지에 더 관심을 둔다. 우리는 지원자에게 직무와 관련된 질문을 몇 가지 하면서 문제해결 방법에 대한 그의 통찰력을 확인하기를 좋아한다.
- 구글다움: 우리는 지원자가 독특하다는 인상을 주는 것을 좋아한다. 또 지

원자가 이런 특징을 지향하는지 확인하려고 하며 이런 특징과 관련된 구체화 능력과 행동편향, 협동적 기질을 찾으려고 한다.

친구들끼리는 다른 친구를 채용(또는 승진)하게 내버려두지 않는다

대부분의 회사가 면접과정에서 저지르는 잘못된 부분이 채용 관리자에게 채용 결정을 맡기는 것이다. 왜 이것이 문제가 되냐면, 채용 관리자가 새로 뽑은 직원의 관리자 노릇을 하는 것은 아마 수개월이나 1~2년에 지나지 않을 것이기 때문이다. 대체 가능성이 매우 높은 조직의 속성 때문이다. 게다가 매우 능률적인 조직에서는 누구를 위해 일하냐보다는 누구와 함께 일하냐가 훨씬 더 중요한 법이다. 채용 결정은 너무도 중요한 일이라 1년 뒤 직원의 성공 여부에 이해관계가 있을지도 모르는 관리자 한 사람의 손에 맡길 수는 없는 노릇이다.

구글에서 채용을 결정하는 과정에 위원회를 가동하는 것은 바로 그 때문이다. 채용위원회에서는 지원자가 누구인지는 중요치 않다. 누군가를 채용하려고 할 때는 연고나 개인의 의견과는 무관하게 데이터에 기초해서 결론을 내리는 채용위원회의 승인을 받아야 하기 때문이다. 채용위원회의 우선적인 기준은 다른 무엇보다 무엇이 회사를 위한 최선의 결론이냐 하는 것이다. 이것이 전부다. 위원회에는 폭넓은 견해를 담보할 수 있을 만큼의 인원이 필요하지만 능률적인 진행을 위해서 너무 많아도 안 된다. 네다섯 명이 적당한 수라고 할 수 있다. 최상의 구성은 아주 폭넓은 관점을 보장해주기 때문에 연공서열과 기술, 강점(사람은 종종 자신의 틀에 맞는 유형을 선호하기 때문에), 배경 등에서 다양성을 목표로 할 수 있다. 채용 관리자가 위원회의 활동 과정에 전혀 힘을 못 쓰는 것은 아니다. 관리자(또는 관리자가 임명한 채용 담당자)는 위원회의 회의에 참석할 수 있으며 지원자가 면접 과정을 거쳐 채용 결정에 이르는 단계에 개입할 수 있다. 다시 말해 채용 권한은 없지만 거부권은 행사할 수 있다는 말이다. 채용위원회는 직원들이 자신의 친구를 채용하지 않는지 감독해야 한다. 단, 그 친구가 슈퍼스타인 경우는 예외지만.

2000년대 초에 구글이 수천 명씩 직원을 충원하기 시작했을 때, 에릭과 래리, 세르게이는 신입사원들을 관찰하며 이들이 나무랄 데 없지만 원하는 만큼 우수하지는 않다는 사실도 알게 되었다. 세 사람은 각 부서에서 하는 일을 통제할 수는 없을지 몰라도 그들이 누구를 채용하는지는 통제할 수 있을 것이라는 결론을 내렸다. 래리는 고위 경영진에게 모든 업무를 점검하는 정책을 제안했다. 이 결과로 우르스 휠츨이 발전시킨 채용위원회를 운영하는 과정에서 몇 년 동안 모든 업무를 점검한 래리의 위원회를 정점으로 채용위원회 간에 서열이 형성되었다. 이로써 면접에 관여한 모든 직원들은 회사에서 채용위원회의 위상이 얼마나 높은지 분명히 알게 되었다. 위원회의 활동은 효율성보다는 질적 수준을, 급성장보다는 통제를 극대화하는 방향으로 짜였다. 결과적으로 우리는 몇 년 동안 위원회의 효율성을 높이기 위해 최선을 다했다. 직원 수가 5만 명을 넘어서는 상황에서도 채용의 질적 수준만큼 중요한 것은 없다는 처음의 방침을 유지하고 있다.

면접 과정을 거친 지원자의 모든 정보를 담고 있는 문서라고 할 채용관계서류 hiring packet는 이 같은 시스템에서 통용되는 화폐 단위라고 할 수 있다. 채용관계서류는 채용위원회의 모든 위원이 정확하게 똑같은 정보를 접할 수 있도록, 그리고 이 정보가 지원자의 완벽한 모습을 담을 수 있도록 포괄적이면서도 표준화될 필요가 있다. 구글의 채용관계서류는 이런 목적을 염두에 둔 기술진이 설계한 것이다(또 채용된 사원의 업무를 점검하는 래리의 마음에 들어야 한다는 목적도 있다). 그리고 회사 전체의(모든 업무 분야, 모든 지사, 모든 직책에 걸쳐) 표준화된 형식에 기초하고 있지만 신축적으로 운용될 여지가 없는 것은 아니다.

이상적으로 완성된 채용관계서류는 의견보다는 풍부한 데이터로 채워져 있는데 이것이 결정적으로 중요한 특징이다. 여러분이 채용 관리자나 면접 담당자의 한 사람이라면 의견을 개진하는 것만으로는 충분치 않다. 그 의견을 데이터로 뒷받침해야 한다. "제인이 유능하기 때문에 제인을 채용해야 한다"라고 말해서는 안 된다. "제인은 유능하고 이것을 입증하는 맥아더 상을 수상했기 때문에 제인을 채용해야 한다"라고 말할 수 있어야 한다. 물론 맥아더 상을 수상할 정도로 좋은 인상을 주는 지원자는 거의 없다. 어쨌든 모든 의견은 데이터 또는 단순한 의견보다 훨씬 힘든 경험적인 관찰로 뒷받침해야 한다. 이 조건을 충족하지 못하는 서류는 위원회에서 받아들이지 않는다.

이 밖에 중요한 규칙은 이 서류가 오로지 채용위원회를 위한 정보자원이라는 것이다. 뭔가가 빠진 서류는 통과되지 못한다. 이 때문에 채용관계서류를 철저하게 작성할 수밖에 없다. 회의를 할 때는 서류에 포함된 정보를 빠뜨려서도 안 되지만 또 사람을 죽이기 위한(보통 비유적인 표현으로) 비장의 무기로 꺼내 들어서도 안 된다. 채용되는 직원은 최고의 서류를 갖춘 사람이지 위원회에서 강력한 비호를 받는 사람이 아니다. 최고의 서류는 뛰어난 실행통신executive communication(운영 체제나 실행 프로그램에 기계 조작원이 의사 전달을 할 수 있도록 설계된 모든 대화 수단— 옮긴이)과도 같다. 거기에는 모든 핵심 사실을 담은 한 페이지짜리 개요와 포괄적인 근거자료가 들어 있다. 개요에는 확실한 데이터와 채용 결정의 근거가 되는 증거가 담겨 있으며, 근거자료에는 면접보고서, 이력서상의 급여 관계 기록, 참고정보(특히 지원자가 회사 내부와 관련이 있을 때), 그 밖의 관련 자료(대학성적표, 필사본이나 부호화된 특허나 수상기록)가 포함된다.

채용관계서류를 모을 때는 세부적인 것이 중요하다. 예를 들어 최근에 졸업한 사람일 경우, 학부 성적은 전형적인 미국의 4단계 평가방식인가, 제네바 대학교처럼 6단계 방식인가? 최근 졸업생의 경우라면 학년 석차도 중요하다. 학점 인플레이션 때문에 A학점은 더 이상 그만큼의 가치를 인정할 수 없지만 최고의 성적이라면 학년 석차도 최고 수준일 것이기 때문이다. 서류는 또 형식적으로 잘 다듬어져서 빨리 읽을 수 있어야 한다. 예컨대 지원자의 대답이 최고인지 최악인지 한눈에 알아볼 수 있어야 한다. 하지만 모든 내용을 양식화할 필요는 없다. 지원자의 이력서 원본은 있는 그대로 남겨둬야 한다. 그래야 오타가 있는지, 양식상의 오류가 있는지 알 수 있기 때문이다(또는 굵은 볼드체인지 이탤릭체인지도). 이런 세부적인 내용이 모두 제대로 담긴 서류라야 위원회는 지원자의 세세한 정보를 제대로 평가할 수 있을 것이다.

자료가 부실한 서류는 눈속임을 할 수 있다. 면접 담당자는 당연히 편견이 있기 때문에 같은 지원자라고 해도 한 사람은 3.8을 줄 수 있고 다른 사람은 2.9를 줄 수 있다(또 파이π처럼 무리수의 점수를 주는 사람도 있을 수 있다). 이런 문제를 해결하는 방책은 무엇일까? 자료가 더 많아야 한다. 모든 서류는 각 담당자가 이전에 준 점수의 통계가 —면접 횟수, 점수 분포, 평균치를 포함해— 들어가야 한다는 규정을 만드는 것이다. 그러면 위원회의 위원들은 면접 담당자의 점수가 높거나 종형곡선의 중심으로 몰리고 있다는 것을 감안해서 결정을 내릴 수 있다(이 데이터가 채용서류의 일부라는 것을 알고 있는 면접관은 자신의 의견에 따른 점수를 주면서도 좀 더 성실히 채점하려고 할 것이다).

관리자들 중에는 자신의 팀을 조직할 때 절대적인 통제력을 행사하려고 하는 사람이 있다. 우리가 위원회 제도를 설치했을 때, 일부에서는 이 제도를 못마땅해하며 회사를 떠나겠다고 위협하기까지 했다. 그래도 상관없다. 누군가 자신의 팀을 꾸리는 데 절대적인 권한을 행사하려고 한다면 아마 여러분도 그런 사람을 곁에 두고 싶지 않을 것이다. 독재적인 성향이 있는 사람은 일정한 업무 분야에서 자제하지 않을 때가 많다. 훌륭한 관리자라면 위원회 중심의 채용방식이 회사 전체를 위해 훨씬 나은 제도라는 것을 깨달을 것이다.

마찬가지로 누구를 승진시켜야 할지 결정할 때도 관리자가 하향식으로 결정하기보다 위원회를 거쳐야 한다. 구글의 관리자들은 자신이 원하는 사람의 승진을 추천하고 이 과정에서 계속 그 사람을 두둔하는 행위를 할 수 있지만 결정 자체는 그의 손을 벗어난다. 이유는 이들이 채용에 관여할 때와 마찬가지다. 승진은 회사 전체에 영향을 줄 수 있을 만큼 너무 중요한 문제라 관리자 개인의 손에 맡길 수 없다는 말이다. 승진의 경우에는 이 밖에도 위원회의 통과 과정을 선호하는 다른 요인이 또 있다. 전문성과 창의력을 가진 사람 중 다수는 (우리의 경험으로는 대다수가) 갈등을 싫어하며 거절하는 말을 못 한다. 위원회에 이 일을 맡기면 한 개인이 아닌 익명성을 띤 위원회에서 거절의 의사 표시를 할 수 있다. 이 작은 차이가 승진평가에서 놀랍도록 큰 효과를 발휘한다.

이 밖에도 구글에서 직원을 채용하는 방식은 여기에 소개할 수 없을 만큼 많다. 여러분이 이에 대해 더 알고 싶다면, 또 단순한 직원 채용이 아니라 전 구성원이 참여하는 배후의 과학을 알고 싶다면, 구글 직원인 라즐로 복Laszlo Bock이 곧 출간할 예정인 재능에 관한 책을 참고하기 바란다. 라즐로는 구글의 인사관리를 담당하는 직원이다. 그는 우리가 창업 초기에 어떻게 원칙을 세웠는지, 그리고 이 원칙이 어떻게 어느 부서나 기업을 막론하고 계속 모방되는 시스템으로 발전해왔는지 상세한 내용을 설명할 것이다.

빈자리가 아무리 중요하다고 해도 채용의 질적 수준을 양보할 수는 없다

우리가 채용의 질적 수준을 강조하는 것은 채용 과정이 천천히 진행되어야 한다는 의미는 아니다. 사실 우리가 규정한 모든 방식은 빠른 속도에 맞춰져 있다. 우리는 면접을 30분 내에 마치도록 하고 있고 지원자별 면접 담당자 수를 5명으로 제한한다. 우리는 면접관들에게 지원자와의 면담을 마치는 즉시 적격 여부를 채용 담당자에게 말하도록 하고 있다. 또 채용위원회에서 최종 결정을 할 때 120초라는 빠른 시간에(실제로 이렇게 한다) 지원자의 정보를 검토할 수 있도록 서류를 꾸미게 한다. 이런 조치로 채용 과정은 저울로 잴 수 있을 만큼 정확하고 투명할 수밖에 없다. 이런 방식은 지원자 본인에게도 좋다. 면접에 불려다니며 결정을 질질 끄는 것은 불공정하기 때문이다. 무엇보다 여러분이 채용하고 싶은 지원자라면 그들도 빠른 절차를 원할 것이다.

하지만 채용 과정에서 어길 수 없는 황금률이 하나 있다. 빈자리가 아무리 중요하다고 해도 채용의 질적 수준을 양보할 수는 없다는 것이다. 속도와 질적 수준 중에 하나를 택해야 한다면 당연히 질적 수준을 우선해야 한다는 말이다.

커다란 보상

일단 전문성과 창의력을 가진 사람이 합류하면 보상을 해줘야 한다. 예외적인 가치가 있는 인재는 예외적인 보상을 받을 자격이 있다. 여기서도 우리는 스포츠계를 참고로 삼을 수 있다. 뛰어난 선수는 어마어마한 액수를 보상받는다. 이름도 없는 신인선수의 연봉은 겨우 수십만 달러에 지나지 않지만 프로팀의 최고 선수가 수억 달러를 받는 것은 드문 일이 아니다. 그런 스타급 선수들이 그만한 가치가 있을까? 위대한 야구 선수 베이브 루스는 그의 급여가 허버트 후버 대통령보다 더 많은 것이 옳다고 생각하느냐는 질문에 이렇게 대답했다. "당연하죠. 내가 대통령보다 성적이 좋았으니까요."

이 밖에도 고액의 연봉을 주는 이유는 또 있다. 당연히 그만한 가치가 있다(기대한 성적을 올릴 때). 놀라운 성적을 거둔 선수는 엄청난 파급 효과가 있는 보기 드문 기술을 가지고 있기 때문이다. 이들이 뛰어난 활약을 할 때 그 효과는 어마어마하다. 이들은 팀에 승리를 안겨 주고 승리한 팀은 엄청난 이익을 올린다. 팬과 관중이 늘어나고 유니폼을 본뜬 셔츠가 팔려

나가면서 거액의 돈이 들어오는 것이다.

오늘날 전문성과 창의력을 갖춘 인재가 프로스포츠의 선수와 많은 특징을 공유하지는 않을지 모르지만 한 가지 중요한 공통점은 있다. 즉, 엄청난 효과를 일으킬 잠재력이 있다는 것이다. 최고의 활약을 한 선수가 충분한 보상을 받는다면 이것은 기업에서도 적용되어야 한다. 최고의 인재에게서 더 뛰어난 실적이 나오기를 바란다면 마땅히 그에 걸맞은 커다란 보상을 해줘야 한다.

그렇다고 신입사원에게 백지수표를 주라는 말은 아니다. 사실 보상곡선compensation curve은 낮은 단계에서 출발하는 것이 맞다. 전문성과 창의력을 갖춘 최고의 인재라고 해도 이들을 돈과 무관하게 끌어들일 요인은 많이 있다. 그들이 매달리는 놀라운 일, 함께 작업할 동료, 그들에게 주어지는 책임과 기회, 감동을 주는 회사문화에 끌릴 수도 있고 또 어쩌면 무료 식사와 개를 데리고 회사에 다닐 수 있다는 것도 마음에 들지 모른다[구글 초창기에 근무한 엔지니어 한 명은 자신이 키우는 페레트ferret(애완용 족제비)를 데리고 다니고 싶다고 해서 우리는 좋다고 했다. 이 사람은 급여에 대해서는 까다롭게 굴지 않았다]. 하지만 이렇게 전문성과 창의력을 가진 인재가 직원이 되어 실적을 올리기 시작하면 적절한 보상을 해줘야 한다. 효과가 클수록 경쟁우위도 커질 것이다.

다만 균형을 잡아야 할 관리자는 뛰어난 실적을 올리는 사람에게만 큰 보상을 해줘야 한다. 이들은 프로선수를 관리하는 것이지 우익수 자리에서 한눈을 팔고 꽃을 따거나 네잎클로버를 찾다가 기립박수를 받으며 트로피를 타는 어린이 야구단을 감독하는 것이 아니기 때문이다. 모든 남녀 직원은 누구도 빼앗을 수 없는 권리를 부여받았다는 점에서 평등하지만 이 말은 누구나 똑같은 실적을 올린다는 뜻은 아니다. 그러므로 누구에게나 똑같이 보상을 해주거나 승진을 시켜서는 안 된다. 전통적으로 기업은 고위직에 가까이 갈수록(터무니없는 임금을 받는 CEO가 단적인 예) 또는 거래실적에 대해(투자은행, 영업사원) 보상을 해줘왔다.[108]

하지만 인터넷 시대에 무엇보다 중요한 것은 뛰어난 제품을 개발하는 것이다. 당연한 결과로서, 큰 보상은 뛰어난 제품을 개발하고 혁신을 이루는 데 가장 공이 큰 사람에게 돌아가야 한다. 이 말은 직급이 낮은 직원이라도 획기적인 제품을 개발하는 데 공을 세웠으면 넉넉하게 보상해줘야 한다는 의미이다. 직책이나 재직 기간에 상관없이 뛰어난 실적을 올린 사람에게는 막대한 보상을 해줘라. 중요한 것은 거기서 나오는 효과다.[109]

---

[108] 경제학자들은 보통 이 현상을 "토너먼트 이론"이라고 설명한다. 이 이론은 많은 사업 현장이 상위 직급에 오르거나 최고의 실적으로 고액 급여를 받기 위한 장기적인 경쟁에 맞춰져 있다는 관찰에서 나온 것이다. 원래 이 이론은 경제학자인 에드워드 라지어Edward Lazear와 셔윈 로젠Sherwin Rosen이 "Rank-Order Tournaments as Optimum Labor Contracts"(*Journal of Political Economy*, Volume 89, Number 5, 1981. 10)에서 제기한 것이다.

[109] 경제학자들만큼이나 우리도 평등한 급여체계에 대해 납득하지 못한다. 다양한 실적에도 별 차이 없는 보상을 해주는 것이기 때문이다. 이렇게 경직된 보수 구조는 별로 노력하지 않는 사람에게 똑같이 보상해주고 최고의 실적을 올린 사람에게는 사기저하를 부르는 결과가 되지 않을까? 이 문제의 학술적인 논의에 대해서는 George P. Baker, Michael C. Jensen, and Kevin J. Murphy, "Compensation and Incentives: Practice vs. Theory"(*Journal of Finance*, 1988. 7). 또 임금 구조가 너무 다양하면 팀의 사기에 좋지 않고 팀의 생산성이 떨어진다는 설명도 있다. David I. Levine, "Cohesiveness, Productivity, and Wage Dispersion"(*Journal of Economic Behavior and Organization*, Volume 15, Number 2, 1991. 3). 우리는 급여체계에 차등을 둘 가치가 충분하다고 믿는다. 경험으로 볼 때, 뛰어난 실적을 올린 사람에게서 나오는 탁월한 결과는 불공정하다는 생각에서 나오는 팀의 문제 이상으로 가치가 있다. 사람들은 대개 동료가 큰일을 할 때 즐거워하며 자신도 뭔가에 몰두하기 마련이다. 그래야 급여가 비슷해질 수 있기 때문이다.

초콜릿은 내보내고 건포도는 간직하기

여러분이 전문성과 창의력을 가진 직원을 끌어들이기 위해 이 모든 채용과정을 밟는다면, 그들은 어떻게 여러분에게 보상을 할까? 당연히 그들이 떠나는 일도 생길 수 있다. 여기서 알아둬야 할 것은, 여러분이 뛰어난 인재를 채용했을 때, 이들 중 일부는 여러분의 회사 말고도 또 다른 세상이 있다는 것을 알게 된다는 것이다. 이것은 꼭 나쁜 일만은 아니다. 건전하고 혁신적인 팀에서는 불가피한 부산물이기 때문이다. 이때는 그들을 잡기 위해 노력을 아끼지 말아야 한다.

전문성과 창의력을 갖춘 직원을 계속 근무하게 만드는 최선의 방법은 그들을 너무 편하게 해주지 않고 언제나 흥미로운 일거리를 찾게 만드는 것이다. 앞에서 언급한 대로, 애드센스를 만든 팀의 일원이자 '애즈 서크ads suck' 문제를 해결하는 데 도움을 준 조지스 하릭Georges Harik이 회사를 떠날 생각을 하고 있을 때, 에릭은 그가 어쩌면 임원회의를 참관하는 것에 관심이 있을지 모르겠다는 말을 했다. 그래서 에릭이 주재하는 임원회의에 창업자들과 에릭에게 보고하는 모든 경영진 외에 조지스도 들어가게 되었다. 조지스는 또 이메일 발송명단에도 포함되었다. 이로써 에릭과 나머지 경영진은 기술진에 대해 더 깊이 이해하게 되었고 조지스는 사업에 대해 더 많은 것을 배울 기회를 얻었다. 그는 회의에서 들은 내용에 관심을 갖고 결국 제품관리팀에 합류하게 되었으며 회사에 2년간 더 근무했다. 이 2년 동안 조지스는, 그가 머무르지 않았다면 누구도 몰랐을 막대한 공헌을 했다.

조너선도 임원회의를 운영하는 데 도움이 될 방안을 찾다가 똑같은 접근방식을 택했다. 전형적인 고위 경영진이라면 이런 역할을 위해 업무 책임자를 끌어들일 것이다. 하지만 업무 책임자를 상근으로 활용하는 것은 정치적인 분위기만 조장할 뿐이다. 조너선의 해결방식은 제품관리 부책임자들을 순환근무로 활용하는 것이었다. 이들에게 6개월씩 임무를 주고 사실상 책임자 역할을 하며 직접 자신을 위해 일하게 하면서 동시에 그들의 본래 일과를 병행하도록 했다. 그동안 다른 부책임자들이 누구나 자원할 수 있도록 내부 사이트에 올린 부수적 업무, 이른바 체인 갱 업무chain-gang task를 신청하도록 유도했다. 예를 들어 2003년에 만든 업무 하나는 래리 페이지를 도와 구글에서 어떤 프로젝트를 하는 게 좋을지 연구하는 것이었다. 아주 신나는 임무가 아닐지는 모르지만 몇몇 젊은 수습 관리자는 공동 창업자와 함께 일할 기회를 놓치려고 하지 않았다. 이 임무의 골자는 직원회의에 활기를 주거나 값싼 노동력을 이용하는 것이 아니라 재능 있는 직원의 생활을 더욱 흥미롭게 만들고 도전정신을 불어넣어주는 것이다.

하지만 직원들을 일에 매달리게 하고 회사를 떠나지 않게 하려면 흥미로운 부수적 프로젝트만으로는 부족할 때가 있다. 여러분은 조직의 규정보다 자질이 우수한 개인의 흥미에 우선순위를 둬야 한다. 창업자들이 스탠퍼드에서 직접 스카우트한 살라르 카망거가 좋은 예에 해당한다. 살라르는 애드워즈를 발명했고 몇 년 동안 제품관리 조직에서 시간을 보냈지만 그의 책임 영역이 확대되고 부장의 지위에 오르자 그에게 맡길 임무가 없었다. 그래서 우리는 자리를 하나 만들어 그를 유튜브 부장에 임명했다. 이와 비슷하게 전문성과 창의력을 가진 직원이 뭔가 새로운 일을 하도록 회사에서 그 일을 만들어내는 사례는 얼마든지 더 있다. 이런 사람을 위해 최선을 다하고 그에 맞게 조직을 운영해야 한다.

 새로운 역할을 주어 직원을 격려하는 것은 순환 형태로 제도화할 수 있지만 제대로 해야지 그렇지 않으면 역효과가 날 것이다. 구글의 APM 프로그램(그리고 이 프로그램의 마케팅과 인사경영의 분리 업무)에는, 나중에 12개월 단위로 순환근무를 한다는 규정이 생겼다. 이것은 소규모 프로그램에서는 효과가 뛰어나지만 더 규모가 큰 부서에 구조적인 순환프로그램을 가동하는 것은 어려운 일이기 때문이었다. 그래서 우리는 이것을 가능하면 쉽게 하고 경영진 토론의 상시 주제로 삼으면서 부서 이동을 장려하는 방법을 택했다. 또 직원회의에서 이 문제를 일대일 방식으로 논의했다. 당신의 팀에서 누가 순환근무의 적격자인가? 그들은 어디로 가고 싶어 하는가? 당신은 부서 이동이 그들에게 최선이라고 생각하는가?

 이런 논의를 할 때는 해당 직원이 우수한 사람이라는 것을 분명히 해야 한다. 관리자는 핼러윈 밤이 지나고 "캔디 안 주면 장난칠 거예요! trick or treat"(핼러윈에 아이들이 집집마다 찾아다니며 외치는 소리―옮긴이)라고 외치는 아이들처럼 캔디(인재)를 거래하려는 경향이 있다. 여러분이 관리자들에게 순환근무를 시키도록 할 때, 이들은 아이들이 리지스 땅콩버터 컵과 M&Ms 초콜릿에 매달리고 건포도 상자를 버리는 것과 비슷한 경향이 있다. 이는 관리자들에게는 좋을지 모르지만 회사에는 좋지 않다. 여러분이 도전정신을 발휘하고 영감을 얻기를 바라는 가장 우수한 인재를 한 팀에 묶어두는 결과가 되기 때문이다. 에릭이 조지스 하릭에게 직원회의를 참관하게 한 것도 조지스가 평범한 실적을 올리는 직원이라는 것을 입증하려는 생각에서가 아니라 그가 잡아두고 싶은 뛰어난 인재였기 때문이다. 그러니 관리자들이 초콜릿은 내어놓고 건포도는 간직하게 하라.

정말로 아끼는 사람이라면 놓아줄 수도 있다(단, 이 과정을 거치고 나서)

여러분이 가장 우수한 직원에게 도전과 참여의 기회를 주어도 그들 중 일부는 계속 더 나은 직장을 찾아 떠나려 할 수 있다. 그런 일이 생긴다면 스타급 사원이나 지도자, 개혁가(반드시 같은 사람은 아니다)에게 온 관심을 집중하고 무슨 일이 있어도 그들을 곁에 잡아두라. 이런 인재를 놓치면 파급효과가 커서 이들 뒤를 따라 떠나는 사람들이 생길 수 있다. 보수문제로 떠나는 사람은 드물기 때문에 그들을 잡아두기 위해 해야 할 첫 번째 조치는 그들의 말에 귀를 기울이는 것이다. 이들이 원하는 것은 자신의 말을 들어주는 것이며, 또 관심을 받고 가치를 인정받으려고 한다.

이런 대화에서 지도자의 역할은 조직을 비호할 것이 아니라("가지 마!") 전문성과 창의력을 갖춘 직원이 떠날 생각을 할 때 이들의 입장을 두둔하는 것이다. 많은 직원들이, 특히 젊은 사람이라면 단기적인 틀에서 생각하는 경향이 있다(어쩌면 학교 시절의 생활 리듬에서 벗어나지 못한 건지도 모른다). 이런 사람들은 도로에서 뭔가에 부딪치면 과민반응을 보이며 학기가 바뀔 때마다 새로운 성적을 위해 깨끗한 노트로 새로 시작하던 시절을 그리워한다. 이들이 장기적인 관점에서 생각하도록 도와주어야 한다.

이들이 떠나려고 결심할 때, 회사에 잔류하게 한다면 궁극적으로 오를 이들의 지위는 어떻게 큰 성공을 보장할 수 있을까? 이들은 떠날 때 재정 상황이 어떻게 바뀔지 생각하고 있는가? 이들은 명확한 재정 계획이 있고 직장을 떠난다는 것의 의미를 잘 알고 있는가? 이들이 왜 떠나려고 하는지 잘 들어보고 회사에 남게 된다면 딜리시엄 크리스털dilithium crystal(《스타트랙》에 나오는 중요한 원소의 결정체—옮긴이)을 재충전할 길을 찾도록 도와주어야 한다. 그리고 이들이 대화를 계속하고 싶어 하면 잔류할 때 이들이 어떻게 경력을 쌓을 수 있을지 계획을 짜야 한다. 이 계획은 회사가 아니라 이들의 성공에 초점이 맞춰져야 한다.

전문성과 창의력을 갖춘 최고의 인재는 흔히 자신의 사업을 직접 경영하고 싶어 떠나려 한다. 이런 의욕에 실망해서는 안 된다. 다만 그들의 "엘리베이터 피치Elevator pitch"를 물어보라(엘리베이터 피치는 벤처 캐피털에서 사용하는 말로 "30초 동안 너의 사업 아이디어에 대해 나를 설득해보라"라는 뜻이다).

당신의 전략적 토대는 무엇인가? 어떤 종류의 문화를 마음에 두고 있는가? 내가 만일 장래의 투자자라면 나에게 뭐라고 말할 것인가? 만일 제대로 된 대답을 하지 못한다면 그들은 떠날 준비가 안 된 것이 분명하다. 이런 경우에 우리는 보통 남아서 회사에 기여하면서 계속 자신의 아이디어에 골몰하라고 조언을 해준다. 그리고 그들의 아이디어에 우리가 투자할 수 있게 납득될 때, 기꺼이 보내주겠다고 말한다(잡을 수 없다면!). 이 정도면 뿌리치기 어려운 제안이라고 할 수 있고 우리는 이 방법으로 수많은 유능한 직원을 잡아둘 수 있었다.

또 전문성과 창의력을 겸비한 직원에게는 타 회사에서 매혹적인 제안이 들어올 때가 있다. 이런 사람은 간혹 이것 아니면 저것이다는 식으로 협상을 하려고 한다. "이렇게 해주지 않으면 나는 떠날 거요." 이런 일이 생기면 게임은 보통 끝난 것이나 다름없다. 그런 결심을 한 사람은 정서적으로 회사에 애착이 사라져서 자신의 의사를 바꿀 가능성이 거의 없기 때문이다. 하지만 그를 잡아둘 무기가 있고 여러분이 역제안을 하고 싶을 때는 아주 빨리, 가능하면 한 시간 내에 해야 한다. 이 시간이 지나면 그 직원의 마음속에는 이미 새 회사가 자리 잡기 시작할 것이다.

그리고 당연한 얘기지만, 그 직원이 진심으로 떠날 생각밖에 없다면 보내주어라. 조너선이 애플에 있을 때의 동료이자 링크드인의 창업 CEO인 리드 호프먼은 다음과 같이 말했다. "단지 더 이상 볼 일이 없다는 이유로 직원과의 관계를 끝낼 필요는 없다. 유능한 직원이 떠나겠다는 말을 할 때, 여러분이 먼저 할 일은 그가 마음을 바꾸도록 만드는 것이다. 이것이 안 될 때는 그가 새로운 일자리를 얻은 것을 축하해주고 여러분의 기업동문 네트워크 회원이 된 것을 환영해주는 것이다."110

구글의 젊고 유능한 제품 관리자 중에 제시카 유잉Jessica Ewing이라는 사람이 있었는데 제시카는 아이구글iGoogle(구글의 홈페이지를 기호에 맞게 변형해주는 것으로 2013년에 끝난 서비스)의 출시를 도왔고 회사에서 장래가 촉망되는 젊은이였다. 그런데 제시카는 작가가 되고 싶은 욕망이 아주 강했다. 우리는 지금까지의 활동 경력을 생각해보라고 조언해주었다. 또 당신에게 돌아올 주식 지분도 생각해보라고 했다. 그런데도 제시카는 떠났다. 제시카, 한동안 소식을 못 들었어! 왜 글을 안 쓰는 거야?

해고

해고하는 것은 해고당하는 것만큼 비참한 기분은 분명 아니지만 그래도 아주 몹쓸 짓이다. 여러분이 해고해본 경험이 있다면 불쌍한 동료를

---

110 Reid Hoffman, Ben Casnocha, and Chris Yeh, "Tours of Duty: The New Employer-Employee Compact"(*Harvard Business Review*, 2013. 6).

옆으로 불러내 일이 잘 안 되었다고 말하는 것이 얼마나 힘든지 알 것이다. 아마 그것을 눈치채고 있던 직원이라면 순순히 받아들일지도 모르고 전혀 눈치를 못 채고 있다가 갑자기 해고 소식을 들은 직원이라면 물건을 내던지며 과격한 반응을 보일 수도 있다. 어쩌면 앙심을 품고 노동법에서 묘책을 찾아내 여러분의 인생을 망치려 들지도 모른다. 전문성과 창의력을 겸비한 직원을 우수한 인재로 만들려고 했던 모든 계획은 어긋나고 그들의 성실성, 신뢰성, 무서울 것 없는 도전정신은 온데간데 없이 사라질 것이다. 그러므로 언제나 능력이 떨어지는 직원을 해고하지 않는 최선의 방법은, 그들을 처음부터 채용하지 않는 것임을 알아야 한다. 구글이 채용 과정에서 가假긍정적 판단false positives(채용하지 않아야 하는데 채용하는 것)보다 가假부정적 판단false negatives(채용해야 하는데 채용하지 않은 것)의 경우가 많은 것은 바로 이 때문이다.

여러분 자신을 테스트해보라. 여러분이 팀에서 최하위의 실적을 올리는 직원 10퍼센트를 새 인력으로 물갈이하면 조직이 개선되는가? 그렇다면 그렇게 낮은 실적을 낳은 채용 과정을 점검해보고 그 과정을 개선할 필요가 있다. 또 다른 테스트로, 떠나겠다고 말하는 팀원이 있을 때, 여러분은 그들을 붙잡으려고 최선을 다하지 않을 것인지 생각해보라. 보내고 싶은 팀원이 있다면 보내는 것이 마땅하다.

끝으로 강조할 것은, 실제로 해고를 즐기는 사람들이 있다는 것이다. 이런 사람을 경계하라. 해고는 공포문화를 주입하여 불가피하게 실패가 따를 것이다. 그리고 "그냥 해고할 거야"라는 말은 채용과정을 잘 이행하기 위해 시간을 투자하지 않았을 때 하는 변명이다.

구글이 채용하는 경우와 채용하지 않는 경우

여러분보다 유능하고 지식이 많은 사람은 채용하라.
여러분에게 가르쳐줄 것이 없거나 도전하지 않을 사람은 채용하지 마라.

제품과 문화의 가치를 높일 사람은 채용하라.
이 두 가지 가치에 기여하지 못할 사람은 채용하지 마라.

일을 해낼 사람을 채용하라.
문제점만 생각하는 사람은 채용하지 마라.

집중적으로 자신에게 동기를 부여하는 사람, 열정을 가진 사람을 채용하라.
단순히 일자리를 원하는 사람은 채용하지 마라.

동료들에게 영감을 주며 일할 사람을 채용하라.
혼자 일하기 좋아하는 사람은 채용하지 마라.

여러분의 팀이나 회사와 더불어 성장할 사람을 채용하라.
기술이나 관심사가 편협한 사람은 채용하지 마라.

성격이 원만하면서도 독특한 관심과 재능을 가진 사람을 채용하라.
오로지 일하기 위해 사는 사람은 채용하지 마라.

윤리적이고 개방적으로 소통하는 사람을 채용하라.
정치적이거나 속임수를 쓰는 사람은 채용하지 마라.

뛰어난 지원자를 발견할 때만 채용하라.
기준 이하의 것에 만족하지 마라.

경력 — F-16을 선택하라

우리는 직업에 관한 조언을 해달라는 요청을 자주 받는다. 신진 사업가, 학교를 갓 졸업한 누글러Noogler(새로 입사한 구글러), 떠오르는 슈퍼스타, 이들은 모두 자신의 진로를 개척하기 위해 무엇을 해야 할지 알고 싶어 한다. 그리고 만일 우리가 운이 좋아 다시 한 번 졸업 연설을 할 기회가 주어진다면—가령 우리의 모교 중 한 군데에서—다음과 같이 말할 것이다.

서핑을 하듯이 경력을 쌓아라

조너선이 경영대학원에 다니면서 제품관리에 관심을 쏟을 때, 그는 장래의 고용주들이 연 프레젠테이션에 몇 차례 참석했다. 그중 하나는 샴푸나 가정용 세제 같은 소비재 상품에서 선두를 달리는 회사에서 연 것이었다. 그들은 회사의 제품관리를, 소비자 표본 집단과 제품 성과에서 모은 정확한 데이터에 토대를 둔 과학으로 묘사했다. 그들은 "마치 백미러를 보면서 차를 앞으로 모는 것과 같습니다"라고 했다. 물론 좋은 의미에서 한 말이었다.

그다음 조너선은 실리콘밸리의 대표적인 하이테크 회사에서 여는 프레젠테이션에 참석했다. 그들은 실리콘밸리의 제품관리는 "바위투성이의 지상 2미터 위에서 마하 2의 속도로 F-16 전투기를 모는 것 같지만, 단 부딪칠 때는 전자오락실의 비디오게임과 같아서 얼마든지 다시 시작할 수 있다"라고 했다. 멋진 생각이다! 최고의 기업은 여러분이 F-16을 모는 곳이다. 부딪치지 않으려고 애를 쓰지만 재도전할 기회는 얼마든지 있다.

사업을 할 때는, 특히 하이테크 산업이라면 여러분이 하는 일만으로는 대대적인 성공을 거두기에 충분치 않다. 여러분은 적어도 현실의 큰 파도를 보고 있다가 그 파도를 타고 해안까지 가야 한다. 학교를 갓 졸업한 사람은 먼저 회사를 보고 다음에 직책을 보며 그런 다음에야 업종을 본다. 하지만 이런 관점으로 경력을 쌓기 시작하는 것은 완전히 순서가 잘못된 것이다. 올바른 업종이 우선이다. 그 까닭은, 여러분이 직업 활동을 하는 중에 회사를 바꿀 기회는 몇 차례 다가오며 그때 가서 업종을 바꾸는 것은 훨씬 더 힘들기 때문이다. 업종은 여러분이 서핑을 할 장소로 생각해야 하고(북 캘리포니아의 매버릭스 해안에서 거친 파도를 타는 것이 가장 멋지다) 회사는 여러분이 타야 할 파도로 생각해야 한다. 여러분은 언제나 최고 최대의 파도가 있는 곳에서 시작할 필요가 있다.

여러분이 회사를 잘못 고르거나 첫 번째 파도를 타면서 운 나쁘게 못된 상사를 만난다고 해도, 타기 좋은 파도가 있는 업종에서 서핑을 한다면[알았어, 스피콜리(희극영화 〈리지몬드 연애 소동Fast Times at Ridgemont High〉에서 서핑을 하는 주인공—옮긴이), 헛소리는 그만 해!] 기회는 또 있다. 거꾸로 여러분이 직업 활동을 시작할 때 잘못된 업종을 고르면 회사 내에서 성장할 기회는 제한될 것이다. 상사도 바뀌지 않을 것이고 다른 회사를 찾아보려고 해도 뾰족한 수가 없어 주저앉을 가능성이 있다. 다행히 인터넷 시대를 움직이는 변화의 원동력은 수많은 기업이 서핑하기에 좋은 장소라는 것을 의미한다. 성장 잠재력이 큰 곳은 비단 인터넷 회사뿐만 아니라 에너지, 제약, 하이테크 제조, 광고, 미디어, 연예 산업도 있고 소비자 전자 산업도 마찬가지다. 이중에서도 가장 흥미로운 기업은 제품 순환주기(사이클 타임)가 빨라지고 있는 곳이다. 주기가 빠를수록 분열할 가능성이 높고 그만큼 새로운 인재에게는 기회가 더 늘어나기 때문이다. 에너지나 제약 분야처럼 제품 주기가 긴 기업도 대대적인 변화와 기회를 위한 여건이 성숙해 있다.

보상의 관점에서 볼 때, 직업 활동의 초기에는 스톡옵션이나 다른 형태의 지분이 매우 제한되어 있기 때문에 특정 회사에 미래를 맡기기보다는 올바른 업종에서 전문지식을 닦는 것이 더 이익이 될 것이다. 훗날 여러분이 경험을 쌓으면(나이도 들고) 올바른 파도를 타는 것이 더 중요해진다. 그때가 되면 훨씬 좋은 조건에 보상을 받으면서 시작할 수 있으니 말이다. 그러므로 처음의 선택이 중요하다.

기술을 쌓는 사람의 말에 늘 귀를 기울여라

업종을 선택한 다음에는 회사를 고를 차례다. 그다음에는 진정으로 기술을 쌓아가는 사람의 말에 귀를 기울여라. 이들은 어디서 기술이 통하는지, 기술이 어떻게 기업을 바꿀 것인지 우리보다 먼저 아는 천재 수준의 전문성과 창의력을 갖춘 사람들이다. 빌 게이츠와 폴 앨런은 칩과 컴퓨터의 가격이 싸질 것이며 소프트웨어가 컴퓨터 산업의 미래를 좌우할 열쇠가 되리라는 것을 알고 마이크로소프트를 창업한 것이다. 채드 헐리Chad Hurley는 값싼 비디오카메라와 대역폭, 기억장치가 비디오 오락 산업의 생산·소비 형태를 변화시키리라는 것을 알았기 때문에 유튜브를 공동 설립한 것이다. 리드 호프먼은 인터넷의 연결능력이 전문직에게도 활성화되리라는 것을 알았기 때문에 링크드인을 창업했다. 마크 베니오프Marc Benioff는 강력한 소프트웨어가 클라우드에서 활용될 것이라고 믿었기 때문에 이 원칙을 토대로 세일즈포스닷컴을 세우고 닷컴 기업이 붕괴되는 동안에도 흔들리지 않았다. 스티브 잡스는 컴퓨터가 소비자의 장신구처럼 될 것이고 기술력과 시장이 그를 따라잡는 데는 20년 이상이 걸릴 것이라고 예견했다.

어떤 사람이 기술을 취득하는지 어떻게 아는가? 그들이 걸어온 과정을 보면 도움이 될 것이다. 이들은 그 기술로 경력을 쌓는다는 생각을 하기 훨씬 전부터 기술과 사업가 정신이 몸에 밴 사람들이다. 리드 호프먼이 열두 살 어린 나이에 처음 한 일은 게임 개발업자에게 제품 개선 제안을 하기 위해 컴퓨터게임의 사용설명서를 만들어 보여준 것이었다.[111] 호프먼은 일자리를 구한 것이 아니라 단순히 더 나은 게임을 만들고 싶었을 뿐이다. 마크 베니오프는 열다섯 살 때 자신의 첫 컴퓨터프로그램을 팔았고("마술 하는 법") 아타리 800 게임을 제작하는 회사를 차렸다. 래리 페이지는 레고 인쇄기를 제작했다[이것은 도트 매트릭스dot matrix(점 조합으로 문자를 출력 표시하는 방식 — 옮긴이) 방식으로 지금도 사용된다].

이상의 예는 유명한 것들이지만 그 밖에도 이들처럼 유명하지는 않아도 놀라운 통찰력으로 넘치는 사람들은 얼마든지 있다. 이들이야말로 최적의 장소에서 최고의 파도를 타고 항해하는 사람들이다. 이들을 찾아내서 갈고리로 잡아당기고 꼭 붙잡아라.

활동경력을 계획하라

경력을 쌓기 위해서는 신중한 자세와 노력이 필요하고 그러려면 계획을 세워야 한다. 이것은 너무도 당연한 얘기지만 구글에 들어와 오랜 시간이 지나도록 제대로 경력을 쌓지 못한 사람이 의외로 많다는 것은 놀랍기만 하다. 조너선은 보통 이들에게 일련의 직업 훈련을 실시하면서 즐겨 인용하는 톰 레러Tom Lehrer의 말을 들려준다. "인생은 하수도와 같다. 거기서 무엇이 나오는가는 무엇을 넣는가에 달려 있다."[112] 그리고 그들이 훈련에 열심히 노력을 기울이면 도와주겠다고 약속한다.

계획을 세우기 위해 다음의 간단한 단계 몇 가지를 보도록 하자.

여러분의 이상적인 직업을 생각하되 현재가 아니라 5년 후의 관점에서 보라. 여러분은 어

---

111 Evelyn Rusli, "A King of Connections Is Tech's Go-To Guy"(*New York Times*, 2011. 11. 5).
112 Tom Lehrer, "We Will All Go Together When We Go"(*An Evening Wasted with Tom Lehrer*, Marathon Media, 2010).

디에서 일하고 싶은가? 무슨 일을 하고 싶은가? 얼마나 성과를 올리고 싶은가? 직업의 내용을 적어보라. 그 직업이 웹사이트에서 볼 수 있는 것이라면 게시물의 내용은 어떤 것인가? 이제 4~5년 후의 미래로 가서 여러분이 그 일을 하고 있다고 가정해보라. 지난 5년간 여러분이 해온 일은 이력서에 어떻게 나타나겠는가? 그때까지 최적의 장소를 찾기 위해 여러분은 어떤 길을 밟아왔는가?

계속 그 이상적인 직업을 생각하면서 그 분야에서 일할 때 여러분의 힘과 약점을 평가해보라. 그곳에 이르기 위해 개선해야 할 것은 무엇인가? 이 단계에는 외부 입력이 필요하다. 즉, 여러분의 관리자나 동료에게 말을 하고 그들의 의견을 알아보라. 끝으로 어떻게 그곳에 이를 것인가? 그러기 위해 어떤 훈련이 필요한가? 어떤 경험을 해야 하는가?

아울러, 지금 여러분이 이상적인 직업을 구할 준비가 되었다는 결론이 나오면 아직 충분히 생각하지 않았다고 볼 수 있다. 처음부터 다시 시작하되 그 이상적인 직업을 손쉽게 얻는 대상으로 보지 말고 긴 과정을 거쳐 도달하는 목표로 삼아라.

이 단계를 거친다면 분명히 도움이 될 것이다. 이렇게 하지 않는다면 요기 베라Yogi Berra(수많은 명언을 남긴 미국 야구 지도자 — 옮긴이)가 한 다음 말대로 될지도 모른다. "방향을 모를 때는 조심해야 한다. 그곳에 도착하지 못할지도 모르니까."[113]

통계라는 새로운 플라스틱

통계는 매력적이다. 통계를 다룰 줄 알아야 한다. 인터넷 시대에 가장 매혹적인 직업은 그 안에 통계가 있다. 단순히 괴짜의 환상적인 세계와는 다르다. 할 배리언은, 상호보완적인 기술의 가격이 싸지고 있고 그것을 압축하는 컴퓨터 기능과 더불어 데이터의 값이 뚝 떨어지는 분야에서 전문지식을 쌓으려고 노력하는 건 언제나 좋은 생각이라고 말한다. 우리는 빅 테이터big data(초대용량과 다양한 형태, 빠른 생성 속도를 지닌 방대한 분량의 데이터로 예전에는 장기적으로 저장되지 않거나 분석되지 않던 자료들 — 옮긴이)의 시대에 살고 있다. 빅 데이터를 이해하기 위해서는 통계학자가 필요하다. 데이터의 민주화는 데이터를 잘 분석할 수 있는 사람이 승리한다는 것을 의미한다. 데이터는 21세기의 칼이라고 볼 수 있으며 그것을 휘

---

113 Yogi Berra, *The Yogi Book: I Really Didn't Say Everything I Said!* (Workman Publishing, 1998), p.102.

두르는 사람이 사무라이다. 그러므로 칼날을 날카롭게 갈고 "우루와시uruwashii"[114]가 되어 통계를 잡아라.

"나는 숫자놀음을 하는 사람이 아니야"라는 말을 하며 투덜대는 사람이 간혹 있다. 이런 이들은 뒷부분이 마젠타 색인 셔츠를 입고 있기도 하다. 걱정할 건 없다. 그래도 상관없다. 질문을 하고 대답을 해석하는 것은 대답 자체를 떠올리는 것만큼이나 중요한 기술이다. 여러분이 어떤 사업을 하든, 올바른 데이터를 익히고 올바른 길을 밟기만 하면 훨씬 나은 결정을 내리는 데 도움이 된다. 숫자에 밝은 사람들에게 물어볼 질문과 그 대답을 어떻게 하면 최고로 활용할 수 있을지 배워라. 여러분이 숫자에 밝은 사람이 아니라고 해도 어떻게 숫자를 활용해 더 유능해지는지 알게 될 것이다.

많이 읽어라

대부분의 조직은 문서로 작성된 엄청난 정보가 있다. 그중 최고의 문서를 찾아내어 읽어 보라. 구글에서는 언제나 조언을 구하기 위해 찾아오는 사람들에게 2004년 기업공개를 할 때의 창업주 서신과 그 뒤에 에릭과 래리가 계속 작성한 내부전략 비망록을 잘 읽어보라고 말해준다. 이 기록은 구글의 가치와 전략에 대해서, 현재 구해 볼 수 있는 것 중에서는 가장 명확하면서도 간결히 설명되어 있다. 하지만 너무 바쁜 사람들은 시간이 없어 읽을 수 없을 것이다. 이런 실수를 하지 말기 바란다.

그리고 여러분의 회사로 범위를 국한하지 마라. 웹 세상은 문서로 만들어진 엄청난 정보를 담고 있으며 허튼소리가 많기는 하지만 쓸 만한 정보도 아주 많다. 각종 사이트와 여러분이 존경하는 저자를 찾아다니며 이 다양한 도구를 여러분의 뜻에 맞게 활용하려면 어떻게 할지 방법을 찾아내라. 여러분의 생각과 같은 전문적인 사람들과 동아리를 만들고 책과 글을 교환하라. 이 분야에서 가장 앞서가는 최선의 방법은 그 분야에 대해 더 많이 아는 것이다. 그러려면 읽는 것만큼 좋은 방법은 없다. 사람들은 언제나 읽을 시간이 없다고 말하지만 그 말의 진정한 의미는 사업에 관심을 쏟는 것만큼 배우는 것을 소중하게 생각하지 않는다는 것이다. 여러분은 자신의 사업에 대해 가장 많은 정보를 읽는 사람이 누구라고 생각하

---

[114] 교양을 갖춘 무사cultured warrior.

는가? 바로 CEO다. 그러므로 CEO처럼 생각하고 읽어야 한다. 여러분의 두뇌는 앞으로 남은 인생에서 1초마다 새로운 사실 일곱 가지를 배울 수 있는 수용능력이 있다(알겠는가? 한 가지 사실을 배우는 데 1초의 7분의 1밖에 소요되지 않는다).

여러분의 엘리베이터 피치를 알아두라

여러분이 복도에서 상사의 상사와 마주쳤을 때 그 사람이 여러분에게 무슨 계획이 있느냐고 물어본다고 가정해보자. CEO가 되는 거라고 쳐보자. 여러분은 그 계획에 대해 뭐라고 말할 것인가? 이것은 수사적인 질문이 아니다. 지금 당장 그 방법을 생각하고 큰 소리로 말해보라. 망설일 것 없다. 여러분에게는 30초의 시간이 있으니까.

별로 설득력 있는 대답이 나오지 않는다면 여러분은 분명히 엘리베이터 피치를 연습하지 않은 것이다. 계속 매달려보라. 여러분의 설명은 여러분이 어떤 계획을 가지고 있는지, 그 계획을 추진하기 위해 어떤 기술적 통찰력이 있는지, 여러분의 성공을 어떻게 측정할 것이며(특히 고객의 이익을 기준으로) 나아가 그것을 어떻게 큰 그림으로 그려낼 것인지를 보여줘야 한다. 이것을 알고 훈련을 하다 보면 여러분은 확신을 갖고 계획을 말할 수 있을 것이다.

구직자들도 엘리베이터 피치를 알아야 한다. 이것은 이력서를 압축한 형태가 되어서는 안 된다. 당신이 무엇을 하고 싶은지, 고객과 회사에 이익을 주는 일로써 당신이 알고 있는 것과 앞으로 하게 될 일의 영향력을 가장 흥미로우면서도 두드러지게 보여주어야 한다. 다른 사람은 할 수 없는 것 중에 당신이 할 수 있는 일은 무엇인가?

국외로 나가라

인간의 본성이 지역적인 속성을 띤다면 사업은 규모나 분야에 상관없이 영원하고 세계적인 특징을 띤다. 그러므로 여러분이 지금 어디에 있고 어디 출신인지는 중요치 않다. 기회가 생길 때마다 그곳을 빠져나오라. 그리고 어느 곳이든 다른 데로 가서 살면서 일하라. 현재 대기업에서 근무한다면 국제적인 임무를 찾아보라. 여러분의 관리자는 여러분이 그렇게 하는 것을 좋아할 것이며 결과적으로 여러분은 더 가치 있는 직원이 될 것이다.

국외근무를 선택할 수 있는 조건이 아니라면 여행을 하라. 이렇게 돌아다니면서 여러분의 고객처럼 세상을 바라보는 것을 잊지 마라. 여러분이 소매업을 한다면 점포 몇 군데를 직접 살펴보라. 미디어 분야에서 일한다면 신문을 펼쳐보든가 라디오를 켜보라. 외국으로 출장

갔다가 공항에서 호텔로 가는 도중에 택시 운전사와 나눈 대화만으로도 특유의 통찰을 얻은 사람들은 의외로 많다. 그 운전사분들이 국제적 기업 전략을 짜는 막강한 힘을 갖춘 능력 있는 분들이라면 말이다. 놀랍지 않은가!

열정과 공로를 결합하라

이 말은 존경하는 전직 동료 셰릴 샌드버그가 한 말, "열정과 공로를 결합하는 것은 궁극적으로 큰 기쁨이다. 이것은 또 행복에 이르는 확실한 길이기도 하다"[115]에서 나온 것이다. 정말 맞는 말이다. 만일 여러분이 좋아하는 일만 하고 그 일에 빠지지만 않는다면 여러분은 그보다 더 행복할 수는 없을 것이다. 진부한 말이지만 사실이다. 셰릴이 열정과 공로를 결합하는 것은 사치품 같다고 한 말도 옳다. 그 일이 값비싸다는 것이 아니라 보기 드물기 때문이다. 많은 사람이 그 방법을 알지 못하거나(직업 활동을 시작할 때 자신의 열정을 제대로 아는 사람이 얼마나 될까?) 실천할 수 없기 때문이기도 하다[여러분이 가든 노움garden gnome(서양에서 정원에 설치하는 난쟁이 인형 — 옮긴이)을 깎는 일을 좋아할 수는 있지만 세상은 필요한 기술자를 찾고 여러분의 배우자와 아이들은 정기적인 소득이 있는 일을 좋아할 것이다].

우리가 이 주제를 경력의 시작이 아니라 마지막 요점으로 삼는 것은 바로 그 때문이다. 여러분의 열정을 발견하는 것은 언제나 간단치 않다. 아마 여러분의 열정과 상관없이 직장을 구한 것에 기뻐하며 활동을 시작하기 때문일 것이다. 그러다가 경력을 쌓을수록 여러분은 자신이 하는 일이 그 전에 기대하던 우주선이 아니라는 것을 알게 된다. 여러분은 어쩌면 열정과 공로의 균형을 맞추지 못했을 수도 있다.

일정한 때가 되면 여러분은 모든 것을 내려놓고 처음부터 다시 시작하려 할 수도 있다. "여보, 아니, 말이지, 나 직장 그만두고 몬태나의 목장을 하나 샀어……. 여보?"

아니면 더 신중한 방법을 택할 수도 있을 것이다. 여러분이 걸어온 길에 맞춰라. "5년 후에 하게 될 이상적인 직업"을 여러분의 "꿈에도 그리던 직업"에 더 가까이 맞추는 것이다. 단, 현재 걷고 있는 길에서 접근할 수 있는 것이라야 한다. 우리는 이렇게 올바른 목표를 세우는 간단한 행동만으로도 사람들의 경력이 바뀌는 것을 자주 목격했다.

---

115 Sheryl Sandberg, Barnard College Commencement, 2011. 5. 17.

"진정한 합의에 이르기 위해서는 서로 다른 의견이 필요하다."
깃발을 두고 다투는 남자들.

결정

합의의 진정한 의미

Decisions

2009년 12월, 우리는 구글이 해커의 공격을 받는 것을 알았다. 구글이 어떤 형태로든 공격은 받는 것은 이례적인 일이 아니었고 사실 매일 벌어지는 일이기도 했다. 하지만 이번에는 달랐다. 그 정교함이란 우리가 일찍이 경험하지 못한 것이었고 또 정교한 데 목적이 있기도 했다. 범인은(범죄 조직일 가능성이 더 컸지만) 어떤 형태로든 구글의 회사 서버에 접속하는 방법을 알아낸 것이 분명했다. 그때까지 우리를 공격한 해커는 대부분 구글 서비스를 교란해서 서버를 차단하거나 이용자들의 접속을 힘들게 하는 데 의도가 있었다. 그런데 이번의 해커가 노리는 것은 우리의 비밀정보였다.

세르게이 브린은 즉시 공격을 중지시킬 대책 마련에 착수했고 누가 어떻게 범행을 한 것인지 밝히려고 했다. 그는 수시간 만에 가장 유능한 컴퓨터 보안전문가로 팀을 꾸리고 마운틴뷰의 본사 부근에 있는 한 건물에 이들을 모이게 했다. 이후 몇 주간 대책팀은 공격 경로를 감시하는 시스템을 가동했는데 여기서 드러난 결과는 아찔할 정도로 놀라운 것이었다. 해커는 단순히 지적 정보를 훔치는 것이 아니라 인권운동가들이 포함된 지메일 계정에 접속하려고 했기 때문이다. 그리고 이 공격은 세계에서 가장 급속한 경제성장을 하고 있는 중국 내에서 행해진 것이었다.

우리가 중국 시장에 진출하기 시작한 것은 2004년 중반으로서 그 일이 일어난 시점으로부터 5년 반 전이었다. 사업적인 측면에서 볼 때 중국 진출은 큰 논란 없이 이루어진 결정이었다. 지금도 그렇지만 당시 중국은 다른 어느 나라보다 인구가 많고 인터넷 사용자가 수천만 (지금은 수억) 명에 이르렀으며 또 경제가 아주 빠르게 성장하고 있었다. 현지의 경쟁사인 바이두Baidu는 이미 검색 분야에서 만만찮은 기업으로 성장했고 야후도 모멘텀을 받고 있었다. 래리와 세르게이는 중국을 방문하여 전국적으로 개혁과 에너지가 넘치는 것을 직접 보고 깊은 인상을 받고 돌아왔다. 이들은 언제나 세계 최고 수준의 엔지니어를 고용하고 싶어 했고 그런 엔지니어는 중국에 엄청 많았다.[116]

경기지표는 중국 진출을 위한 과감한 결단이 옳다고 가리키고 있었지만 "악해지지 말자Don't be evil"는 우리의 가치기준으로 볼 때는 간단한 문제가 아니었다. 중국 인터넷에서는 정보유통이 자유롭지 못했다. 우리는 직접적으로 경험해 이런 현실을 잘 알고 있었다. 중국 이용자들은 대부분 우리의 미국 사이트인 구글닷컴에 자유롭게 접속해서(비록 영어로 된 것이기는 하지만) 마음껏 검색결과를 얻을 수 있었다. 하지만 이따금 중국의 접속량이 0으로 떨어질 때가 있었다. 그러면 구글닷컴을 이용하는 중국인들은 대신 검색결과가 걸러진 바이두에 접속했다. 이런 상황에서 현지 당국의 규제에 따르면서까지 중국에 현지 사이트를 차리는 것이 중국 이용자들을 위해 나은 선택일까? 우리의 문화와 가치에 어긋나는 선택을

---

[116] 우리는 2005년에 처음으로 중국에 공학연구센터를 설립했다.

하면 중국 정부의 검열에 동조하는 공범이 되는 것이 아닐까? 현지에 사업체를 차리면 정보 접근 문화를 개선하고 수상쩍은(또 불투명한) 중국 공급업자들을 계몽하는 계기가 되지 않을까?

처음부터 세르게이 브린은 "진출 반대" 의견을 분명히 했다. 어릴 때 가족을 따라 소련에서 미국으로 이주한 세르게이는 공산당 정권을 직접 경험했기 때문에 어떤 형태로든 중국 정권과 손잡는 데는 반대했다. 하지만 에릭의 직원 중에서는 이 의견에 찬성하지 않는 사람이 많았다. 사업적인 측면으로 볼 때는—게다가 중국의 정보문화를 바꿀 수 있다는 희망도 있었다—진출 쪽에 무게가 실렸다. 아시아 지역의 구글 운영을 담당하던 수킨더 싱 캐시디Sukhinder Singh Cassidy는 재빨리 움직여 한두 달 만에 구글 중국 지사를 설립했다. 우리는 베이징에 사무실을 차리고 마지못해 중국의 검열 규정에 따르기로 했지만 방향을 좀 비틀어 검색결과가 차단될 때에는 이용자들에게 알리기로 했다. 중국인들은 검열로 규제된 정보에는 접근할 수 없었지만 적어도 검열이 이루어지고 있다는 것은 알게 된 것이다.[117]

우리가 놀란 것 중의 하나는, 우리에게 요구하는 검열 상당수가 실정법 위반과 전혀 무관한 콘텐츠의 연결을 억압한다는 것이었다. 때로 이런 요구는 여러 정부 부처 사이의 갈등을 완화하거나(어느 한 기관에서 다른 기관의 공식 발표를 검열하기도 했다) 온라인에 올라온 스캔들을 숨기려는 의도에서 나

---

117 이런 방식은 선례가 있었다. 1998년에 발효된 미국의 디지털 밀레니엄 저작권법Digital Millennium Copyright Act에 따라 저작권의 소유자는 저작권을 위반한 것으로 추정되는 웹사이트(구글의 경우는 유튜브와 블로거, 구글 소유의 다른 사이트)에 그 사실을 통고할 수 있다. 만일 구글이 내리라는 통고를 받고 콘텐츠를 삭제할 때는 이 사실을 사용자들에게 알리기로 한 것이다.

왔다. 예를 들어 CCTV(중국 중앙 텔레비전)의 번쩍이는 새 베이징 본사건물의 디자인이 외설적 이미지라는 소문이 돌기 시작했다. 이때 우리가 요구를 받고 따르기로 한 것은 특히 CCTV와 성기, 포르노 유머와 관계된 검색의 검열이었다(그런 용어를 검색하는 사람은 첫째, 부끄러운 줄 알아야 하고 둘째, 그러지 않기를 바란다는 내용이었다).

2006년 1월, 우리는 중국 현지 사이트인 구글 차이나 Google.cn 를 중국 내 서버로 설립했다. 그리고 몇 달 뒤에 에릭이 사이트의 성능을 강화하기 위해 베이

마오쩌둥과 호치민 사진 바로 밑에 앉은 에릭.

징을 방문했다. 어느 기자회견에서 무슨 이유인지 몰라도 에릭이 마오쩌둥과 호치민의 사진 바로 밑에 앉는 일이 생겼다. 이미 구글의 중국 진출을 놓고 양면적인 반응을 보이던 미국 언론은 이 사실을 놓고 신나게 호들갑을 떨었다. 왠지 불안했지만 결국 이 사건은 좋은 결과로 이어졌다. 현지의 구글 엔지니어들은 검색엔진의 성능을 대폭 향상시켰고 이를 발판으로 2006년부터 2009년 말까지 접속량과 이익이 꾸준히 증가했기 때문이다.

이 모든 과정이 해킹 공격으로 갑자기 위험에 빠진 것이다. 에릭은 여

전히 중국 진출이 사업적으로 올바른 결정이었을 뿐 아니라 윤리적으로도 올바른 결정이라고 믿었다. 반면에 세르게이는 변함없이 이 생각에 동의하지 않았고 래리는 에릭에게 동조했다. 하지만 래리는 해킹 공격을 받는 와중에 생각을 바꿨다. 래리는, 지금 우리가 목격하고 있는 것은 악한 짓이며, 멈추지 않을 것이라고 에릭에게 말했다. 사실 이 문제는 갈수록 골칫거리가 되었다. 에릭도 이런 평가에 동의했지만 자진 철수하자는 말이 나오자 깜짝 놀랐다. 두 공동 창업주는 이제 구글 차이나의 검색결과를 검열하는 것에 완강히 반대하고 있었다.

지도자는 결정을 내릴 때가 가장 힘든 법이다. 종종 "결정" 앞에 "힘든"이라는 말이 붙는 것은 바로 이 때문이다(최근에는 "반가운"이라는 말이 붙기도 하지만 이런 정책 수행을 언급하는 것은 이 책에서 다루는 범위를 벗어날 것이다). 중국에서 철수하기로 한 구글의 결정은, 우리가 어떻게 결론에 이르며, 우리의 작업방식이 어떻게 작동하는지를 보여주는 상징적인 사건이었다. 전략을 짜고 적임자를 채용하며 독특한 문화를 세우는 일은 모든 사업과 사업 경영자의 기본적인 행위라고 할 의사결정에 앞서 이루어지는 예비 단계라고 할 수 있다.

다른 기관은 계급적 구조를 토대로 다른 의사결정 방식을 택한다. 해병대 같은 하향식 문화는 결정 구조가 간단하다. 한 사람이 고지를 점령하라고 명령을 내리면 나머지는 모두 고지를 점령하는 임무에 나선다. "빌어먹을, 여기서는 한 사람이 책임을 지고 직접 나서야 한다." 대기업 같은 관료적인 조직에서는 대개 최선의 행동 방향을 결정하기 전에 훨씬 더 많이 분석한다. 그러면 그에 필요한 모든 데이터를 가지고 있을까? 분석가는 그 데이터를 전부 파악했을까? 그들은 견적이익 pro forma revenues

과 상각전영업이익EBITDA을 계산할까?[118] 여러 주가 지나고 계절이 바뀌어도 여전히 점령하지 못한 고지는 그대로 눈앞에 있다. "다음 분기에 할 수도 있겠지. 저 고지는 결국 여러 목표 중의 하나일 뿐이니까." 최근 정보에 밝은 신생기업이라면 CEO는 자신이 직원을 위해 일하기 때문에 합의에 따라 결정을 해야 한다고 주장해야 한다. 누구나 발언권을 가지고 논의과정에 참여하는 것은 합의체를 중시하고 구성원을 배려하는 문화이기 때문에 생명이 길다. "자, 모두들 진정하고 카푸치노 한 잔씩들 해요. 30분 후에 이 자리에 다시 모여 중지를 모아봅시다."

그렇다면 상명하복의 해병대와 관료적인 기업, 개화된 기업 중에 어느 것이 옳은 것인가? 인터넷 시대의 기업이 변화하는 속도를 볼 때 신속한 의사결정 구조는 필연적이다. 빠른 결정을 요구한다. 이 점에서는 해병대가 가장 우위에 있다. 하지만 많은 정보를 가지고 요구사항이 까다로운 고객과 경쟁업체가 늘어나고 있는 상황에서는 기업의 방식이 더 나을지도 모른다. 그리고 전문성과 창의력을 갖춘 조직이라면, 특히 신생기업이라면 누구나 할 말을 해야 한다. 물론 모두의 의견은 맞을 수도 있고 틀릴 수도 있다.

답은, 결정을 내려야 할 순간에 여러분이 올바른 생각에만 집중할 수 없는 구조를 이해하는 데 있다. 결론에 이르는 과정, 적절한 타이밍, 결정사항을 실행하는 방식, 이 모든 것은 결정 자체만큼이나 중요하다. 이중 어떤 것을 놓쳐도 결과는 부정적일 가능성이 크다. 그리고 언제나 생각과

---

[118] 우리는 견적이익과 상각전영업이익(이자와 세금, 감가상각, 상환금에 앞서 계산하는)을 당연히 계산해야 하는 회계사를 싫어하거나 반대하는 게 아니다.

다른 결정이 나올 수 있기 때문에 결론 도출과정을 제대로 밟지 못한다면 과거의 실수를 반복할 것이다.

세르게이팀이 2009년 12월 하순 내내 조사를 계속하고 있을 때, 에릭은 회사의 역사에서 엄청 중요한 결정 중 하나가 다가오고 있다는 것을 직감했다. 그는 비록 중국 시장에 잔류하는 것이 회사를 위해 최선이라고 믿었지만 두 창업주가 자신의 의견에 반대한다는 것도 잘 알고 있었다. 두 사람은 중국 시장에 잔류한다 해도 정부의 검열정책을 변화시키는 데 아무 도움이 되지 못할 것이라는 느낌이 있었기 때문에 어떤 형태로든 검열행위에 가담하려고 하지 않았다. 에릭도 판단이 바뀌어 중국 당국의 생각을 변화시키는 것은 힘든 싸움이 될 것이라고 예상했다. 단순히 회사를 위한 최선의 결론을 내는 것이 문제가 아니라 의사결정 과정을 오케스트라처럼 조화롭게 하여 가능한 최선의 방법으로 결론을 찾는 것이 중요했다. 앞으로 다른 위기도 닥칠 것이고 또 중요한 결정이 계속 이어질 것이다. 직원을 거느리고 회사 경영에 참여하는 전문성과 창의력을 갖춘 임원들이 주목하면서 이 문제가 해결되는 방식을 보고 배울 것이다. 무엇보다 이들이 결과에 동의하지 않으면 힘들어질 것이다.

세르게이와 조사팀은 1월 초에 해킹의 진원지와 규모를 파악했는데, 여기서 나온 소식은 불길한 것이었다. 해커들은 소스코드만 훔치려고 한 것이 아니라 중국의 몇몇 반정부 인사가 가입한 지메일 계정에 손을 대려고 했기 때문이다. 세르게이는 이 해킹 사실을 발표하고 구글의 대처방법을 시급히 알리는 것이 중요하다고 생각했다. 이 생각에 대해서는 반대의견이 별로 없었다. 에릭이 주재하는 1월 첫 주 회의에 참석한 세르게이는 해커의 공격에 대한 대응으로 정부의 검열정책에 동조하는 행위를 중지해야 한다고 목소리를 높였다. 그는 중국 정부가 사이트를 폐쇄하여 그동안 중국 시장에서 힘들게 얻은 성과가 물거품이 되는 한이 있어도 구글 차이나의 검색결과를 걸러내는 행위를 중단하기를 원했다. 그는 자리에서 일어나 자신의 요점을 강조했다. 보통 세르게이가 회의 도중에 일어나는 것은 롤러블레이드를 신고 있을 때뿐이었다. 이날 여행 중이어서 화상회의로 참석하고 있던 에릭은 자신의 팀원들에게 모든 데이터를 검토하고 다음 회의에 회사를 위해 무엇이 좋은지 의견을 밝힐 준비를 하라고 당부했다.

상황이 긴박했기 때문에 에릭은 그다음 주 일요일 오후—2010년 1월 10일—4시에 관계자 회의를 열었다. 세르게이가 한 시간이 넘도록 상황의 기술적 측면을 자세하게 설명했다. 그는 그 전 주에 표명한 입장을 반복했다. 구글이 검색결과를 걸러내는 행위를 중단해야 한다는 것이었다.

에릭은 래리가 세르게이의 의견에 동조한다는 것을 알았고 이것은 사실상 결론이 난 것이나 다름없다는 의미였다. 하지만 가장 중요한 것은 팀원 전체의 의견을 들어보고 표결에 붙이는 것이었다. 이 문제에 대해 어떤 생각을 하든 누구나 결론을 내리기 위해 협력해야 했다. 이 때문에 회의는 여러 시간이 걸렸다. 우리는 사실을 꼼꼼하게 되짚어가며 길고도 때로 지겹기까지 한 토론을 계속했다. 마침내 에릭은 표결을 요구했다. 회의실 분위기는 세르게이의 의견 쪽으로 기운 것이 분명했고 표결이 반드시 필요한 것도 아니었지만 에릭은 모두가 의견을 표시할 기회를 갖는 것이 중요하다고 생각했다. 참석자 중 일부는 중국에서 철수하는 것은 이후 백 년간 중국 시장에 관여하지 않겠다는 것과 같은 의미라는 에릭의 의견에 동조했다. 다수는 중국 정부가 현재의 방식을 언제까지나 지속할 수 없을 것이기 때문에 언젠가는 태도가 변할 것이며 일정한 시점이 되면 구글이 재진출하도록 문호를 개방할 것이라는 세르게이의 의견을 지지했다.

참석자들이 완전히 지친 상태에서 밤 9시가 되어 내린 최종결론은, 즉시 철수하지는 않는다는 것이었다. 이보다는 가능하면 투명하게 우리가 해킹 공격을 받았다는 사실을 폭로하자는 것이었다. 우리가 아는 한, 해킹을 받은 회사 중에서 해킹 사실을 자세하게 발표하는 기업은 구글이 유일했다. 또 구글 차이나에서 검색결과를 검열하는 행위를 중단하겠다는 계획도 발표하기로 했다. 다만 이 결정사항을 즉시 실행에 옮기는 대신 시간을 두고—구글의 최고 법무 책임자인 데이비드 드러먼드가 이 결정을 블로그에 올려 알린 대로—법의 테두리를 조금도 벗어나지 않는 선에서 검열이 없는 검색엔진을 운영하는 것에 대해 중국 정부와 논의하기로 했다. 월요일, 에릭은 이사회에서 이 안건을 토론에 붙였고 화요일인 2010년 1월 12일에 우리는 이 사실을 공표했다.

이 결정사항을 발표한 날 아침, 우리는 중국 정부로부터 몇 차례 전화를 받았는데, 그 내용은 농담이 아닌지 의아할 정도였다. 그들은 전혀 농담이 아니라고 했다. 모두 조용히 떠나라는 것이었다.

우리는 곧바로 떠나지는 않았다. 그것은 공공연한 최후통첩이었다. 에릭은 앞으로 전개될 사태에 대해 훤히 꿰뚫고 있었다. 우리는 구글의 새로운 공식입장과 중국의 규정이 합치되는 새로운 해결책을 찾으려고 중국 관리들과 계속 대화를 해보았지만 결국 실패하고 말았다. 구글은 공식입장에서 후퇴할 수 없었고 중국도 규정을 철회하려고 하지 않았기 때문이다. 결국 예상한 대로 우리는 3월에 구글 차이나의 검색을 폐쇄하는 사전조치를 취했다. 검색을 위해 구글 사이트를 방문하는 이용자들에게는 구글의 홍콩 사이트인 구글 홍콩Google.com.hk으로 직접 접속하게 했다. 이때부터 구글의 검색결과는 중국의 "만리방벽Great Firewall"(1998년에 시작된 중국의 디지털 공안체제, 만리장성에 빗댄 것으로 금순공정金盾工程이라고도 함 — 옮긴이)에 차단되기 쉬운 상황에 놓이게 되었다. 구글 접속량은 급격히 떨어졌다.

2010년 1월 15일에 열린 TGIF 회의에서는 중국 문제에 대한 토론이 완전히 의제를 지배했다. 세르게이와 보안팀은 사태의 전말을 자세하게 보여주면서 경영진에서 결정을 내리기까지의 과정을 되짚어 보여주고자 했다. 그런데 그가 미처 설명을 시작하기도 전에, 구글러들은 일어나서 한참 동안이나 전체 고위 경영진에게 우레와 같은 박수를 보냈다. 물론 중국 직원들의 반응은 전혀 달랐다. 직장을 잃을 것을 걱정하고 자신의 안위까지 염려했다. 기술공학 책임자인 앨런 유스터스Alan Eustace는 중국의 헌신적인 팀원들과 더불어 중국팀은 계속 안전하게 남을 것이며 이 험난한 시기에도 성공적으로 구글 사업에 참여하게 될 것이라고 안심시키며 직원들의 사기를 다시 정상 궤도에 올려놓는 데 결정적인 역할을 했다. 결국 중국 사태에 대해 내린 결정은 전 세계에 흩어져 있는 구글러들에게 대환영을 받았고, 이런 결론이 나오기까지의 사려 깊은 과정은 힘든 결정을 내릴 때 일련의 원칙을 지켜야 한다는 교훈을 유산으로 남겼다.

데이터로 결정하라

인터넷 시대에 변화무쌍하게 발전할 수 있는 것 중 하나는 사업에 대한 거의 모든 측면을 정량화할 수 있는 능력이다. 지금까지 주관적인 의견과 일화적 증거anecdotal evidence(개인 자신의 경험에 대한 직접적인 보고 또는 타인의 경험에 대한 보고—옮긴이)를 토대로 내린 결정은 이제 주로 데이터에 기초해 내려진다. 구글 같은 회사는 실시간으로 정확한 접속 데이터에 대비하기 위해 휴대폰에서 나오는 익명의 신호를 모은다. 런던에서는 수천 개의 인공감지기(센서)로 상수도관을 감시함으로써 누수를 25퍼센트나 줄인다.[119] 목장주들은 기르는 소에 센서를 부착하여 동물의 건강 상태와 위치에 대한 정보를 받는다. 모든 소는 각각 1년에 200메가바이트의 데이터를 보내며[120] 목장주는 이를 토대로 언제 얼마나 먹이를 줘야 하는지를 조절한다. 이 데이터로 가축목록에 변화가 올 수 있다.

미국의 철학자이자 작가인 존 듀이John Dewey는 "문제를 잘 설정하면 반은 풀린 것이나 다름없다"라고 했다.[121] 듀이가 활동한 19세기 후반과 20세기 전반은 보통 문제 설정에 의견의 요소와 일화적 요소가 수반되는 시대였다. 하지만 버클리 대학의 정치학 교수인 레이먼드 월핑거Raymond

---

[119] Roman Friedrich, Matthew Le Merle, Alex Koster, and Michael Peterson, "The Next Wave of Digitization: Setting Your Direction, Building Your Capabilities"(Booz and Company, 2011. 6. 28).
[120] Dave Evans, "The Internet of Things"(Cisco Internet Business Solutions Group, 2011. 4).
[121] 이 말이 듀이의 시대에 이미 친숙한 표현이라는 것은 분명하다. Larry A. Hickman, *The Essential Dewey, Volume 2: Ethics, Logic, Psychology*(Indiana University Press, 1998), p.173.

"일화들이 모이면 데이터가 된다."

Wolfinger의 말대로, "일화들이 모이면 곧 데이터"가 된다.[122] 우리는 이 말을 데이터가 없으면 결정을 내릴 수 없다는 의미로 해석한다(월핑거는 계속해서 데이터data의 단수는 데이텀datum이라고 말하고는 자신은 데이트가 있어 나가야 한다며 수업을 일찍 끝냈다).

구글의 회의실에 대부분 프로젝터가 두 대 있는 것은 이 때문이다. 한 대는 다른 사무실과 화상회의를 하거나 회의평가를 보여주기 위한 용도이고 또 한 대는 데이터를 위한 것이다. 여러 가지 선택과 의견을 놓고 토론할 때, 우리는 데이터로 회의를 시작한다. 우리는 "내 생각엔"이라는

---

[122] 월핑거가 이 말을 한 것은 1969년이나 1970년에 스탠퍼드에서 세미나를 열 때였다. 사실과 데이터에 기초한 진술을 염두에 두지 않은 한 학생에게 해준 대답이었다. Nelson W. Polsby, "Where Do You Get Your Ideas?"(PS: Political Science and Politics, Volume 26, Number 1, 1993. 3).

말이 아니라 "자료를 봐요"라는 말에 안심한다.

데이터 편향은 따분한 파워포인트 프레젠테이션의 권태를 없애주는 확실한 방법이다. 지나치게 말이 많은 10여 가지의 슬라이드로 시작하는 회의가 그 얼마나 많던가? 그 앞에 서서 같은 말을 반복하는 것을 들어야 하는가? 회의에서 자신의 견해를 제시하는 사람은 슬라이드에 기댈 것이 아니라 자신의 주장을 뒷받침하는 자료를 보여주어야 한다. 슬라이드는 회의를 진행하거나 견해를 주장하는 데 써서는 안 된다. 슬라이드에는 모든 사람이 똑같은 사실을 접할 수 있게 오로지 데이터만 들어 있어야 한다. 그 데이터가 잘못된 것이거나 주제와 관련이 없는 것이라면 좋은 슬라이드라고 볼 수 없다. 데이터 프레젠테이션과 시각화의 전문가인 에드워드 터프트Edward Tufte는 적은 슬라이드에 많은 데이터를 담는 수법을 추천하며 다음과 같이 말한다. "시각화는 보통 연관 정보가 같이 제시될 때 더 효과가 크다. 세부적인 내용 하나 하나가 연관성이 깊을수록 사실이 분명해지고 이해도 빨라진다."[123]

데이터는 해당 주제와 가장 가까이 있는 사람이 가장 이해가 빠르다는 것은 더 말할 나위가 없지만 우리가 생각할 때 기업의 경영에서는 그렇지 못할 때가 종종 있다. 지도자는 자신이 잘 이해하지 못하는 세부적인 내용을 건드렸다가 방향을 잃느니보다 그 일을 잘 아는 유능한 직원에게 믿고 맡기는 것이 최선이다. 예를 들어 재정적인 결정을 앞두고 있을 때, 경영학석사MBA와 공인회계사CPA의 기초에 해당하는 상각전영업이익EBITDA이나 예탁증권ADR을 놓고 걱정할 필요가 없다. 보통 중요하

---

[123] Edward Tufte, "PowerPoint Is Evil"(*Wired*, 2003. 9).

다고 할 현금이나 이익에 초점을 맞추면 된다(재무회의를 할 때 에릭이 즐겨 인용하는 표현은 "이익이 모든 문제를 해결해준다"는 말이다). 이 말은 기술적인 결정과 제품개발에도 똑같이 적용된다. 에릭이 구글 협력업체의 CEO 한 명과 회의를 할 때 있었던 일이다. 경영진은 몇 가지 기술적인 문제를 놓고 논란을 벌이다가 잘 모르는 분야라 그만 벽에 가로막히고 말았다. 그때 구석에서 회의 내용을 듣고 있던 젊은 직원이 끼어들어 몇 가지 데이터를 보여주며 구글의 입장을 명쾌하게 정리해주었다. 쟁쟁한 직책을 가진 임원들이 가득한 회의장에서 직급이 낮은 이 젊은 여성은 그 방에서 해당 문제를 가장 잘 알고 있는 인물임이 분명했다. 이 여자는 사실을 가장 정확하게 파악함으로써 그날의 주역이 되었다.

고개를 끄떡이는 인형을 조심하라

야구경기장에 가면 관중에게 나눠주는 버블헤드 인형은 누구나 잘 알고 있을 것이다. 조너선도 샌프란시스코 자이언츠팀의 포수인 버스터 포지Buster Posey의 버블헤드 인형이 사무실에 있다.[124] 하지만 여러분은 회의실에서도 테이블 주변에 앉아 거의 기계적으로 고개를 끄떡이는 버블헤드가 많다는 것은 모를 것이다. 전에 구글에서 일했던 아메리카 온라인의 CEO인 팀 암스트롱Tim Armstrong은 이런 현상을 "버블헤드 예스"라고 불렀다(에릭이 노벨의 CEO였을 때, 그는 이것을 "노벨식 찬성"이라고 불렀다). 버블헤

---

[124] 메이저리그에서 활약 중인 버스터는 2012년 MVP에 선정되었다.

드 예스를 하는 사람은 고전적인 "예스맨"과 다르다. 버블헤드는 예스맨과 달리 회의장을 나오자마자 방금 전까지 지지하던 태도를 바꾸고 불평을 늘어놓거나 투덜대는 역겨운 경향이 있기 때문이다. 이런 태도는 사실 버스터 포지 버블헤드 인형과는 다른 것이다.

회의실에서 누구나 찬성한다는 것은 그 의견에 동의하는 사람이 많다는 것이 아니라 단지 버블헤드가 많다는 의미일 뿐이다. 경영자 중에는 "합의에 따른" 결정을 내리기 위해 노력하는 사람이 많지만 이들은 근본적으로 합의consensus의 의미를 잘못 알고 있다. 라틴어 시험에 통과한 사람이라면 이 말이 라틴어로 "다 함께"를 의미하는 "쿰cum"과 "생각하거나 느낀다"는 의미의 "센티레sentire"의 조합에서 나온 것을 알고 있을 것이다. 글자 그대로 해석하면 "함께 생각하거나 느낀다"는 뜻이다. 하지만 이것이 진정한 합의와는 아무 상관이 없다는 사실을 알아야 한다. 합의란 단지 동의하는 사람을 구하는 것이 아니다. 합의는 회사를 위한 최선의 아이디어를 찾아내고 모으는 것이다.

이렇게 최선의 아이디어에 이르자면 갈등이 필요하다. 반대하는 사람도 있어야 하고 개방적인 분위기에서 서로 다른 주장을 놓고 논쟁을 해야 한다. 최선의 아이디어는 모든 선택 방향을 놓고 공개적으로 논란의 과정을 거칠 때까지는 얻을 수 없는 것이기 때문이다. 그렇지 않다면 사람들은 그저 버블헤드 인형처럼 고개를 끄떡이다가 회의실을 나가면 하고 싶은 대로 할 것이다. 따라서 진정한 합의에 이르기 위해서는 서로 다른 의견이 필요하다. 책임자라면 처음부터 자신의 지위를 내세워서는 안 된다. 책임자가 할 일은 담당 분야에 관계없이 모든 사람의 의견을 들어보는 것이다. 측근을 회의장 곳곳에 배치하는 것은 일을 더 어렵게 만들

뿐이다.

패튼 장군은 "모두가 같은 생각을 한다면, 누군가는 아무 생각이 없는 것이다"라는 말을 남겼다.[125] 여러분이 직원 채용을 잘 했다면 상하의 서열 사이에 의견 차이가 나타날 것이다. 이것은 좋은 징조로 봐야 한다. 누구나 자신의 생각이 있게 마련이다. 최고의 직위에 있는 사람이 전문성과 창의력을 겸비했다면 어느 특정 분야의 지도자로서보다는 회사의 소유주 입장에서 자신을 돌아보고 생각해야 한다. 그러므로 이들은 마땅히 자신의 의견이 있어야 한다. 비록 자신의 영역 밖에서 이뤄지는 결정이라 해도 가능하면 아주 유익한 통찰력을 갖추고 있어야 한다. 이래야만 조직원을 강하게 결속시키고 궁극적으로 더 좋은 결정이 나올 수 있게 튼튼한 뒷받침을 하게 될 것이다.

데이터를 활용하면 전 구성원이 적극적으로 참여하는 데 도움이 된다. 그것은 개인의 것이 아니기 때문이다.[126] 특히 말 없는 사람을 주목해야 한다. 이제까지 아무런 발언을 하지 않은 사람의 의견을 물어라. 그들은 의견이 달라도 여러분의 주장에 공공연히 반대하기가 두려웠는지도 모른다(이런 두려움을 뛰어넘게 해야 한다). 또는 유능한 사람이지만 단지 수줍음이

---

[125] 보통 이 말을 패튼이 했다고 하지만 그가 실제로 이 말을 했다는 직접적인 증거는 찾을 수 없다. 적어도 그의 회고록인 《내가 본 전쟁》이나 미 3군에서 한 연설집에는 나와 있지 않다. 하지만 인터넷에는 그가 한 말로 유포되고 있기 때문에 아마 맞을 것이다(농담).

[126] Kathleen M. Eisenhardt, Jean L. Kahwajy, and L. J. Bourgeois III, "How Management Teams Can Have a Good Fight"(*Harvard Business Review*, 1997. 7·8). 경영진의 집단결정을 연구한 이 학자들은 다음과 같이 말한다. "일부 경영자는 데이터가 지나치게 많을 때 논란을 빚을 문제의 폭이 커져서 개인 간의 갈등을 유발한다고 믿는다. 우리는 정보가 많을수록 — 데이터가 객관적이고 최근에 만들어진 것이라면 — 더 좋다고 생각한다. 그것이 개인을 넘어 문제 자체에 집중하게 해주기 때문이다. 사실에 대한 의존성이 클수록 개인 간의 갈등은 줄어드는 법이다."

많은 것일 수도 있다. 어쩌면 정말 할 말이 없는 것일 수도 있다. 그렇다면 이런 사람은 처음부터 회의에 참석시키지 말아야 한다. "바보 소프트볼" 게임을 제안해 실수를 저지른 사람은 상사의 의견에 동조하게 하는 것도 한 가지 기술이 될 것이다.("우리 모두 염산을 뒤집어쓰기로 하는 게 어때?") 가능하면 처음부터 반대할 가능성이 있는 사람의 의견이 노출되도록 최선을 다하라. 반대 의견이 결정 과정에서 뒤늦게 표면화될수록 다른 의견이 있는 것에 대해 자연스럽고도 당연하게 거부감이 일게 마련이다.[127]

일단 누구나 당당하게 의견을 제시하면 논의가 활성화되고 누구나 결정 과정에 참여하면서 자신의 목소리를 내는 분위기가 형성된다. 모든 관계자가 참여하는 적절한 합의에 기초한 과정은 참여 문화의 필수적인 요소이다. 때로는 소수나 개인을 희생하여 집단을 위한 최선의 결론을 도출하는 '협력', 팀원 전체가 각기 중요한 역할을 하며 적어도 일시적으로는 외부 간섭을 차단시킬 수도 있는 '평등'도 마찬가지다. 무엇보다 합의는 문제해결을 위한 것이다.

올바른 결정은 최선의 결정이지 모두가 동의하는 최소공통분모를 말하는 것이 아니다. 또 모두가 동의하는 것이 언제나 해결책이 되는 것도 아니다. 존 우든 감독은 언젠가 "당신 자신의 방법이 아니라 최선의 방법을 찾는 데 관심을 두어라"라고 말한 적이 있다.[128]

---

[127] Arie W. Kruglanski and Donna M. Webster, "Group Members' Reactions to Opinion Deviates and Conformists at Varying Degrees of Proximity to Decision Deadline and of Environmental Noise"(*Journal of Personality and Social Psychology*, Volume 61, Number 2, 1991. 8).

[128] John Wooden and Steve Jamison, *Wooden on Leadership*(McGraw-Hill, 2005), p.2.

언제 종이 울릴지 알아야 한다

갈등에 기초한 접근방식은 오로지 기한을 정하고 역전의 기회를 노리는 한 명의 의사결정권자가 관리할 때만 통한다. 때로는 데이터가 너무 많거나 끝이 없을 때도 있다. 이럴 때는 몇 시간씩 논란을 벌이다가 결국 시간만 끈 뒤에 평범한 타협을 하면서 엄청난 기회비용을 초래할 수 있다. 여러 차례 결정을 미루며 끝없이 논란을 벌이는 것보다는 전문성과 창의력을 가진 사람이 과감히 결정을 내릴 때 더 좋은 결과가 나올 수 있다. 일정한 시점에 이르면 아무리 분석해도 더 좋은 결론이 나오지 않을 때가 있다. 이때가 결정권자의 역할이 가장 필요한 순간이다. 그러므로 기한을 정하고 논의 과정을 거치면서 그 기한을 반드시 지켜야 한다. 마치 쉬는 시간에 운동장에서 노는 아이들과 같다. 아이들은 게임 중에 끝없이 싸우다가도 수업 종소리가 들리면 적당히 결말을 짓고 다시 교실로 들어갈 줄 안다(아이들처럼 직원들이 정글짐을 독차지하려고 다투지 말고 바람직한 행동을 하면 좋을 것이다). 의사결정권자는 휴식시간을 얼마나 줄 것인지, 언제 종을 울릴 것인지 결정해야 한다.[129]

우리의 코치와 멘토 역할을 한 빌 캠벨은, 중요한 상품화 결정이 지연된다는 말을 들었을 때 인튜이트의 CEO로 합류한 이야기를 들려준 적

---

[129] 시한을 설정하는 행동이 바로 팀의 속도 자체에 도움을 주고 적절한 시간에 결론에 이를 수 있다. Connie J. G. Gersick, "Marking Time: Predictable Transitions in Task Groups"(*Academy of Management Journal*, 1989. 6). 그리고 오랫동안 기술회사의 의사결정을 연구한 캐슬린 아이젠하르트Kathleen Eisenhardt는 빠른 결정을 내리는 경영진에게 실제로 더 많은 선택권이 생긴다는 것을 밝혔다. Kathleen M. Eisenhardt, "Making Fast Strategic Decisions in High-Velocity Environments"(*Academy of Management Journal*, Volume 32, Number 3, 1989. 9).

이 있다. 제품 담당 관리자는 많은 데이터를 모았지만 생산량에 대해서는 결론을 내리지 못했다. 그래서 그는 더 많이 조사하라고 지시했다. 새로운 데이터에 비용이 들어갔지만 그래도 별 도움이 되지 못했다. 이 사실을 알게 된 빌은 시간낭비를 멈추라고 지시했다. 그러고는 그 관리자에게 "잘못되는 한이 있더라도 뭐라도 해봐요"라고 말했다.

톰 피터스는 이런 상황에서 빌이 보인 태도를 "행동지향성bias for action"이라고 부르며 그의 저서 《우량기업을 찾아서In Search of Excellence》에서 행동지향성을 자신이 연구한 기업의 속성 중에서 가장 공통적인 특징으로 분류한다.[130] 디자이너 중에서도 행동지향성을 긍정적인 힘이라고 믿는 사람이 많다. 이것은 스탠퍼드 디자인 스쿨("디자인 스쿨design school"이란 이름 자체가 별로 디자인을 담아내지 못하기 때문에 일명 디 스쿨d.school이라고 불린다)[131]에서 말하는 "디자인 사고design thinking(디자이너가 디자인 과정에서 적용하는 혁신적이고 창의적인 인지 행위—옮긴이)의 핵심적인 경향"과 다를 바 없다. 행동지향성은 직접적인 시행착오를 자극한다. 행동의 과정이 올바른지 확신하지 못할 때 최선의 선택은 직접 해보고 나서 과정을 수정하는 것이다.[132]

하지만 행동경제학자 중에는 행동지향성이 서두르기를 좋아하고 사려 깊은 결정이 부족하다는 점에서 해로울 수도 있다고 생각하는 사람들이 있는데 이 의견에 일정 부분 우리도 동의한다. 예를 들어 협상을 할 때 에

---

[130] Thomas J. Peters and Robert H. Waterman Jr., *In Search of Excellence: Lessons from America's Best-Run Companies*(Harper & Row, 1982).

[131] 공식적인 명칭은 스탠퍼드 디자인 연구소Institute of Design at Stanford이다.

[132] Ingo Rauth, Eva Köppen, Birgit Jobst, and Christoph Meinel, "Design Thinking: An Educational Model Towards Creative Confidence"(*Proceedings of the 1st International Conference on Design Creativity*, 2010).

릭의 'PIA 규칙'이 최선의 결과를 이끌어내는 데 도움이 될 수 있다. 이 말은 인내patience를 갖고 정보information를 모은 뒤에 대안alternatives을 찾으라는 것이다. 무엇보다 인내가 중요하다. 여러분은 행동의 과정을 밟기 전에 가능하면 오랫동안 기다릴 필요가 있다. 이것은 사업 외의 영역에서도 통하는 진실이다(또는 "끈질긴 권유"라고 말해야 할지도 모르겠다). 축구에서 페널티킥 때 골키퍼가 상대 공격수가 공을 찰 방향을 미리 예상해서 어느 한쪽으로 몸을 날리는 행동지향성에 따르기보다 공을 차는 순간 가만히 서 있을 때 방어율을 두 배로 높일 수 있다는 것과 같은 이치다.[133] 이때의 골키퍼는 위기 상황에 직면했을 때, 즉시 행동하기보다 잠시 상황을 주시하고 나서 무엇을 할지 결정하는 비행기 조종사의 태도와 같다고 할 수 있다.

의사결정권자가 할 일은 올바른 시간을 설정하는 것(타이밍)이다. 더 이상 가치가 없는 논란과 분석을 잠재우고 팀을 결정에 따라 움직이게 하는 행동지향성을 보여주어야 한다. 다만 긴박감의 노예가 되어서는 안 된다. 가능한 마지막 순간까지는 유연한 태도를 유지해야 한다는 말이다.

---

[133] 페널티킥 때 공격수가 공을 차는 순간 골키퍼가 행동지향성에 따라 어느 한 방향으로 몸을 날릴 거라고 예상하면, 가운데 차는 것이 골을 넣기 쉽다고 생각할 수 있다. Michael Bar-Eli, Ofer H. Azar, Ilana Ritov, Yael Keidar-Levin, and Galit Schein, "Action Bias Among Elite Soccer Goalkeepers: The Case of Penalty Kicks"(*Journal of Economic Psychology*, October 2007). 이 경우와 투자결정에서 행동지향성의 유사한 상황에 대해서는 다음 책 참조. Carl Richards, "In Soccer and Investing, Bias Is Toward Action"(*Bucks blog, New York Times*, 2013. 5. 13).

결정을 줄여라

에릭이 구글에 합류했을 때, 그는 창업주가 CEO를 고용했을 때의 좋지 않은 역사를 잘 알고 있었다. 창업주가 CEO를 고용할 때의 전형적인 특징은, 언젠가는 이들이 어떤 기본적인 문제에 의견이 갈리고 이사회는 창업주와 CEO 중에 한 사람을 지지하게 되어 지지를 받지 못하는 쪽에서 회사를 떠나게 된다는 것이다. 스티브 잡스가 1983년에 펩시 사장인 존 스컬리에게 애플의 CEO를 맡긴 것이 고전적인 사례에 해당한다. 두 사람은 의견이 충돌했고 스컬리는 이사회의 지지를 받아 1985년에 스티브를 해고했다.[134]

에릭은 이와 비슷한 운명을 피하기 위해 래리와 세르게이에게 그들이 맡은 임무에 최선을 다하도록 하고 자신은 엄청난 속도로 성장하는 회사에 필요한 일에 집중하기로 했다. 그 결과 효과적이면서도 능률적으로 계속 회사를 운영할 수 있었다. 삼두체제로 회사를 경영한다는 시나리오는 너무도 독특한 것이었다. 그래서 2004년 기업 공개를 할 때 래리와 세르게이는 창업주의 서신에서 이 문제를 자세하게 소개했다. 실제로 3인 지도부체제에서 누가 무엇을 하는가에 대한 과정을 상세하게 성문화한 것은 큰 도움이 되었다. 이 서신에서는 에릭이 "부사장단과 영업조직의 관

---

[134] 2013년 한 회의에서 스컬리는 잡스를 해고한 결정을 반성하며 다음과 같이 말했다. "나는 당시 빌 게이츠나 스티브 잡스가 기업을 일으킬 때의 리더십과, 기업이나 상장회사 내에 경쟁자가 있을 때 실수를 저지르면 경쟁에 져서 쫓겨나는 상황의 리더십 사이에는 어떤 차이가 있다고 이해할 만큼 경험의 폭이 없었다. 거기서 다른 결과가 발생할 수 있다고 느낀다." Daniel Terdiman, "John Sculley Spills the Beans on Firing Steve Jobs"(CNET, 2013. 9. 9).

리에 초점을 맞추고 세르게이는 기술공학과 사업거래에 집중하며 나머지 한 사람(래리)은 기술공학과 제품관리에 집중한다"라고 역할을 묘사하고 있다. 그리고 3인 지도부는 매일 회의를 연다는 말도 들어 있다(이 회의는 에릭이 CEO로 재직한 대부분의 기간에 계속되었다). 가장 중요한 것은 우리가 "말할 수 없이 크나큰 신뢰 속에서 서로 존중하고 생각이 대체로 비슷하기 때문에" 이런 역할 분담이 잘 이루어지고 있다고 설명한 것이다.

이 체제는, 세 사람이 핵심 문제에 의견이 일치되는 한 매끄럽게 작동했으며, 실제로 대부분의 시간 동안 그러했다. 물론 때로 어려운 상황을 맞을 때도 있었다. 소신이 분명한 지도자가 함께 일할 때는 의견 차이가 발생할 수밖에 없다. 이런 경우에 에릭이 바람직한 해결책에 접근하는 과정은 그가 일반적인 의사결정을 내리는 과정과 비슷했다. 즉, 문제점을 파악하고 논의 과정을 거쳐(이들 세 사람만 참석한 자리에서) 시한을 정하는 것이다. 그리고 여기에 필연적인 결과를 추가한다. 그러니까, 창업주에게 결정을 맡기는 식이다.

CEO의 성향은, 특히 창업주가 이끄는 기업에서 자신의 존재를 부각하려는 새 CEO의 성향은, 지나치게 큰 영향력을 행사하려고 한다는 것이다. CEO가 자존심을 꺾고 다른 사람에게 결정을 맡기는 게 쉽지는 않겠지만 바로 이것이 정말 보여줘야 하는 태도라고 할 수 있다. 여러분이 CEO라면 일반적으로 결정을 대폭 줄여야 한다. 제품출시, 기업인수, 공적인 정책문제, 이런 것은 모두 CEO가 영향력을 행사해야 할 또는 깊숙이 관여해야 할 결정사항들이다. 하지만 회사 내의 다른 사람에게 맡겨도 좋을 문제들은 얼마든지 있다. 이런 것은 심각한 오판을 저지른다고 생각할 때만 개입해도 된다. 따라서 CEO나 고위 경영진의 역할을 익히는 핵심적인 기술은 자신이 빠진 상태에서 결정 과정이 이루어지도록 하는 방법을 아는 것이다.

이런 기술은 아주 적극적이고 신망받는 두 명의 유능한 창업주가 있는 회사에 들어가 경영하는 에릭과 같은 상황에서는 훨씬 더 중요하다. 예를 들어 제품검토 회의에서 에릭과 세르게이, 래리가 신제품의 핵심적인 특징을 놓고 끝까지 의견이 일치되지 않은 적이 있었다. 이 회의에는 약 20명의 직원이 참석하고 있었는데, 잠시 후에 에릭은 논의를 중단하고 오후에 지도부 세 사람만 다시 모이자고 했다. 오후에 다시 모인 자리에서 에릭은 두 창업주가 자신과 의견이 다를 뿐만 아니라 두 사람 사이에서도 의견이 같지 않다는 것을 알았다. 그래서 에릭은 자신은 어떻게 되든 지켜볼 테니 창업주 두 사람에게 결정을 내리라고 했다. 다만 다음 날까지 결정해야 한다는 단서를 달았다. 이튿날 정오에 공동사무실이 있는 43호 건물에 들른 에릭은 "그래, 누가 이겼어요?"라고 물었다. 그러자 전형적인 대답이 나왔다. "새로운 아이디어가 나왔어요." 그렇게 결정되었고, 그것이 최선의 해결책이었다.

매일 만나라

전문성과 창의력이 갖추어진 리더십에서 실망스러운 점 중의 하나는 실제로 권한 행사가 적다는 점이다. 지금까지 설명한 것을 보면 그렇다. 비록 여러분이 한 회사의 CEO라고 해도 책상을 쾅쾅 치면서 결정을 명령할 수는 없다는 말이다(물론 이렇게 할 수도 있지만 이런 절차를 고집한다면 여러분은 전문성과 창의력을 갖춘 인재를 대부분 잃을 것이다). 또 실제로 많은 결정을 내려서도 안 된다. 이보다 여러분은 데이터를 분석하고 논의를 활성화하여 오케스트라를 지휘하듯이 합의를 모아야 하며 적절한 시점에 논의를 중단시키고 결정을 내리는 멋진 기술을 발휘해야 한다. 말하자면 먼 옛날 다스베이더Darth Vader(〈스타워즈〉에 나오는 가공의 인물로 전형적인 악의 화신—옮긴이)가 일방적으로 강제력을 동원해 누군가의 목을 치고 행성을 파괴하던 시절이 때때로 그립기도 할 것이다.

하지만 그래도 지도자가 통제력을 행사할 수 있는 것이 하나 있다면 그것은 회사의 연간일정표. 중요한 결정을 앞두고 있을 때, 여러분은 지도자로서 소집권한을 행사하여 정기적인 회의를 열 수 있는 현실적인 신호효과signaling(정보 비대칭 상황에서, 더 많은 정보와 더 강력한 경쟁력을 가진 사람이 자신의 우월성을 드러낼 목적으로 특정 수단을 사용할 때 나타나는 효과—옮긴이)라는 가치를 지니고 있다. 중요한 결정일 때는 매일 회의를 열어야 한다. 이렇게 매일 회의 일정을 잡음으로써 모든 관계자가 중요한 결정이 임박했다는 것을 알게 해야 한다. 이 경우에는 간단한 이점이 또 있다. 여러분이 매일 회의를 개최함으로써 이전 회의에서 논의된 내용을 재점검할 시간을 줄일 수 있다는 것이다. 참석자의 기억이 생생하기 때문이다. 그러면 새로운 데이터와 의견에 더 집중할 수 있는 시간이 확보된다.

에릭은 2002년 구글이 아메리카 온라인과 인기 포털의 검색엔진과 광고엔진을 놓고 거래협상을 할 때 이 방법을 써서 단단히 효과를 보았다. 어려운 협상이었지만 에릭은 무엇보다 구글이 떠안게 될 재정투자에 관심을 집중했다. 아메리카 온라인은 아직 구글에 광고를 싣지 않고 있던 수많은 광고사를 자신들의 플랫폼에 가지고 있었다. 그래서 이 거래는 엄청나게 전략적인 가치가 있었다. 구글 플랫폼에 이 광고사들을 끌어들이는 문제였기 때문이다. 어쨌든 에릭은 이 투자가 우리처럼 작은 회사가 떠안기에는 너무 규모가 크다고 보았다.

구글의 영업 책임자인 오미드 코르데스타니Omid Kordestani가 아메리카 온라인과 협상을 주도했다. 그들은 2001년 안에 가급적 빨리 타임 워너Time Warner와 합병을 하여 큰 이익을 보겠다는 목표가 있었다. 오미드는 아메리카 온라인의 조건을 수락하면 안 된다는 데 에릭과 의견이 일치했다. 하지만 래리와 세르게이는 리스크를 떠안고 싶어 했다. 두 사람은 언제나 이익 지분에서 협력업체에 적극적으로 관용을 베풀면 궁극적으로 회사에 이익이 된다는 믿음이 있었다("일단 파산만 하지 않는다면"이라는 것이 이 의견에 대한 에릭의 생각이었다). 회사의 최고 법무책임자인 데이비드 드러먼드는 이사회 의장으로서 두 사람의 의견에 찬성했는데 그는 우리가 유동성이 부족할 때는 언제나 차입할 수 있다고 보았다. 그래서 에릭도 이 방향으로 행동했다. 그는 더 자주 회의를 열고 시한을 정했다. 이후 6주 동안 경영진은 매일 오후 4시에 아메리카 온라인과의 거래를 점검하는 회의를 열었다. 그리고 이 6주의 기간이 끝날 무렵 이들은 어떤 방식으로든 아메리카 온라인과 협상을 매듭짓겠다는 결론을 내렸다.

이들은 처음에는 별 진전을 보지 못했다. 하지만 매일 고되고 단조로운 논의를 반복하며 우리의 광고엔진의 데이터를 더 깊이 분석하게 되었고 여러 주의 기간이 지나자 이 거래는 우리가 처음에 생각한 것만큼 리스크가 크지 않다는 결론에 이르게 되었다. 우리는 이것을 감당할 수 있다는 사실을 깨닫기 시작했는데, 이것은 옳은 판단이었다. 우리는 기본적으로 아메리카 온라인이 제시한 조건에서 거래를 했는데 이 합의는 전체적으로 안전보장의 한계를 넘는 것이었다. 하지만 협상 중에는 이 사실을 아는 사람이 아무도 없었다. 모든 세부적인 내용에 대해 시간을 들여 집중적으로 검토한 끝에 올바른 답에 이른 것이다. 이것은 정말 중요한 결정이었다. 회사의 존립에 결정적인 사안을 검토할 때는 매일 회의를 열어야 한다.

양쪽 의견이 다 옳다

기술과 과학에 종사하는 사람이 저지르는 실수가 있다. 데이터와 치밀한 분석에 기초해 지혜롭고 사려 깊은 논의를 할 때 사람의 마음을 바꿀 수 있다고 흔히 생각하는데 이것은 사실이 아니다. 사람의 마음을 바꾸고 싶을 때는 토론에서 이기는 것이 아니라 그들의 마음에 호소해야 한다. 우리는 이것을 오프라 윈프리Oprah Winfrey 규칙이라고 부른다(뛰어난 정치인도 이런 수법을 사용하지만 오프라 윈프리가 가장 돋보인다).[135] 전문성과 창의력을 겸비한 인재와 우수제품을 개발하는 사람이 회사를 경영한다면 오프라의 규칙을 배울 필요가 있다. 이런 사람들은 나무랄 데 없는 결정을 내리지만

---

[135] 이 규칙의 원조는 사실 아리스토텔레스라고 할 수 있다. 아리스토텔레스는 로고스logos(논증argument), 에토스ethos(품성character), 파토스pathos(감정emotion)를 호소하는 논의로 수많은 정치인과 법정 변호사, 상인에게 영향을 주었다. George A. Kennedy tr., *On Rhetoric: A Theory of Civic Discourse* (Oxford University Press, 1991), pp.37~38. 하지만 이 사실을 정형화한 사람은 매일 텔레비전에 출연해서 쇼를 진행하기 전에 "사람들에게 어떤 느낌을 주는 이야기를 해야 합니다. 사람들이 원하는 것은 뭔가 감정적으로 느낌을 주는 이야기니까요"라고 말한 오프라라고 할 수 있다. "Oprah Winfrey Talks to Dan Pink, Part 2"(YouTube.com/watch?v=kRfT8ujRfOA).

시행 단계에서 실패하는 일이 많기 때문이다.

　이런 규칙을 익히는 간단한 방법이 있다. 논의를 끝내고 결정을 내리려고 할 때 100퍼센트 합의에 이르지 못한 상태라면 "양쪽 의견이 다 옳다"라는 말만 하면 된다. 자신의 의견과 다른 결론을 대하는 사람들에게 정서적으로 호소할 때는 이들의 견해가 전달되었을 뿐 아니라 가치를 인정받았다는 것을 알릴 필요가 있다. 이런 효과를 내는 것이 "양쪽 의견이 다 옳다"라는 말이다. 이 말은 자신의 주장이 관철되지 못한 사람에게 조율에 실패한 의견 중에 진실의 요소가 들어 있다는 의미를 전한다. 이것은 자신이 옳다는 말을 듣고 싶은 사람에게 정서적인 격려의 메시지를 제공한다. 그리고 다행히 전문성과 창의력을 겸비한 의견은 보통 누구나 수긍하는 진실의 요소가 들어 있다. 올바른 판단력이 있는 사람이 100퍼센트 틀린 생각을 하는 경우는 드물기 때문이다.

　그런 다음 자신의 의견이 채택되지 못한 사람에게 위안을 주고 무엇을 해야 할지 분명히 전달한 다음, 의사결정권자는 반대한 사람 전원에게 두 가지 중 하나를 선택하도록 해야 한다. 즉, 반대하지만 결정에 따르거나 보다 진전된 의견을 제시하여 공감의 폭을 넓히든가 하라는 것이다. 후자의 경우라면 의사결정권자에게 반대하는 이유를 명확히 밝히고 어떻게 진전된 계획으로 공감의 폭을 넓힐 것인지 설득해야 한다("미안하지만 이런이런 이유 때문에 나는 이것이 올바른 결론이라고 보지 않는다. 대통령의 관점에서 생각해보는 건 어떨까?"). 공감의 폭을 넓히려면 정당한 근거가 있어야 하고 사기를 높여주어야 한다. 단순한 이의 제기라면 적대감만 커질 것이기 때문이다.

모든 회의에는 주인이 있어야 한다

의사결정을 위해 논의를 하는 장은 늘 회의라는 형태로 이뤄진다. 회의는 어쩌면, 비밀 산타Secret Santa(지정된 사람에게 몰래 선물을 주는 서양의 성탄절 민속놀이—옮긴이)를 모의하는 회의를 빼고는 사업현장에서 가장 혐오스러운 일인지도 모르겠다. 사람들은 회의에 대해 투덜거리며 엄청난 시간낭비라고들 하지만 사실 매끄럽게 진행되는 회의는 아주 좋은 것이다. 회의는 데이터와 의견을 제시하고 문제를 논의하며 찬성을 이끌어내고 실질적으로 결론을 내리는 가장 효과적인 수단이다. 매끄러운 회의는 따로 표시를 해두는 것이 좋다. 대부분의 회의는 그렇지 못하기 때문이다. 매끄럽지 못한 회의는—아마 말할 필요도 없겠지만—사기를 떨어뜨리는 거대한 시간낭비의 주범이다.

컴퓨터과학자들은 비효율성을 싫어한다. 이런 이유에서 에릭의 팀은 수년간 효율성을 극대화하기 위해 다음과 같은 일련의 회의 규칙을 개발했다.

회의에는 한 사람의 의사결정권자·주체가 있어야 한다. 잘못되면 책임을 질 사람으로서, 회의 과정의 모든 단계마다 분명한 의사결정권자가 반드시 있어야 한다. 동등한 두 집단 간의 회의는 종종 좋은 결과를 이끌어내지 못할 때가 있다. 최선의 결론을 내기보다 적당히 타협하기 때문이다. 의사결정권자로서 조금이라도 더 직책이 높은 사람이 있어야 한다.

결정권자가 참석해야 한다. 결정권자는 회의를 소집하고 안건이 바람직하다는 것을 확인해야 하며 목표를 세우고 참석자를 결정해야 한다. 그리고 적어도 24시간 전에 (가능하면) 참석자 간에 의제를 공유해야 한다. 회의를 마친 뒤, 결정권자는 (다른 사람은 안 된다) 회의의 결과를 요약하고 적어도 모든 참석자들에게—알 필요가 있는 사람도 포함해—48시간 내에 이행사항을 이메일로 알려야 한다.

비록 결론을 내리기 위한 회의가 아니라고 해도—예컨대 정보를 공유하거나 해결책을 브레인스토밍하기 위한 회의—분명한 주인이 있어야 한다. 다시 강조하지만 회의의 주인은 해당 직원이 회의에 참석하는지, 사전작업이 필요한 분명한 의제가 있는지, 이행사항이 즉시 고지되었는지 확인해야 한다.

회의는 정부기관처럼 해서는 안 된다. 이런 회의는 쉽게 효력이 사라진다. 무슨 회의든 목적이 있어야 하고 목표가 제대로 설정되지 않거나 목적이 불분명한 회의는 열지 말아야 한다. 의사결정권자는 핵심적인 물음을 제기해야 한다. 이 회의는 아직도 쓸모가 있는가? 너무 빈번하거나 너무 뜸한 것은 아닌가? 참석자가 필요한 정보를 가지고 있는가?

회의는 관리할 수 있는 규모여야 한다. 여덟 명이 넘어 한 번에 열 명씩 모이면 안 된다(우리는 이런 규모를 억제시키려고 했다). 회의실에 모인 사람은 누구나 자신의 의견을 제시할 수 있어야 한다. 회의의 결과를 알아야 할 사람이 더 있을 때는 회의의 질을 떨어뜨리거나 공적으로 말할 자격이 없는 참관인으로 참석시키기보다 소통의 과정을 거치는 것이 좋다.

회의 참석은 위상의 증표가 아니다. 필요 없다고 생각하면 참석하지 말아야 할 것이고 아니면 사전에 양해를 구하는 편이 더 좋을 것이다. 특히 고객이나 협력업체와 회의를 할 때가 그렇다. 우리가 고객이나 협력업체의 고위 경영자와 "우호적인" 회의를 하기 위해 들어가보면 회의장에 사람들이 꽉 들어찬 것을 볼 때가 많다. 고객이 조직기구표에 나오는 전 인원을 회의에 참석시킬 필요가 있다면 모르지만 우리 쪽에서는 참석 인원을 조절하려고 한다. 회의는 언제나 인원이 적을수록 좋은 법이다.

시간을 지키는 것이 중요하다. 정해진 시간에 회의를 시작하고 정해진 시간에 끝내라. 끝날 무렵에는 여유를 가지고 결정사항과 이행사항을 요약해야 한다. 정해진 시간 이전에 회의의 목표가 이루어지면 일찍 마쳐라. 우리가 인간이라는 사실을 잊지 말고 점심시간과 짧은 휴식시간이 들어가야 한다. 서로 다른 시간대에 근무하는 직원들을 존중해야 마땅하다. 누구나 가족과 보내는 시간을 좋아한다. 당연한 예의인데도 종종 잊을 때가 있다. 근무자가 다른 직원이나 동료의 존중을 받도록 배려하라.

회의에 참석할 때는 회의에 집중해야 한다. 다중작업(멀티태스킹)을 해서는 안 된다. 여러분이 회의에 참석해서 회의와 무관한 노트북 작업을 하거나 전화를 한다면 다른 데 가서 시간을 보내는 것이 더 유익할 것이다. 회의에 참석하는 사람은 누구나 다른 일이 아니라 회의에 초점을 맞춰야 한다. 일을 못 할 정도로 회의가 많다면 간단한 해결책이 있다. 우선순위를 정하고 참석해야 할 회의를 줄이는 것이다.

이상의 규칙 중에서 실행에 옮기기가 가장 힘든 것은 마지막 것이다. 사실 우리의 부서회의에서는 참석자들이 노트북을 열지 말라는 지시를 무시할 때가 종종 있다. 어쨌든 그런 규칙은 좋은 것이다.

말 등의 법칙

훈련을 거친 변호사들은 과거를 돌이켜보는 습관이 있다. 법이란 상당

부분 선례에 따라 결정되기 때문에 이런 태도는 납득할 수 있는 것이다. 과거에 발생한 일은 앞으로 허용되는 일의 기준이 된다는 말이다. 그러므로 변호사는 리스크를 아주 싫어한다. 이런 성향도 이해할 수 있는 것이, 법무법인에서 기업 실무를 담당하거나 많은 기업전문 변호사가 하는 일은 고객의 걱정을 막아주는 것이기 때문이다. 여러분이 만일 변호사에게 상황을 평가해달라고 요청했는데, 그 상황이 99퍼센트는 안전하고 1퍼센트에 의문이 남는다면 대부분의 변호사는 의문시되는 상황을 검토하느라고 많은 시간을 소비할 것이다.

다음 사진의 표지판이 좋은 예라고 할 수 있다. 조너선은 어느 날 구글에서 막 개장한 운동경기장을 점검하러 길을 건너가다가 이 사진을 찍었다. 표지판에는 경기장의 훌륭한 지도가 들어가 있지만 4분의 1은 법적인 책임을 부인하는 설명으로 가득 차 있다. 요지는 경기장을 사용하다 다쳐도 회사를 고소할 수 없다는 내용이다(몇몇 변호사는 우리가 나름대로 신중하게 고른 법적인 문구 해석을 보고는 이대로는 안 된다며 고치려고 했다). 리스크를 싫어하는 한 변호사는 과거를 돌아보며 비록 선의에서 이 경기장을 사용하는 구글러가 판단력이 있는 성인이라고 해도, 그중에는 경기장에 발을 들여놓다가 발목을 삔 사람이 구글을 고소할 가능성이 아주 조금이라도 있다는 결론을 내렸다. 그래서 구글의 이 멋진 시설이 터무니없이 난해한 법률용어로 뒤덮이게 된 것이다.

변호사들도 전문성과 창의력이 있을 수 있으며 우리가 이 구글 표지판을 보고 놀란 것도 그 때문이다. 법을 대할 때 과거를 돌아보며 리스크를 꺼리는 접근방식은 미국 회사에서는 상식적인 일이지만 기업의 발전 속도가 법적인 변화의 속도보다 몇 단계 더 빠른 인터넷 시대에는 통하지 않는다. 개혁적인 노력을 하며 전문성과 창의력을 갖춘 인력이 경영하는 기업은, 시대의 50퍼센트만 따라가도 다행일 수 있지만, 리스크에 대한 인내력이 한 자릿수에 머무는 변호사에게는 이것이 문제일 수 있다.

구글의 법률부서를 구축한 데이비드 드러먼드와 그의 동료인 컬프리트 레이나와 미리암 리베라가 서로 다른 방식으로 작업환경을 만든 것은 바

난해한 법률용어로 뒤덮힌
구글 운동경기장 표지판.

로 이 때문이다. 현재 구글의 법무담당 책임자인 켄트 워커Kent Walker는 이런 접근방식을 즐겨 "말 등의 법칙"이라고 부른다. 옛날 서부영화를 생각해보자[우리는 〈부치 캐시디와 선댄스 키드〉(한국에는 〈내일을 향해 쏴라〉라는 제목으로 상영됐다 — 옮긴이)를 좋아한다. 에릭은 생각하는 능력이 뛰어나기 때문에 부치에 비유할 수 있고 조너선은 총을 뽑는 속도가 빠른 선댄스와 비슷하다. 물론 은행 강도 역할을 한 레드포드처럼 정확한 솜씨는 아니지만]. 서부영화를 보면 흔히 말 등에 올라탄 카우보이는 동작을 멈추고 상황을 살피다가 다음 행동을 결정한다. 켄트는 자신의 변호사들에게 이와 비슷하게 행동하라고 조언한다. 웬만한 상황에서는 (비유

적으로 말해서) 말 등에 올라타고 잠깐 상황을 살핀 다음 어슬렁거리며 움직이는 것으로 충분하다.

많은 결정이 (예컨대 주요 기업인수나 법적인 승인문제) 세심한 분석이 필요할 수도 있지만 언제나 말에서 내려서 일이 잘못될 가능성에 대비해 법적 서류를 작성하느라고 몇 주의 시간을 소비해야 한다고 생각할 필요는 없다. 새로운 프로젝트를 준비하는 초기 단계에서는 아무리 분석을 해도 100퍼센트 정확할 수는 없는 법이다. 이런 상황에서 가능한 모든 세부 상황에 대비하는 것은 변호사가 할 일이 아니다. 변호사가 할 일은 예측할 수 없는 미래를 살피고 기업 지도자가 결정을 내릴 수 있도록 경험에 따라 신속한 지침을 전달해주는 것이다. 그런 다음 다시 안장을 얹고 말 등에 올라타면 된다.

말 등의 법칙은 변호사가 이따금 호출되기보다 사업 및 제품개발 팀의 필수적인 부분으로서 역할할 때만 작동한다. 이 법칙은 또 변호사가 이상적으로 뒤섞여 있을 때만 기능을 발휘한다. 구글 초기에 우리가 전문 분야보다 폭넓은 일반지식을 갖춘 변호사를 고용하려 하고 법인과 기업을 망라해서 심지어 비영리 부문에서 변호사를 모집하려 한 것도 바로 이 때문이다(대학에서 직접 변호사를 고용한 적은 드물다). 그리고 법적인 문제는 사업이 활성화되고 기업이 변할 때 갑자기 발생할 수 있으므로 이런 방법은 소비자와 고객의 올바른 선택을 유도할 때는 언제나 도움이 된다.

80퍼센트의 이익에 80퍼센트의 시간을 소비하라

어느 사업가에게나, 어떻게 시간을 쓸 것인가 하는 문제는 아주 중요하다. 1997년 에릭이 노벨의 CEO가 되었을 때, 그는 빌 게이츠에게서 아주 훌륭한 조언 몇 가지를 들었다. 우선, 80퍼센트의 이익을 위해 80퍼센트의 시간을 소비하라는 것이었다. 이 법칙은 언뜻 보기에는 실제로 지키기가 힘들다는 생각이 들 수도 있다. 노벨의 핵심사업은 네트웨어NetWare 소프트웨어 제품군인데 이것은 PC와 워크스테이션workstations(개인이나 적은 인원수의 사람들이 특수한 분야에 사용하기 위해 만들어진 고성능의 컴퓨터―옮긴이) 사이에 지역 네트워킹을 가능하게 해주는 장치였다. 이때 에릭과 직원들은 중앙 기지에서 관리를 해주고 사람뿐 아니라 인쇄기와 워크스테이션 군을 망라한 네트워크 자원에 접근하게 해주는 신제품(네트웨어 안내서비스NDS)이 성장하는 움직임에 흥분하고 있었다. NDS는 네트워크가 급증하는 상황에서 분명히 엄청난 성장 잠재력이 있었다. 따라서 에릭과 팀원들이 이 사업에 더 많은 시간을 소비하는 것을 억제한다는 것은 힘든 일이었다.

지도부에서는 신제품의 이익이 증가하는 데 오랜 시간이 걸린다는 사실을 과소평가할 때가 종종 있다. 지루한 과거의 핵심사업보다 번쩍이는 신제품이 훨씬 더 큰 관심을 불러일으킬 수는 있지만 돈을 벌어주는 것은 핵심사업이다. 여기서 실수를 저지르면 회복이 불가능할 수도 있다. 물론 에릭은 빌의 충고를 주의해서 들었지만 당시를 되돌아볼 때는 네트웨어에 좀 더 많은 시간을 소비했어야 한다는 아쉬움을 느끼고 있다.

핵심사업에 집중해야 하며 그에 애정을 가져야 한다.

연속적인 계획을 세워라

사업에 애정을 갖는다는 것은 그 사업에서 손을 뗄 때를 대비한 계획을 세운다는 의미이기도 하다. 하지만 지도자들은 때로 누가 자신의 뒤를 이어 이 사업을 계속할 것인지에 대해 생각하지 않는 경향이 있다. 사업을 계승할 사람은 대부분 회사에 이미 들어와 있다. 단지 그 사람이 누구인지 아직 파악하지 못했을 뿐이다(에릭의 경험에서처럼, 그를 고용한 사람이 그의 계승자인 경우는 드물다!). 많은 기업에서는 올바른 아이디어가 있어도 그것을 실행하는 타이밍을 놓치기 일쑤다. 지도자들은 다음 몇 년 이내에 사업을 물려받을 준비가 되어 있는 형제를 안다. 하지만 중요한 것은 이와 달리 10년 후에 사업을 이어받을 아들을 찾아내는 것이다. 이들은 또 100명의 고위 임원을 회사에 가두어놓으려는 노력은 해도 아주 잠재력이 큰 인력 100명을 가두어놓으려고 하지는 않는다. 전문성과 창의력을 갖추고 이미 빠른 속도로 승진하고 있는 우수한 인재를 찾아내는 것이 올바른 접근방법이다. 이 사람들 중에 한 사람이 10년 후에 회사를 이끌어갈 수 있을지 자신에게 물어보라. 긍정적인 대답이 나온다면 그들에게 많은 보상을 해주고 그들의 활동이 궁지에 몰리지 않도록 배려하라. 잠재적 능력이 뛰어난 이 직원들을 잃는다면 회사는 큰 대가를 치르게 될 것이므로(특히 경쟁업체에게) 이들이 만족스러운 근무를 하도록 적극적으로 미리 노력해야 한다. 물론 쉬운 일은 아니지만 이들을 잡아두었을 때의 이익은 잃었을 때를 생각하면 말할 수 없이 크다.

그다음으로 승계 계획을 실제로 이행할 때의 흥미로운 경험이 있다. 떠오르는 슈퍼스타는 시간이 지나면서 더 두드러진 능력을 보이는 경향이 있지만 고위 경영진 세대에서는 이들을 여전히 경솔하고 경험이 없으며 일을 맡기기에는 아직 부족하다고 볼 수 있다. 이때는 지도자가 자신이 과거에 어떤 사람이었는지 돌아보는 것이 해결책이 될 수 있다.

구글이 기업공개를 준비하고 있을 때, 에릭과 래리, 세르게이는 적어도 이후로 20년 동안은 세 사람이 함께 손잡고 일하기로 서로 약속했다. 에릭은 언제나 래리나 세르게이가 결국 회사를 경영하게 될 것으로 생각했다. 아마 먼저 CEO를 맡았던 래리에게 기회가 돌아가지 않을까 여겼다. 다만 그 시기가 언제냐가 문제였다. 그런데 2011년 초에 그때가 찾아왔다. 에릭, 래리 그리고 세르게이 이 세 사람은 구글의 CEO 자리에 래리를 앉히기로 결정했다. 이것은 회사와 지도부 세 사람에게는 올바른 결정이었지만 에릭에게는 조금 납득이 가지 않는 구석도 있었다. 어쨌든 자신이 훨씬 나이도 많고 두루 경험도 풍부하다고 생각했기 때문이었다. 에릭은 자신의 나이와 래리의 나이를 대조해보았다. 당시 래리는 38세가 되어갈 때였는데, 에릭은 자신이 그 나이였을 때 회사를 경영할 준비가 된 상태였다고 생각했었다(그가 노벨의 경영을 맡은 것은 41세 때였다). 조금 의외였지만 이런 생각 끝에 에릭은 래리가 충분한 준비가 되어 있으며, 아주 성공적인 구글의 CEO가 될 것이라고 판단했다.

세계적으로 가장 우수한 선수는 코치가 필요 없는가?

2002년 여름, 에릭이 CEO로서 1년 정도 일했을 때, 그는 자신의 실적에 대한 자기평가서를 작성하고 이것을 팀원들에게 나누어주었다. 이 기록에는 주요사건("적절한 사업 전개과정 개발"), 차기연도의 목표("미래를 손상하지 않고 사업 속도를 높이기"), 그가 더 좋은 성과를 낼 수 있었던 영역 같은 내용이 포함되었다. 마지막 부분에는 몇 가지 중요한 핵심 내용이 들어갔는데 그중에서도 가장 중요한 것으로서 다음과 같은 자기비판이 돋보인다.

"빌 캠벨은 우리 모두에게 코치 역할을 해줌으로써 아주 큰 도움이 되어주었다. 지나고 보니 그의 역할은 처음부터 필요한 것이었다. 내가 구글에서 업무를 시작할 때 이런 구조를 장려했더라면 더할 나위 없이 좋았을 것이다."

1년 전의 상황과 비교하면 이런 입장은 180도 바뀐 것이었다. 에릭이 구글에 근무하기 시작했을 때, 이사인 존 도어John Doerr는 코치 역할을 할 빌과 에릭이 함께 근무하면 어떻겠냐고 제안해왔다. 그때 에릭은 "나는 코치가 필요 없어요. 내가 무슨 일을 할지는 내가 잘 아니까"라고 대답했다.

세계적인 운동선수가 올린 성적을 보면 그때마다 놀라운 기록 뒤에는 훌륭한 코치가 있다는 사실을 알 수 있다. 코치가 선수보다 운동을 더 잘하는 것은 아니며 사실 이런 일은 결코 있을 수 없다. 하지만 코치는 선수와는 다른 기술을 가지고 있다. 코치는 선수의 활동 하나하나를 관찰하며 기량이 향상되는 법을 말해줄 수 있는 것이다. 그렇다면 사업에서는 왜 코치를 두는 것이 이상하단 말인가? 우리는 모두 구글에서 일하기 시작할 때의 에릭과 마찬가지로 누군가 우리가 나아지도록 도와주는 것을 상상할 수 없을 정도로 자신이 있다는 것인가? 그렇다면 이것은 잘못된 생각이다. 사업 지도자로서 여러분은 코치가 필요하다.

코치 역할이 성공을 거두려면 첫 번째 필요한 조건은 기꺼이 귀를 기울이고 배우려는 학생이 있어야 한다는 것이다. 엄격한 코치에게 지도를 받은 운동선수가 있듯이 엄격한 코치를 받은 경영진도 있을 수 있다. 처음에는 내키지 않아도, 일단 이 단계를 지나면 언제나 배울 수 있는 일이 널려 있다는 것을 알게 될 것이다. 모든 코치가 그렇듯이 사업 코치는 진정한 교사 역할을 하며 코치 중에서도 가장 뛰어난 빌 캠벨은 경영이란 것도 완전히 배울 수 있는 기술이라고 우리에게 말해준다.

조너선의 경우, 래리 페이지가 엄격한 통제하에 자신이 계획한 '멍텅구리'라는 이름의 제품개발에 몰두하던 즈음에 이 수업을 받게 되었다. 그다음 주, 코치 역할을 하는 캠벨의 사무실에 앉아 있던 조너선은 왜 자신이 이 어지러운 신생기업에 합류했는지 모르겠다고 의아하게 여기며 그만둘 생각을 하고 있다고 털어놓았다. 이때 빌은 그만두지 말라고 간절히 설득하며 조금 더 참고 견디라고 했다. 뭔가 배울 수 있는 기회일 수도 있지 않겠냐면서. 이 일뿐만 아니라, 당신이 우리에게 해준 모든 것에 대해 감사해요, 코치.

"기본 모드는 공개설정으로!"

소통

뛰어난 라우터가 되어라

Communi-
cations

구글에 들어온 지 얼마 되지 않았을 때, 조너선은 구글의 기사 한 명과 이야기를 나눌 기회가 있었다. 이 기사는 조너선이 이메일을 받으면 즉시 반응을 보이며 그 많은 구글러들에게 일일이 회신을 하는 것을 의아하게 생각했다. 기사는 이를 사적 용무를 우선하는 태도라고 여겨 실망했다. 그렇게 이메일에 즉각 반응하며 정보 전달에 매달리는 게 분명 한가로운 일로 비쳤기 때문이다. 그래서 그는 홧김에 조너선에게 "당신은 값비싼 라우터로군요"라고 말했다. 모욕적인 표현이었다. 라우터router는 데이터 패킷을 한 곳에서 다른 곳으로 이동시키는 기능을 주로 담당하는 아주 볼품없는 네트워킹 장치이다. 조너선은 이 가시 돋친 말을 칭찬으로 받아들였다.

비유를 들어 기업의 소통 구조를 생각해보자. 20층짜리 건물이 있다. 여러분은 그 중간, 예컨대 10층의 발코니에 나와 있다. 여러분이 위로 올라갈수록 각층의 사람 수는 줄어든다. 꼭대기 층은 오직 한 사람만 사용하고 있고 맨 밑의 바닥 층, 일명 "신입사원 층"은 많은 사람들로 북적인다. 이때 발코니에 나와 있는 여러분 머리 위에서 누가—여러분의 상사라고 가정하자—뭐라고 소리치면서 문서 몇 장을 떨어뜨린다. 여러분은 그 문서를 바람에 날리지 않게 조심스럽게 손으로 낚아채 안으로 들어가서 읽는다. 그 문서에는 쓸 만한 정보가 몇 가지 들어 있다. 여러분은 신중하게 그 내용을 분석하고 9층에 있는 사람들이 보아야 할 정보라고 생각한다. 9층 사람들의 직무 범위를 조심스럽게 규정한 내용이기 때문이다. 그래서 여러분은 다시 발코니로 나와 그중에 한두 장을 아래층 사람들에게 떨어뜨린다. 그러면 9층 사람들은 마치 목마른 사람이 냉수를 보듯 그 정보를 반긴다.[136] 이 정보를 다 확인한 이들은 다시 내용을 분석하며 8층의 목마른 사람들에게 돌아갈 이익을 확인하는 과정을 밟는다. 그러는 동안, 11층에 있는 여러분의 상사는 이 과정을 처음부터 다시 시작한다. 그러면 20층에서는 무엇을 할까? 꼭대기 층에 있는 사람이 무엇을 하는지는 아무도 모른다.

이것이 대부분의 회사에서 행해지는 정보유통 방식이다. 고위급 경영진은 정보를 모은 다음 이중 어떤 것을 아래층에서 수고하는 사람들에게 나눠줄 것인지 신중하게 결정한다. 이런 세계에서 정보는 통제와 권력의 수단으로 축적된다. 리더십 연구가인 제임스 오툴James O'Toole과 워런 베니스Warren Bennis는 수많은 사업가가 "검증된 팀워크를 위해서가 아니라 중역실에 있는 동료와의 경쟁에서 승리하는 데 필요한 능력을 위해" 권력의 지위에 오르는 경우가 종종 있다고 말한다. 그리고 "이런 풍토는 오

---

[136] 성서의 잠언 25장 25절에는 "먼 땅에서 오는 좋은 기별은 목마른 사람에게 냉수와 같으니라"라는 격언조의 표현이 나온다. *The Holy Bible: King James Version*, Quatercentenary edition(Oxford University Press, 2010), p.38.

로지 정보의 축적을 조장할 뿐"이라는 것이다.[137] 마치 옛 소련의 정치국원 같은 모습을 연상시킨다. 곡물 생산 5개년 계획의 비밀문서를 불법복사하지 못하도록 사무실의 모든 복사기를 2중 잠금장치의 철제문으로 된 사무실에 보관하는 정치국원 말이다.[138] 관리자들은 아직도 대부분 이처럼 소련 시대 관료의 사고방식을 가지고 있다. 정보를 모은 다음 나눌 때는 인색하게 구는 것이 이들이 하는 일이다. 아래층에 근무하는 젊은 선동가들이 회사의 왕국에 이르는 정보의 열쇠를 손에 넣을 때 무슨 짓을 저지를지 모른다고 불신하기 때문이다.

그러나 소련은 무너졌다. 그리고 이처럼 정보 확산에 인색한 방식은 노동을 위해 사람을 고용하던 시대에는 통했을지 모르지만 인터넷 시대에는 생각하라고 사람을 고용하는 것이다. 조너선이 경영대학원에 다닐 때, 금융 담당 교수 한 사람은 "어느 회사를 막론하고 돈이 원동력이다"라는 말을 하고는 했다. 아주 틀린 말은 아니다. 인터넷 시대에도 돈은 분명히 중요하지만 기업의 진정한 생명줄은 정보라고 할 수 있다. 전문성과 창의력을 갖춘 인재를 끌어들이고 이들이 놀라운 실적을 올리도록 이끄는 것이 21세기의 사업을 일으키는 열쇠이다. 하지만 이들에게 정보가 흘러넘치지 않을 때 이런 일은 일어나지 않는다.

오늘날 효율성을 극대화하는 지도자들은 정보를 쌓아두지 않고 유통시킨다(빌 게이츠가 1999년에 한 말이 있다. "힘은 지식의 축적이 아니라 지식의 공유에서 나

---

[137] James O'Toole and Warren Bennis, "What's Needed Next: A Culture of Candor"(*Harvard Business Review*, 2009. 6).
[138] Michael Parks, "Soviets Free the Dreaded Photocopier"(*Los Angeles Times*, 1989. 10. 5).

온다. 한 기업의 가치와 보상 시스템은 이런 생각을 반영해야 한다").[139] 리더십의 목표는 언제나 회사 전체에 정보의 유통을 극대화하는 것이다. 이것은 지금까지와는 전혀 다른 기술이다.

조너선은 몇 년 전, 그 기사에게 "내가 만일 값비싼 라우터라면 정말 뛰어난 라우터가 되고 싶다"라고 했다. 이 말은 무슨 의미인가? 정보를 공개설정으로 돌리고 공적으로 도전적인 목표를 세운다는 말이다. 번번이 목표 달성에 실패하고 공개문화가 호응을 얻지 못할 때는 예를 들어 여행을 화제로 올려보라.

기본 모드를 공개설정으로

모든 정보를 공유하게끔 기본 모드를 맞춰야 한다. 단적인 예가 구글의 이사회 보고서이다. 에릭이 CEO였을 때, 그는 지금까지 관행이 되고 있는 공개 과정을 시작했다. 그는 분기별로 자신의 팀원들에게 사업 현황을 철저히 조사한 보고서를 작성하게 하고 이것을 이사회에 공개한다. 이사회의 문서작성 양식은—주주 서신—각종 데이터와 사업 및 제품에 대한 전망, 제품 관리자들이(검색, 광고, 유튜브, 안드로이드 등 다양한 제품을 책임지는 고위 경영진) 이사회의 지침으로 사용하는 슬라이드와 도표들로 가득 차 있다. 물론 이 정보 중 많은 것은 대외적으로 누구나 사용하라는 건 아니었지만 이사회를 마친 뒤 우리는 놀라운 결정을 내렸다. 이사회에 제출된

---

[139] Bill Gates, "Bill Gates' New Rules"(*TIME*, 1999. 4. 19).

자료를 전체 직원과 공유하기로 한 것이다. 에릭은 슬라이드를—이사회에서 공개한 것과 똑같은 슬라이드—회사 전체회의에서 보여주고 모든 주주 서신은 구글 전체의 이메일로 퍼져나간다.

전문성은 좋지만 그렇다고 정말 모든 서신을 공개하는 것은 아니다. 그 속에는 법적인 측면에서 모든 사람과 공유하면 안 될 데이터가 포함되어 있기 때문이다. 그래서 우리는 변호사나 소통할 필요가 있는 소수의 사람들에게 자료를 보내 검토하게 하고 혹시 법적으로 지뢰가 될 만한 요소가 없는지 편집 과정을 거친다. 이것이 "모든 것을 공유하라"는 방침이 실제로 행해지는 단계에서 "정말로 모든 것을 의미할 수는 없지 않겠느냐?"는 의미로 제한되는 이유이다. 분기마다 호의를 지닌 구글스러운 구글러들이 죽음을 나타내는 빨간색으로(물론 디지털상의 의미로—이 서신에서 글자가 빠진 문서는 없다) 각 문장과 단락에 별도의 표시를 한다. "이 내용은 서신에 넣을 수 없어요." "혹시 이 정보가 새어 나가면 어쩌죠? 문제를 일으킬 겁니다." "비록 이게 사실이고 이사회에 보고됐다 해도 직원들에게 전할 수는 없습니다. 사기를 저하시킬 수 있으니까요." 이들은 이런 식의 말을 한다.

다행히 이 과정을 담당하는 사람들은 "모든 것을 공유하라"는 말이 "누출되어도 문제가 없거나 아무도 감정을 상하지 않을 것 같은 모든 것을 공유하라"라는 뜻이 아니라 "법이나 규정에 저촉되지 않는 소수의 정보를 제외하고 모든 것을 공유하라"라는 뜻이라는 걸 이해한다. 여기에는 큰 차이가 있지 않은가! 이 때문에 우리는 뭔가를 삭제해야 한다고 말하는 사람들에게 정확하게 왜 그것이 빠져야 하는지, 왜 그것이 없어야 더 좋은지, 이유를 말하게 한다. 우리는 2004년 기업공개를 한 이후 분기

별로 주주서신을 공유해왔으며 정보가 누출되어도 문제는 없었다. 한편 회사에 무슨 일이 일어나는지 몰라서 불평하는 사람은 아무도 없었다. 혹시 불평하는 사람이 있을 때는 주주 서신을 읽고 에릭의 프레젠테이션을 보라고 말해준다. 이 밖에 이사회의 자료를 공유하는 것은 질적으로 가치가 있는 데이터를 공유한다는 부수적인 이익도 따른다. 이사회에 제출하기 위해 뭔가를 철저하게 준비하는 사람은, 그 자료가 회사 전체에 공유된다는 것을 알면 더더욱 잘할 것이기 때문이다.

  공개설정은 단순히 이사회의 소통만을 위한 것은 아니다. 우리는 실제로 모든 것을 공유하려고 한다. 회사 내부 통신망인 모마Moma에는 예를 들어 개발 예정 중인 모든 제품에 대한 정보가 들어간다. 그리고 주간 TGIF 회의에서는 제품 담당자들이 큰 기대를 품고 개발 중인 멋진 제품의 데모demo(신제품에 대한 평가분석회의—옮긴이) 자료나 시청용 테이프나 화면 파일로 프레젠테이션을 하는 것이 보통이다. TGIF 회의에 참석하는 것은, 구글에서 다음에 무슨 제품을 내놓을지 보고 싶어 하는 수많은 블로거들에게는 윌리 웡카Willy Wonka의 황금 티켓(로얄드 달의 소설에 나오는 윌리 웡카가 100개의 초콜릿 안에 5장의 황금 티켓이 들어 있다고 선전하는 이야기—옮긴이)을 얻는 것과 같을지도 모른다. 우리는 대부분의 회사에서 조심스럽게 숨기려고 하는 자료를 공유하기 위해 이 회의에서 공개하기 때문이다. 다시 강조하지만, 데모에서 사용한 화질이 나쁜 사진이나 화면이 고르지 못한 비디오, 뒤에서 몰래 찍은 뜻한 자료를 누출하지는 않는다. 우리는 온갖 생생한 자료를 보유한 직원들을 신뢰하며 이들은 우리의 신뢰를 저버리지 않는다.[140]

  OKR은 투명성을 보여주는 또 다른 훌륭한 예다. 이것은 개인의 목표

Objective(달성하기 위한 전략적 목표)와 핵심 결과 Key Result(목표를 달성하는 과정의 평가 대상)를 합친 말이다. 모든 직원은 분기별로 자신의 OKR을 업데이트하고 공개함으로써 누구나 다른 직원의 우선순위가 무엇인지 쉽게 알 수 있다. 여러분이 만약 구글의 누군가를 만나 상대가 무슨 일을 하는지 더 알고 싶을 때는, 모마에 들어가 그 사람의 OKR을 보면 된다. 이것은 단순히 직책이나 업무 내용을 묘사한 것이 아니라 자신이 매달리고 관심을 쏟는 정보를 1인칭 시점으로 이야기한 것이다. 이것은 상대가 무엇에 동기부여를 받는지 알아낼 수 있는 가장 신속한 방법이기도 하다.

물론 이 방법은 고위 경영진에서부터 시작했다. 래리는—그에 앞서 에릭이 했듯이—분기별로 자신의 OKR을 게시하고 전체 회의에서 이것을 주제로 토론을 한다. 각 부서의 제품 및 사업 관리자는 모두 래리와 함께 각각의 OKR을 화제로 삼으며 이것이 자신의 부서에 어떤 의미를 갖는지, 각자 이전 분기의 OKR에 비춰볼 때 어떤 실적을 올렸는지 자기 평가를 하는 계기로 삼는다. 이것은 보여주기 위한 것이 아니다. OKR은 그 자체가 분기별 결과를 보고 여러 제품 관리자들 사이에서 짜낸 진정한 목표이다. 이전 분기의 OKR의 점수는 보통 빨간색과 노란색 표시로 가득 차게 된다. 회사의 최고 경영진은 이들이 어디서 실패하고 왜 실패했는지 솔직하게 토론을 벌인다(여러분의 회사에서는 고위 임원이 분기마다 자리에서 일어나 달성하지 못한 목표를 놓고 토론을 하는가?). 이 회의가 끝난 뒤, 각자 자신의 OKR을 만들어낼 수 있다면 회사의 우선순위가 무엇인지는 확연하게

---

140 우리가 원치 않은 정보 누출이 일어난 적은 있었지만, TGIF회의에서 누출된 것이 아니라는 것을 단언할 수 있다. 우리는 최선을 다해 누출의 진원지를 추적하며 성공률도 아주 높다. 이런 누출은 협력업체에서 빈번히 발생하며 만일 당사자가 구글러라면 즉시 해고한다.

드러난다. 이것은 모든 팀을 조직의 비약적인 성장 쪽으로 조율하는 데도 도움이 된다.

세부사항을 알아야 한다

팔로알토의 제록스 연구소 전 소장인 존 실리 브라운John Seely Brown은 언젠가 "인간다움의 정수는 질문을 제기하는 것이지 질문에 답하는 것이 아니다."[141]라고 말한 적이 있다. 에릭은 구글이나 그가 관계하는 다른 회사의 구내를 걸어 다닐 때면, 이 개념을 테스트 용도로 사용하기 좋아한다. 한동안 못 보던 관리자를 우연히 마주치면 의례적인 대화는 길게 가지 않는다. 그는 진심으로 안부 인사를 나눈 뒤에, 바로 본론으로 들어간다. "하는 일이 잘 진행됩니까? 무슨 문제가 있나요? 나에게 해야 할 말이 있으면 말해봐요." 이런 질문으로 두 가지 결과를 얻을 수 있다. 우선 에릭은 자신이 맡은 사업의 세부적인 내용에서 선두를 유지하게 된다. 그 다음, 경영진 중에 누가 자신이 맡은 사업의 세부적인 내용에서 선두인지 알게 해준다. 만일 누군가 사업을 책임지고 있다고 할 때, 10초 동안에 자신이 당면한 핵심 문제를 줄줄 외지 못한다면 그 사람은 그 일을 감당할 자격이 없는 것이다. 리더십의 무간섭주의는 이제 통하지 않는다. 여러분

---

141 John Markoff, "A Fight to Win the Future: Computers vs. Humans"(*New York Times*, 2011. 2. 14). 브라운은 제퍼디 퀴즈 쇼에서 인간의 경쟁자로 나온 왓슨 컴퓨터(IBM에서 개발한 인공지능 컴퓨터)의 중요성을 경시하기 위해 이렇게 표현했다. 여기서는 질문을 제기하는 것이 목표였던 거다. 아이러니한가?

은 세부사항을 알아야 한다.

　에릭은 모든 것을 기억하는 성향이 있고 자신에게 해야 할 말이 있는 사람을 알기 때문에 이런 접근방식은 그에게 효과가 컸다. 기억력이 에릭과는 딴판인 조너선은 자신에게 할 말이 있는 사람들이 전화로 얘기할 때 해당 용무를 저장해둔다. 그러다가 그 사람을 우연히 만나면 잠시 뜸을 들여 저장해둔 목록을 꺼내 들고 일의 진행과정을 묻는다.

　물론 여러분이 올바른 질문을 제기해도 세부적인 내용을 얻기란 쉽지 않다. 에릭이 구글에 합류하고 얼마 지나지 않았을 때 하루는 래리와 세르게이가 몇 가지 기술공학적인 문제를 놓고 몇몇 관리자가 이 일을 처리한 방식에 당황해하고 있었다. 이들이 하는 말을 잠시 듣고 있던 에릭이 두 사람 사이에 끼어들며 입을 열었다. "내가 그 사람들에게 말해두었는데, 지금은 어떻게 하고 있는지 보고 말해주겠소." 그 뒤, 에릭은 자신이 믿고 있는 대로 해당 부서에서 일이 진행되고 있다고 설명했다.

　래리는 몇 마디 듣더니 에릭의 설명을 가로막았다. "그들이 하는 일은 그것이 아니에요. 바로 이거라고요." 래리가 몇 가지 목록을 꺼내 들자마자 에릭은 재빨리 래리의 말이 맞다는 것을 알아차렸다. 에릭은 세부사항을 알고 있었지만 래리는 사실의 핵심을 알고 있었던 것이다. 언제나 숲이 나무보다 앞서는 법이다.

　어떻게 이런 일이 벌어졌는가? 에릭은 전통적인 상향식 방식으로 정보유통을 통제하기 위해 최선을 다하는 관리자들의 말을 들은 것이다(그럴듯한 명분을 가진 혈색이 좋은 중간관리자라면 잘 알듯이, 반추와 분석의 기술은 양방향으로 작용한다). 하지만 래리는 엔지니어들의 말에 귀를 기울였다. 직접 듣는 것이 아니라 그가 설치한 "스닙펫snippet"이라고 불리는 유용한 도구를 통해서였다. 스닙펫은 한 사람이 한 주에 보인 가장 중요한 행위를 담은 주간 통계보고서 같은 것인데, 간결한 형식으로 되어 있기 때문에 한 주가 진행되는 동안에 몇 분이면 적을 수도 있고 저장할 수도(doc 파일이나 이메일 초안 형식으로) 있다. 정해진 형식이 있는 것은 아니지만 잘 짜인 스닙펫에는 그 주의 가장 중요한 활동과 실적이 들어가고 암호 사용에서부터("파일·인쇄기 공유 프로토콜SMB 구조" "10퍼센트 목록"), 평범한 표현에 이르기까지("분기별 실적 검토 완료" "가족휴가 시작") 그 사람이 현재 무슨 일을 하고 있는지 이내 파악할 수 있다. OKR과 마찬가지로 스닙펫도 모든 직원이 공유한다. 또 모마에 게시되기 때문에 누구나 다른 동료가 무엇을 하는지 들어가서 볼 수 있다. 그리고 래리는 수년 동안 기술공학 및 제품 관리자들에게 스닙펫의 주간 개요를 받았다. 이런 식으로 그는 사실에 접근할 수 있었다.

얘기가 나와서 말인데…….

사실대로 말하는 것이 안전하다

조너선은 대학 다닐 때 역사 강의를 들은 적이 있는데, 이 수업을 같이 듣는 학교 풋볼 선수들의 기호를 잘 알고 있었다. 학기말 연구 프로젝트를 발표할 시간이 다가왔고, 조너선은 수강생들 대부분이 이 수업의 역사에 대해 뭔가 안다는 게 기억났다. 담당 강사는 동료 학생들끼리 서로 어려운 질문을 하라는 과제를 주었다. 골려주라는 뜻이 아니라 출석점수를 올려주기 위한 방책으로 내어주는 과제였다. 조너선은 역사 전공자가 많은 수강생들이 괴짜 경제학 전공자를 앞에 세우고 까다로운 질문을 하는 상상이 들자 끔찍했다. 그래서 그는 한 가지 꾀를 내어 자신이 질문할 내용을 적어서 풋볼 선수들에게 나눠주었다. 이들도 출석점수를 올리려고 애를 쓰는 중이었다. 그 결과 질문과제는 쿼터백과 세이프티 포지션을 맡은 이 풋볼 선수들이 손쉬운 소프트볼softball(야구와 비슷하면서도 훨씬 쉬운 게임—옮긴이) 공을 높이 띄우면 조너선이 경기장 밖으로 공을 쳐내는 식으로 진행되었다. 그리고 모두가 흡족한 가운데 집으로 돌아갔다(풋볼과 소프트볼을 혼합한 비유를 알려고 굼실거리는 영어 전공자들은 제외하고).

조너선의 이 수상한 기술은 때로 사업세계에서도 엿보인다. 사람들은 관리자들에게 까다로운 질문을 하는 것을 꺼린다. 그래서 대신 소프트볼을 꺼내 든다. 단순하게 쉽다고 해서 질문에 어울리는 것은 아니다. 이것은 아주 보편적인 인간적 진실의 하나로서 아무도 나쁜 소식을 듣고 싶어 하지 않는다는 것과 관계가 있다. 하지만 여러분이 지도자로서 가장 들을 필요가 있는 것이 바로 나쁜 소식이다. 좋은 소식은 내일도 좋은 것이지만 나쁜 소식은 내일이면 더 나빠질 것이다. 바로 이것이 비록 사실이 가슴 아프더라도 언제나 까다로운 질문을 하고 사실을 말하는 것이 안전한 이유이다. 여러분이 일이 궤도를 벗어난 것을 알고 이 소식이 제때에 올바로 전달된다면, 이것은—자체로는 혼란스러울지라도—정상적인 과정이 작동되고 있다는 뜻이다. 카나리아는 탄광에서 죽어가지만(옛날에 유독가스가 있는지 알아보기 위해 광부가 들어가기 전에 카나리아를 먼저 탄광에 들여보내던 풍습에서 나온 말—옮긴이) 적어도 여러분은 새를 학살한 사실을 알게 될 것이다. 임무를 띠고 대표가 되어 노란 새의 슬픈 시체를 지상으로 가지고 올라온 불쌍한 사람은 다시는 새를 내려보내지 않을 것이다.

나쁜 사실을 전하는 것을 손쉽게 권한으로 만들어주는 추천할 만한 방책이 몇 가지 있다. 어떤 제품이나 특매품이 출시된 뒤, 우리는 담당 팀원 전체를 모아놓고 뭐가 잘되고 뭐가 잘못되었는지를 논의하는 '사후' 처리시간을 갖는다. 그런 다음 그 결과를 모든 사람이 볼 수 있도록 게시한다. 이 사후 처리에서 가장 중요한 결과는 처리 과정 자체라고 할 수 있다. 개방과 투명성, 정직한 소통의 문화를 증진할 기회가 있다면 전부 붙잡아라.

또 다른 예로 TGIF를 들 수 있다. 래리와 세르게이가 주관하는 이 회사 전체의 주간 회의는 언제나 무제한의 질의응답 시간(Q&A session)이라는 특징을 띤다. 하지만 회사가 커지자 이 회의는 갈수록 관리하기가 힘들어졌다. 그래서 우리는 도리Dory라고 불리는 시스템을 개발했다. 직접 질문을 할 수 없는(또는 원치 않는) 사람은 도리에게 맡기면 된다(이것은 애니메이션 〈니모를 찾아서〉에 나오는 건망증이 있는 물고기 이름에서 따왔지만, 도리처럼, 우리도 왜 그랬는지는 모르겠다). 그리고 질문하는 사람이 있으면 나머지는 좋은 질문인지 아닌지 표결을 한다. 좋다는 표를 많이 받은 질문일수록 높은 점수를 받으며 까다로운 질문이 찬성표를 많이 받는 경향이 있다. TGIF에서 도리의 자료는 화면에 비치기 때문에 래리와 세르게이는 질문을 자세히 훑어보고 대답하고 싶은 질문을 고를 수가 없다. 그저 어렵든 쉽든 질문 목록을 위에서 밑으로 쭉 훑어 내려갈 뿐이다. 도리는 누구든 CEO와 그의 팀에게 엄청 까다로운 질문을 직접 하게 만들고 크라우드소싱crowdsourcing('대중crowd'과 '외부자원활용outsourcing'의 합성어로, 생산·서비스의 과정에 대중을 참여시켜 수익을 참여자와 공유하는 방법—옮긴이)의 요소가 있기 때문에 불완전한 질문은 최소화된다. 한편 어정쩡한 대답은 아주 간단한 기술로 평가받는다. TGIF의 참석자들은 빨간 막대와 초록 막대를 들고 있다가 질문에 대한

답변이 부실하다고 느끼면 빨간 막대를 흔들어대기 때문이다.[142]

에릭은 투명성에 접근하려는 우리의 방식을 '상승, 고백, 동의' 모형이라고 부른다. 비행기 조종사가 위험에 빠졌을 때 가장 먼저 취하는 조치는 상승이다. 위험 상태에서 빠져나오는 것이다. 그런 다음 고백한다. 관제탑과 통신하면서 어떻게 혼란한 상황에 빠졌는지 설명하는 것이다. 끝으로 동의란 관제탑에서 어떻게 하면 다음에 더 잘할지 일러주면 그대로 따른다는 뜻이다. 마찬가지로 벤처사업에서 누군가 여러분에게 나쁜 소식이나 문제점을 가지고 올 때, 이들은 상승과 고백, 동의 모형의 과정을 밟는다. 이들은 상황을 파악하는 데 많은 시간을 소비한다. 그러므로 여러분은 귀를 기울이고 도와주며 다음에는 이들이 매끄럽게 처리할 것이라고 신뢰함으로써 투명성을 보상해줄 필요가 있다.

대화를 시작하라

2009년 10월에 마이클 잭슨의 콘서트 영화 〈디스 이즈 잇〉이 개봉되었을 때, 조너선에게 어떤 아이디어가 떠올랐다. 마운틴뷰의 구글 본사가 멀티스크린 영화관 바로 옆에 있었기 때문에 조너선은 개봉일에 맞춰 단체 입장권을 사기로 했다. 제품개발팀을 초대해서 보고 싶은 시간을 골라 같이 가기로 한 것이다. 수백 명의 직원이 그의 제안에 관심을 보였고 단

---

142 빨간 막대와 녹색 막대는 영화 〈인턴십〉에서 처음 등장했다. 영화가 나온 뒤로 우리는 실제 TGIF 회의에서 이것을 사용하기 시작했다. 이 색깔 막대는 인기가 높아 1년 정도 사용했으며 이후 우리는 디지털 버전으로 업그레이드해 직원들이 멀리서 회의를 지켜보며 빨간색과 녹색의 의견을 제시할 수 있도록 했다.

체로 '팝의 제왕'을 보려는 외출 계획이 세워졌다. 이 영화는 일련의 컴백 콘서트에 초점을 맞춘 것이었는데 마이클 잭슨의 비극적인 죽음으로 이후의 공연 계획은 수포로 돌아가고 만다.

조너선은 몇몇 친구와 동료에게서 비난을 받았다. 그 영화가 다수의 구글러가 근무를 팽개치면서까지 봐야 할 만큼 정말 가치가 있느냐는 것이었다. 조너선의 대답은, "충분한 가치가 있다"는 것이었다. 이 영화는 전문성과 창의력을 갖춘 세계 수준의 스타가 자신의 팀과 함께 세밀한 점 하나하나에 신경을 쓰면서 관중의 이목을 사로잡는 뛰어난 기술을 보여준다. 그런데 마이클 잭슨을 보기 위한 외출은, 이것이 대화를 시작하는 방법이라는 데 더 깊은 뜻이 있다. 몇 달 뒤, 조너선의 팀원들은 고위 관리자에서부터 대학을 갓 졸업한 신입사원에 이르기까지, 그를 볼 때마다 영화 초대에 진심으로 감사하며 에스프레소 자판기나 부근의 카페로 초대했다. 이때 조너선은 영화가 어땠는지 묻는 것이 보통이었다. 그러면 이때부터 대화가 시작되는 것이다.

대화는 지금도 가장 중요하고 가치가 있는 소통 형식이지만 종종 기술이나 작업 속도 같은 요인 때문에 보기 드물어질 때가 있다. 우리는 세계 어디에서든 일주일 24시간 내내 연결이 되는 세상에 살고 있다. 이것은 두려우면서도 매혹적인 환경이다. 여러분은 가까이 있는 사람과 얼마나 자주 이메일과 채팅을 하고 문자를 주고받는가? 맞다. 지나치게 많이 한다. 우리도 마찬가지다. 사회학자들은 (인류학자와 바텐더들마저도) 이런 현상에다 '게으름'이라는 딱지를 붙인다. 기술에서 행복을 느끼는 전문성과 창의력을 가진 사람들에게 대화는 일종의 공평함을 여는 도구이다. 그들의 작업환경에서 '대화'는 남다른 의미가 있다. 특히 대기업이나 새로 입사한 사람들에게도 대화는 필요한 요소이다. 최고 경영자나 그 밖의 회사 중요 인사들은 기꺼이 대화를 할 자세가 되어 있으며 언제나 문은 열려 있다고 주장할지 모른다. 하지만 조직을 모르는 사람들은 이런 식으로 대화하기가 쉽지 않다. 당신이 지도자라면 이들을 도와주어야 한다.

구글에서 아주 유능한 관리자 중 일부는 이례적인 방법으로 대화를 돕는 과정을 개발했다. 우르스 휠츨은 자신을 대상으로 '이용자 안내서'를 작성해서 발표했다. (수천 명에 이르는) 그의 팀원들은 누구나 이 안내서를 읽고 쉬는 시간에 어떻게 그를 볼 수 있을지, 그에게 접근하는 가장 손쉬운 방법을 알 수 있다.[143] 마리사 메이어는 근무시간을 규칙적으로 정해놓았는데 이것은 그녀가 구글 초기에 학계에 영향을 받아 실시한 또 다른 문화적 특징이었다. 대학 교수들처럼 마리사는 매주 몇 시간을 따로 정해놓고 원하는 사람은 아무나 들어와서 말할 수 있게 해주었다. 그녀의 사무실 밖에 있는 화이트보드에 이름을 적어놓으면 되었는데(이 게시판은 그녀의 근무시간에 다른 곳에 있는 몇몇 구글러와 공동 사용하는 것이다) 수요일 오후가 되면 사무실 옆의 소파에는 질문이나 논의할 것이 있는 젊은 제품 관리자들이 한 가득 앉아 있었다.

모든 회사에는 대개 자기 분야에서 특이한 전문가를 거느리고 조직을 훤히 꿰고 있는 '부족 원로'가 있기 마련이다. 이들 중 일부는 회사 내에

---

[143] 우르스의 '이용자 안내서'에서 우리가 즐겨 인용하는 말은 다음과 같은 것이다. "나는 미국에서 자라지 않았습니다. 그리고 무슨 얘기를 할 때는 다른 사람보다 더 직설적인 경향이 있어요. (…) 말할 때 분명한 요지를 과장하는 성향도 있고요. 내용을 선명한 흑백화면과 흐릿한 회색화면으로 구분해서 요약하면 더 쉽기 때문이죠. (…) 내 생각이 틀렸다고 생각하면 여러분이 말해주어야 합니다. 솔직한 지적에 대해서는 절대 나무랄 생각이 없어요. (…) 내가 여러분을 계속 피곤하게 하고 부정적인 인상을 준다면 그것은 어디까지나 나의 의도와 무관하다는 것을 알아주기 바랍니다."

서 유명하지만 그렇지 않은 사람도 있다. 관리자가 전문성과 창의력을 갖춘 신입사원에게 베풀 수 있는 커다란 호의 중 하나는 그들과 이런 원로를 연결시켜주는 것이다. 벨 연구소에서는 이런 원로를 종종 "책 쓴 사람"이라고 부르는데, 그 이유는 이들이 해당 분야에서 최고 수준의 책이나 글을 썼기 때문이다. 그리고 신입사원들은 관리자에게서 이들을 찾아보라는 지시를 받을 때가 있다.[144] 많은 회사에서는 (대학도) 관리자가 틀에 박힌 태도로 부당하게 회사의 인기 스타와 직원이 만나지 못하게 한다. 무엇보다 멍청한 질문에 시간을 낭비한다는 것이다. 과연 그럴까? 물론 그럴 수도 있다. 하지만 알려지기로는 인기 스타는 대부분 사람들이 시간을 낭비하는 것을 참지 못하며 그렇게 접촉한 사람들은 아주 불쾌한 경험을 한다는 것이다. 전문성과 창의력을 갖춘 사람이 아무 경험도 없이 이들을 찾아 시간을 낭비하면 다시는 찾지 말아야겠다는 교훈을 깨달을 것이다.

반복구절이 기도를 망치지는 않는다

거의 모든 생활 영역에서 여러분은 실제로 마음에 새길 때까지 스무 번 정도는 반복해서 말해야 할 일이 있다.[145] 한두 번 말하면 사람들은 바빠서 귀를 기울이지 않는다. 몇 번 더 말하면 그제야 무슨 소리가 들렸나

---

144 Jon Gertner, "True Innovation"(*New York Times*, 2012. 2. 25). 거트너 자신은 벨 연구소의 개혁에 대해 이 책을 썼다. Jon Gertner, *The Idea Factory: Bell Labs and the Great Age of American Innovation*(Penguin, 2012).
145 조너선은 아내에게 이렇게 말할 때가 있는데 그의 아내는 네 번씩 반복하면 그의 입을 막는다.

하는 반응을 보인다. 열다섯 번이나 스무 번 정도 반복할 때쯤이면 여러분은 완전히 지칠 것이다. 하지만 이때가 바로 사람들이 알아들을 시점이다. 그러므로 여러분은 지도자로서 넘치는 소통을 습관화할 필요가 있다. 에릭이 흔히 말하는 대로, "반복구절이 기도를 망치지는 않는다." 사제가 죄나 허물을 용서하기 위해 몇 번이고 성모송을 반복하는 이치와 같다.

넘치는 소통에는 올바른 방법도 있고 잘못된 방법도 있다. 인터넷 시대의 전형적인 방법은, 특히 기술 이용이 쉬워진 시대에는 더 많은 자료를 더 많은 사람과 공유하는 것이다. 재미난 글을 보고 있는가? 그렇다면 그것을 이메일에 넣고 별로 관심이 없을 것 같은 아무에게나 보내보라. 바로 이것이 정도 이상의 소통이다. 물론 다른 사람의 시간을 빼앗을 수도 있다. 지나친 소통이 잘못되면 부주의하게 쓸데없는 정보를 양산하고 이미 가득 찬 편지함에 쓸모없는 정보가 쌓이게 할 수도 있다. 넘치는 소통을 잘하려고 구글에서 지키는 몇 가지 지침이 있다.

첫째, 이 소통으로 모든 사람이 알 필요가 있는 핵심 주제가 다시 부각되는가? 넘치는 소통을 잘하려면 먼저 핵심 주제가 무엇인지 알아야 한다. "반복구절이 기도를 망치지 않는다"는 말에서 우리가 말하려는 부분은 '기도'에 해당한다. 모든 사람이 알아야 한다고 생각하는 부분이기 때문이다. 이것은 신성시해야 할 문제이며 그중 일부는 바로 당신의 사명과 가치, 전략, 기업과 관계된 것이다. 구글의 주제에는 먼저 고객이 들어가고, 큰 틀에서 생각하고 실패를 두려워하지 않는 자세가 포함된다. 다시 말해, 우리는 모두 기술의 낙관주의자들이다. 우리는 기술을 믿으며 인터넷에 세상을 개선할 힘이 있다고 믿는다. 만일 당신이 뭔가 스무 번씩 반복해 말하는데도 사람들이 받아들이지 않는다면 문제는 소통방식이 아니라 그 주제에 있는 것이다. 매주 열리는 회사 전체회의에서 자리에서 일어나 여러분의 전략과 계획을 반복해서 강조하는데도 사람들이 이해 못 하거나 믿지 않는다면 문제는 그 계획에 있는 것이지 전달방법에 있는 게 아니다.

둘째, 이 소통은 효과적인가? 넘치는 소통을 잘하려면 뭔가 새로운 내용이 들어가야 한다. 반복구절이 기도를 망치지 않는다는 말은, 반복 자체를 강조하는 뜻이 절대 아니다. 학교에서 학생들에게 의미와는 상관없이 머리에 새길 때까지 억지로 주입시키는 충성맹세가 아니다. 이런 생각을 보여줄 때는 다양하게 주의를 환기할 필요가 있다. 예를 들어 에릭이 구글러들에게 주기적으로 보내는 메모는 언제나 이용자에 초점이 맞춰져 있다. 어떤 메모에서 에릭은 새로운 내용을 부각시키기 위해 검색어의 길이가 해마다 5퍼센트씩 늘어난다는 사실을 근거로 이용자들이 점점 까다로워진다는 것을 지적했다. 이것은 새롭고 흥미로운 통계로서 구글러들 대부분이 모르는 사실이었다. 아주 적절하고 경탄할 만한 주제가 아닐 수 없다.

셋째, 이 소통은 관심을 끌고 재미가 있으며 영감을 주는가? 경영진은 대개 호기심이 없다. 이들은 자신이 직접 하는 일에 집중하며 사무적으로 소통하는 경향이 있다. 하지만 전문성과 창의력을 갖춘 사람은 관심의 폭이 넓다. 그러므로 통찰력이 넘치는 흥미로운 글과 마주친다면 그리고 소통하려고 하는 핵심주제와 관련된 것이라면 어떤 식으로든 주저하지 말고 그것을 공유하라. 주요 부분을 발췌하고 함께 토론함으로써 팀원들에게 관심을 유도하는 것이다. 여러분이 눈가리개를 벗고 폭넓은 주제를 화제로 삼으면 사람들은 좋아할 것이다. 호기심을 자극할 필요가 있다. 몇 년 전에 조녀선은 《와이어드》의 기자이자 설립 편집자인 케빈 켈리Kevin Kelly가 쓴 "무어의 법칙은 필연적인가?"라는 기사를 본 적이 있다.[146] 무어의 법칙을 역사적으로 추적하고 앞으로도 필연적으로 같은 현상이 반복될 것이라고 예측한 글이었다. 그는 팀원들을 위해 이 글에 링크를 걸어놓고 간단히 요약한 내용과 질문 몇 가지를 달아놓았다. 앞으로 무어의 법칙이 반복되는 현상이 필연적이라고 보는가? 현재의 추세가 앞으로 얼마나 더 갈 것 같은가? 켈리의 결론을 받아들인다면 구글에서 달리 해야 할 일은 없는가? 이 이메일은 뜨거운 논쟁과 대화에 불을 붙였고 일주일이나 지속되었다. 앞으로 무어의 법칙이 어떻게 될 것인가라는 주제는 구글 사업과 직결되는 문제도 아니고 논쟁에 참여한 이들의 직무와 관계된 것도 아니었지만 기술의 미래에 모든 것을 거는 구글의 광범위한 전략과는 일치되는 것이었다.

넷째, 이 소통은 근거가 확실한가? 당신의 이름이 들어간 주제라면 거기에는 당신의 생각이 담겨야 한다. 효율적인 소통을 하려면 외부자원에 100퍼센트 의존할 수는 없는 법이다. 물론 당신이 할 말을 예쁘게 다듬는 도움을 받을 수는 있지만 거기에 담긴 생각과 아이디어, 경험은 여러분 자신의 것이어야 한다. 소통은 진실성이 담길수록 더 좋다. 2009년 후반, 에릭은 이라크를 여행했다. 그는 이 여행을 간결하게 함축적으로 분석하면서 그곳에서 무엇이 작동하고 있고 그렇지 않은지 자신의 관찰을 덧붙였다. 이 기록은 구글의 직원들과 아무 상관도 없는 것이었지만 동시

---

[146] "Was Moore's Law Inevitable?"(*The Technium*, July 2009), http://www.kk.org/thetechnium/archives/2009/07/was_moores_law.php.

에 세계시민으로서의 이들에게는 모든 면에서 관계가 있었다. 이 글은 삽시간에 회사 전체로 퍼져나갔다. 이보다 훨씬 간단한 소통으로서 조너선은 자신의 딸이 축구경기장에서 묘기를 선보이는 장면을 동영상으로 촬영해 팀원들을 즐겁게 해줄 때가 종종 있다. 전쟁 지역으로 여행을 가든 아니면 부성애로 가슴이 뿌듯하든, 여러분 자신의 이야기를 하는 것을 겁내면 안 된다.

다섯째, 이 소통은 올바른 대상을 향하고 있는가? 이메일의 문제는 수신자를 추가하는 것이 너무 간단하다는 점이다. 누가 받아봐도 되는지 확실하게 모르겠는가? 그럴 때는 신경 쓰지 말고 추가하라! 아니면 단순하게 단체별 발송목록대로 보내면 더 좋을 것이다. 어쨌든 훌륭한 소통은 그것을 쓸모 있다고 느끼는 상대에게만 통한다. 이 목록을 고르는 데는 시간이 들지만 몇 초의 투자로 큰 이득이 생길 수 있다. 발송목록을 무시하고 따로 받아볼 만한 사람을 고른다면 상대가 읽어볼 가능성은 더 커질 것이다. 입장을 바꿔 생각해보자. 여러분이라면 목록대로 발송한 것과 따로 보낸 이메일 중에 어떤 것을 더 읽고 싶을 것 같은가? 마치 광고우편물과 직접 손으로 쓴 카드의 차이와 같다.

여섯째, 올바른 매체를 이용하는가? 어떤 형식의 소통이든 좋다. 사람들은 온갖 방식으로 전달되는 정보에 동화되어 있다. 하지만 이것이 통하는 사람도 있고 통하지 않는 사람도 있기 마련이다. 중요한 메시지라면, 이메일이나 비디오, 소셜 네트워크, 회의, 화상회의를 막론하고 당신에게 주어지는 모든 도구를 마음대로 사용해야 한다. 하다못해 전단도 좋고 주방이나 카페 벽에 붙은 포스터도 활용할 수 있다. 당신의 동료와 연결해주는 방법을 익히고 그것을 활용하라.

일곱째, 진실을 말하고 겸손할 것이며 후일을 대비해 호의를 베풀어라. 전문성과 창의력을 갖춘 사람이 꼭 당신을 위해 일할 필요는 없다. 그들에게는 선택권이 많다. 지속적으로 진실하고 겸손한 태도를 유지하면 팀원들 중에 호의와 충성심이 축적될 것이다. 그러다가 당신이 혼란스러운 상황에 빠지면 진실하고 겸손한 태도로 소통하라. 그러면 완전하지는 않아도 그 문제에 적절한 호의를 이끌어낼 수 있을 것이다.

런던은 어땠어요?

사업가는 대부분 직원회의에 참석한다. 여러분은 아마 수없이 회의에 참석했기 때문에 이미 거기서 다루어지는 의제를 알고 있을 것이다. 최근 상황에 대한 보고를 받고 지루하지만 필수적인 업무를 처리하고 뜬눈으로 졸다가 은밀하게 책상 밑으로 이메일을 보기도 하며 살면서 무슨 잘못을 했기에 이런 고문을 받고 있나 하는 생각이 들 때도 있을 것이다. 전형적인 직원회의의 문제는 팀이 당면한 핵심 문제를 둘러싼 것이라기보다 업무별 업데이트와 관련된 것이므로 여러분은 결국 중요하지 않은 일에 너무 많은 시간을 소비하게 되고(여러분은 정말 모든 일을 주 단위로 업데이트할 필요가 있는가?) 정작 중요한 일에는 별로 시간을 들이지 않게 된다. 이런 구조는 또 회의가 그날의 핵심문제에 모두가 관심을 갖는 논의의 장으로 기능을 하기보다는 조직의 분파를—팸은 품질관리를 하고 제이슨은 영업을 담당하는 식으로—조장하는 결과가 된다.

시시한 여행담을 나누는 것도 단조로운 직원회의의 틀을 깨는 방법이 될 수 있다. 여행에서 돌아온 사람이 있으면 "올여름 휴가에서 내가 본 것" 같은 형식으로 그들이 행하고 배운 것을 말하도록 하는 것이다. 그러면 모든 직원회의는 여행담으로 시작하게 된다(여행한 사람이 없을 때는 대신 주말 보고서 같은 형식으로 발표하게 하면 된다). 여행담은 직원회의를 더 재미있게 만들어줄 것이다. 여행담은 대화에 활기를 불어넣고 직원회의에서 자신의 여행을 얘기하기로 예정된 사람은 잘하려고 준비할 것이다. 또 재미있게 진행된 보고는 참석자들을 틀에 박힌 업무에서 벗어나게 해주어 결과적으로 직원회의를 성공적으로 만들어줄 것이다. 여행을 다녀온 사람이 무슨 일을 하든, 그들은 사업과 소속 회사, 고객, 협력업체, 다른 문화에 대한 견해를 자랑스럽게 펼칠 기회를 얻게 된다.

 2008년, 구글에 합류하고 얼마 지나지 않았을 때, 최고재무책임자CFO인 패트릭 피체트Patrick Pichette는 구글 런던 사무실을 방문한 적이 있다. 그가 돌아오자 에릭은 직원회의에서 패트릭에게 여행이 어땠는지 물어보았다. 런던 사무실이 얼마나 훌륭한지, 누구를 만났는지 이런저런 얘기를 늘어놓은 뒤에 패트릭은 전혀 다른 화제로 말머리를 돌렸다. 런던에 머무는 동안 그는 눈에 띄는 휴대전화 가게마다 들어가서 판매원들과 전화기마다 설계가 어떻게 다른지를 놓고 대화했다고 한다. 이런 식으로 여행담을 전하던 패트릭은 구글 경영진에게 우리의 새로운 모바일 운영체제인 안드로이드와 수많은 다른 모바일 앱이 어떤 반응을 보이는가에 대한 정보를 즉석에서 업데이트해준 것이다. 이것은 그가 맡은 재무 업무와 상관없는 것이었지만—패트릭은 오로지 자신의 담당 분야에 국한된 관찰만을 전할 수 있다고 생각하지 않았다—누구나 담당 분야를 막론하고 통찰력을 키울 수 있고 또 키워야 한다는 시각을 갖게 해주었다.

스스로를 평가하라

에릭의 규칙 중에서 가장 기본적인 것 중 하나는 경영자로서는 일종의 황금률 같은 것이다. 즉, 자신을 위해 일한다는 것을 분명히 하라는 말이다. 노동자로 일할 때 자기를 위해 일하지 못했던 것처럼 관리자가 되어서도 계속 그런 상태라면, 그런 당신 자신을 위해 해야 할 일이 있다. 이런 경우에 최선의 도구는 자기평가이다. 적어도 1년에 한 번은 자신의 실적에 대한 평가서를 작성하라. 그런 다음 그것을 읽어보고 여러분이 자신을 위해 일했는지 확인하라. 그리고 그것을 사실상 당신을 위해 일하는 사람들과 공유하는 것이다. 이것이 평균적인 다면평가360-degree review의 과정 이상으로 더 커다란 통찰을 이끌어낼 것이다. 여러분이 먼저 자신에 대한 비판을 시작한다면 다른 사람들도 자유로운 분위기에서 더 솔직해질 것이다.

2002년, 에릭도 자기평가를 한 적이 있다. 앞에서 빌 캠벨에 대한 얘기에서 언급했듯이 에릭이 (잘못 생각해서) 자신은 코치가 필요 없다고 말했을 때였다. 에릭이 자신의 직원들에게 솔직하게 실패를 인정한 자기평가와는 다른 표현도 있다. 예를 들어 "나는 더 일찍 팀에 권한을 부여하고 조직 내에서 더 많은 결정이 이루어지도록 했어야 한다"든가 "나는 좀 더 강제적으로 일정한 결론을 내도록 해야 했고 참지 말았어야 한다. 나는 어떤 상황에서 필요 이상으로 합의를 도출하는 것에 가치를 부여하는 경향이 있다"라는 말도 있다. 이런 자기비판은 에릭의 팀원들에게 아주 좋은 인상을 주었다. 그 비판은 그들만큼이나 자기발전에 관심이 있는 CEO를 보여주었기 때문이다.

이메일의 지혜

인터넷 시대의 소통은 흔히 이메일을 사용한다는 것을 의미하며 이메일은 놀라운 유용성과 강력한 기능에도 불구하고 종종 평소의 낙관적이고 행복한 인간들에게 불안감을 불러일으키기도 한다. 구글에는 이런 불안을 덜어주는 몇 가지 개인적인 규칙이 있다.

첫째, 신속하게 답신을 보내라. 신속하게 답하는 사람도 있고 그렇지 않은 사람도 있다. 전자에 속하기 위해 노력할 필요가 있다. 우리가 아는 사람들 중에 가장 호의적인—또 가장 바쁜—사람은 이메일을 받으면 즉시 반응을 보인다. 비단 우리나 몇몇 선별적인 발신자에게만 그런 것이 아니라 누구에게나 마찬가지다. 즉시 반응을 보이는 것은 긍정적인 소통의 상호작용곡선(피드백 루프)을 그려주고 여러분의 팀과 동료들은 중요한 토론과 결정에 더 기꺼이 여러분을 포함시킬 것이다. 모든 사람에게 신속한 반응을 보이는 것은 여러분이 세우려고 애쓰는 공평한 실력주의 문화를 강화하는 계기가 될 것이다. 이런 반응은 우리가 즐겨 사용하는 "알았어요!"라는 답처럼 아주 짧아도 상관없다. 그리고 여러분이 신속하게 반응하는 자신의 능력을 믿는다면 상대에게 무반응이 정확하게 무엇을 의미하는지를 말해줄 수도 있을 것이다. 우리의 경우에 이것은 보통 "알았어요, 그대로 진행해요!"라는 뜻이다. 이것과 대부분의 사람들이 생각하는 무반응의 의미인 "정신없어요. 이 내용을 언제 검토할 수 있을지 모르겠네요. 내 답신이 필요하다면 조금만 더 기다려요, 그리고 나는 당신을 별로 좋아하지 않아요"라는 것과 어느 것이 더 좋을까?

둘째, 이메일을 작성할 때는 단어 하나하나가 중요하다. 쓸데없는 이야기는 피하라. 발송하는 목적을 분명히 해야 한다. 어떤 문제점을 묘사할 때는 명확하게 표현해야 한다. 이렇게 하자면 적잖은 시간이 필요하다. 먼저 초안을 쓰고 그것을 검토한 다음 불필요한 말은 제거하라. 최근에 소설가 엘모어 레너드Elmore Leonard가 작가로서 성공한 비결에 대한 질문을 받고 "나는 독자가 건너뛸 구절은 쓰지 않습니다"[147]라고 대답한 것을 생각해볼 필요가 있다. 이메일은 대부분 건너뛰어야 할 내용으로 가득 차 있다.

셋째, 지속적으로 편지함을 비워라. 여러분은 어떤 이메일에 답신할 것인지 결정하기 위해 편지함을 확인하는 데 얼마나 시간을 들이는가? 편지함을 열고 이미 읽은 메일을 다시 읽는 데 얼마나 시간을 들이는가? 언제든 편지함에서 어느 메일의 답신에 착수할 것인지 생각하느라 시간을 들인다면 이것은 시간낭비일 뿐이다. 이미 읽은 메시지를 다시 읽는 것도 마찬가지다(결국 행동으로 옮기는 데는 실패한다).

새로운 메시지를 열 때 보이는 반응에는 몇 가지가 있다. 읽을 필요가 없는 메시지라는 것을 확인할 때까지 충분히 읽는 것, 읽는 즉시 처리하는 것, 읽고 나서 나중에 처리하는 것, 또는 나중에 읽어보는 것(읽을 필요가 있지만 긴급하지 않거나 당장 읽기에는 너무 긴 것). 이중에서 앞의 두 가지 반응을 선택할 필요가 있다. 오하이오OHIO가 '오직 한 번만 잡아라Only Hold It Once'의 줄임말이라는 것을 기억하라. 메시지를 읽고 무엇을 해야 할지 안다면 즉시 행동으로 옮겨라. 그러지 않고 나중에 다시 읽어보겠다고 생각한다

---

[147] Dennis McLellan, "Elmore Leonard, Master of the Hard-Boiled Crime Novel, Dies at 87"(*Los Angeles Times*, 2013. 8. 20).

면 100퍼센트 시간낭비다.

이대로 잘 따라한다면 여러분의 편지함은 나중에 '읽어볼' 것은 한두 가지로 줄고 깊은 생각을 요하는 복잡하기만 한 내용 중에서(이런 이메일에는 '조치할 것'이라는 제목을 붙이든가 지메일의 별표 표시를 한다) 따로 조치해야 할 내용을 한 눈에 알아볼 수 있는 목록이 생길 것이다.

별도 표시를 한 내용을 단순하게 "조치 목록" 폴더로 옮기기만 하면 안 된다. 조치 목록은 매일 비워야 한다. 저녁 시간에 하기에 좋은 일이다. 처리해야 할 메일을 '0'으로 하는 것이 목표이지만 다섯 개 정도만 넘지 않으면 된다. 그렇지 않으면 나중에 긴 편지 목록에서 무엇을 봐야 할지 파악하느라 시간을 낭비하게 될 것이다.

넷째, 이메일은 리포LIFO(Last In First Out후입선출, 나중에 들어간 데이터가 위에 있는 구조) 순서로 처리하는 것이 좋다. 오래된 것은 때로 다른 누군가가 처리하기도 한다.

다섯째, 여러분이 라우터라는 것을 기억하라. 필요한 정보가 담긴 메시지를 받으면 그것이 또 다른 누군가에게 유용할지 생각해보라. 하루가 끝날 때면 정신을 가다듬고 여러분이 받은 메일을 생각하며 "내가 처리해야 할 것 중에 아직 하지 않은 것이 무엇인가?"라고 자신에게 물어보라.

여섯째, 숨은 참조bcc, blind copy(수신인에게 알리지 않고 제삼자에게 전송되는 전자이메일—옮긴이)를 활용할 때는 스스로 이유를 물어봐야 한다. 이유는 언제나 대부분 뭔가를 숨기려고 하기 때문이지만 이것은 투명한 문화에서는 비생산적인 것이고 잘못일 가능성이 있다. 이런 경우라면 수신자를 공개하거나 아예 보내지 마라.

우리가 숨은 참조 방식을 추천하는 경우는 오직 이메일 실타래email

thread(주고받은 이메일 내용— 옮긴이)에서 누군가를 제외하려고 할 때뿐이다. 긴 내용에 대해 "전체 회신"을 할 때는 실타래와 무관한 사람은 숨은 참조로 옮겨라. 그리고 이렇게 하는 것을 메시지로 알려야 한다. 그러면 사람들은 자신의 편지함에 연관성 없는 메시지가 줄어든 것에 안도할 것이다.

일곱째, 요란하게 불만을 표하지 마라. 그럴 필요가 있을 때는 직접 하라. 전자 메시지로 할 때는 훨씬 더 쉽다.

여덟째, 요구사항을 간단히 확인하는 방법이 있다. 확인이 필요한 조치사항을 누군가에게 메시지로 보낼 때는 자신의 주소로도 보낸 다음 '확인'이라는 표시를 하라. 그러면 처리되지 않은 내용을 쉽게 찾아내어 확인할 수 있다. 그러면 처음의 메시지를 다시 보내면서 간단히 "이것 처리되었나요?"라는 말만 하면 된다.

아홉째, 훗날 검색할 것에 대비하라. 훗날 다시 필요할지도 모를 메시지를 받는다면 내용을 간단히 요약해 자신의 주소로 다시 보내라. 훗날 이것을 어떻게 찾을 것인지 생각해보라. 훗날 다시 찾는 일이 생긴다면 아마 이때 요약한 것과 똑같은 검색어를 사용할 것이다.

이것은 단순히 이메일뿐만 아니라 중요한 문서에도 똑같이 적용된다. 조너선은 가족의 여권과 면허증, 건강보험 카드 같은 것을 스캔해서 간단한 표제어를 붙인 다음 자신의 이메일로 전송한다. 만일 여행 중에 분실하더라도 쉽게 다시 만들수 있기 때문이다.

각본이 있으면 좋다

여러분이 기업 경영자라면 직원이나 관리자, 이사 및 자문단, 고객, 협력업체, 투자자 등 관리 계층이 있을 것이다. 이런 상황에서 각각의 시나리오에 따라 어떻게 소통하는 것이 가장 효율적인지 기록해놓은 각본이 있다면 도움이 될 것이다. 다음은 구글의 각본이다.

일대일 면담 리스트를 작성하라

빌 캠벨은 언젠가 일대일 면담(관리자와 직원 간의 주기적인 만남)에 대해서 흥미로운 방식을 제안한 적이 있다. 관리자는 면담에서 다루고 싶은 5대 의제를 작성해야 한다. 직원도 마찬가지다. 따로따로 준비한 이 목록을 대조해보면 적어도 그중의 일부는 중복되는 것이 있을 수 있다. 일대일 면담의 상호목적은 언제나 문제해결을 위한 것이어야 하며 관리자와 직원이 해결하려고 준비한 의제 중에 일치되는 것이 없다면 훨씬 더 심각한 문제가 진행 중이라는 뜻이다.

빌은 또 일대일 면담의 멋진 양식을 제출해서 우리는 이것으로 톡톡히 효과를 보았다.

1. 업무실적
    a. 판매량
    b. 납품 및 제품공정
    c. 고객반응 및 제품의 질적 수준
    d. 예산 총액

2. 동료 집단과의 관계(회사의 단결과 응집력에 중요한)

    a. 제품과 기술공학

    b. 마케팅과 제품

    c. 영업 및 기술공학

3. 관리/리더십

    a. 직원들을 잘 이끌고 지도하는가?

    b. 불량직원을 솎아내는가?

    c. 직원 채용에 최선을 다하는가?

    d. 직원들에게 놀라운 실적을 유도할 수 있는가?

4. 혁신(최선의 업무처리)

    a. 지속적인 개선을 모색하면서 끊임없이 전진하는가?

    b. 새로운 기술, 새로운 제품, 새로운 업무방식을 끊임없이 평가하는가?

    c. 업계/세계에서 최고 인재와 자신을 비교하는가?

이사회, 냄새는 맡되 손은 떼라

  이사회는 조화와 투명성, 조언을 위한 것이다. 여러분의 전략전술에 대해 이사회의 지원을 받은 상태에서 이사 회의를 마쳐야 한다. 그리고 모든 것을 완전히 투명하게 소통해야 한다. 또 비록 여러분의 기대에 못 미치더라도 그들의 조언을 들어야 한다. 이사들은 보통 도움을 주려고 하며 여러분이 구상하고 있는 모든 계획을 알지는 못한다. 또 하나의 방법으로, 이사들이 냄새는 맡되 손은 떼도록 해야 한다.[148]

에릭은 CEO로서 이사회의를 시작할 때 이전 분기에서 돋보이는 부분과 미진한 부분을 간단히 요약해서 가지고 갔다. 특히 중요한 것은 미진한 부분이었다. 그리고 에릭은 언제나 다른 것보다 이 부분을 준비하는 데 더 많은 시간을 들였다. 이사회에 좋은 소식보다 나쁜 소식을 들려줄 때가 언제나 더 힘들기 때문이다. 돋보이는 부분을 보여주는 것은 쉽다. 하지만 여러분이 담당 팀에게 미진한 부분의 목록을 보여달라고 하면, "이 부분은 문제가 있으나 꼭 나쁘기만 한 것은 아닙니다. 벌써 해결책이 있습니다"라는 답변과 더불어 진실을 보기 좋게 꾸민 형태를 받게 될 때가 있다. 회사가 당면한 모든 과제가 이렇지는 않을 것이고 이사회도 이것을 알고 있다. 이때 최선의 방법은 정직하게 "우리는 어려운 문제가 있고 아직 답을 찾지 못했습니다"라고 말하는 것이다. 에릭이 제시한 미진한 부분은 이익에서부터 경쟁과 제품에 이르기까지 다양한 문제를 정직하게 꾸밈없이 보여주었고 이런 방법은 이사회의 열띤 논의를 불러일으켰다. 예컨대 어느 이사회의에서 우리는 관료주의가 회사의 성장을 더디게 하는 문제를 논의하고 싶었다. 미진한 부분의 요지는 "우리가 지적할 필요가 있는 핵심적인 난관: 구글의 변비 상태"라는 것이었다.

에릭은 회사의 제품 및 업무 영역별로 데이터에 기초한 간단한 토론을 강조하면서 돋보이는 부분과 미진한 부분에 대해 상세한 평가를 실시했다. 이 부분에 대한 프레젠테이션 과정은 홍보팀이나 법률팀이 아니라 이

---

148 종종 NIFO(noses in, fingers out)라는 줄임말로 쓰는 이 구절은 전국기업이사연합회National Association of Corporate Directors의 설립자이자 전직 의장인 존 내쉬John M. Nash가 처음 사용한 표현이다. 이 말은 이사회는 사업 활동을 감독해야 하지만 세세한 경영 부문에 개입하면 안 된다는 뜻이다. "A Leader Ahead of His Time: NACD Founder John Nash"(*NACD Directorship*, 2013. 5. 15).

일에 깊이 관여한 조너선팀의 제품 관리자들이 담당했다. 조너선은 이 임무를 위해 전문성과 창의력을 갖춘 직원 중에서도 가장 뛰어난 인력을 선발했다. 그는 이들이 많은 시간을 요하는 이 작업을 잘 해낼 것이라 믿었다. 그는 또 재능 많은 이 친구들이 상세한 상황판을 활용하는 프레젠테이션(그리고 첨부 서신) 경험으로 경영진 간의 소통방법과 기술에 대해 놀라운 통찰력으로 회사 전체의 현황을 확실하게 파악하리라는 것을 알았다. 이 임무를 홍보부 직원들에게 맡기면 회사의 예비 지도자들이 체험 훈련을 할 엄청난 기회가 사라질 것이었다.[149]

이사들은 관리와 소송 문제가 아니라 전략과 제품에 대한 말을 할 필요가 있다(그렇지 않다면 이사진을 보강하는 것이 좋다). 여러분이 이사회의 규칙과 의제를 정할 때는 이 점을 기억해야 하며 힘이 들더라도 이 원칙을 지켜야 한다. 에릭이 2005년 오라클Oracle이 인수한 소프트웨어 회사인 시벨 시스템즈Siebel Systems의 이사였을 때, 이 회사는 2000년대 초에 일련의 증권거래위원회 규정 위반에 휘말린 적이 있다. 이사회가 열리면 법적인 대화가 지배했고 차츰 기울어가는 사업에 대한 것보다 변호사와 법적 책임을 생각하는 데 훨씬 많은 시간을 소비했다.

이사회의 중요한 안건이 있는 상황이라도, 핵심사업이 기울어가는 것에 대한 대화를 나누기 힘들면 비효율적인 행정업무가 때로 편리한 피난처가 될 수 있다. 이사회는 전략적인 가치가 있어야 한다. 하지만 여러분

---

149 상황판을 준비하는 팀에서 일하는 제품 관리자들 상당수가 구글에서 성공을 거둔 것은 우연의 일치가 아니다. 예를 들어 몇 년 동안 조너선을 위해 이 팀을 이끌었던 순다 피차이Sundar Pichai는 현재 구글의 안드로이드, 크롬 등 여러 앱 관련 영역에서 팀을 지휘하고 있다. 순다와 파트너를 이뤄 상황판을 준비했던 시저 셍굽타Caesar Sengupta는 현재 크롬북팀을 지휘하고 있다.

이 끊임없이 관리 문제로 정신이 흐트러진다면 여기서도 흥미로운 대화나 가치 있는 통찰을 얻지는 못할 것이다. 물론 이사회는 중요한 법적 문제나 그 밖의 전술적 문제가 어떻게 진행되는지 알 필요는 있다. 그렇지만 이런 일은 일반적으로 예하의 분과위원회가 다룰 수 있는 것이며 이사회 차원에서는 15분의 분과 토론으로 간단히 정리할 수 있는 것이다. 구글에 들어왔을 때, 에릭은 이사회가 급성장과 회사의 전략과 관계된 문제에 집중하도록 전력을 기울였다. 애플도 에릭의 재직 기간에 이렇게 했으며 회의시간은 온통 제품과 리더십, 전략에 대한 대화로 채워졌다. 그리고 누가 책임을 질 것인가에 대한 질문은 나오지 않았다.

각 회의 사이에는 이사진을 주기적으로 호출해야 한다. 음성 메시지를 받으면 좋을 것이다.

협력업체는 외교관처럼 대하라

플랫폼과 성공적인 제품의 생태계를 세우려면 회사는 협력업체와 손을 잡아야 한다. 이때 두 회사가 일정 분야에서 경쟁하면서도 다른 부분에서는 협력하는 흥미로운 상황("협력적 경쟁coopetition" "친구이자 적frenemy" 같은 줄임말처럼)이 벌어질 때도 있다. 이런 상황에서 성공의 열쇠는 오랜 소통수단의 하나인 외교에 달려 있다.

여러 면에서 복잡한 사업상의 파트너 관계는, 이데올로기를 떠나 실용적 원칙에 기초해 관계 맺는 국가 간 현실 외교 정치의 형태와 유사하다. 각 국가는 서로 오랫동안 불만이 쌓여 있지만 상호 협력의 방법을 찾아내는 데 최고의 관심을 둔다. 그렇지 못하면, 관계가 멀어지거나 전쟁 상황에서 서로 파괴적인 결과만 생기기 때문이다. 예로 중국과 미국은 많은 문제가 있지만 무역거래를 막대하게 하기에 상호간 차이에도 불구하고 국가 관계를 세우고 유지하기 위해 최선의 방법을 찾지 않으면 안 된다.

사업 파트너가 그렇듯이 국가도 저마다 자체의 신념체계가 있으며, 이 신념체계가 바뀔 때는 누구나 알게 된다. 파트너 관계를 성공적으로 유지하는 데 중요한 첫 걸음은 이런 차이를 인정하고 어디서나 유효하다고 생각하는 것이다. 상대 국가나 회사는 자체의 체계를 가질 권리가 있으며 여러분이 자신의 권리를 굳게 믿듯이 그 권리를 믿는다. 이렇게 해서 파트너로서 효과적인 협력이 이루어지는 것이다. 여기서 윤리적인 판단은 자제해야 한다. 1969년 헨리 키신저Henry Kissinger는 미국 국가안보보좌관이었을 때 다음과 같이 말했다. "우리는 영원한 적이란 없으며 공산국가를 포함해 상대 국가, 특히 공산주의 중국 같은 나라를 판단할 때, 그들의 지배적인 이데올로기가 아니라 행동에 기초해서 평가할 것이라는 점을 언제나 분명히 해왔다."[150] 이후 2년도 지나지 않아 키신저는 비밀리에 중국을 방문했고 이것은 제2차 세계대전 이후 처음으로 양국이 외교관계를 재개하는 계기가 되었다.

파트너 관리가 외교와 같다면, 이 일은 외교관이 담당하는 게 이치에 맞다. 대부분의 주요 협력관계를 위해 기업은 이중 관계집단dual constituencies의 봉사에 목적을 두는 역할을 만들어내야 한다. 즉, 외부의 파트너를 만족시키면서 동시에 회사 자체의 이익을 추구해야 한다.[151] 흔히 파트너보

---

150 Henry Kissinger, *White House Years*(Little, Brown, 1979), p.192.
151 외교가에서 이것은 "양면게임 이론(two-level game theory)"이라고 불린다. Robert D. Putnam, "Diplomacy and Domestic Politics: The Logic of Two-Level Games"(*International Organization*, Volume 42, Number 3, Summer 1988).

다 회사의 이익을 우선하는 전통적인 영업의 역할과는 다르다.

기자회견은 전달이 아니라 대화 형식으로 하라

만약 당신이 기자회견을 한다면 당신을 위해 준비해줄 사람이 있는가? 그런 사람이 있다면 기자가 물을지도 모르는 모든 성가신 질문이 포함된 "자주 묻는 질문FAQs"을 문서로 만들어주는가? 그리고 가능하면 출시제품에 대한 메시지를 담은 신중한 답변서를 작성해주는가? 끝으로, 그 사람이 FAQ를 줄 때, 당신은 그것을 들여다보고 자신에게 "이게 바로 내가 말하려던 거야"라고 말하는가? 그렇다면 당신은 아마 실리콘과 티타늄의 합금으로 만들어진 물질 같은 존재일지도 모른다.

기자회견은 대본이 있는 마케팅 연설이라고 믿는 사람이 많다. 조너선이 기자회견을 할 때는 기자에게 까다로운 고객이나 마찬가지였다. 그들이 원하는 것이 훈련된 원숭이와 인터뷰를 하는 것이라면 기꺼이 그렇게 해주겠다고 말하면서 큰 소리로 원고를 읽는 것이 어떠냐고 제안하고는 했다. 그러나 그들이 원하는 상대가 원숭이처럼 인터뷰를 하는 것을 싫어하는 사람이라면 처음부터 다시 핵심적인 질문으로 시작하는 게 좋겠다는 것이었다. 성공적인 인터뷰는 듣기 좋은 마케팅의 메시지를 쏟아내는 연습이 아니라 통찰력 있는 대화여야 한다.

훌륭한 기자라면 메시지 전달과 대화의 차이를 이해할 것이다. 메시지 전달의 경우에는 답변을 하지 않는다. 반면에 대화는 질문에 귀를 기울이고 통찰력과 이야기를 담아 핵심을 찌르는 답변을 하는 것이다. 앵무새처럼 메시지를 반복해서 강조하는 게 아니다. 메시지가 담기기 마련인 하향식 소통을 선호하는 사람이 너무도 많다. 하지만 이런 방식은 한결같이 원하는 메시지 외에 다른 내용을 전달하지 못한다. 이런 인터뷰에서는 정작 필요한 메시지를 찾아볼 수 없다.

기자와 통찰력 있게 대화하는 건 꽤나 힘든 일이다. 원고를 외는 것보다 더 힘들다. 기자를 상대로 가시 돋친 말을 해서가 아니다. 기자와 대화하다 보면 긴장이 되고, 때로는 기자들이 이런 상황을 만들어내기도 하여 대부분 이런 상황을 피하려고 한다. 따라서 여러분이 기자와 능동적으로 대화하고 싶을 때는 부정적인 기사를 각오하고 얼굴이 두꺼워질 필요가 있다. 비판이 없다면 아마 훌륭한 대화라고는 할 수 없을 것이다.

하지만 사람들이 대개 언론과 제대로 대화를 못 하는 까닭은 통찰력에 기대기보다 메시지를 전하는 것이 훨씬 쉽다고 생각하기 때문이다. 팀을 가동해 바로 그런 통찰력을 찾아내도록 해야 한다. 구글의 홍보담당인 엘렌 웨스트Ellen West가 항상 말하는 대로, "사려 깊은 지도자가 되려면 생각이 있어야 한다"는 사실을 기억하라.

계급이 아니라 관계를 형성하라

절차가 있는 계급적인 조직의 이점 중 하나는 말할 상대를 찾는 게 쉽다는 것이다. 그저 조직기구표의 적당한 칸을 찾아보면 상대를 찾을 수 있다. 하지만 인터넷 시대의 성공적인 벤처 기업은 언제나 혼란스럽기 마련이다. 사업이 아주 매끄럽게 진행되고 조직기구표의 칸에 있는 사람들과 일대일 관계를 즐기다 보면 모든 과정과 인프라 구조가 사업을 뒷받침하게 된다. 이것은 좋지 않다. 에릭이 노벨의 CEO였을 때, 회사는 기름

칠이 잘 된 기계처럼 굴러갔다. 유일한 문제는 뛰어난 신제품이 보이지 않는다는 것이었다(자동차경주의 챔피언을 지낸 카레이서 마리오 안드레티Mario Andretti 는 "모든 일이 매끄러워 보인다면 제대로 속도를 내지 않았다는 뜻이다"라고 말했다).[152]

사업은 언제나 내부에서 진행되는 과정보다 앞서야 한다. 그러므로 당신은 혼란스러운 상황에 있기를 원해야 한다. 그리고 당신이 그런 상황에 놓였을 때 빠져 나올 수 있는 유일한 방법은 오로지 인간관계밖에 없다. 사람을 파악하고 돌보는 일에 시간을 들여야 한다. 사소한 것에 주목하라. 파트너를 살피고 그 집 아이들의 이름도 알아야 한다. 가족문제는 언제나 중요하다(이런 것은 상대를 접촉할 때 쉽게 알 수 있다). 에릭은 3주의 규칙을 신봉한다. 새로운 직무를 시작할 때 처음 3주간은 아무 일도 하지 않는다는 것이다. 사람들의 말에 귀를 기울이고 그들이 당면한 문제와 우선순위를 이해하며 그들을 알고 돌보는 일에 관심을 쏟는 가운데 그들의 신뢰를 얻는다는 말이다. 이런 의미로 본다면 아무 일도 안 하는 것이 아니라 뭔가를 하는 것이라고 할 수 있다. 바로 건강한 인간관계를 쌓는 것이다.

그리고 상대를 미소 짓게 하는 일을 잊으면 안 된다. 관리자의 도구 중에서 충분히 이용되지 않고 제대로 평가받지 못하는 것이 바로 칭찬이다. 필요할 때 칭찬을 아끼지 마라.

---

[152] "The 25 Coolest Athletes of All Time"(*GQ*, 2011. 2)에서 재인용.

"혁신을 위해서는 큰 공간을 찾아가야 한다."

혁신

자연발생 구조를 만들어라

Innovation

2010년 3월 어느 화창한 봄날, 에릭은 엠바카데로가와 팔로알토의 엘 카미노 레알 교차로에서 신호에 걸려 대기 중이었다. 그사이에 그는 스탠퍼드 대학 축구경기장을 둘러싼 나무를 바라보기도 하고 지난 몇 시간 동안의 일을 생각했다. 그는 방금 칼라피아라는 식당에서 애플의 CEO인 스티브 잡스와 커피를 마시고 오는 길이었다.[153] 두 사람은 주로 캘리포니아 요리를 하는 이 카페의 밖에 앉아 구글의 모바일 운영체제인 안드로이드의 성장에 대한 얘기를 나누었다. 스티브는 이 오픈 소스 운영체제가 애플이 만든 지적 재산IP에 기초한 것이라고 확신했다. 에릭은 우리가 애플의 지적 재산을 사용하지 않았으며 사실상 우리 자체의 기술로 안드로이드를 개발한 것이라고 응수했다. 하지만 아무 소용이 없었다. '지금 우리랑 한판하자는 거군.' 에릭은 이렇게 생각했다.

에릭이 스티브 잡스와 만나 함께 일하기 시작한 것은 1993년으로 당시

---

[153] 칼라피아는 구글 최초의 요리사인 찰리 에이어스Charlie Ayers의 소유였다(구글 본사의 카페는 그의 이름을 따서 간판을 붙였다). 하지만 스티브와 에릭이 이 식당에서 자주 만난 이유는 그곳이 스티브의 집에서 가까워서였다.

에릭은 선Sun에 있었고 스티브는 넥스트NeXT 컴퓨터에서 일할 때였다. 넥스트는 회사를 창립할 때 오브젝티브 C라는 컴퓨터 언어를 사용했는데 에릭과 몇몇 사람은 스티브가 업데이트된 것을 보여준다는 말을 듣고 넥스트 사무실을 찾아갔다. 스티브는 오브젝티브 C의 장점을 늘어놓으면서 선의 컴퓨터과학자들이 개발 중인 차세대 프로그래밍 기술에서 이것을 사용할 필요가 있다고 설득하려 했다. 에릭은 스티브가 몇 가지 기술적인 측면에서 틀렸다고 생각했다. 그런데 스티브의 설명이 그럴듯해서 그와 나머지 선의 동료들은 스티브의 생각이 어떻게 틀렸는지 정확하게 집어낼 수 없었다. 이들은 스티브와 만나고 난 뒤 넥스트 주차장에 세워둔 차 옆에 서서 스티브가 주장한 대목을 곰곰이 되짚어보았다. 그러면서 종종 잡스의 "현실왜곡"을 무시하려고 했지만 뜻대로 되지 않았다. 스티브가 주차장에 있는 이들을 보고는 뛰쳐나와 다시 한 시간이나 더 붙잡고 계속 말을 했기 때문이다.

스티브와 에릭은 여러 해 동안 우정을 쌓았으며 2006년 여름에 에릭은 애플 이사회에 합류하라는 제안을 받기도 했다. 이사 자리를 받아들이기 전에 에릭과 스티브는 애플과 구글 사이에 이익을 놓고 충돌이 일어날 가능성에 대해 대화를 나누었다. 애플은 아이폰에 매달리고 있었고 구글은 2005년 8월에 앤디 루빈의 회사인 안드로이드를 인수하면서 1년 동안 모바일 운영체제 개발에 전념할 때였다. 안드로이드 사가 무엇을 생산할지에 대해서는 여전히 유동적이었지만 당시로서는 사용자 인터페이스 UI가 없는 오픈소스 운영체제일 것이라고 예상됐다(다른 회사에서는 사용자 인터페이스를 구축하고 있었다). 우리가 바라는 것은 안드로이드가 자체의 디자인과 애플리케이션을 개발한 모토롤라나 노키아, 삼성 같은 회사의 전화기에 꼭 맞는 소프트웨어 제품이 되는 것이었다. 안드로이드와 아이폰이 모두 초기 단계에 있던 8월에 에릭은 애플 이사회에 합류했다.

애플의 아이폰은 2007년 6월에 출시되었는데 엄청난 반응을 일으켰다. 아이폰은 인터넷 연결에 최적화되도록 디자인되었으며 매끄럽게 작동하여 사용자들에게 인기가 높았다. 이후 해가 바뀌기 전에 안드로이드 팀은 유튜브 동영상을 게시판에 올리며 그들이 해온 작업공정을 낱낱이 밝혔다. 스티브는 이 동영상을 자세히 조사한 다음 그 기능을 묘사한 사용자의 경험이 아이폰의 경우와 너무 비슷하고 그 기본적인 운영체제가 iOS(아이폰 운영체제) 방식이라고 확신했다. 에릭은 결국 2009년 8월에 애플 이사직에서 물러났고 협력업체를 포함해 두 회사 사이의 법적 분쟁이 지금까지 이어지고 있다.

결국 스마트폰을 사용하는 사람은 누구든지, 또 대부분의 스마트폰도 (적어도 앞으로 10년간은) iOS나 안드로이드를 쓰게 되어 있다. 역사상 컴퓨터를 활용하는 그 어떤 플랫폼보다 이 플랫폼의 앱을 개발하는 기술진의 수가 가장 많다(지구의 모든 사람이 이용할 수 있는 사용자 기반의 잠재력이 도움이 된다). 이 같은 플랫폼 개발을 위해 10여 개 제조사가 경쟁을 벌이고 있으며 이들의 흥망성쇠는 업계지뿐만 아니라 주류 언론에도 소개되고 있다. 지금에야 익히 알려진 것이지만 불과 몇 년 전만 해도 개인 컴퓨터 작업은 마이크로소프트의 윈도로 PC를 구동한다는 의미였다. 이 특허권 싸움에서 여러분이 어느 편을 지지하든 상관없이(분명한 것은 우리는 우리가 옳다고 믿는다는 것이다), 이 두 가지 플랫폼이 경제발전과 혁신에 엄청난 자극을 주었고 인류의 삶을 개선했다는 사실에는 이론의 여지가 없다.

스티브 잡스는 이런 미래를 아주 분명하게 내다보았다. 전문성과 창의력을 가진 인재가 세계에 미친 영향력을 돌이켜본다면 이만한 예는 없었다. 그는 기술적 깊이와 예술적이고 창의적인 재능, 컴퓨터에 빠진 사람들과 컴퓨터 관련 제품을 만들어낼 길을 열어주는 사업감각을 절묘하게 조화시킨 인물이다. 그는 예술가는 별로 없지만 수많은 괴짜와 사업가가 포진한 기술 영역에서 미美와 과학을 통합했다. 우리 두 사람은 스티브와 함께 일하고 그를 관찰하면서 전문성과 창의력을 가진 인재에 대해 많은 것을 배웠다. 또 개인의 스타일이 얼마나 기업문화에 영향을 줄 수 있는지, 이 문화가 얼마나 성공과 직결되는지도 배웠다.

하지만 안드로이드와 iOS를 둘러싼 전설의 가장 중요한 측면은, 서로 다른 두 가지 방법으로 어떻게 혁신을 이루는지 보여준 것이었다. 이 두 가지 플랫폼은—그리고 회사도—엄청 혁신적이며 접근방식에서 몇 가지 핵심적인 유사점이 있다. 애플과 구글의 기업경영에서는 제품의 수명주기(라이프사이클)가 유난히 빠르다. 인터넷과 모바일 컴퓨터 관련 사업에서는 다음에 나올 뛰어난 제품도 금세 시대에 뒤떨어진 제품이 되기 일쑤다. 그러므로 우리 두 기업은 끊임없이 혁신을 계속해야 하며 그렇지 않으면 이내 뒤처진다. 두 회사는 전통적으로 시장을 조사하는 방식을 피하는 경향이 있고 소비자가 무엇을 원하는지 파악하는 데 우리 자신의 판단력을 따른다. 우리는 우리의 비전을 믿는다. 그리고 두 회사는 소비자를 위해 경험을 쌓는 것을 최우선으로 삼는다.

이런 유사점과는 별개로 혁신에 대한 우리의 접근방식은 전혀 다르다. 주로 통제 측면에서 차이가 난다. 안드로이드의 경우, 구글은 공개 플랫폼의 뛰어난 경제성과 이런 공개정신에서 오는 파편화fragmentation(총체적 프레임 내부의 서비스를 담당하는 각각의 조각)를 통제하는 우리의 능력에 승부를 걸었다. 안드로이드는—아주 긍정적인 의미로—제어할 수 없다. 이 소프트웨어의 소스코드는 아파치 라이선스Apache license 규정의 틀에서[154] 누구나 자유롭게 이용할 수 있다. 이 '오픈소스' 모델은 누구나 이 운영체제를 이용해 무엇이든 원하는 대로 할 수 있다는 의미다. 다시 말해 안드로이드는 모래밭의 모래나 마찬가지인 것이다.

우리는 또 누구나 안드로이드 기반의 장치에서 작동하는 애플리케이션을 만들거나 팔 수 있도록 한다. 다시 말해 구글의 승인이 필요 없는 것이다. 우리는 안드로이드 장치의 제조사(삼성이나 HTC, 모토롤라 같은)가 이런 장치를 개발하도록 장려하기 때문에 이들은 애플리케이션의 호환성을 가능하게 할 수 있으며, 안드로이드 기반의 모든 앱은 모든 안드로이드 장치에서 잘 작동하게 된다. 우리는 100퍼센트는 아니더라도 이런 목표를 달성하는 데 고도의 효율성을 유지하고 있으며 이런 목표는 가입비도 없고 통제권도 없는 환경에서 이루어질 것으로 기대된다. 안드로이드는 우리가 전혀 예측하지 못한 속도로 성장하고 있다. 이것은 전자 판독기(아마존을 포함해)와 태블릿, 각종 게임, 전화기에서 이용되고 있다. 또 냉장고와 트레드밀(러닝머신), 텔레비전, 각종 장난감에서도 안드로이드가 사용되는 것을 알 수 있다. 많은 전문가는 모든 종류의 장치가—단순히 태블릿이나 전화기뿐 아니라—인터넷에 연결되는 '사물 인터넷Internet of things' 시대가 오고 있다고 말한다. 우리는 그 많은 것들에 안드로이드가 이용되기를 바란다.

---

[154] 아파치 소프트웨어 재단Apache Software Foundation이 만든 아파치 라이선스는 사용자가 저작권료를 지불하지 않고도 소프트웨어를 사용하고 배포하며 라이선스의 틀 안에서 변형할 수 있도록 허용하고 있다.

애플의 접근방식은 이와는 반대다. iOS코드는 폐쇄적이며 앱스토어App Store에 올리고 싶은 애플리케이션이 있으면 애플의 공식승인을 받아야 한다. 스티브는 언제나 소비자를 위한 최고의 경험은 모든 것을 완벽하게 통제하는 데서 나온다고 믿었다. 그는 오로지 가장 뛰어난 제품을 만들 목적으로 그와 그의 회사가 벌이는 모든 세부적인 작업에 극도로 신경을 썼다. 이것은 그가 이사회에서 보통과는 다른 제품 프레젠테이션을 한 것을 보면 알 수 있다. 마치 브로드웨이 쇼처럼 언제나 고도의 조화를 이루는 방식이었다. 단순히 이사회에서 신제품을 선보이는 것만이 아니다. 작업 과정의 베일을 하나하나 벗기듯이 했다. 우리는 구글에서 정기적으로 제품관리 부책임자APM들에게 이사회에 신제품에 대한 데모(평가분석회의)를 실시하게 했다. 단순히 제품의 기능이 뛰어나다는 것을 보여줄 뿐만 아니라(물론 스티브와는 다르다!) 대학 졸업 후 한두 해밖에 안 지난 젊은 이들이(때로는 모교의 운동복 상의를 입은 채로) 이사들에게 우리가 최근에 개발한 혁신 제품을 보여주는 과장된 행동을 즐기려는 뜻도 있었다. 우리는 이런 형태의 쇼맨십을 스티브에게 배웠다.

애플의 통제 모델이 통하는 것은 단순히 스티브 잡스의 뛰어난 경영 때문이 아니라 회사의 구성방식과도 상관이 있다. 애플의 경영진은—구글처럼—기술적 배경이 있는 제품 담당자들이다. 여러분이 고도의 전문성과 창의력을 갖춘 팀을 짜고 세계적인 수준의 전문성과 창의력을 갖춘 인재에게 책임을 맡긴다면, 대개 잘못될 이유가 없기 때문에 좋은 기회를 맞이할 것이다. 그리고 잘못될 이유가 없다면 고도의 통제 모델은 놀라운 혁신을 이끌어낼 수 있다.

혁신에 관하여 이 장을 쓰면서 친구나 가족들에게 얘기하니 그들 중 누군가는 꼭 우리와 다른 스티브 잡스의 예를 거론하며 이의를 제기했다. "그렇기는 하지만 스티브 잡스는 그렇게 하지 않았잖아. 그 사람이 이룬 엄청난 업적을 보라고." 물론 그 말은 맞다. 그렇기 때문에 우리는 그들이 스티브 잡스처럼 일반인들에게 보기 드문 직감과 통찰력이 있다면 계속해서 스티브의 방식대로 하라는 대답을 해준다. 하지만 여러분이 나머지 보통 사람들과 같다면, 혁신에 관해서는 뭔가 다른 방식을 시도할 필요가 있다고 우리는 생각한다.

혁신이란 무엇인가?

혁신Innovation은 차세대의 놀라운 자산이다. 아니면 적어도 차세대의 놀라운 단어이다. 〈월스트리트 저널〉에 따르면 이 말은 어떤 형태로든 미국 기업의 연례보고서와 분기보고서에서 2011년에만 3만 3,000번 이상 등장했다고 한다.[155] 누구나 "혁신적"일 필요가 있지만[〈월스트리트 저널〉은 이 보고서에 등장한 "러다이트Luddite(컴퓨터에 의한 기술 혁신을 반대하는 사람—옮긴이)의 횟수에 대해서는 언급하지 않았지만 그건 분명히 얼마 안 될 것이다], 그 방법을 말하기 전에 먼저 혁신의 정확한 의미를 짚어보도록 하자.

우리가 볼 때, 혁신을 하려면 참신하고 유용한 아이디어의 '생산'과 '실천', 두 가지가 필요하다. '참신하다novel'는 말은 흔히 '새롭다new'는 말

---

[155] 기록에 나온 정확한 숫자는 3만 3,528이다. Leslie Kwoh, "You Call That Innovation?"(Wall Street Journal, 2012. 5. 23).

과 잘 어울리는데, 뭔가 혁신적이려면 분명히 새로운 기능을 갖출 필요가 있다. 동시에 거기에는 놀라운 것이 들어가야 한다. 고객이 이런 조건을 요구하는 상황에서 만일 여러분이 그들이 원하는 것을 제공한다면 여러분은 혁신적이라고 할 수 없다. 여러분은 그저 고객의 요구에 반응한 것에 지나지 않는다. 물론 이것도 좋지만 혁신적이라고는 할 수 없다는 말이다. 끝으로 '유용하다'는 말은 혁신의 매력을 묘사할 때는 별 감동을 못 주는 형용사일 뿐이다. 그러므로 거기에 부사를 추가해서 '엄청 유용하게'라고 바꾸겠다. 그러니까 뭔가가 혁신적이려면 '새롭고, 놀라우며 엄청 유용해야 한다'는 말이다.

스스로 주행하는 자동차를 개발하려는 구글의 프로젝트가 바로 이런 정의에 딱 들어맞는다. 이것은 새롭고 놀라우며[〈나이트 라이더Knight Rider〉(인공지능 자동차 키트가 등장하는 미국 NBC방송의 드라마 — 옮긴이)의 팬들은 제외하고] 엄청나게 유용한 것이기 때문이다. 구글은 또 해마다 500가지가 넘는 검색엔진의 개선사항을 공개하고 있다. 이것이 혁신적일까? 아니면 점진적인 변화일까? 이런 개선사항은 분명히 새롭고 놀라운 것이며 그 내용 하나하나는 자체로 유용한 것들이다. 물론 엄청나게 유용하다고 하면 과장일 수도 있다. 하지만 그 모든 것을 합칠 때, 구글의 검색엔진은 해마다 엄청난 개선을 이룬다는 말을 할 수 있는 것이다. 이런 개선사항 전체가 엄청난 힘을 발휘하기 때문이다. 500가지의 작은 발걸음이 모여서 여러분을 미처 예상치 못한 세계로 안내할 것이다.

이렇게 포괄적으로 정의내림으로써 혁신이 단지 새롭고 놀라운 것에 국한되지 않음을 강조하는 까닭이 있다. '혁신'은 대학 캠퍼스 밖의 건물에서 혁신에 종사하는 소수의 배타적인 영역에서뿐만 아니라 모든 사람에게 혁신의 기회를 제공하기 때문이다. 15년 동안 오로지 한 가지 제품에 매달리는 구글 검색팀은 자율 주행 자동차에 매달리는 구글 엑스팀과 마찬가지로 혁신적인 사업에 종사한다고 할 수 있다. 그리고 이렇게 포괄적인 정신이 새롭고 놀라운 일을 추구하는 거의 모든 사람에게 기회를 제공하는 것이다.

당신의 배경을 알아야 한다

구글 엑스에는 어떤 아이디어를 수행할 것인지 여부를 판단하는 데 사용하는 단순한 벤 다이어그램Venn diagram(서로 다른 집합들 사이의 관계를 보여주기 위한 그림―옮긴이)이 하나 있다.

첫째, 아이디어는 수억 또는 수십억 명의 사람들에게 영향을 주는 것으로서 거대한 도전과 기회를 표현하는 것이어야 한다. 둘째, 프로젝트에는 현재 시장에서 통용되는 것과는 전혀 다른 해결책을 담은 아이디어가 있어야 한다. 우리는 기존의 방식으로 일을 하면서 개선책을 찾는 것이 아니라 처음부터 새로 시작하기를 원한다. 셋째, 삶에 급진적인 해법을 가져다줄 획기적인 기술이 있어야 하며 적어도 부분적으로 실행 가능한 것이라야 한다.

룬 프로젝트Project Loon를 예로 들 수 있다. 이것은 헬륨 풍선을 이용해 수십억 명의 사람들에게 광대역 인터넷 접속의 기회를 제공하는 프로젝트로서 앞의 세 가지 사항과 일치한다. 이 프로젝트는 이미 존재하거나 입수할 수 있는 기술을 활용해 커다란 문제를 급진적으로 해결할 가능성을 보여준다(20킬로미터 상공을 떠다니며 지상의 가정에 무선 광대역 서비스를 제공하는 열기구의 규모를 상상해보라. 이것이 룬이다). 한편 시간여행이라는 것은 아마 수많은 문제를 해결해주겠지만(그리고 스포츠 도박사들을 부자로 만들어주겠지만) 아직은 기술이 따라가지 못한다(우리가 할 것으로 여러분이 믿기를 바라는지도 모르겠다 — 악마의 미소, 큐!). 구글 엑스팀은 어떤 아이디어를 수행하기 전에 먼저 그 아이디어가 앞의 세 가지 패러다임에 맞는지 검증한다. 맞지 않는다면 그 아이디어는 기각된다.

혁신의 자격을 갖추려면 혁신에 걸맞은 적절한 배경(콘텍스트)이 있어야 한다. 이런 배경은 보통 급속히 성장하며 경쟁으로 가득 찬 시장에서 발견된다(수많은 회사가 자율주행 자동차의 개발에 매달리고 있으며 이들 중 다수는 실제로 자동차 회사들이다). 빈 공간을 찾으며 외톨이로 지내지 마라. 혁신적인 접근방식을 사용하려면 현재 크거나 앞으로 커질 공간에서 선수로 뛰는 것이 훨씬 낫다. 이런 방식은 직관에는 어긋나는 것으로 비칠지 모른다. 수많은 사업가의 꿈이 번쩍이면서도 경쟁이라곤 없는 "개발에 적합한greenfield" 시장에 진입하는 것이기 때문이다. 하지만 보통 시장이 비어 있을 때는 이유가 있는 법이다. 이런 곳은 지속적으로 벤처사업을 키우기에는 바닥이 좁다. 물론 아직도 훌륭한 사업 기회가 있을 수도 있지만 — 우리가 스카이몰SkyMal(미국 온라인 쇼핑몰 — 옮긴이) 목록에서 본 바에 따르면 일부는 그런 곳에서 틈새 제품으로 돈을 번다 — 여러분이 혁신적인 환경을 조성하고 싶다면, 거대한 성장 잠재력이 있는 큰 시장을 찾는 것이 더 낫다. 구글이 검색엔진 사업에 늦게 진출했다는 사실을 기억하기 바란다.

고려해야 할 또 한 가지 요소는 기술이다. 여러분은 공간기술이 어떻게 발전할 것이라 생각하는가? 지금의 차이는 무엇이고 미래는 어떻게 변할 것으로 예상하는가? 여러분은 진화하는 세계 속에서 지속적으로 차별화를 보여줄 재능이 있는가? 구글의 엔지니어인 폴 부흐하이트가 지메일을 개발했을 때, 그는 고객 기반의 시스템 못지않게 다양한 특징과 사용자 인터페이스를 갖춘 브라우저 기반의 이메일 시스템을 만들어낼 수 있다는 데 승부를 걸고 크게 뻗어나가는 대규모의 공간(이메일)으로 혁신을 단행했다.[156] 구글에는 우수한 웹 기반의 애플리케이션을 개발할 수 있는 엔지니어가 많았기 때문에 우리는 폴의 통찰력을 성공적으로 실행할 능력을 갖추고 있었다. 따라서 혁신의 배경은 완벽했다.

CEO는 CIO가 될 필요가 있다

구글의 직원인 우디 만버Udi Manber가 수년 전 야후의 엔지니어였을 때, 이 회사는 혁신이 부족하다는 결론을 내렸다. 그래서 경영진은 문제가 불거졌을 때 잘 훈련된 MBA 출신이 하는 방식으로 대처했다. 즉, 문제를 해결하기 위해 누군가에게 책임을 맡긴 것이다. 이들은 우디에게 혁신의 책임자 자리를 맡겼고 그는 받아들였다. 하지만 자신에게 주어진 3주의 기간을 보내며 우디는 무언가 잘못된 걸 깨달았다. 경영진은 그가 혁신위원회를 설치하여 직원들이 제출한 아이디어를 활용하고 위원회가 이것

---

[156] 고객 기반의 애플리케이션은 컴퓨터 혹은 컴퓨터 구동 장치에 들어 있는 소프트웨어 프로그램을 사용한다. 브라우저 기반의 애플리케이션은 인터넷이라면 다 들어 있고 인터넷 익스플로러나 파이어폭스, 사파리 또는 크롬 같은 브라우저를 통해 접속한다.

을 검증하고 그 아이디어를 승인하는 과정을 밟기를 원했다. 다시 말해, 우디의 직책은 혁신 관료주의를 세우는 일이었다. 이것은 정말 커다란 모순이었다. 그래서 우디는 회사를 떠났다(어쩌면 그의 열두 살 난 딸이 아빠가 기술부 전 직원 앞에서 프레젠테이션하는 모습을 보고 "아빠는 기사 수백 명의 시간을 낭비하면서 그들에게 혁신을 하라고 하시네요. 그게 혁신적인 것인가요?"라고 한 말에 자극을 받았는지도 모른다). 결국 우디는 구글에 들어왔다. 그는 여기서 아주 성공적으로 일했으며 구글에서 가장 혁신적인 몇몇 제품 개발팀을 지휘했다. 물론 단순히 혁신 책임자로 일한 것은 아니다.

혁신에 대한 모든 책임을 한 사람에게 지운다는 발상은 비단 이 회사만의 유별난 특징은 아니다. 몇 년 전, 한 대형 컨설팅 업체에서 모든 회사를 대상으로 '최고혁신책임자Chief Innovation Officer(CIO)'를 임명하라고 충고하는 보고서를 발표한 적이 있다.[157] 이유가 무엇일까? 보고서의 주장에 따르면 모든 혁신 프로그램에 대한 "지휘 일원화"를 위해서라는 것이다. 이 말이 무슨 뜻인지 확실히는 알 수 없지만 우리가 분명한 것은 '지휘 일원화'와 '혁신'은 결코 한 문장에서 어우러질 수 없다는 것이다 (지금 이 문장은 빼고).

기업 경영자로서 우리는 관리하기를 좋아한다. 어떤 일이 마무리되기를 바라는가? 그렇다면 그 책임을 누군가에 맡겨라. 하지만 혁신은 전통적인 MBA 스타일의 경영전술에 완강히 저항한다. 사업에서 대부분의 다

---

[157] 이 보고서는 액센츄어 혁신실행그룹의 북미 관리이사인 에이디 앨런Adi Alon이 작성했다. Adi Alon, "10 Ways to Achieve Growth Through Innovation"(*TMC News*, 2010. 3. 9). 또 Wouter Koetzier and Adi Alon, "You Need a Chief Innovation Officer"(Forbes.com, 2009. 12. 16).

른 일과는 달리 혁신은 누가 소유할 수도 없고 명령할 수도 없으며 계획을 세울 수도 없는 것이다. 야후 시절의 경험을 우리에게 들려줄 때 우디가 말한 대로, "혁신적인 사람에게는 혁신하라는 말을 해줄 필요가 없다. 혁신을 허용하기만 하면 된다." 즉, 혁신은 유기적으로 발전해야 한다. 혁신은 아이디어가 자연발생의 돌연변이처럼 생겨나 시작부터 성취하기까지 길고 험한 단계를 거치는 노정의 최종 목적지다. 이 노정에서 강력한 아이디어는 지지자와 모멘텀(추진력)을 축적하며 약한 것은 낙오한다. 이런 진화를 충족하는 과정이란 것은 없다. 혁신의 중요한 특징은 절차적 과정이 없다는 것이다. 혁신은 아이디어를 위한 자연선택이라고 보면 된다.[158] 다윈의 《종의 기원》식으로 설명하자면 다음과 같다.

생존 가능한 '아이디어'보다 더 많은 것들이 태어나고 있고 그에 따라 생존을 위한 투쟁이 빈번하게 반복되고 있다. 그 결과, 복잡하면서도 때로 변화무쌍한 생존 조건 속에서, 조금이라도 이익이 되는 방향으로 변한다면, 그 어떤 '아이디어'라도 생존 확률이 높아진다. 이렇게 자연의 선택을 받게 된다.[159] (추신: 비록 우리가 진화론자라 해도 6일 만에 그렇게 놀라운 만물을 창조할 수는 없다.)

---

158 아이디어의 자연선택이라는 일반적인 발상은 적어도 리처드 도킨스Richard Dawkins가 《이기적 유전자》에서 '밈meme'의 개념을 소개한 1976년으로 거슬러 올라간다. 하지만 우리가 말하는 것은 짐 콜린스Jim Collins와 제리 포라스Jerry Porras가 《성공하는 기업들의 8가지 습관Built to Last》에서 여러 가지 많은 작용을 유지하는 방법으로서 "가지 뻗기와 가지치기branching and pruning"라는 개념으로 묘사한 것과 더 비슷하다. Jim Collins and Jerry I. Porras, *Built to Last: Successful Habits of Visionary Companies*(HarperBusiness, 1994), pp.148~154. 변형과 선택이 창의성을 특징짓는 자세한 정보에 대해서는 다음 책 참조. Dean Keith Simonton, *Origins of Genius: Darwinian Perspectives on Creativity*(Oxford University Press, 1999).
159 Charles Darwin, *The Origin of Species*(Digireads.com edition, 2007), p.17.

혁신을 원하는 회사라면, 그러니까 모든 회사는, 창조의 다양한 요인이 자유롭게 주어지고 새롭고 흥미로운 방법으로 충돌을 억제하는 환경을 만들며 시작할 필요가 있다. 그런 다음에 이렇게 새로운 창조 욕구에 시간과 자유를 주어 진화하고 살아남거나 아니면—더 빈번한 경우로—낙오하거나 사라지게 하는 것이다. 최고혁신책임자의 자리는 자연발생prim-ordial ooze을 이끌어낼 힘이 없으면 실패하게 되어 있다(자연발생적 분비물이 있어야 오르가슴의 탄성이 나오듯이). 달리 표현하자면 CEO는 CIO가 되어야 한다. 신은 지상의 자연발생이라는 현상을 창조했지, 이 임무를 위임한 것은 아니다.[160]

자연발생 분비물의 문화를 만들어내는 것은 새로운 아이디어가 아니다. 토머스 에디슨은 19세기에 멘로 파크에 있는 자신의 실험실에 특유의 "벽에 붙는지 안 붙는지 한번 던져보라"라는 환경을 조성해서 유명해졌다. 20세기에 미국의 전신전화회사 AT&T의 벨 연구소와 팔로알토에 있는 제록스 연구소PARC는 혁신의 산실로 명성을 떨쳤다. 하지만 지금은 진화론자들이 투쟁을 펼치던 시대와는 속도와 규모에서 차이가 난다. 인터넷은 누구에게나 창조의 도구를 제공한다. 더욱이 인터넷은 원형을 만들어내고 이전에 필요했던 시간을 단축해 의미 있는 데이터를 모으는 길을 열어준 이상적인 실험장이기도 하다. 다윈이 말하는 종의 진화에는 이언eon(지질학적 시간)이 소요되지만 오늘날 아이디어의 진화 과정은 전문성과 창의력을 겸비한 인재의 손에 들어오면 인터넷의 속도로 이루어질 수

---

[160] 여러분이 무신론자라면 이 말은 그저 비유일 뿐이다. 여러분은 신을 믿지 않겠지만 신도 CEO를 믿지 못할 것이다.

있고 또 그렇게 되어야 한다.

혁신의 자연발생 분비물은 신생기업의 환경에서, 다시 말해 문화가 아직 신선하고 회사 전체가 세상에 맞서는 정신이 있을 때 쉽게 형성된다. 신생기업에 합류하는 사람은 리스크를 두려워하지 않는다. 바로 이것이 그들을 벤처사업으로 끌어들이는 부분이다. 하지만 일단 회사의 인원이 대강 500명을 넘어서면 좀 더 리스크를 싫어하는 종업원을 끌어들이기 시작한다. 물론 이들이 전문성과 창의력에서 뛰어난 자질을 갖고 있을 수도 있지만 단순히 먼저 리스크를 무릅쓴다고 볼 수는 없다. 사실 누구나 혁신적인 것은 아니다. 그러므로 자연발생 분비물은 혁신자에게 단순히 혁신을 허용하는 것을 넘어 그 밖에 누구나 참여하고 성장하게 만들 필요가 있다.

몇 년 전에 우리 두 사람은 사업가이자 음악가인 데릭 시버스Derek Sivers의 테드 토크TED talk(미국의 비영리재단 테드에서 정기적으로 열리는 기술, 오락, 디자인에 관련된 강연—옮긴이)를 보고 매혹된 적이 있다.[161] 그는 야외 콘서트에서 미친 사람처럼 계속 혼자서 춤을 추는 비디오를 보여주었다. 맨발에 셔츠도 입지 않은 이 남자는 언덕배기에 서서 야성적인 몸짓으로 인생 최고의 시간을 보내는 것 같았다. 처음에 20피트(6미터) 거리 안쪽에는 아무도 보이지 않았다. 그러다가 대담한 사람 하나가 이 춤에 합류하고 계속 한 사람씩 늘어나더니 마침내 수문이 열리듯 여러 사람이 합세했다. 수십 명이 몰려들어 한 사람밖에 없던 무대를 가득 채운 것이다. 데릭은 이것을 '첫

---

[161] Derek Sivers, "Derek Sivers: How to Start a Movement"(*TED*, 2010. 2), http://www.ted.com/talks/derek_sivers_how_to_start_a_movement.html.

추종자first follower 원리'라고 부른다. 하나의 운동을 창출할 때 가장 중요한 단계는 첫 번째 추종자를 끌어들이는 것이라는 말이다. "첫 번째 추종자가 외로운 미치광이를 지도자로 바꿔놓는 거죠." 혁신의 자연발생은 혁신을 원하는 사람들에게—언덕배기에서 외롭게 춤을 추던 괴짜—하던 일을 계속하도록 격려할 필요가 있다. 또 이것 못지않게 중요한 것은 혁신적인 일에 합류하고 싶어 하는 사람들에게—춤추는 괴짜 두 명이 200명으로 늘어나는 식으로—역시 그렇게 하도록 격려할 필요가 있다는 것이다. 바로 이 때문에 업무나 분야를 막론하고 혁신을 회사조직에 융화시킬 필요가 있다. 혁신을 특정 집단에 국한시킨다면 혁신자를 이 집단에 끌어들일지는 몰라도 첫 추종자는 확보하지 못할 것이다.

페어차일드Fairchild 반도체와 인텔의 공동창업주인 로버트 노이스Robert Noyce는 "낙관주의는 혁신의 필수적인 구성요소다. 이 밖에 무엇으로 개인이 안전을 벗어나는 변화와 안정적인 자리를 해칠지도 모르는 모험을 기꺼이 받아들이게 만들겠는가?"라고 했다.[162] 새로운 아이디어를 찾고 하고 싶은 일에 미칠 만큼 전문성과 창의력을 갖춘 사람들을 채용하라. 여러분은 그런 낙관적인 사람들을 찾아야 한다. 그런 다음에 그들에게 변화와 모험에 뛰어들 공간을 제공하는 것이다.

---

[162] Leslie Berlin, *The Man Behind the Microchip: Robert Noyce and the Invention of Silicon Valley*(Oxford University Press, 2005), p.264.

사용자에 초점을 맞춰라

2009년 후반에, 검색엔지니어팀은 한동안 원활하게 개발이 진행되던 제품의 견본을 우리에게 보여주었다. 아주 단순한 아이디어에 토대를 둔 것으로서, 사용자들이 리턴 키를 칠 때까지 기다리지 않아도 질문을 입력하는 동안에 검색 결과를 띄워주면 어떨까 하는 것이었다. 우리는 언제나 속도가 검색의 질을 결정하는 핵심 요인의 하나라고 믿었고 10분의 1초 사이에 수많은 검색에 대한 답변을 해줄 수 있는 것에 자부심이 있었다. 하지만 이때의 시간은 사용자가 실제로 질문을 입력한 이후에 흐르기 시작하는 것을 말한다. 질문을 입력하는 데에도 몇 초의 시간이 걸릴 수 있다. 이때 우리가 끝까지 기다릴 필요가 없다면 어떨까? 사용자가 입력하는 것과 동시에 우리가 결과를 보여준다면? 우리가 일단 견본을 본 뒤 결정은 간단하게 이루어졌다. 무료검색과 유료검색 양쪽에서 작업에 들어갔고 몇 달 뒤, 이 제품은 구글 순간검색Google Instant이라는 이름으로 세상에 나왔다.

이 제품이 출시되기 몇 주 전에 조너선은 직원회의를 진행하다가 근본적인 의문이 들었다. 순간검색이 이익에 어떤 효과를 줄 것인가 하는 의문이었다. 아마 입력과 거의 동시에 결과가 뜬다면 사용자는 광고를 클릭하지 않을 가능성이 있을 것이다. 그래서 그는 팀원들에게 잠재적인 이익 효과에 대하여 쓸 만한 데이터를 충분히 확보했는지 물었다. 그러지 못했다는 대답이 돌아왔다. 누군가 이 문제를 조사해야 한다는 데 전원이 의견일치를 보았다. 이후 이들은 출시계획을 짜면서 모든 절차를 진행했다. 조너선이 근무했던 다른 회사에서는 어디서나 제품 승인을 받기 전에 그

제품이 시장에 뛰어들 필요가 있는지 판단하는 중요한 기준이 재무 분석이었다. 이 제품은 얼마나 이익을 올릴 것인가? 투자수익률ROI은 얼마나 될 것인가? 또 자본회수기간은? 우리는 출시를 몇 주 앞두고 구글의 핵심 제품에 대변화가 생길 기회를 맞았다. 그리고 누구도 상세한 재무 분석을 완료하지 못했다. 이 제품은 사용자들에게 분명히 엄청난 것이었고, 우리는 모두 이것을 출시하는 것은 최고의 사업적인 결정임을 알았다.

구글 순간검색이 출시되고 나서 이익에는 미미한 변화밖에 없었다. 그런데 구글은 재정적으로 훨씬 효과가 뛰어난 다수의 다른 제품을 동시에 출시했다. 2012년에 출시한 지식 그래프Knowledge Graph는 알고리즘 방식으로 검색된 전체 정보를 간결하게 요약한 칸으로 웹 페이지 오른쪽 날개에 인물과 장소, 사물에 대한 답변을 올려놓았다. 이것은 질문과 가장 밀접한 사실을 읽기 쉽게 상자 안에 모아놓은 형식이다. 대부분의 질문에 대해 이전에 해당 페이지의 이 부분에 나온 광고 대신 상자를 띄우는 것이다. 이것으로 이익은 조금 줄었다. 2011년 초에 우리는 일정한 유형의 웹사이트에서 질적 수준을 떨어뜨리는 검색 알고리즘에 일련의 변화를 주었다. 사용자의 클릭이 볼품없는 사이트로 연결되는 결과를 원치 않았기 때문이다. 여기서 질문의 12퍼센트 가까이에 영향을 미치는 '팬더panda(저질 사이트의 검색 결과 순위를 낮추고 양질 사이트의 순위를 상위에 올릴 목적으로 순위 알고리즘에 변화를 준 프로그램—옮긴이)'라는 제품이 나오게 된다. 그리고 영향을 받은 사이트의 다수는 구글의 광고 네트워크에 속했기 때문에 이런 변화가 구글의 이익에 타격을 준 것이다.

인터넷 시대, 구글은 사용자의 신뢰가 달러나 유로, 파운드, 비트코인(온라인 가상화폐) 등 어느 화폐 못지않게 중요하다는 사실을 알고 있다. 기업이 지속적으로 성공을 유지하려면 우수한 제품만이 유일한 길이다. 이런 의미에서 제품 전략과 관계된 구글의 최고 지침은 사용자에 초점을 맞추는 것이다(이색적인 문명의 내부 발전에 저촉되지 않는 한). 래리와 세르게이가 기업공개 서신에서 말한 대로, "우리의 진심에서 우러나는 것, 언제까지나 변치 않을 우리의 제일 원칙은 최종 사용자를 위해 복무하는 것이다."

하지만 사용자에게 초점을 맞춘다는 것은 우리가 할 말의 절반일 뿐이다. 완전한 문장으로 표현한다면 "사용자에게 초점을 맞추면 나머지는 모두 따라올 것이다"라는 말이 될 것이다. 이 말은 우리가 언제나 사용자에게 올바른 일만을 추구한다는 뜻이며 전문성과 창의력을 갖춘 구글의 인력이 거기서 돈을 버는 방법을 찾아낼 것을 믿는다는 뜻이다. 그러자면 시간이 걸릴 것이고 이런 원칙을 유지하기 위해서는 자신감이 넘쳐야 할 것이다.[163] 하지만 충분히 가치가 있는 일이기도 하다.

2004년 조너선과 구글 동료인 제프 후버Jeff Huber는 현장 견학차 세르게이를 키홀Keyhole이라는 작은 신생기업의 모임에 데려간 적이 있다. 조너선이 익사이트앳홈에 있을 때 최초의 제품개발 관리자로 채용한 제프는 광고팀의 수석 엔지니어 중 한 사람이었다.[164] 그리고 키홀의 공동창업자 중 한 사람인 브라이언 맥클렌던Brian McClendon은 제프, 조너선과 함

---

[163] 어쩌면 여러분은 단순히 자신감만이 아니라 자본도 필요하다고 말할지 모르겠다. 회사의 측면으로 볼 때, 고객에게 큰 이익을 주면서도 연관된 수익이나 이익이 없는 제품은 내놓을 수 없는 대부분의 중소기업은 어떻게 할 것인가? 이때도 사용자에게 초점을 맞춰야 한다. 다만 가능하면 아이디어가 입증될 때까지는 규모와 투자를 줄여야 할 것이다. 이때도 이익 전망은 밝을 수 있다. 사용자의 가치를 입증한다면 이런 상황은 확실한 데이터에 기초해 자금을 조달할 기회로 변하기 때문이다.

[164] 수년간 구글 웹사이트에 뜬 제프의 경력사항을 보면, 그에게는 하버드의 석사학위가 있었다. 실제로 경영대학원을 졸업한 것이다. 하지만 제프는 자신의 기술적 행동방식을 해치지 않으려고 이 사실을 말하지 않았다.

께 익사이트앳홈에서 같이 근무하던 사이였다. 키홀은 시각화와 지도의 상호작용에서 아주 뛰어난 방법을 개발했는데, 세르게이는 이것을 보자마자 즉석에서 이 회사를 사들여야 한다고 결정했다.

몇 주 후에 세르게이는 이사회에 키홀 인수 건의 승인을 요청했다. 이사들이 이 기술로 어떻게 돈을 벌 것인지 묻자 그는 간단하게 대답했다. "그 질문에 대해서는 조너선에게 대답을 넘기죠. 조너선은 사업가니까요." 의자에 등을 기대고 앉아서 세르게이의 프레젠테이션을 느긋이 보고 있던 조너선은, 키홀을 인수해서 구글이 돈을 버는 방법에 대해 정확하게 백지 사고zero thought(어떤 문제에 대한 편견과 고정관념을 배제하고 백지 상태에서 판단하는 방식—옮긴이)를 드러냈다[그가 어떤 결론을 내렸는지는 2년 뒤, 조너선이 구글의 쿨에이드를 열심히 마시는 것이 똑똑히 증명해준다(1978년 '존스타운 대학살'로 알려진 사교집단의 자살사건에서 쿨에이드에 독약을 타 마신 일에서 비롯된 표현. 여기서는 구글의 철학·가치관을 따른다는 의미—옮긴이)]. 조너선은 지금도 기억날 만큼 분명치 않은 대답으로 일관했다. 진실은, 키홀을 인수해서 어떻게 구글에 이익을 남길 것인가에 대해 당시에는 아무런 방안도 갖고 있지 않았다. 이사회는 세르게이의 판단을 믿기로 하고 그에게 거래를 성사시키도록 했다. 8개월 뒤에 키홀의 기술을 토대로 한 구글 어스Google Earth가 출시되었다. 이 제품은 즉시 사용자들에게 성공적인 반응을 얻어 수백만 달러를 벌어들였다. 이 앱에 광고도 싣지 않고 무료로 배포했는데 어떻게 이럴 수 있었을까? 구글 어스를 출시하고 얼마 지나지 않아, 전문성과 창의력을 갖춘 구글러 순다 피차이는 구글 어스를 다운받아 설치하는 사람들은 동시에 구글 툴바에도 관심이 있을 수 있다는 것을 깨달았다. 툴바는 브라우저에 연결된 단순한 유틸리티였다. 여기에는 사용자에게 흥미로운 기능이 많이 들어 있었는데 그중의 하나가 브라우저 인터페이스에 항상 들어 있는 작은 구글 검색상자였다. 툴바를 설치한 사람은 구글 닷컴에 접속하지 않고도 구글 검색을 시작할 수 있기 때문에 더 많은 검색을 하고 더 많은 광고에 클릭하며 더 많은 이익을 올려주는 경향이 있었다. 순다의 아이디어는 몇몇의 반발을 사기도 했지만 우르스 휠즐의 협조로 신속하게 시행될 수 있었다.

이렇게 단순한 통찰이—어스를 다운로드하는 사람들이 똑같이 툴바를 설치하는 데 관심을 둘 수도 있다는—툴바의 사용자 기반(유저베이스)을 엄청나게 늘렸고 여기서 많은 이익이 발생했다. 하지만 조너선이 이사회에 답변하도록 요청받은 그날, 그는 어떤 방법으로도 이런 일을 예상할 수 없었다. 돌이켜보면 당시 우리가 할 바른 대답은 "나도 몰라요. 하지만 분명히 이익을 남길 방법을 찾아낼 겁니다"였을 것이다.

사용자에 초점을 맞추면, 돈은 따라온다. 이런 사고방식은 특히 사용자와 고객이 서로 다른 환경에서는, 그리고 여러분의 고객이 사용자에 초점을 맞춘다는 여러분의 가치관을 공유하지 않을 때는 버티기가 힘들 것이다. 2012년 구글이 모토롤라를 인수했을 때, 조너선이 처음 참석한 모토롤라 회의에서 세 시간 동안 제품 평가를 한 적이 있었다. 이 자리에서 관리자들은 모토롤라 전화기 전 기종의 특징 및 세부적인 내역을 보여주었다. 그들은 계속 고객 요구사항에 대해 언급했는데, 조너선으로서는 대부분 별로 이해할 수 없는 것이었다. 그가 알고 있는 전화기 사용자들의 바람과 잘 조화되지 않는 것들이었기 때문이다. 점심시간이 끝나자 경영진 중 한 사람이 조너선에게 모토롤라가 말하는 '고객'은 전화기를 사용하는 사람이 아니라 회사의 실질적인 고객, 즉 버라이즌Verizon과 AT&T 같은 통신사라고 말했다. 통신사는 사용자에 초점을 맞추는 것이 당연할 것 같지만 늘 그렇지는 않다는 말이었다. 모토롤라가 초점을 맞추는 대상은 사용자가 아니라 협력업체였다.

구글에서 사용자는 구글 제품을 사용하는 사람들이고 고객은 구글의 광고와 라이선스를 사는 기업들이다. 이 둘 사이에서 갈등이 일어나는 일은 드물지만 이런 일이 발생할 때 우리는 사용자 쪽에 선다. 여러분이 어떤 업종에 종사하든 이 방식을 따라야 한다. 사용자는 그 어느 때보다 막강한 힘을 지녔다. 그리고 잡동사니 제품 따위에 관용을 베풀지는 않을 것이다.

큰 틀에서 생각하라

우리의 동료인 빈트 서프는 환경이 척박하고 공간이 엄청나게 거대한 공간에서 작동할 새로운 통신규약(네트워크 프로토콜)에 매달리고 있었다. 빈트의 말에 따르면, 그는 25년 뒤에 필요하게 될 환경에서 자신이 무엇을 할 수 있을 것인지 스스로 물어본 다음에 이 프로젝트를 시작했다고 한다.[165] 그가 말하는 환경이란 행성 간 인터넷interplanetary Internet이었다. 큰 틀에서 생각하지 않는다고 빈트를 나무랄 수 있는 사람은 아무도 없었다.

---

[165] Adam Mann, "Google's Chief Internet Evangelist on Creating the Interplanetary Internet" (*Wired.com*, 2013. 5. 6).

하지만 나머지 사람들을 생각하면 얘기는 전혀 다르다. 아마 이것이 인간의 본성이거나 기업의 본성인지도 모른다. 사람들은 변화의 토대에서 생각하거나 은하계의 차원에서 생각하기보다 대개 점진적인 발전의 틀에서 생각하는 경향이 있다.¹⁶⁶ 우리의 동료인 레지나 듀건Regina Dugan은 구글에 인수된 모토롤라에 들어오기 전에 방위고등연구계획국DARPA의 국장이었는데¹⁶⁷ 사람들이 "파스퇴르의 4분면Pasteur's Quadrant"¹⁶⁸에서 일할 때, 어떻게 혁신이 발생하는지에 대해 종종 얘기한다. 파스퇴르의 4분면이란, 현실세계의 문제를 해결하려는 사람들이 기초과학을 발전시키려고 노력하는 공간을 말한다. 하지만 대부분의 기업은 이와는 반대되는 공간, 즉 "과학에 흥미 없고 추구하는 목표에 아무도 관심을 쏟지 않는 공간으로 쏠린다. 따라서 재능은 있음에도 더 자주 프로젝트가 실패하는 것이다."¹⁶⁹

---

166 사람들은 상상력의 빈곤을 고민하지 않는다. 원대한 비전을 품은 사람은 많지만 실용주의적 사고 때문에 이 꿈을 현실로 전환하는 노력은 차단되고 만다. 이것은 심리학자들이 말하는 기대–가치 이론expectancy–value theory으로 설명된다. 어떤 목표를 추구할 것인지 결정할 때, 사람들은 기대되는 이익과 성공 확률 두 가지를 모두 고려한다. 이런 계산은 종종 아주 야심 찬 계획을 가로막을 때가 있다. 당연히 실패 확률이 높기 때문이다. 하키 명예의 전당에 오른 웨인 그레츠키Wayne Gretzky는 슛을 하지 않으면 골을 넣을 수 없다는 말을 했다. Allan Wigfield and Jacquelynne S. Eccles, "Expectancy–Value Theory of Achievement Motivation"(*Contemporary Educational Psychology*, 2000. 1). Jacquelynne Eccles and Allan Wigfield, "Motivational Beliefs, Values, and Goals"(*Annual Review of Psychology*, 2002).
167 DARPA는 미 국방부 산하 조직이다.
168 파스퇴르의 4분면이라는 발상은, 최근에 루이 파스퇴르Louis Pasteur를 기초과학과 응용과학을 동시에 연구한 전형적인 인물로 본 정치학자 도널드 스토크스Donald Stokes에게서 나온 것이다. 기초과학의 발전에 매달리는가 여부와 현실세계의 문제해결에 매달리는가 여부에 따라, 2×2의 행렬을 이상적으로 조합한 도식이 4분면이다. Donald E. Stokes, *Pasteur's Quadrant: Basic Science and Technological Innovation*(Brookings Institution, 1997).

"큰 틀에서 생각하라!"
나란히 차를 몰고 가는데, 생각의 범위가 다른 남자들.

이것이 구글의 제품평가 때 에릭과 래리가 기술 및 제품 관리자들에게 "당신들은 큰 틀에서 충분히 생각하지 않는다"라고 힐난하는 이유다. 끝없는 정보와 가용성, 컴퓨터의 성능을 갖춘 인터넷 시대에는 누구나 세계적인 차원의 기술을 활용할 수 있다. 하지만 과거의 제한적 사고방식에 매몰된 사람이 너무도 많다. "당신들은 큰 틀에서 충분히 생각하지 않는다"는—래리 페이지는 훗날 이 말을 "열 배로 생각하라 think 10X"라는 지시로 바꿨다—그런 습성을 개선하는 데 도움이 된다. 여기에는 가능과 불가능을 조절하는 기교도 포함된다.

큰 틀에서 생각할 때의 명백한 이점은, 이것이 전문성과 창의력을 가진 사람들에게 더 많은 자유를 허용한다는 것이다. 대신 강제성은 억제하고 창의력을 자극한다. 구글 엑스의 책임자인 아스트로 텔러 Astro Teller는 주행 거리를 10퍼센트 늘린 자동차를 만들고 싶으면 현재의 디자인만 개조하면 되지만, 갤런당 800킬로미터를 달리는 자동차를 만들고 싶을 때는 처음부터 다시 시작해야 한다고 말한다. 이런 사고 과정이 있어야—어떻게 다시 시작할 것인가?—전에는 생각하지도 못한 아이디어를 자극할 수 있는 것이다.

이 밖에도 큰 틀에서 사고할 때 나오는 이점은 또 있다. 큰 승부를 걸면 규모 때문에 성공 확률이 높아지는 경우가 종종 있다. 다만 실패할 경우 회사가 감당하지 못할 뿐이다. 이와 달리 생존을 위협하지 않는 작은 규모의 승부를 계속 건다면 여러분은 결국 평범한 수준을 벗어나지 못

---

169 Regina E. Dugan and Kaigham J. Gabriel, "'Special Forces' Innovation: How DARPA Attacks Problems"(*Harvard Business Review*, 2013. 10).

할 것이다. 우리는 사업을 하면서 이런 이치를 끊임없이 깨닫게 된다. 별로 뛰어나다고 할 수 없는 제품을 대량생산하는 회사가 이런 경우라고 할 수 있다. 구글이 모토롤라를 인수하고 조너선이 새 CEO인 데니스 우드사이드Dennis Woodside를 돕기 시작했을 때, 그는 이 회사의 전화기가 10여 종이 되는 것을 알았다. 각 기종은 시장조사에 따라 밀레니엄 세대, X세대, 베이비붐 세대, 사커 맘soccer moms(자녀를 스포츠, 음악 교습 등의 활동에 데리고 다니느라 여념이 없는 전형적인 중산층 엄마 — 옮긴이) 등 특수 공략대상이 있었다. 이런 전략의 배후에는 나름대로 논리가 있었지만—서로 다른 통신사들이 그들만의 독특한 모델을 원했다—결국 그 논리는 평범한 전략이 불규칙하게 퍼지는 결과로 이어졌다. 각 기종에 자체의 제품 담당자들이 매달리며 우수한 제품을 만들려고 무척 애를 썼고 이들은 자신이 담당하는 제품만 우수하면 회사가 살아남는다고 생각하고 있었다(데니스는 이런 전략에 담긴 문제점을 대대적으로 시정했고 구글이 2014년에 모토롤라를 레노버에 매각할 때까지 훨씬 더 사용자에 초점을 맞추는 전략으로 바꿨다).

다른 한편으로, 아이폰이 인기상품이 된 까닭은 정확하게 말해 애플이 제조하는 유일한 전화였기 때문이다. 만일 차세대 아이폰의 개발에 문제점이 드러나면 그것을 해결할 계획이 나오기 전까지는 담당 부서의 사람들은 아무도 집에 가지 못한다. 애플의 제품군이 몇 안 되는 것은 우연이 아니다. 이중 어떤 제품도 실패를 하면 안 되는 구조다.

또 큰 문제의 책임을 떠맡는 것은 더 쉬울 수도 있다. 도전의 대상이 더 클수록 큰 재능을 발휘하게 된다. 다시 말해 커다란 도전적 과제와 고도의 전문성과 기술력을 갖춘 인재 사이에는 공생관계가 성립한다고 할 수 있다. 힘든 과제를 해결했을 때 이들은 공동의 행복을 맛보기 때문이다.

감당할 수 없는 사람에게 큰 과제를 주면 그들은 불안해질 수밖에 없다. 반대로 적재적소에 사람을 쓰면 그들은 기쁨을 맛볼 것이다.[170] 임무를 감당하는 사람들은 그런 기쁨을 맛보려고 힘든 과제를 해결하는 것을 즐거워한다. 또 사회학자이자 경영의 달인 로자베스 모스 칸터Rosabeth Moss Kanter가 지적한 대로, 이런 기쁨에서 아주 현실적인 이익이 발생할 수 있다. 현장에서 새로운 기술로 새로운 동료와 일하는 환경은 명성을 드높이는 계기가 될 수도 있으며 경제학자들은 이것을 그들의 인적 자본human capital에 투자한다고 설명하기도 한다.[171] 이런 점에서 큰 틀에서 생각하는 것은 전문성과 창의력을 가진 인재를 끌어들여 근무하게 하는 강력한 도구이기도 하다. 가령 여러분이 전문성과 창의력을 가진 상태에서 대학을 갓 졸업했다고 쳐보자. 이때 두 군데에서 취업 제안이 들어온다. 사실 둘 다 똑같고 한 가지 차이밖에 없다. 한 회사에서는 열 배의 개선효과를

---

[170] 이 아이디어는 심리학자인 미하이 칙센트미하이Mihaly Csikszentmihalyi와 그가 말한 "플로flow"라는 개념에서 나온 것이다. 플로는 여러분이 한결같이 자신의 일에만 매달릴 때, 마치 시간이 정지한 것처럼 기쁨에 가득 찬 심리 상태를 말한다. 칙센트미하이는 "여러분의 온 정신을 쏟고 여러분의 기술을 최대로 쏟아부을 때" 이런 상태가 된다고 말했다. 플로는 고도의 도전적인 과제와 그에 맞서는 여러분의 능력이 이상적인 결합을 할 것을 요구하기 때문에 드물고 또 귀중한 것이다. 과제가 지나치게 어렵고 능력이 딸린다면 여러분은 불안해질 것이다. 또 자신의 능력에 어울리지 않는 과제라면 지루해질 것이다. 전문성과 창의력을 가진 인재를 관리하는 방법의 하나는 플로 상태가 더 자주 발생할 수 있도록 기회를 만드는 것이다. John Geirland, "Go with the Flow," *Wired*, 1996. 9.; Mihaly Csikszentmihalyi, *Flow: The Psychology of Optimal Experience*(Harper & Row, 1990).

[171] 로자베스 모스 칸터는 공동체와 조직에 헌신하는 행위에 대한 자신의 연구를 소개하며 지식 노동자들은 "커다란 책임과 자신의 기술을 더 확장할 기회를 보고 달려든다"라고 말한다. '여간해서 움직이지 않는' 작업환경(자리를 자주 비우지 않고 비워도 마지못해 비우는 환경)에는 기회와 권한도 따라온다. 최고의 고객을 위해 최고의 도구를 갖추고 가장 앞서 나가는 일은, 미래에 한층 더 큰 책임과 보상을 약속하기 때문에 그들의 현재에 더더욱 중요하다. 지식 노동자들은 재정상의 자본 못지않게 자신의 인적 자본 및 기술과 목표달성이라는 개인적인 가치를 추구하려고 한다. Rosabeth Moss Kanter, *Evolve!: Succeeding in the Digital Culture of Tomorrow*(Harvard Business School Press, 2001).

위해 뛰는 것을 좋아하고 또 한 회사에서는 10퍼센트 증진이라는 목표를 세운다. 여러분이라면 어느 쪽을 택하겠는가?

우리의 친구 마이크 캐시디Mike Cassidy는 전문성과 창의력을 갖춘 인재를 확보하기 위해 열 배로 생각하는 습관의 힘으로 끌어들인 좋은 예라 할 수 있다. 루바Ruba라는 회사의 공동창업주인 마이크는 우리가 2010년에 루바의 지적 재산권을 사들인 뒤에 구글에 합류해서 자신의 팀원을 채용했다. 마이크는 연쇄 창업가serial entrepreneur(연속하여 새 사업체를 설립하는 기업가―옮긴이)였고 루바는 그가 네 번째로 창립한 회사였다. 두 번째 회사는 다이렉트 히트Direct Hit라는 검색엔진 전문 회사로 잠시 구글과 경쟁하다가 애스크 지브스에 매각되었다. 이런 사정으로 우리는 마이크가 구글이라는 모기업을 떠나 새 회사를 차리는 것은 시간문제라고 보았다. 시간이 지나면서 우리는 마이크가 무엇에 매달리는지 주의를 소홀히 하게 되었는데, 간혹 본사 주변에서 볼 때면 그가 아직도 구글러라는 것을 알 정도였다. 그러다가 2013년 6월에 구글은 룬 프로젝트를 발표하게 되었다. 앞에서 언급한 대로 헬륨 풍선을 이용해 아직 혜택을 못 보는 50억 명의 사람들에게 광대역 인터넷 접속을 가능하게 하는 것을 목표로 하는 구글 엑스 프로젝트였다. 이때 항공우주공학 학위가 있는 마이크가 룬 프로젝트를 지휘한 인물 중 한 사람이며 1년이 넘도록 이 프로젝트에 매달려왔다는 사실이 밝혀졌다. 뭔가 대담한 일을 할 기회가 주어지지 않았다면 아마 마이크는 구글을 떠났을 것이다. 이렇게 지속적으로 기술의 경계를 허물고 큰 틀에서 생각함으로써 우리는 전문성과 창의력을 갖춘 인재를 잡아둘 수 있었다.

그리고 래리가 가끔 말하듯이, 크고 중요한 일을 하다 보면 비록 마이크 캐시디처럼 직접 이런 일에 관여하지 않는 사람이라고 해도 이것을 보고 영감을 받는다. 우리는 구글에서 일하는 사람들이 직무의 "열 배를 한다"는 말을 하는 것을 종종 듣는다. 이런 말을 하는 사람의 직무는 회사에 명성을 안겨준 대담한 프로젝트와는 전혀 상관없는 것이 대부분인데도 그렇다. 대개는 영업직이나 법무직, 재무직이지만 이들은 누구나 할 것 없이 회사 내에 널리 퍼진 "달을 향해 쏴라"라는 정신에 감동을 받는다. 큰 틀에서 생각하는 것은 사람을 끌어들이고 일하게 만드는 아주 강력한 도구일 뿐만 아니라 전염성이 있는 것 같다.

(거의) 이룰 수 없는 목표를 세워라

진부한 사고에 길들여진 회사의 관리자는 익힌 재주가 많으며, 연간 목표나 분기별 목표 같은 것이 그런 재주 중에서도 윗자리를 차지한다. 목표를 설정하는 데는 일정한 솜씨가 필요하다. 목표를 너무 낮게 잡으면 분기 말에 목표를 "기적적으로" 초과달성하여 자신이 잘한 것처럼 보이려고 할 것이 분명하다.[172] 하지만 너무 높게 잡으면 실패에 대한 리스크를 감수해야 한다. 비결은, 어려워 보이면서도 실제로는 쉽게 달성할 있는 목표의 최적치를 찾아내는 데 있다. 그러면 분기 말과 연말에 100퍼센

---

[172] 영업 활동을 하며 인위적으로 목표를 낮게 잡고 대폭으로 초과달성하는 행위를 샌드배깅sandbagging(물을 막기 위해 모래주머니를 쌓는다는 뜻으로 여기서는 실행 가능한 수준보다 목표치를 낮게 잡아 실적을 돋보이게 하는 행위를 말함 ― 옮긴이)이라고 한다. 구글에서 처음에 영업 책임자로 일한 오미드 코르데스타니는 주기적으로 모래주머니로 이루어진 작은 규모의 분기별 실적을 회사에 보고하여 '샌드배거'라는 별명을 얻었다.

트 달성이라는 표시로 가득한 완벽한 성적표를 받아볼 것이다.

1999년 후반에 존 도어John Doerr는 구글에서 프레젠테이션을 하며 회사에 변화를 주는 방안을 제시했다. 그것은 창업주들이 강조하는 "큰 틀에서 생각하라"라는 정신을 제도화하는 단순한 도구였다. 존은 구글 이사회의에 참석했는데, 그의 사업체인 클라이너 퍼킨스Kleiner Perkins가 최근에 구글에 투자를 했다. 주제는 (앞 장에서 언급한) OKR(개인의 목표와 핵심 결과)에 따라 경영하는 방안에 관한 것으로, 이것은 그가 인텔의 전 CEO인 앤디 그로브Andy Grove에게 배운 방법이었다.[173] "덜 약속하고 더 해주는" 전형적인 목표를 가진 기업과 OKR을 구분해주는 몇 가지 특성이 있다.

첫째, 훌륭한 OKR은 큰 그림의 목표와 분명하게 측정할 수 있는 핵심 결과를 결합시켜준다. 막연한 전략적 목표(유용성을 늘리고, 팀의 사기를 높이고, 조직의 군살을 빼고 등등)를 세우고 분기 말에 가서 목표를 달성했다고 주장하는 것은 쉽다. 하지만 전략 목표는 구체적인 목표치와 비교할 수 있을 때(두 시간 만에 하프마라톤을 완주했다는 것처럼, 제품의 사용량이 X퍼센트 늘어났다든가, 종업원의 만족도가 Y퍼센트 증가했다든가 하는 식으로) 흥미를 끌게 마련이다. 예를 들어 최근 구글의 한 플랫폼팀이 보여준 OKR은 "XX규모의 레이턴시latency(데이터 요청 후 받아보기까지 걸리는 시간—옮긴이)로 엄청난 접속량을 관리하는 새로운 WW 시스템 "주피터에 대한 YY 마이크로초 @ ZZ 퍼센트"[174]라고 되어 있다(주피터는 최근에 완공된 구글 데이터 센터가 아니라 암호명이다). 이 OKR에 애매한 부분은 없다. 목표를 달성했는지 여부를 판별하는 것은 아주 쉽다. 또 다른 OKR

---

173 그로브는 자신의 저서 *High Output Management*(Random House, 1983)에서 이 OKR을 다루었다.
174 여기서 WW, XX, YY, ZZ 같은 표시는 우리가 내부적으로 공유하는 OKR에는 실제 숫자로 되어 있다.

을 보면 일정한 수의 국가에서 제품을 생산한다든가 사용량에 대한 목표를 설정하든가[예컨대, 어느 구글 플러스팀의 최근 OKR은 일일 메시지 사용자의 숫자를 행아웃hangouts에 게시한다는 것이었다], 아니면 실적을 목표치로 설정하는 것들이다 (예컨대, 미디어 워치 프로그램을 유튜브 동영상에 올릴 때의 대기시간 같은 것).

둘째, 훌륭한 OKR은 일정한 목표를 달성하지만, 모든 OKR에서 100퍼센트 목표 달성이란 있을 수 없는 것이어야 한다. 여기서 큰 틀에서 생각하는 정신이 나온다. 만일 여러분의 OKR이 모두 쉽게 허용된다면 목표치의 높이가 제대로 설정되지 않은 것이다. 최고의 OKR은 공격적이어야 하며 동시에 현실적이어야 한다. 이상의 진기한 셈법으로 볼 때, 잘 짜인 OKR을 70퍼센트 달성하는 것이 잘 짜이지 못한 것을 100퍼센트 달성하는 것보다 나을 때가 많다.

셋째, OKR은 거의 누구나 하는 것이므로 여러분은 사람들이 어떤 지위에 있든 상관없이 그들의 생각을 여러분의 벤처사업에 담을 필요가 있다.

넷째, OKR에는 점수가 매겨지지만 이 점수는 무엇에 이용하기 위한 자료가 아니고 조사를 하기 위한 것은 더욱 아니다. 다만 직원들이 자신의 실적을 정직하게 판단하게 해줄 뿐이다.

다섯째, OKR은 포괄적인 것이 아니다. 이것은 특별히 초점을 맞출 필요가 있는 영역과 별다른 열정이 없이는 달성하지 못할 목표를 위해 마련된 것이다. 기존 방식에 따르는 사업에는 OKR이 필요 없다.

여러분의 사업이 커지면서 가장 중요한 OKR은 개인의 것에서 팀의 것으로 바뀐다. 작은 회사에서는 한 개인 혼자서 믿을 수 없는 목표를 달성할 수 있지만 회사의 규모가 커지면 팀원들의 도움 없이 도전적인 목표를 달성하는 것은 더 힘들어진다. 이 말은, 개인이 OKR의 추진을 중단해야 한다는 것이 아니라 팀의 OKR이 커다란 과제에 집중하는 데 더 중요한 수단이라는 의미다.

그리고 OKR을 추진하는 문화가 갖는 이점이 끝으로 하나 더 있다. 사람들을 경쟁의 굴레에서 벗어나게 해준다는 것이다. 인터넷 시대에는 어디에나 경쟁 상대가 있으며 이들을 쫓아다니는 것이야말로 평범한 수준에 머무는 지름길이다. 직원들이 잘 짜인 OKR에 집중한다면 이것을 문제라고 할 수는 없다. 그들이 가야 할 방향을 알며 경쟁에 신경을 쓸 시간이 없다는 증거이기 때문이다.

70/20/10

누군가 여러분에게 새로운 아이디어가 필요하다고 조언해줄 때, 여러분은 그 말을 시인하는 성향인가 부인하는 성향인가? 잘못된 조직에서 오랜 시간을 보냈다면 무조건 부인할 가능성이 있다. "부인하는" 조직은 오로지 "하지 마라"라는 복음의 설교에 목적을 둔 항체를 만들어내는 방식을 지니고 있다. 부인의 말을 함으로써 관리자들은 리스크를 피하고 성공 가능성이 높은 프로젝트를 위해 그들의 자원을(여기서 말하는 '자원'이란 머릿수 또는 인간을 말할 때 쓰는 '사람들'을 가리킨다) 아끼려고 한다. 내가 정말 그런 미친 프로젝트에 전문성과 창의력을 가진 소중한 인력을 바칠 필요가 있을까? 만일 실패한다면? 그러면 내년에 머릿수가 부족할지도 모른다. 그냥 안 된다고 하면서 능률적인 일에만 집중하게 해야 한다.

시인의 문화를 만들라고 설교하는 사람들(책 쓰기를 좋아하는 아주 유능하고 매력적인 사람들을 포함해서) 못지않게 없어서는 절대 안 될 것이 그런 문화를 가능하게 해주는 구조적 틀이다. 그리고 당신의 아주 소중한 자원이 당신의 사람들이라고 할 때—이것은 거의 언제나 예외 없는 현실이다—그 자원을 배분하는 빈틈없는 시스템을 개발하는 것이야말로 성공에 결정적인 요인이 된다.

  2002년까지만 해도 우리는 여전히 상위 100대 프로젝트의 목록에 따라서 자원을 분배했다. 하지만 회사가 커지면서 우리는 모두 이렇게 단순한 시스템으로는 제대로 성장할 수가 없다는 데 관심을 쏟기 시작했다. 우리는 정착되어서는 안 될 문화에 차츰 젖어드는 것이 염려되었다. 그러던 어느 날, 세르게이는 상위 100대 프로젝트를 점검하고 이것을 서로 다른 3대 항목으로 나누었다. 이 프로젝트의 약 70퍼센트는 검색 및 검색광고라는 핵심사업과 관련된 것이었고 약 20퍼센트는 초창기에 어느 정도 성공을 가져다 프로젝트 중에서 개발 중인 것이었으며 약 10퍼센트는 실패할 리스크가 아주 크지만 성공할 경우 큰 이익을 보장할 것으로 완전히 신제품이었다. 긴 토론을 벌인 끝에, 이 70/20/10의 분포가 자원을 할당하는 구글의 규칙으로 최종 확정되었다. 즉, 자원의 70퍼센트는 핵심사업에, 20퍼센트는 최근에 개발된 것에, 그리고 나머지 10퍼센트는 신제품에 할당한다는 것이었다.

  70/20/10의 규정으로 구글의 핵심사업에 항상 자원의 대부분을 쏟고 또 믿음직하고 유망한 분야에도 투자하는 길이 보장되었다면 동시에 미친 것 같은 아이디어라도 일정한 지원을 해주며 불가피한 예산삭감을 막아주는 길이 열린 것이다. 그리고 10퍼센트는 많은 자원이 아니며 적당하다고 할 수 있다. 새로운 구상에 지나치게 많은 투자를 하는 것은 지나

치게 적은 투자를 하는 것 못지않게 문제다. 나중에 실패를 했을 때 실패를 인정하기가 훨씬 더 힘들 것이기 때문이다. 100만 달러가 들어간 사업은 1,000달러가 들어간 사업보다 포기하기가 훨씬 더 힘든 법이다. 그러므로 지나치게 많은 투자는 자기 멋대로 확증 편향confirmation bias—거액이 투자된 프로젝트에서 좋은 쪽으로만 생각하는 경향—을 만들어내 올바른 결정을 내리는 것을 방해하게 된다.

조너선은 애플에 있을 때 그 악명 높은 뉴턴Newton 사업에 매달리며 이런 일이 일어나는 것을 보았다(너무 어려서 모르거나 애플에서 근무했어도 기억이 희미한 사람들을 위해 잠깐 말하자면, 뉴턴은 디지털 노트북이었다. 실패로 돌아갔다는 사실을 제외하면 요즘 태블릿의 원조 격이라고 할 수 있다. 흥미로운 사실은 뉴턴의 일부가 모토롤라에서 제조되었다는 것이다). 애플은 이 제품에 엄청난 자원을 쏟아부었기 때문에 중요한 결점을 간과하고 말았다. 뉴턴의 주요 특징 중 하나는 필적 인식이었는데 원하는 것은 무엇이든 화면에 쓸 수 있었고 뭐라고 쓰든 기계가 인식하게 되어 있었다. 이론적으로는 그랬다. 문제는 이 기능이 대부분의 사람들에게 작동하지 않는다는 것이었다. 사실 기계가 필적을 잘 인식하는 경우는 이 제품을 개발하고 테스트한 사람들의 글씨뿐이었다. 그리고 이들조차도 인식을 잘하도록 필적을 기계에 맞춰야 할 정도였다. 그럼에도 불구하고 이 프로젝트에 막대한 자금을 쏟아부었다. 필적 인식이라는 특징은 기계에 적응을 한 소규모의 표본 집단에서만 제한적으로 성공을 거두어 애플이 듣고 싶은 대답을 해준 것이다. 애플은 출시 계획을 밀어붙였지만 그 이후의 과정도 애플 자체의 문자 인식 기능과 마찬가지로 알차지 못했다.

10퍼센트가 충분하다는 것은, 또 창의성이 구속받는 상황을 좋아한다는 것과도 관련이 있다.[175] 그림에 액자가 있고 소네트 시가 14행으로 정해진 것은 바로 그 때문이다. 헨리 포드가 자동차 가격을 낮게 잡은 것도 마찬가지다. 그 자신의 말대로 "우리는 느긋한 연구방법에 의한 것보다 이렇게 어쩔 수 없이 선택한 방법으로 제작하고 판매할 때 더 많은 발견을 한다"고 생각하기 때문이다.[176] 자원의 결핍이 발명하는 재주를 강요하는 것이다.

2002년, 래리 페이지는 지금까지 출판된 모든 책을 온라인으로 검색하는 것이 가능한지에 사로잡혀 골몰하기 시작했다. 단순히 인기를 끌거나 주목받은 도서만이 아니라 모든 단행본을 검색하는 것을 말한다(우리가 이후 계산해보니 세상에 나온 모든 책은 1억 2,986만 4,880종이 되었다).[177] 전 세계에 번역된 것을 포함해 모든 도서를 온라인으로 이용할 수 있다면 누구나 세계의 모든 지식에 접속하게 되리라는 것이 래리의 판단이었다.

래리는 공동 창업주로서 이 문제를 담당할 기술팀을 꾸리고 충분한 예산을 배정할 수 있었다. 그런데 그는 디지털 카메라를 직접 사용하는 대신 이것을 삼각대에 끼워 사무실에 있는 테이블에 설치했다. 그리고 카메라 렌즈를 아래쪽으로 고정시켜놓고는 동작에 맞춰 메트로놈을 켠 다음 마리사 메이어가 페이지를 넘기는 동안 책 내용을 사진으로 찍기 시작했

---

[175] "창의성은 구속받는 상황을 좋아한다"는 구절은 마리사 메이어가 즐겨 쓰는 표현이다. 구속이 종종 창의력을 불러일으킨다는 반직관적인 생각은 수많은 연구자들의 조사를 거친 것이다. Patricia D. Stokes, "Variability, Constraints, and Creativity: Shedding Light on Claude Monet"(*American Psychologist*, Volume 56, Number 4, 2001. 4).

[176] Henry Ford, *My Life and Work*(Doubleday, 1922), p.147.

[177] 어쨌든 2010년 8월 5일의 통계로는 그렇다. "You can count the number of books in the world on 25,972,976 hands"(Google's official blog, 2010. 8. 5).

다. 이렇게 투박한 방법으로 두 사람은 책 한 권을 디지털화하는 데 무엇이 필요한지 평가할 수 있었으며, 그 결과 이렇게 기상천외한 프로젝트를 실제로 이행하는 것이 가능하다는 결론을 얻었다. 이렇게 해서 구글 도서검색Google Books이 나오게 되었다(세르게이 브린은 이후 구글 스트리트 뷰Google's Street View 프로젝트가 실행 가능한지 알아보기 위해 비슷한 방법을 동원했다. 그는 차를 몰고 도시 주변을 돌아다니며 몇 초 간격으로 시가지 풍경을 사진으로 찍었다. 그리고 지금은 스트리트 뷰라고 불리는 이 프로젝트의 지원 방안을 모으려고 에릭이 주재하는 다음 직원회의에 참석해 이 사진을 보여주었다. 현재 스트리트 뷰는 총길이 800만 킬로미터가 넘는 도로의 풍경 사진을 확보하고 있다).

구글 도서검색은 회사에서 기술진 몇 명과 적절한 예산으로 지원했기 때문에 빛을 보았을 가능성도 있다. 그런데 지나치게 지원을 많이 했을 때는 시작하기도 전에 프로젝트 자체가 방해를 받았을 가능성도 있다. 부분적으로 프라이스Fry's에서[178] 구입한 품목으로 구성된 래리의 엉성한 디지털화 시스템은, 그가 처음부터 본격적으로 시간과 예산을 투입해 제대로 구입했다면 더 구색이 나았을 발전된 시스템보다도 비용 대비 효과가 훨씬 뛰어나다는 사실이 입증되었다. 여러분이 혁신에 박차를 가할 때, 최악의 선택은 지나친 자금지원이 가능한 상황이다. 언젠가 프랭크 로이트 라이트Frank Lloyd Wright가 관찰한 대로, "인간은 가장 큰 제약 속에서 가장 훌륭한 업적을 남긴다."[179]

---

[178] 프라이스는 마운틴뷰 부근에 있는 전자상가다.
[179] 이 인용문은 다음과 같이 이어진다. "그렇기 때문에 이에 가장 필요한 것은 상상력이다. 제약은 언제나 건축술의 가장 가까운 친구인 것처럼 보인다." Frank Lloyd Wright, *The Future of Architecture*(Horizon Press, 1953), p.55.

20퍼센트의 시간

2004년 여름, 케빈 깁스Kevin Gibbs라는 구글의 엔지니어에게 기발한 아이디어가 떠올랐다. 그는 이 아이디어를 "구글 저장소에 있는 모든 URL(인터넷상에 오른 자료의 주소)과 지금까지의 모든 구글 검색어에 대해 어디서나 인기를 끄는 결과를 분류해서 실시간으로 완성해주는" 시스템이라고 표현했다. 이 말은 구글이 검색어를 미리 예측하고 나머지 질문을 완성해주는 방안을 시도한다는 뜻이다. 케빈은 여가시간을 활용해서 견본을 개발하고 새로운 아이디어를 공유하려고 하는 사람들이 사용하는 이메일 목록으로 프로젝트 착수의 배경에 대한 설명서를 보냈다.[180] 이 메시지에는 견본에 대한 링크가 걸려 있었기 때문에 사람들은 구글 검색에 질문을 입력하고 실시간으로 완성해준다는 시스템을 지켜보았다.

견본을 본 다른 엔지니어 몇 명이 관심을 보이며 케빈의 프로젝트에 합류했다(데릭 시버스는 이 엔지니어들을 케빈의 첫 번째 추종자들이라고 불렀다). 지금은 구글 자동완성Google Suggest이라고 불리는 이 제품은, 가령 당신이 "we"를 먼저 입력하면, "일기예보weather forecast"를 검색하는 것이 아니냐고 구글이 제안하며 직접 나머지 글자를 입력하지 않아도 전체 검색어를 쳤을 때 뜨는 하위 메뉴를 보여주는 식이다. 구글 자동완성은 몇 초의 검색시간을 줄여주며, 사용자들이 더 신속하고 정확하게 필요한 내용을 얻는

---

[180] 이 이메일 목록은 수신자들이 각 아이디어에 투표를 하고 자동적으로 결과가 표로 만들어지도록 되어 있다. 그래서 훌륭한 아이디어는 성적순 기록에서 상위에 오른다. 케빈의 이 제안은 "URL과 질문 자동완성(데모와 함께)"이라고 불렸다. 그의 아이디어는 목록에서 917번째 제안이었는데 이 숫자는 마침내 1만 5,000건을 넘어섰다.

데 도움을 준다. 수십억 명의 사람들이 "이것 없이 지금까지 어떻게 살았지?" 할 정도로 세계적으로 이용하기까지는 아이디어의 탄생에서부터 출시까지 1~2년밖에 걸리지 않았다.

이것이 20퍼센트의 시간이라는 구글 프로그램에서 나오는 힘이다.[181] 엔지니어들은 작업시간의 20퍼센트를 투자해 무엇이든 할 수 있는 것이다. 20퍼센트의 시간은 수많은 우수 제품을 낳았지만, 구글 나우Google Now, 구글 뉴스Google News, 구글 지도상의 이동정보 등등 이 밖에도 많다. 일반적으로 잘못 알려져 있는데, 이것은 시간이 아니라 자유의 개념이다.[182] 이 프로그램은 금요일마다 회사의 구내 공간이 여름 캠프장으로 바뀐다거나 모든 엔지니어가 창의적인 방식으로 게으름을 피운다거나 하는 의미가 아니다. 20퍼센트의 시간은, 종종 야간이나 주말에 일어난다는 점에서 사실상 120퍼센트의 시간과 같다고 할 수 있다. 또 축적해놓았다가 한꺼번에 사용하기도 한다. 조너선은 한 제품 관리자를 여름 내내 20퍼센트 시간에 매달리게 한 적도 있다. 그렇다고 이것이 정상 업무를 방해하는 것도 아니다. 본 업무를 못 하게 할 사람은 아무도 없다. 20퍼센트의 시간

---

181 "20퍼센트 시간"에서 20을 70/20/10의 20과 혼동해서는 안 된다. 20퍼센트의 시간이 개인의 자유에 관한 것이라면, 70/20/10은 자원관리에 관한 것이다. 아마 우리의 자원 관리 지침을 70/19/11로 표현한다면 혼동이 덜할지도 모르겠다.

182 이것은 지시받은 일이 아니라 자신이 하고 싶은 일을 한다는 의미에서 자유의 개념이다. 심리학자인 에드워드 데시Edward Deci와 리처드 라이언Richard Ryan이 사용한 말로 잘 알려진 인간의 동기유발에 대한 자기결정 이론SDT에 따르면, 인간은 모두 자율(외부의 압력에 대한 반응으로서보다 자신의 열정에 따른 행동의 자유)과 자격에 대한 강력한 욕구를 가지고 타인과 관계를 맺는다. 자기결정이론은, 사람은 스스로 하는 일이 이런 욕구를 충족시켜주는 범위에서 동기부여를 하고 임무를 완수할 길을 찾는다고 단정한다. Richard M. Ryan and Edward L. Deci, "Self-Determination Theory and the Facilitation of Intrinsic Motivation, Social Development, and Well-Being"(*American Psychologist*, Volume 55, Number 2, 2000. 1).

은 권위적인 관리자에게 견제와 균형의 역할을 하며 하지 않아도 될 일을 하도록 허용하는 방법이기도 하다. 이것은 "당신은 계급이 아니라 아이디어에 따라 움직여야 한다"[183]는 스티브 잡스의 원칙을 살리는 데도 도움이 된다. 그리고 일반적으로 사람들에게 자유를 허용할 때 그들은 허황된 꿈을 좇느라 시간을 낭비하지 않는다. 소프트웨어 엔지니어는 오페라 각본을 쓰는 것이 아니라 컴퓨터 부호를 쓴다.[184]

스트리트 뷰 삼륜 자전거Street View trike는 차로 다니기에 좁은 도로와 골목에서 사진을 찍게 해주는 도구인데 이것은 스트리트 뷰 자동차 엔지니어인 댄 레이트너Dan Ratner가 스페인 여행을 갔을 때 처음 필요성이 논의되기 시작했다. 댄은 택시가 들어갈 수 없는 좁은 골목길을 따라 바르셀로나 호텔까지 마지막 구간을 걸어가야 했을 때 스트리트 뷰 자동차로는 접근할 수 없는 곳이 많다는 사실을 깨달았다. 여행에서 돌아온 댄은 20퍼센트의 시간을 활용해 이런 곳을 통과하기 위해 삼륜 자전거를 제작하는 프로젝트를 시작했다. 이렇게 해서 스트리트 뷰 삼륜 자전거가 나왔다. 그 이후로 이 장치는 스노모빌(예컨대 밴쿠버 올림픽의 스키 경주에서 쓰기 시작

---

[183] 전체 문장은 "당신이 우수한 인력을 채용하고 그들이 당신을 위해 일하게 만들고 싶다면 그들에게 많은 결정을 맡겨야 하고 계급이 아니라 아이디어에 따라 움직여야 한다"이다. 잡스는 또 이렇게 말했다. "최고의 아이디어를 채택해야 한다. 그렇지 않으면 우수 인력이 빠져나갈 것이다." Mark Milian, "Why Apple Is More Than Just Steve Jobs"(CNN Digital Biz blog, 2011. 8. 25).

[184] 이 전략을 채택한 최초의 회사는 구글이 아니다. 이미 1948년에 3M은 종업원들이 핵심 업무 외의 프로젝트에 15퍼센트의 시간을 투자하는 프로그램을 시작했다. 아마 3M이 15퍼센트 프로그램을 활용해서 나온 제품 중에 가장 유명한 것은 포스트잇 메모지일 것이다. 그 밖에도 이 프로그램으로 스카치테이프, 스카치가드 같은 제품이 나왔고 이 회사의 많은 제품에 활용되는 다층광학필름multilayer optical films처럼 혁신적인 재료도 만들어졌다. 수십 년 동안 3M의 대표와 회장을 역임한 윌리엄 맥나이트William McKnight는 이런 방식을 "우수한 인력을 채용하고 그다음에는 간섭하지 않는 것"이라고 표현했다. "A Culture of Innovation"(3M corporate brochure) and Paul D. Kretkowski, "The 15 Percent Solution"(Wired, 1998. 1).

한)과 유모차(세계적인 미술관같이 넓은 실내를 걸어 다닐 때)에 적용되었다. 이다음에는 스케이트보드가 나오지 않을까?

사람들에게 많은 자유를 줄 때, 그들을 통제하기가 어렵다는 것은 의심할 여지가 없다. 전문성과 창의력을 가진 직원이 고집이 세다면 아마 안 된다는 대답을 견디지 못할 것이다. 그렇다면 언제 어떻게 자유를 허용해야 하는가? 이 물음에 대한 완벽한 대답은 있을 수 없지만—리더십의 모든 측면이 그렇듯이 판단이 중요하다—해당 직원의 선택이 올바른지 여부를 안다면 분명 도움이 될 것이다.

폴 부흐하이트는 이메일을 대폭 개선할 수 있다는 생각이 들자 20퍼센트의 시간을 활용해 카리부Caribou라는 프로젝트에 착수했다. 어느 시점에 가서 그는 자신의 신제품이—지금은 지메일로 불리며 수억 명이 사용하는—수익성이 있다고 판단하고 이메일 메시지 옆에 광고를 싣는 방안을 제안했다. 처음에 우리는 이 의견에 동의하지 않고 지메일 성능을 강화하는 데만 집중하라고 말했다. 수익성은 나중에 따질 문제라고 생각한 것이다.

하지만 지메일은 폴이 개발한 것이고 그는 우리의 의견을 무시했다. 폴은 광고 서버인 애드워즈에 명령을 하는 내부 시스템을 해킹했다(지메일+애드워즈=혁신적인 조합). 그리고 어느 날 아침 우리는 작업을 하다가 이메일 옆에 광고가 뜬 것을 보게 되었다. 사람들은 처음에 화를 냈지만 시간이 가면서 이 광고가 정말로 아주 유용하다는 것에 주목하기 시작했다. 당시 조너선은 집안의 형제들과 부모님의 50회 결혼기념일에 무슨 선물을 할지를 두고 이메일을 주고받고 있었다. 그런데 조너선이 보낸 메시지 옆에 윌리엄스 소노마Williams-Sonoma(주방용품 브랜드)의 지메일 광고가 떴다.

조녀선의 누나는 엄마가 원예를 좋아한다는 말을 꺼냈고 이 광고는 적당한 선물로 정원용 벤치를 보여주었다. 조녀선은 형제들에게 이것이 어떠냐고 의견을 물었다. 결국 부모님이 흡족해하는 선물을 했을 뿐만 아니라 조녀선은 감각이 뛰어나고 사려 깊다는 칭찬까지 듣게 되었다(사실 그에게는 안 어울리는 칭찬이지만).

한두 달 뒤에 지메일이 출시되었다. 여기에 딸린 광고는 큰 이익을 올리지는 못했지만 폴이 광고와 이메일을 결합하여 개발한 기술은 이후 구글 애드센스AdSense를 세련된 제품으로 개선했고 지금 애드센스는 수십억 달러 규모의 사업으로 성장했다. 당연하지만, 지시를 따르지 않았다는 이유로 폴이 처벌받는 일 따위는 없었다.

그렇기는 해도 이런 사례와 상관없이 여러분이 우리를 위해 일을 하고 우리가 싫어하는 아이디어가 있다고 할 때, 그 아이디어를 밀어붙일 수 있다는 뜻은 아니다. 관리자의 의견이 세련되지 못하고 생각이 비뚤어졌으며 사리가 없다고 해도 무조건 하고 싶은 대로 할 수는 없다는 말이다. 뛰어난 아이디어를 실행에 옮기기 위한 첫 걸음은 그 아이디어에 헌신하는 팀을 구성하는 것이다. 우리 경영진은 이해를 못한다고 해도 여러분의 동료들은 아마 그렇지 않을 것이다. 20퍼센트 프로젝트에 착수하려는 사람에게 우리가 늘 들려주는 충고는 견본 제품을 보여주라는 것이다. 그래야 그 제품에 매혹되는 사람을 구할 수 있기 때문이다. 아이디어를 찾아내는 것은 쉬운 일이다. 하지만 그 프로젝트에 동료 몇몇을 참여하게 하고 자신의 20퍼센트 시간에 그들의 20퍼센트 시간을 추가하는 것은 훨씬 더 힘들다. 다윈의 진화론도 이런 과정을 거쳐 나온 것이다.

비계급적인 조직에서 공동 연구자를 찾는 것은 힘든 일이고 특히 신입사원이라면 더할 것이다. 어디서 프로젝트를 도와줄 사람을 찾을 것인지 알아내는 것이 힘들기 때문이다. 인간관계가 정말 중요하다는 것을 알지만 여기에는 시간이 요구되므로(또 누구나 잘할 수 있는 일도 아니다) 결국 많은 아이디어는 미완성으로 끝나는 경우가 비일비재하다.

구글의 한 검색팀은 '데모 데이즈demo days(최신기술을 평가하고 분석하는 회의—옮긴이)'라는 프로그램을 통해 이 문제를 비켜간다. 이 개념은 아주 간단하다. 한 팀이 일주일간 새로운 아이디어의 견본을 만들고 주말에 데모를 갖기로 한다. 그리고 이 주가 시작하기 전에 기술진은 예외 없이 모든 회의와 출시에 대한 일정을 분명히 밝힌다. 이것은 데모 데이즈를 논리상으로 가능하게 해줄 뿐만 아니라 모든 사람에게 임무를 맡기는 강제 기능을 한다. 이중에 일부는 낯선 영역에서 일을 해야 하기 때문에 사용하고 싶은 시스템에서 훈련을 받을 수 있다. 모든 시스템이 설정되고 진행할 준비가 되어 있으므로 낭비할 시간이 없다. 이들은 적어도 프로젝트 외부 인력 중에 한 사람을 모집할 필요가 있으며—이 사람의 팀은 허용되지 않는다—평소 일상 업무에 같이 일하지 않던 사람과 협력하도록 권유를 받는다. 이렇게 한 주가 시작되면서 프로젝트에 매달리게 된다.

주말에 일련의 견본 제품으로 결과가 나오면 보통 금요일 오후에 공개적으로 여는 일종의 과학 장터에 이 결과를 공유한다. 여기서 나온 견본은 대개 더 이상 진행되지 않기 때문에—라이너스 폴링Linus Pauling은 "나는 수많은 아이디어를 얻고 나쁜 것은 버렸다"라고 말한 적이 있다[185]—해당 팀에서는 실패해도 상관없다는 것을 배운다.

---

[185] Tom Hager, *Linus Pauling and the Chemistry of Life*(Oxford University Press, 1998), p.87.

스티브 잡스는 언젠가 에릭에게 자신도 넥스트NeXT를 경영할 때 이와 비슷하게 했다고 말한 적이 있다. 대략 6개월마다 기술팀은 하던 일을 중단하고 넥스트 플랫폼을 위한 애플리케이션 개발에 매달렸다는 것이다. 이것은 그들의 생태계 시스템을 구축하는 데 중요한 전술이었지만 동시에 누구에게나 그들이 "일상적으로 하는 일"에 대한 신선한 통찰력을 불어넣었다는 것이다.

20퍼센트 시간의 가장 귀중한 성과는 거기서 나오는 제품이나 특이한 기능이 아니다. 사람들이 뭔가 새로운 일에 매달릴 때 배우는 교훈이 가장 소중한 성과이다. 20퍼센트 프로젝트는 대부분 사람들에게 정기적으로 함께 근무하지 않는 동료들과 일상적인 업무 외의 기술을 훈련하고 발전시키도록 만든다. 비록 이 프로젝트가 뭔가 새롭고 놀라운 혁신으로 이어지는 경우가 드물다고 해도, 전문성과 창의력에서 아주 뛰어난 결과를 얻는다. 우르스 횔즐이 종종 지적하듯이, 20퍼센트의 시간은 한 기업이 활용할 수 있는 최고의 교육 프로그램일지도 모른다.

아이디어는 어디서나 나온다

끝으로 건의함에 대해 여러분은 어떻게 생각하는가? 여러분이 놀이공원 또는 스키장에 있거나 아니면 일을 하다 휴게실에서 커피를 마신다고 쳐보자. 이런 곳에는 흔히 건의함이 보이고 거기에는 "의견을 듣습니다!"라거나 "여러분의 생각이 소중합니다!"라는 표시가 적혀 있다. 이런 표시는 어쩌면 반대로, 의견을 무시한다거나 내 생각에 신경 쓰지 않는다

조너선이 좋아하는 20퍼센트 프로젝트

조너선이 좋아하는 20퍼센트 프로젝트 중에는 야드 바셈Yad Vashem의 인공 조형물을 디지털화해서 온라인으로 공개하는 것이 있다. 야드 바셈은 홀로코스트의 희생자와 생존자를 기억하기 위해 예루살렘에 세운 기념관이다. 이 프로젝트는 2007년에 조너선이 가족과 함께 이 미술관을 방문한 것이 계기가 되었다. 이곳을 방문했을 때 안내원이 최근 다른 방문객이 전시물 사진에 대해 하는 말을 듣고 뭔가 깨달은 바가 있다고 했다. 조너선은 이 말을 듣고 홀로코스트에서 살아남은 사람 중에 가장 젊은 사람은 현재 70대나 80대의 나이로 이 사진에 나오는 사람이나 장소를 기억할 것이라는 생각을 하게 되었다. 그들의 1차적인 지식은 말 그대로 죽어가고 있을 것이었다.

이튿날 조너선은 구글 이스라엘 사무실을 방문하고 미술관에 대한 얘기를 나누었다. 이스라엘팀은 현지에서 이 일을 맡고 20퍼센트의 시간을 활용해 미술관과 협력해서 온라인 전시관을 설치하기로 했다. 현재 온라인 전시관에는 14만 점 이상의 디지털 이미지와 문서가 소장되어 있으며 전 세계 어디에서나 검색할 수가 있다. 그리고 말끔하게 정리된 이 자료를 본 생존자들은 직접 증언을 하거나 비디오를 통해 이 사진에 자신의 지식과 뒷얘기를 더해 역사적으로 중요한 이 사진들을 더 완벽하게 다듬었다.

프로젝트 책임자인 요시 마티아스Yossi Matias가 래리와 세르게이에게 야드 바셈에 대한 데모를 보여주자, 그들다운 반응을 보였다. 왜 이 미술관만 하는가? 왜 다른 미술관은 안 되는가? 세계의 모든 기록보관소에 있는 자료를 디지털화하는 프로젝트라고 안 될 것이 있겠는가? 이렇게 반문한 것이다. 어느 미술관이든 (또 문화 콘텐츠의 소유자도) 온라인으로 전시하게 해주는 구글의 오픈 갤러리Open Gallery 제품은 2013년에 출시되었다. 그리고 구글 문화 연구원Google Cultural Institute 사이트는 아크로폴리스 미술관에서부터 사라고사 미술관에 이르기까지 이들이 소장하고 있는 미술작품 및 조형물의 사진을 중심으로 수백 가지의 온라인 컬렉션을 운영하고 있다.

는 반응을 불러일으킬지도 모른다. 그러면 건의함의 빈 구멍으로 집어넣은 쪽지는 아득히 먼 우주의 웜홀wormhole(우주 공간에 존재할 수 있다는 가상의 통로―옮긴이) 같은 곳으로 떨어져 안드로메다은하에서나 열어볼 것이라는 생각을 할지도 모른다.

이렇게 짜증나는 경우가 얼마나 많았던가. 하지만 건의함이라는 아이디어가 기업에 처음 소개된 것은 정말 혁명적인 일이었다. 앨런 로빈슨Alan Robinson과 샘 스턴Sam Stern이 쓴 《기업의 창의력Corporate Creativity》에 기록된 것처럼, 현대적인 건의함을 최초로 도입한 사람은 스코틀랜드의 조선업자인 윌리엄 데니William Denny였다.

데니는 1880년에 그의 직원들에게 "노동자의 발명 및 기술개량의 보상을 위한 포상위원회 규정"이라는 제목이 붙은 유인물을 배포했다. 데니는 직원이 제출한 아이디어 중 채택된 것에는 2파운드에서 15파운드까지 포상했으며 전 직원이 이후 10년간 수백 가지 아이디어를 냈다. 데니의 프로그램은 곧 대서양을 건너 존 패터슨John Patterson의 NCR(내셔널 금전등록기 회사)이란 회사에 전해졌고 여기서 직원이 제출한 아이디어는 1904년에만 7,000건이 넘었다. 대강 직원 한 명당 두 건의 아이디어를 제출한 것으로 이중 3분의 1 정도가 채택되었다.[186] 이것은 평사원들이 낸 쓸 만한 아이디어가 1년에 2,000건이 넘는다는 의미였으며 건의함의 아이디어로서는 아주 높은 채택률이었다.

그로부터 1세기 뒤, 마리사 메이어는 구글의 괴짜들을 위해 〈공 쇼The

---

[186] Alan G. Robinson and Sam Stern, *Corporate Creativity: How Innovation and Improvement Actually Happen*(Berrett-Koehler, 1997), pp.66~70.

Gong Show)¹⁸⁷ 같은 회의를 운영했다. 여기 참석한 사람들이 각기 자신의 아이디어를 내고 벨(꽁)이 울릴 때까지 아이디어를 설명하는 모임이었다. 보여주는 내용(데모)이 좋을수록 아이디어 제출자에게 허용된 시간은 더 늘어난다. 이후 구글 뉴욕 기술사무실을 연 크레이그 네빌 매닝Craig Nevill-Manning이 이것을 주간 '맥주와 데모Beer and Demos'로 바꿨고 여기서는 모인 사람들이 함께 맥주를 마시면서 데모를 보다가 가장 마음에 드는 것에 대해 유리구슬로 투표를 하는 방식이었다(이 데모는 다시 말하면 투표를 계속하기 위해 맥주를 이용하는 형식이라고 할 수 있다). 패터슨과 데니(또 마리사와 크레이그)는 생각이 깊은 인물들로서 훌륭한 아이디어는 어디서든 나올 수 있다는 사실을 깨달았다. 이들은 직원들이 단순히 일만 하는 것이 아니라 생각도 한다는 것을 안 것이다. 누구나 풍부한 정보와 우수한 도구를 갖춘 조직에서 일하는 오늘날, 그 어느 때보다 생생한 현실이 바로 이런 모습이다. 사실 가장 위험한 것은 훌륭한 아이디어가 관리자들에게만 있다는 자만이 아니라 회사 직원들에게만 있다는 자만이다. 우리가 아이디어는 어디서나 나온다는 말을 할 때, 이 말은 말 그대로 "어디서나"라는 뜻이다. 아이디어는 회사 밖에서와 마찬가지로 회사 내부에서도 나올 수 있는 것이다.

구글의 규모는 날이 갈수록 국제적으로 확대되고 있다. 그런데 우리는 곧 캘리포니아에 본거지를 둔 기술진 대부분이 웹페이지를 다른 나라 언어로 번역하는 데 필요한 기술이 없다는 것을 알게 되었다. 이 문제를 해결하는 전통방식은 번역작업을 할 수 있는 전문 인력을 채용하는 것이었

---

187 〈공 쇼〉는 1970년대에 방영된 텔레비전의 장기자랑 프로그램으로 끔찍한 행위가 많았고 어떤 재주든 심사원이 큰 소리로 벨을 울려 중단시킬 수 있었다.

지만 그러자면 비용과 시간이 많이 들어갈 것이었다. 우리는 구글의 모든 글을 공개하고 이것을 현지 언어로 번역할 지원자들을 찾아보았다. 이들은 기꺼이 번역을 맡았고 그것도 아주 뛰어나게 잘했다. 마찬가지로 구글 지리팀이 세계 지도를 그리는 목표를 세웠을 때, 이들은 여러 곳에서 쓸 만한 지도가 없다는 사실을 알게 되었다. 지리팀은 지도 작성기 Map Maker라는 제품을 만들었는데 이것은 누구든지 구글 지도에 참여할 수 있게 하는 프로그램이다. 혹시 여러분이 사는 곳이 구글 지도에 나오지 않는가? 그럼 간단하다. 그곳을 그려서 올리면 우리가 지도에 추가할 것이다(실제로 그런 곳이 있다는 것을 우리가 확인한 뒤에). 이렇게 해서 풀뿌리 시민들로 이루어진 지도 제작자 공동체가 형성되었고, 구글 사용자들은 클릭 한 번으로 온갖 도시의 지도를 볼 수 있게 되었다. 예를 들어 이 제작자들은 단 두 달 만에 2만 5,000킬로미터가 넘는 파키스탄의 도로 지도를 그려놓았다.

우리가 구글에 합류하고 얼마 지나지 않아 경영진은 외부 사이트를 개설해서 전 세계에 더 많은 기술사무실을 여는 문제를 논의했다. 에릭이 래리에게 회사에 엔지니어가 얼마나 있어야 하느냐고 묻자 래리는 "백만 명"이라고 대답했다. 농담은 아니었지만 그렇다고 회사의 직원이 백만 명은 되어야 한다는 의미도 아니었다(적어도 우리는 그가 이런 뜻으로 말했다고 생각지는 않는다). 요즘 세계적으로 소프트웨어 개발자들은 정규 업무시간에 구글에서 배포한 안드로이드나 구글 앱 엔진, 구글 에이피아이Google APIs, 구글 웹 툴킷, 오픈소스 툴 같은 제품을 사용한다. 이들이 구글 직원은 아니지만 구글 툴을 사용하거나 구글 플랫폼에서 멋진 제품을 만들어내는 사람들을 모두 합치면 수백만 명은 될 것이다. 그러므로 우리가 이런 실정을 감안해 래리의 목표를 판단한다면, 어떤 경우든 아마 열 배는 늘려서 천만 명으로 잡을지도 모른다.

일단 내어놓은 다음 개선하라

이런 배경으로 우리는 새로운 아이디어를 위해 일정한 자원을 비축해두었다. 또 권위적인 관리자들에게 재갈을 물리고 천재적인 사원들이 하고 싶은 일을 하도록 자유를 허용했으며 대중으로부터 아이디어를 모은다는 자세로 개방적으로 사고했다. 혁신적인 분위기가 조성되면 좋은 아이디어는 흘러넘친다. 물론 그중 대부분은 빛을 보지 못하고 그대로 파묻히지만 소수의 뛰어난 아이디어는 차고 넘치는 기회를 보장받는다. 여러분은 아이디어를 블로그에 올리고 녹색 버튼을 누르면 된다. 그다음에는 팀원들과 샴페인을 터뜨리며 축하할 일만 남을 것이다.

그런 다음에 여러분은 다시 하던 일로 돌아가야 한다. 여러분은 열심히 했지만 아직 제품이 완성된 것은 아니기 때문이다. 볼테르는 "너무 잘하려다 망친다."[188]라고 했다. 스티브 잡스는 매킨토시팀 앞에서 "진정한 예술가는 작품을 발표한다real artists ship"[189]라고 했다. 새로운 아이디어는

---

[188] 볼테르가 자신의 시(《Le mieux est l'ennemi du bien》, 직역하면 "최선은 선의 적")에서 이 구절을 사용했는데, 원래는 이탈리아의 어느 현자가 한 말이라고 했다(Il meglio èl'inimico del bene).

[189] 기업 외부의 사람들에게 단어에 대한 자세한 설명을 해야겠다. 여기서 'Ship'이란 말은 고객에게 제품을 내어놓는다는 뜻이다. 스티브가 말한 요점은, 여러분이 매끄러운 완성품으로 다듬도록 계속 유혹받는다면 그 제품이 실제로 고객의 손으로 들어가는 일은 결코 일어날 수 없다는 것이다.

결코 처음부터 완벽할 수 없다. 그리고 여러분은 아이디어가 완벽해질 때까지 기다릴 시간이 없다. 제품을 만들면 그것을 세상에 내어놓고 반응을 지켜보라. 그런 다음 디자인과 기능을 개선하고 다시 지켜보라. 즉, "내어놓고 개선하라Ship and iterate." 이런 과정에서 신속하게 움직이는 기업이 성공을 거둘 것이다.

우리가 구글 최고의 제품인 애드워즈를 출시했을 때, 새 광고가 내부 평가 과정을 거치지 않고도 살아남을 것인지를 두고 논란이 일었다. 광고를 그대로 내보내면 수많은 악성 스팸 광고를 낳을 것이라고 강력하게 이의를 제기하는 사람들이 있었다. 또 한편에서는 광고사들이 실제로 나온 자신들의 광고를 보면 성능 데이터를 모아 훨씬 빠른 속도로 광고기능을 개선할 것이라고 생각했다. 이들은 빨라진 제품주기가 광고의 수준을 낮추기보다 높여줄 것이라고 주장했다. 우리는 최소한의 내부 평가 과정을 거쳤고, 내어놓고 개선하는 방식은 잘 통했다.

내어놓고 개선하는 방식은 많은 분야에 적용된다. 이 방식은 구글의 소프트웨어 공간에서 실습하는 것이 가장 쉽다. 구글의 소프트웨어 제품은 비트와 바이트 같은 디지털 방식으로 배포되며 실체가 있는 제품이 아니다. 하지만 3D 프린팅이나 온라인상으로 많은 모형을 만들어주는 능력의 신기술로 많은 기업의 실험 비용을 낮춰주었고 때로는 내어놓고 개선하는 과정을 더 많은 곳에서 실행 가능하게 해줌으로써 그 비용을 대폭 떨어뜨려주기도 했다.

내어놓고 개선하는 방법에서 가장 힘든 부분은, 개선이다. 팀을 구성해서 신제품을 발표하는 일은 쉽지만 거기 달라붙어서 제품의 성능을 개선하는 일은 훨씬 힘든 법이다. 이 일을 잘하기 위해 우리가 찾아낸 동기부여의 형식 중 하나는 부정적인 피드백이다. 래리가 휘갈겨 쓴 "이런 광고는 너절해"에서부터 마리사가 사무실 밖의 벽에 붙여놓은 부정적인 제품평가와 제품 관리자 및 기술진과 함께 실시한 자세한 조사에 이르기까지, 우리는 종종 담당 팀이 제품을 개선하는 데 영감을 주기 위해 비평방식을 사용했다. 비판에는 적정선이 있으며 우리가 늘 적정선을 유지한 것은 아니다. 올바른 비판은 동기유발을 주지만 지나치게 많으면 역효과를 내기 마련이다.

그렇다고 내어놓고 개선하는 방식이 늘 통하는 것은 아니다. 출시 이후에 어떤 제품은 개선이 되고 모멘텀을 얻지만 또 어떤 제품은 그대로 시들해진다. 문제는 한 제품이 시장에 나갈 때쯤이면 거기에 많은 자원이 투입되고 또 정이 든다는 점이다. 이것은 올바른 결정을 내리는 데 방해가 된다. 이때 조심해야 할 냉정한 교훈은 매몰 비용 sunk costs(이미 지출되었기 때문에 회수가 불가능한 비용 — 옮긴이)을 잊어버려야 한다는 것이다. 그러므로 내어놓고 개선하는 모델에서 리더십의 역할은 "사전투자에 상관없이" 성공한 제품은 지원하고 실패한 제품은 외면하는 형태가 되어야 한다. 개선이 되고 모멘텀을 모은 제품은 더 많은 자원으로 보상을 해줘야 하지만 그렇지 못한 제품은 지원해주면 안 된다.

어떤 노력이 성공을 거두고 또 어떤 것이 실패하는지를 결정할 때는 데이터를 활용하면 된다. 이것은 언제나 올바른 기준이지만 인터넷 시대에는 데이터가 얼마나 있고 얼마나 신속하게 적용되는가에 따라 차이가 난다고 할 수 있다. 성공작을 가리는 핵심 요인은 신속한 개선과 분석을 할 수 있도록 어떤 데이터를 활용할 것인지 결정하고 이를 위한 시스템을 세우는 것이다. 데이터를 활용하면 매몰 비용의 오류를 막을 수 있다.

매몰 비용의 오류란, 사람들이 대부분 이미 프로젝트에 투입된 자원이 아까워 그 프로젝트에 계속 투자하는 불합리한 경향을 말한다("이미 수백만 달러를 들였는데 이제 와서 멈출 수는 없지").[190]

이때 가망성이 없는 제품을 성공작으로 만들기 위해 계속 자본을 투입하는 경향을 우리는 흔히 보아왔다. 조너선이 익사이트앳홈에서 제품개발부를 이끌고 있을 때, 회사의 포털인 익사이트닷컴은 뉴스와 부동산, 스포츠, 금융 등, 많은 부문(섹션)이 있었다. 여기서 각 섹션은 사용자의 클릭을 놓고 서로 경쟁을 벌였고 한 섹션의 접속량이 떨어질 때 익사이트의 경영진은 그 섹션을 더 좋은 위치로 옮겨주는 방법으로 상황을 타개하려고 했다. 이봐, 금융섹션, 이번 분기에 접속량이 떨어져서 목표치에 미달했네. 걱정 마, 페이지 상단으로 올려줄게! 익사이트는 어떤 콘텐츠 영역이 실패했는지 판단하기 위해 데이터를 활용했다. 하지만 그런 섹션의 지원을 중단하면서 개선을 강요하기보다 더 좋은 지면을 할애하는 방법으로 지원해주었다. 돌이켜보면 익사이트의 방식은 사용자에 초점을 맞춘 것이 아니었다. 오히려 사용자가 가장 떨어지는 제품에 초점을 맞추게 함으로써 인위적으로 목표를 조정한 것이었다. 결국 이 방식은 누구에게도 '익사이트(호기심을 자극)'하지 못한 것으로 드러났다.

---

190 매몰 비용을 메우려는 욕구는 종종 잘못된 행동에 매달리게 할 뿐만 아니라 학자들이 말하는 "몰입 상승효과escalation of commitment"의 틀에서 노력을 배가하게 만든다. 사실 개인적인 관점으로 볼 때 매몰 비용에 토대를 둔 투자가 합리적이라고 보이기도 한다. 기울어가는 프로젝트에 매달림으로써(프로젝트의 운명이 이미 정해져 있다는 것을 숨기고) 조직 내의 결정권자에게서 나오는 영향력을 막아주기 때문이다. Barry M. Staw, "The Escalation of Commitment to a Course of Action"(*Academy of Management Review*, Volume 6, Number 4, 1981. 10). R. Preston McAfee, Hugo M. Mialon, and Sue H. Mialon, "Do Sunk Costs Matter?"(*Economic Inquiry*, Volume 48, Issue 2, 2010. 4).

사실 내어놓고 개선하는 수법은 출시할 때 마케팅 프로그램과 홍보 전략을 최소화해야 한다는 것을 의미한다. 여러분이 식당 영업을 한다면 이런 것을 약식 개업식soft opening이라고 표현할 수 있겠다. 새끼를 둥지에서 내보낼 때는 제트팩jetpack(등에 메는 개인용 분사추진기—옮긴이)은 물론이고 낙하산도 주어서는 안 된다(비유적으로 표현해서). 새끼가 어느 정도 날 수 있을 때만 지원을 해주는 것이다. 구글 크롬이 단적인 예라고 할 수 있다. 크롬은 2008년에 출시되면서 축하행사를 최소화했고 실제로 마케팅 예산도 배정하지 않았지만 오로지 자체의 뛰어난 기능을 기반으로 엄청난 모멘텀을 얻었다. 이후 이 브라우저의 사용자가 7,000만 명을 넘어서면서 경영진에서는 가속 연료를 공급하기로 하고 예산을 승인했다(TV광고도 했다). 하지만 제품이 자체적으로 성공을 입증할 때까지는 일체의 지원을 하지 않았다.

분명히 말해두지만, 내어놓고 개선하는 전략은 아무 제품이나 외부에 공개하고 개선되기를 기대해도 된다는 의미는 아니다. 사실 조너선은 자신의 팀원들에게 싸구려 제품을 출시해놓고 구글 브랜드에 의존해 빠른 시간에 사용자를 끌어들일 생각을 하지 말라고 종종 경고하고는 했다. 각 제품은 기능 면에서 우수해야 하지만 출시할 때는 기능에 한계가 있어도 문제가 없다. 이런 경우 출시할 때 대대적인 마케팅과 홍보 자원을 보류하는 것이 도움이 된다. 조용하게 출시하는 것보다 요란하게 제품 선전을 하면 고객들이 실망할 가능성이 훨씬 커지듯이. 그런 다음에 시간을 두고 기존 제품을 개선하여 새 제품의 기능을 높일 수 있을 것이다. 에릭이 2006년 구글러에게 보낸 메시지대로, "출시하자마자 제품을 보고

'와아!' 하는 반응이 일어나게끔 하는 계획이 있어야 한다."[191] 이런 방식으로 사용자는 고품질의 제품이 출시되는 것을 보는 데 익숙해질 것이며 설사 한계가 있더라도 출시 이후 빠른 시간에 각 기능이 개선된다는 것을 알게 된다.

내어놓고 개선하는 전략은 전반적으로 디지털 제품이고—소프트웨어, 미디어— 물리적 생산 비용을 최소화할 때 실행하기가 쉽다. 구글에서 신제품을 출시하고 사용 경험의 데이터를 토대로 개선하는 것은 쉽다. 똑같은 경우라고 해도 자동차나 칩 생산업체로서는 이러기가 훨씬 더 어렵다. 가치가 있는 사용자의 데이터를 수집하기 위해 인터넷의 가능성과 힘을 이용하는 데는 때로 다른 방법도 있다. 예컨대 디자인 또는 견본을 내어놓거나 사람들이 실제로 제품을 사용하도록 소프트웨어를 만들어보는 것이다. 일단 사람들이 제품을 경험하는 방법을 찾은 다음 그 데이터를 활용해서 제품을 개선하는 것이다.

실패도 잘해야 한다

내어놓고 개선하는 크롬의 출시과정 이면에는 2009년 요란한 팡파르를 올리며 출시한 구글 웨이브Google Wave가 있다. 웨이브는 전형적인 혁

---

[191] 이것은 톰 피터스가 대중화한 개념. "덜 약속하고 더 많이 해주어라Underpromise, Overdeliver"와 비슷하다. Tom Peters, *Thriving on Chaos: Handbook for a Management Revolution*(HarperCollins, 1988), pp.118~120.

신의 모델이었다. 이것은 시드니 사무실의 몇몇 기술진이 20퍼센트 시간을 활용해서 "이메일이 요즘 발명되었다면 어떤 모습일까?"라는 의문에 매달려서 나온 제품이었다. 이들은 실제로 경영진이 와아 하고 탄성을 내지를 만큼 아주 강력한 견본을 만들었다. 우리는 이들에게 프로젝트를 추진해도 좋다는 신호를 보냈고(물론 이들은 우리가 승인하지 않아도 추진했겠지만) 이들은 인터넷 시대의 사람들이 새로운 방식으로 소통하는 방법을 지원하는 플랫폼과 프로토콜을 만들어냈다.

웨이브는 기술적으로는 경이로운 제품이었음에도 대표적인 실패작에 속한다. 우리는 이것을 2009년에 출시했지만 아직 사용자의 데이터는 모으지 못했다. 웨이브팀은 미친 듯이 내어놓고 개선하는 수법을 시도했지만 사용자 기반에서 결코 필요한 양을 채우지 못했다. 출시 후 1년이 지나고나서 우리는 웨이브를 보류하겠다는 발표를 하기에 이르렀다. 언론에서는 웨이브를 과대 선전한 실패작이라며 우리를 혹평했다.

언론이 맞았다. 웨이브는 엄청난 실패작이었다. 실패의 속도도 빨랐다. 우리는 실패한 제품에 아까운 돈을 퍼붓지 않았다. 이 실패로 비난받은 사람은 아무도 없었다. 웨이브팀의 어느 누구도 이 일로 직장을 잃지 않았으며 사실 이들은 대부분 프로젝트가 중단된 뒤 구글 내에서 중용되었다. 이들이 뭔가 경계를 허무는 일에 매달렸다는 이유에서였다. 그들은 가치 있는 많은 기술을 개발한 끝에 실패한 것이다. 웨이브 플랫폼의 각 부분은 구글 플러스와 지메일로 옮겨갔다. 실패치고는 잘된 실패였다.

혁신을 하려면 제대로 실패를 하는 법을 배워야 한다. 실수에서 배워라. 실패한 프로젝트는 어떤 것이라도 기술과 사용자, 시장의 측면에서 그다음에 노력할 방향을 알려주는 통찰력으로 이어져야 한다. 아이디어를 없

"실패도 잘할 수 있다. 잘된 실패는 통찰력을 길러준다."
휴지통에서 빠져나가는 나비.

애버릴 것이 아니라 변형시켜야 한다. 세계적으로 위대한 혁신은 대부분 완전히 다른 방향에서 아이디어를 적용해 이루어진 것이다. 그러므로 프로젝트를 끝낼 때는 어떻게 하면 다른 곳에서 그것을 재적용할지 그 구성 요소를 주의 깊게 살펴봐야 한다. 래리가 말하듯, 여러분이 큰 틀에서 생각한다면 완전한 실패란 웬만해서는 없는 법이다. 대개는 아주 가치 있는 뭔가가 남는다. 그리고 실패했다고 그 팀을 비난하지 마라. 그들이 회사 내에서 적절한 일을 계속하도록 배려하라. 다음에 나올 개혁자는 실패한 팀이 제재를 받는지 아닌지 유심히 지켜볼 것이다. 물론 실패를 축하할 일은 아니지만 그것은 명예의 상징 비슷한 것이어야 한다. 적어도 그들은 뭔가를 성공시키려고 노력한 것이다.

관리직이 할 일은 리스크를 줄이거나 실패를 막는 것이 아니라 그런 리스크를 무릅쓰기도 하고 불가피한 시행착오를 너그럽게 볼 만큼 탄력적인 환경을 만들어내는 것이다. 저술가이자 교수인 나심 탈레브Nassim Taleb는 '안티프래질antifragile(잘 무너지지 않는)' 시스템 구축이란 말을 한다. 이런 시스템은 단순히 실패와 외부충격에서 살아남을 뿐만 아니라 결과적으로 더 강해진다는 것이다.[192] 이 말을 오해하면 안 된다. 실패가 목표라는 말이 아니다. 여러분이 혁신적인 환경의 활력을 측정할 때는 성공뿐만 아니라 실패에 대해서도 더 '안티프래질'한 방향에서 볼 필요가 있다

---

[192] 탈레브의 말을 좀 더 인용하면 다음과 같다. "어떤 것들은 충격에서 이익을 남기기도 한다. 이런 것은 불안정과 무질서, 혼란, 스트레스 요인, 모험에 대한 애착, 리스크, 불확실성이 노출될 때 번창하고 성장한다. 이 같은 현상이 어디나 존재함에도 프래질fragile(깨지기 쉬운)의 정확한 반대말은 없다. 이것을 안티프래질이라고 부르기로 하자. 안티프래질리티Antifragility(잘 무너지지 않는 특징)는 복원력과 강건 그 이상의 것이다. 복원력은 충격에 반발하면서 현상을 유지하지만 안티프래질은 상태를 호전시킨다." Nassim Nicholas Taleb, *Antifragile: Things That Gain from Disorder*(Random House, 2012), p.3.

는 말이다. 만화 딜버트Dilbert의 작가인 스콧 애덤스Scott Adams가 말하듯, "실패를 장벽이 아니라 길로 보면 도움이 된다."[193] 13세기에 바보 행세를 하며 이슬람 종파 수피의 우화를 전하던 물라 나스루딘Mulla Nasrudin이 즐겨 말한 대로, "탁월한 판단은 경험에서 오는 것이며 경험은 잘못된 판단에서 나온다."[194]

실패할 때 가장 다루기 힘든 것은 타이밍일 것이다. 제대로 된 실패는 빨라야 한다. 일단 프로젝트가 성공하지 못할 것을 알았다면, 되도록 신속하게 더 자원낭비와 기회비용이 초래되는 것을 막기 위해 중단해야 한다(전문성과 창의력을 가진 인력을 운이 다한 프로젝트에서 빼내 성공 잠재력이 있는 일에 배치하는 것이 좋다). 혁신적인 기업의 특징 중 하나는 훌륭한 아이디어의 창안에 많은 시간을 투입한다는 것이다. 자동주행 자동차나 각 가정에 1기가비트의 대역폭을(현재 미국 가정의 평균속도보다 100배는 빠른) 공급하려는 구글 파이버Google Fiber 같은 프로젝트는 엄청난 이익을 올려줄 잠재력이 있지만 너무 많은 시간이 걸릴 것이다. 제프 베조스가 지적하듯, "단순히 시계time horizon를 확장하기만 해도 여러분은 평소에는 추구할 수 없었던 노력을 할 수 있다. 우리는 아마존에서 5년에서 7년씩 걸리는 일에 매달리려고 한다. 우리는 기꺼이 씨를 뿌리고 그 씨를 키운다. 그리고 우리는 아주 끈질기다. 우리가 품은 비전에 대해서는 끈질기며 세부적으로는 유

---

[193] Scott Adams, "Scott Adams' Secret of Success: Failure"(*Wall Street Journal*, 2013. 10. 12).
[194] 이 인용구는 대개 컴퓨터과학자인 짐 호닝Jim Horning이 최근 한 말인 줄 알았는데 호닝 본인은 부인했다. 좀 더 자세히 조사해본 결과 우리는 이 말이 나스루딘에게서 나온 것을 알게 되었다. 이 사실을 알고 나서 우리는 우리의 유산으로 남기를 바라는 것은 모두 지금부터 수백 년 뒤에 지혜로운 바보의 말로 기억될 것이라고 판단했다. 생각이 깊은 말이기 때문이다. 이 이야기는 조엘 벤 이지Joel ben Izzy의 *The Beggar King and the Secret of Happiness*(Algonquin Books, 2003), 206~207쪽에서 다시 언급된다.

연하다."[195]

하여 실패에 대한 판단은 신속히 하라. 그런데 긴 시간의 시야를 확보하라고? 정말인가? 어떻게 그럴 수 있는가? (이 부분이 다루기 힘들다고 말한 것을 기억하라.) 해답은, 아주 빠른 속도로 개선을 하고 개선할 때마다 성공에 가까워지는지 판단하는 데 도움이 될 측정 기준을 세우는 것이다. 작은 실패는 예상해야 하고 허용해야 한다. 이런 실패가 올바른 방향으로 나가는 데 실마리가 되는 경우가 종종 있기 때문이다. 하지만 실패가 늘어나고 성공에 이를 뚜렷한 길이 보이지 않을 때는(또는 레지나 듀건과 케이엄 개브리엘이 말하듯, 성공을 하기 위해서는 "연속적인 기적"이 일어나야 한다)[196] 아마 그 일을 마무리해야 할 때일 것이다.

문제는 돈이 아니다

우리는 특출나게 뛰어난 사람들이 비범한 성공을 하려고 비범하게 일할 때는 대가를 주기도 하지만 20퍼센트 프로젝트를 성공한 사람들에게는 그렇게 하지 않는다. 댄 레이트너는 스트리트 뷰 제품개발팀에서 변화의 일부를 담당한 데 대해서는 푸짐한 보상을 받았지만 삼륜 자전거와 관련된 일에 대해서는 아무 보상도 받지 못했다.[197] 우리가 20퍼센트의

---

195 Steven Levy, "Jeff Bezos Owns the Web in More Ways Than You Think"(*Wired*, 2011. 11. 13).
196 Regina E. Dugan and Kaigham J. Gabriel, "'Special Forces' Innovation: How DARPA Attacks Problems"(*Harvard Business Review*, 2013. 10).
197 이 점에서 댄은 여러 가지로 걸음마를 배우는 아이나 다를 것이 없었다.

프로젝트에 대해 금전상의 혜택을 주지 않는 것은 단순히 그것이 필요없어서가 아니다. 진부하게 들릴지 모르지만, 보상은 일 자체에서 나오는 것이다. 몇몇 연구결과에 따르면 부대적인 보상은 창의성을 자극하기보다 오히려 본래 보상을 위해 노력하는 일을 돈을 벌기 위한 허드렛일로 바꿔놓음으로써 창의성을 방해한다.[198]

20퍼센트 프로젝트가 자체로서 어떻게 보상받을 수 있는지 단적인 사례는 2005년 8월, 허리케인 카트리나가 멕시코 만을 강타한 사건 이후 일어난 일에서 찾아볼 수 있다. 구글 어스를 시장에 내보낸 지 약 8주 정도밖에 되지 않았을 때였다. 구글의 '지리' 관련 제품을—지도와 어스—개발한 팀은 소규모였고 너무 지친 상태였다. 하지만 허리케인이 강타하자 맹활약을 하면서 8,000장이 넘는 최신 위성사진을 내보내(미국해양대기관리처NOAA로부터 받아서) 재해의 범위를 정확하게 보여주었고 고해상도의 거리 및 곳곳의 동네 사진을 공급했다. 이것은 수많은 신호가 사라지고 신호등이 꺼진 어려운 상황에서 어렵게 구조작업을 하는 사람들에게 크나큰 도움이 되었다. 또 구호물품을 공급하는 구조당국에도 도움을 주었고 그 뒤에는 생존자들이 집으로 돌아갈 수 있는지 아닌지를 판단하는 일도 도왔다.

이것이 바로 고전적인 20퍼센트 프로젝트이다. 이 아이디어는 한 부서 내부에서 나온 것이다. 히포가 그렇게 하라고 말한 것도 아니다. 아무도 사무실에서 며칠 밤이나 연속으로 지새우라고 말한 사람도 없고 또 구글 어스 동호회를 동원해 자원봉사자들의 도움을 구하라고 부탁한 사람도

---

[198] 예컨대 Teresa M. Amabile, "How to Kill Creativity"(*Harvard Business Review*, 1998. 9·10).

없었다. 해양대기관리처의 협력을 받아 사진을 내보내라고 말한 사람도 없었다. 실제로 경영진에서 개입한 행위라고는 에릭이 이들의 상황실을 방문해 둘러보고, 하던 일을 계속하라고 말한 것밖에 없다.

허리케인 카트리나 이후 이 20퍼센트 프로젝트는 구글 전체의 자선활동을 지휘하는 조직인 Google.org의 상설 위기대응팀으로 바뀌었다. 구글러는 이 팀의 원조를 받아가며 자연재해로 고통받는 사람들을 돕기 위해 구글 플랫폼을 활용한다. 2008년 여행자 수천 명의 발을 묶어버린 중국의 신년 폭설에서부터 수천 명의 사망자를 내고 수십만 명의 이재민을 낸 2011년 일본의 지진 및 쓰나미에 이르기까지, 구글러의 활약은 대단했다. 재해가 발생할 때마다 이들은 이전의 경험을 살려 사람들을 돕기 위해 구글 제품의 새로운 활용방법을 찾아낸다. 이런 노력에 대해 이들 대부분은 한 푼의 보상도 받지 못한다. 일 자체에서 동기부여를 받는 것이다.

"상상할 수 없는 것을 상상하라!"
마음속으로는 교향곡을 연주하고 있는 거리의 악사를 바라보는 여인.

결론

상상할 수 없는 것을 상상하라

Conclusion

2013년 말, 에릭이 가족과 휴가를 보낼 때였다. 평소처럼 아이들은 이 따금 비디오를 보며 시간을 보냈다. 휴가 기간에 에릭이 텔레비전 앞에서 시간을 보낸 적은 없었다. 실제로 텔레비전은 휴가 내내 꺼져 있었으며 영상도 모두 태블릿으로 보았다. 이중 어떤 것도 전통적인 의미에서 방영된 프로그램은 없었다. 텔레비전이나 유선방송에서 내보낸 프로그램이 아니라 모두 웹사이트와 모바일 애플리케이션에서 만들어진 것이었다. 텔레비전과 그 주변의 생태계는 이 집 아이들의 생활과는 거리가 멀었다. 짐작건대 이런 현상은 전혀 낯선 이야기는 아닐 것이다. 당신이 만일 모바일 장치나 웹 기반의 영상 콘텐츠 제작자라면 이런 현상은 좋은 조짐이다. 물론 당신이 요즘 아이들이 자라면서 외면하는 방송 시트콤이나 드라마를 만드는 사람이라면 그렇지 않겠지만.

우리는 거대한 낙관주의의 순간순간 속에 살고 있지만, 이 순간은 동시에 거대한 불안의 시기이기도 하다. 비단 텔레비전 방송 운영자들만 불안한 것이 아니다. 우리가 이 책을 쓰는 3년 동안에 수많은 기업이, 기술의 파괴적인 충격을 체감했다. 최근의 불황으로 경제위기는 수면 위로 올라왔고 전 세계의 경제가 회복되고 있음에도 여전히 사라질 조짐이 없다.

기술 주도 변화의 속도는 신기술에 대한 사람들의 적응력을 앞지르면서 전체 노동자 계층과 많은 국가의 경제 구조에 엄청난 압박을 가하고 있다. 역사적으로 건전한 경제에 토대를 둔 안정적인 중산층의 직업은 개발도상국 또는 온라인으로 옮겨가거나 전부 사라지고 있다.

한때 탄탄했던 사업이 붕괴되고 그 경제적 충격이 가까운 시기에 결국 고통과 혼란을 몰고 오리라는 것은 의심할 여지가 없다. 그러므로 어떻게 이런 변화를 뚫고 나갈 것인지, 이런 변화를 어떻게 바라볼 것인지에 대해 어떤 조언도 내놓지 않으면서 원대한 21세기의 사업을 일으키라고 하면서 이 책을 마친다면, 무책임한 일일 것이다. 현재의 사업 전망은 과거와 어떤 차이가 있는가? 다음에는 무슨 일이 벌어질 것인가? 그리고 이 혼란과 분열의 시기에 기업과 개인 사업가가 살아남아 번성하려면 무엇을 할 수 있는가?

〈다운튼 애비〉에서 다이어퍼스닷컴까지

왜 변화가 전통적인 기업을 위협하는지 이해하기 위해서는 한 가지 형태의 경제축이 다른 형태의 축으로 바통을 넘긴 과거의 역사적 순간을 잠시 돌아볼 필요가 있다. 우리가 21세기로 진입할 때의 핸드오프 존hand off zone(계주 경기에서 바통을 전달하는 20미터 구역—옮긴이)은 서구세계가 봉건경제에서 산업경제로 옮겨간 19세기의 존과 다를 바 없다. 우리 친구와 가족 중에는 BBC 텔레비전의 드라마 〈다운튼 애비Downton Abbey〉를 열심히 본 사람이 많다. 이 드라마는 제1차 세계대전 무렵 몇 년에 걸쳐 영국의 명문가 사람들과 이들의 시중을 드는 하인들의 흥망성쇠를 보여준다. 저택의 주민들은 부유한 영국 상류층으로서 식사시간에 입을 옷을 고르는 데 많은 시간을 들이며 하인들을 걱정하기도 한다. 하인들은 노동자 계층으로 대부분 일을 하는 데 시간을 보내며 주인들을 시중 든다. 산뜻한 영국식 악센트와 고증을 철저히 한 멋진 의상이 계속 나오는 드라마이다.

여러분이 존 베이츠의 수감(그는 나중에 혐의가 풀린다)이나 매튜의 죽음(바비 유잉의 기적과는 달리[199] 그는 죽는다)에 눈물을 흘리느라 눈치채지 못했을지는 모르지만, 다운튼 애비의 세계는 경제가 한 시대에서 다른 시대로 전환되는 시기를 대표한다. 산업시대 이전의 19세기를 보여주는 가장 중요한 제도는 가족 구성이다. 다운튼 가정은 그들에 대한 인력과 서비스의 수요를 통해 주변 도시에 경제적 후원의 원천 역할을 한다.

산업혁명 이후 20세기를 상징하는 결정적인 제도는 주식회사였다. 각 부문이 융합한 덕분에 공장마다 대량생산이 가능했던 자동차 회사 제너럴 모터스GM를 생각해보라. 전력과 물, 블루칼라 노동자 계층이 이 대량생산에 투입되었다. 이 사이에 작업현장의 노조원들과 본사의 화이트칼라 노동자는 안전한 직업과 평안한 중산층의 생활방식을 즐겼다.

21세기에 경제 활동의 허브였던 회사는 이제 '플랫폼'의 도전을 받고 있다. 우리는 전략을 다룬 장에서 플랫폼에 대한 언급을 했지만 다이퍼스

---

[199] 1980년대 드라마 〈댈러스Dallas〉에서 패트릭 더피가 역할을 맡은 바비 유잉은 형수의 차에 치여 비극적인 죽음을 맞이하지만 후속편에서는 기적적으로 생환한다. 그의 죽음은 그저 꿈이었다는 것이 밝혀졌다. 시청자들 누구나 이 생환을 반겼다.

닷컴Diapers.com(훗날 아마존에 매각된)을 생각해보자. 플랫폼은 회사와는 전혀 다른 형태의 허브다. 회사와 소비자의 관계는 일방적이다. GM은 신제품의 디자인과 제작공정, 소비자를 대상으로 출시를 결정하면 각 대리점 유통망을 통해 판매한다. 이와 대조적으로 플랫폼은 소비자와 공급자로서 상호작용하는 관계를 구축한다. 주고받는 것이 훨씬 더 많다. 아마존은 기업이지만 구매자와 판매자가 함께 모이는 시장이기도 하다. 아마존은 단순히 소비자에게 무엇을 팔 것인지 결정하지만은 않는다. 소비자는 아마존에 무엇을 찾는지 말하며 아마존은 소비자를 위해 그들이 찾는 것을 구비해놓는다. 소비자는 자기 목소리를 내고 상품과 서비스를 평가할 수 있다.

플랫폼의 세계에서 누가 성공하고 누가 실패하는가?

버글스the Buggles 덕분에 우리는 "비디오의 등장으로 라디오 스타가 사라졌다video killed the radio star"(버글스의 히트곡 제목—옮긴이)는 것을 알며 2011년 보더스Borders 서점이 파산한 것을 목격하며 아마존 같은 플랫폼이 기존의 기업에 해를 준다는 것도 알게 되었다. 보더스는 중소기업이 아니었다. 2005년까지만 해도 이 회사의 시가총액은 16억 달러가 넘었으며[200] 연방 도산법 제11장에 의거해 파산신청을 할 당시에 직원 수는 1만

---

[200] "Examining the Books"(*Wall Street Journal*, 2005. 8. 29).

7,000명이 넘었다.[201]

  이러한 상황을 직시해 생각해보면 이제 기존의 사업체는 선택의 기로에 직면했다고 보인다. 지금까지 해왔던 대로, 기술을 변화의 도구가 아니라 단순히 경영의 효율성과 이익을 극대화하는 수단으로 사용하는 세계에 머물며 계속 경영할 수도 있다. 이런 방식을 고집하는 다수의 기업체가 볼 때 기술은 멀리 떨어진 건물에서 조금은 이상한 집단이 추진하는 흥미로운 행위쯤으로 보일는지도 모른다. 적어도 매주 CEO의 관심을 끌어당기는 의제는 아니다. 그리고 새로운 경쟁업체의 시장 진입에 따른 절박한 혼란상도 로비스트와 변호사를 동원해 격파할 대상으로 본다. 비록 오랜 시간이 걸리더라도 (또 많은 비용이 들더라도) 이에 정면대응하지 않고 문제를 회피하는 방식은 비극적인 결말을 불러올 것이 분명하다. 기술과 이에 따른 파괴력은 너무도 막강하다. 그러므로 이런 방식을 따르는 기존의 업체는 궁극적으로 실패하거나 아니면 적어도 시대의 흐름에 뒤처질 것이다. 이런 방식을 고집하다가는 고객의 선택을 방해하고 업종의 혁신을 억압하게 될 것이다. 이것이 바로 이런 기업의 의도이기 때문이다. 혁신은 변화를 의미한다. 기존의 사업체에 현상유지만큼 편한 상태도 없다.

  벤처 투자가이자 선 마이크로시스템스의 공동창업주인 비노드 코슬라 Vinod Khosla는 에릭이 스탠퍼드 대학에서 강의할 때 간혹 와서 강연을 하기도 했는데, 이때 기존 업체가 그런 방식을 고집하는 단순한 이유 몇 가지를 지적했다. 첫째, 기업 차원에서 혁신적인 일은 대개 대기업에 사소

---

[201] Joseph Checkler and Jeffrey A. Trachtenberg, "Bookseller Borders Begins a New Chapter……11"(*Wall Street Journal*, 2011. 2. 17).

한 기회로 비친다는 것이다. 이들이 혁신에 시간과 정력을 쏟을 가치를 인정하지 않는 것은 그에 따른 성공이 너무 불확실하기 때문이다. 그리고 개인적인 차원에서 대기업에서 일하는 사람들은 리스크에 따른 보상은 없어도 실패할 때는 책임 추궁을 받는다. 개인적인 이익 구조가 불균형하기 때문에 합리적인 사람은 안전한 길을 택한다는 것이다.[202]

하지만 기존의 업체가 선택할 대안은 있다. 플랫폼의 이점을 살려 지속적으로 우수제품을 공급하는 전략을 개발하는 것이다. 이 전략을 기초로 전문성과 창의력을 갖춘 팀을 끌어들이고 이들이 비약적인 성공을 거둘 수 있는 환경을 조성하면 된다. 간단하지 않은가? 물론 이런 전략을 제외하면 간단한 것은 아니고 아직도 멀었다. 성장한 기업의 속성은 리스크를 싫어하고 인체가 항체를 형성해 병원균을 공격하듯이 대변화를 공격하기 때문이다. 우리도 이런 환경에서 지냈기 때문에 잘 안다. 결국 여러분이 지금 읽고 있는 이 책은 블랙베리와 아웃룩의 이메일 함에서 빠져나온 마지막 세대 구글러 몇 명이 쓴 것이다. 우리도 언제나 변화가 오는 순간을 포착하는 것은 아니며 또 그 변화에 잘 대처하는 것도 아니다. 다행히 우리는 예전의 동료인 빅 군도트라 Vic Gundotra처럼 변화에 대처할 줄 아는 사람들이 곁에 있다.

---

202 Vinod Khosla, "The Innovator's Ecosystem," 2011. 12. 1. http://www.khoslaventures.com/wp-content/uploads/2012/02/InnovatorsEcosystem_ 12_19_111.pdf.

소셜 웹의 출현, 페이스북이라는 신생기업

월드와이드웹www은 별개의 세 단계를 거쳐 발전했다. 웹 1.0은 1990년대에 HTML(하이퍼텍스트 생성 언어)이라는 브라우저의 도입과 더불어 시작되었다. 이 '웹 1.0' 단계에서 사용자는 텍스트를 읽고 작은 그림을 보며 간단한 거래를 할 수 있었지만 그 이상의 기능은 매우 한정되었다. 그러다가 2000년대 초에 좀 더 강력한 웹사이트와 탄탄한 웹 인프라 구조의 신기술이 나왔다. 몇몇 국가에 광대역 회선이 공급되었고 온라인 비디오 시대가 열렸다. 그리고 웹 자료를 소비할 뿐만 아니라 웹에 자료를 공개하는 것도 더 쉬워졌다. 이 웹 2.0 공간에서는 거대한 쇼핑몰과 온라인 백과사전뿐 아니라 그 이상의 기능도 속속 등장했다. 이것은 온갖 종류의 일을 할 수 있는 공간이었다. 전 세계 수십억 명의 사람들이 온라인을 드나들고 있으며 이들이 온라인에 들어와 먼저 하는 일 중 하나가 검색이다.

2010년 여름을 앞두고 우리가 구글에서 웹 2.0을 즐기고 있을 무렵, 소셜 웹이 등장하고 있었다. 웹 1.0이 자료를 읽거나 상품을 구매하게 해주고 웹 2.0이 온라인상의 일을 하도록 해준다면 소셜 웹은 그 일에 대하여 의견을 말하고 결과를 공유하게 해준다. 우리는 처음에 프렌즈터Friendster에서 시작된 이런 추세를 지켜보고 있었다. 그러다가 마이스페이스Myspace가 신제품으로 인기를 끌었다. 우리는 웹사이트의 사회적 공간social space에서 선두를 달리는 회사인 트위터Twitter와 디그Digg와 제휴를 맺는 것을 고려했다. 하지만 제휴 아이디어는 별로 성공을 거두지 못했다. 아마 이 생각 때문에 전혀 예측하지 못한 경쟁사가 부상하는 것을 미처 보지 못한 것 같다. 소셜 웹이 다가오고 있는 것이 아니라 이미 옆에 있다는 것이 갑자기 눈에 들어왔다. 소셜 웹은 페이스북이라는 새로운 플랫폼이 주도하고 있었던 것이다.

구글은 사실상 이 분야에서 성공 가망이 없었다. 구글 최초의 소셜 네트워킹인 오르컷Orkut은 거의 브라질과 인도 시장에서만 성공했다고 평가할 수준이었다. 앞에서 말한 대로, 우리는 야단법석을 떨며 웨이브라는 새로운 형태의 이메일을 출시했다. 이것은 뛰어난 기술력을 동원한 제품으로 (소수) 고급 사용자(파워유저)에게는 짜릿한 감격을 맛보게 해주었지만 나머지 (다수) 보통 사람들에게는 혼란만 안겨주었다. 우리는 또 구글 내부의 '도그푸드dogfood'(개발자가 자신이 개발한 프로그램을 직접 사용해보는 것—옮긴이) 시험 단계에서 구글러가 좋아하는 버즈Buzz라는 제품을 시판했는데 이 제품은 나중에 사생활 문제를 야기했다. 2010년 여름에 우리는 웨이브의 작업을 중단했고 버즈도 차츰 시들해져 소셜 웹 영역에서 두 개가 있다가 하나도 남지 않게 되었다.

빅 군도트라는 이런 상황을 지켜보다 마음이 언짢아져 모바일팀을 독려했다. 그는 빠른 속도로 수억 명의 사람들에게 인터넷의 중요한 진입로 역할을 하게 된 작은 모바일 화면에서 구글의 모든 우수한 서비스가 원활하게 작동하도록 애를 쓴 사람이었다. 처음부터 스마트폰의 잠재력을 알고 있던 빅은 '모바일 먼저'라는 구호를 구글의 일상적 화두로 만든 팀을 조직했다. 소셜에서 우리의 잘못은 빅과는 아무 상관이 없었다. 빅이 구글의 근무자이자 주주로서 우리가 웹의 역사적 변화를 보지 못한다는 것에 관심을 쏟았다는 것 말고는. 그는 이런 상황을 타개하려고 뭔가 결심을 하고 브래들리 호로위츠Bradley Horowitz에게 점심식사를 제안했다.

브래들리는 소셜 웹 부문을 책임지게 되었다. 그와 빅은 점심식사를 한 뒤로도 끝없이 회의를 이어갔다. 두 사람은 구글을 소셜 웹으로 거듭나게 하는 새로운 계획을 세우고 소비자를 위한 일련의 혁신을 단행하기 시작했다. 소셜 웹은 빅의 직무 범위에는 들어 있지 않은 것이었다. 비록 우리는 표면상으로는 그의 상사였지만(빅은 에릭에게 보고하는 우르스 횔즐에게 보고를 하면서 조녀선의 간부회의에 참석했다) 우리는 그에게 새로운 소셜 플랫폼을 개발하라고 말한 적도 없고 그의 아이디어를 화제에 올린 적도 없었다. 오히려 빅이 우리에게 문제가 있다고 보고 해결책을 내놓을 수 있다고 생각해 이런 일을 벌인 것이다. '에메랄드 바다Emerald Sea'라는 암호명이 붙은 빅과 브래들리의 프로젝트는 얼마 지나지 않아 회사 내에서 모멘텀을 얻었으며 1년쯤 지나자 구글 플러스Google+ 프로젝트라는 이름으로 출시하게 되었다. 회사 역사상 아주 야심찬 도전 중 하나였다. 언론에서는 구글 플러스를 종종 페이스북의 경쟁 대응제품으로 다루지만 꼭 그렇다고 볼 수만은 없다. 더 정확하게 말하면 구글 플러스는 웹 2.0의 붕괴와 소셜 웹의 등장에 대한 반응이라고 봐야 한다. 이것은 애드워즈에서 유튜브에 이르기까지 구글의 다양한 플랫폼을 함께 짜나가는 사회적 조직이다. 그리고 한 사람이 주요 변화가 진행되면서 구글의 사업이 붕괴될 가능성을 보고 대책을 세우려는 결심을 했기 때문에 시작된 것이다. 자신의 담당 분야가 아니었는데도 말이다.

가장 어려운 질문을 제기하라

빅은 소셜 웹을 탐구하기 시작하면서 스스로를 향해 다음과 같은 질문을 제기했다. 소셜 플랫폼이 웹의 지배적인 사용수단이 된다는 것은 구글에 무엇을 의미하는가? 소셜 웹은 검색을 쓸모없는 것으로 만들 수 있는가? 기업 엔트로피(불확실성의 정도)의 항체 형성을 능가할 만큼 변화와 혁신에 도움이 되는 가장 효과적인 방법이 있다. 때로는 그저 단순하게 가장 어려운 질문을 제기하는 것이다. 미래를 대비해 여러분이 무엇을 하는지, 사업에 대하여 남들은 보지 못하거나 봐도 무시하는 것 중에 여러분이 보는 것은 무엇인지 아는가? 하버드 경영대학원의 교수이자 경영 컨설턴트인 클레이튼 크리스텐슨Clayton Christensen은 "나는 내가 물어볼 필요가 있는 질문에 계속 관심을 쏟기 때문에 미래의 문제를 파악할 수 있다"라고 말했다.[203] 정말로 어디에나 정보가 있고 세계적으로 어디에서나 완벽하게 접근하고 연결할 수 있으며 컴퓨터 활용자원이 무한하다면, 그리고 전체적으로 불가능하게 보이는 새로운 문제들이 가능할 뿐만 아니라 실제로 해결이 된다면 여러분의 사업에 어떤 변화가 올 수 있는가? 기술발전의 상승 추세는 냉혹하다. 논리적인 관점으로 미래를 바라보며 이 추세를 따라야 한다. 그리고 스스로 물어보라. 이런 흐름은 우리에게 무엇을 의미하는가?

1990년대 에릭이 선Sun에 있을 때, 이 회사는 해당 분야의 사업에 아주 가치가 큰 워크스테이션을 만들었다. 선은 기술 주도 기업이었고 가

---

[203] Art Kleiner, "The Discipline of Managing Disruption"(strategy+business, 2013. 3. 11).

격 대비 성능의 우위를 언제까지나 유지할 것으로 자신했지만 동시에 윈텔Wintel PC의 성능이 개선되면서 위협받고 있었다. 윈텔은 인텔 프로세서를 장착하고 마이크로소프트 윈도 운영체제로 구동하는 PC였다. 당시 선으로서는 윈텔의 가격 대비 성능이 마침내 선을 능가할 때 선의 사업이 어떻게 될 것인가가 가장 어려운 질문이었다. 회사의 성공과 이익 대부분의 근거가 된 이점이 사라질 때 회사에 무슨 일이 생길 것인가? 에릭이 오언 브라운Owen Brown 회장과 스콧 맥닐리Scott McNealy CEO에게 이 질문을 했다. 두 사람의 결론은, PC 산업의 경쟁력을 높이기 위한 가격 인하는 절대 있을 수 없다는 것이었다. 바꿔 말하면 두 사람은 마땅한 해결방안이 없었다(에릭도 마찬가지였다). 물론 이것도 문제였지만 더 큰 문제는 그 이후 아무런 대책도 나오지 않았다는 것이다. 실질적인 행동 방안을 마련한 사람은 아무도 없었다. 2000년 4월, 선의 시가총액은 1,410억 달러였다. 2006년이 되자 윈도 기반의 서버가 시장을 장악했고 그동안에 선의 시장가치는 두 자릿수로 급락했다. 선은 2009년 오라클에 74억 달러에 매각되었다.

기존의 기업에는 언제나 어려운 질문이 있기 마련이지만 종종 이 물음을 제기하지 않는 이유는 마땅한 대답이 없기 때문이며 이것이 사람들을 불안하게 만든다. 하지만 이런 상황이야말로 담당 팀을 계속 불안하게 만들기 위해 당연히 물음을 제기해야 하는 이유가 된다. 에릭이 선에서 깨달은 것처럼, 진정으로 여러분을 죽이려고 하는 경쟁사의 의도보다는 아군의 포격에서 오는 불안이 더 나은 법이다. 몹시 까다로운 질문에 마땅히 내놓을 대답이 없다면 적어도 희망의 조짐은 보여줄 수 있을 것이다. 이렇게 쉽게 대답할 수 없는 까다로운 질문들은 대기업 문화에서 리스크를 꺼리고 변화를 기피하는 경향을 줄이는 데 효과를 볼 수 있다. 이런 질문은, 새뮤얼 존슨Samuel Johnson이 말한 대로, 눈앞에 닥친 교수형처럼 놀랍도록 이목을 집중시킬 수 있다.[204]

5년 후에 무슨 일이 현실로 닥칠 것인지에 대한 질문으로 시작하라. 래리 페이지는 종종 CEO가 할 일은 핵심사업에 대해서뿐 아니라 미래에 대해 생각하는 것이라고 말한다. 대부분의 회사가 이렇게 하지 못하는 이유는 오로지 점진적인 변화만 추구하면서 언제나 하던 일만 너무 편하게 하려고 하기 때문이다. 그리고 이런 경향은 무엇보다 기술 주도의 변화가 만연한 오늘날 치명적인 결과로 이어진다. 그러므로 제기해야 할 물음은 무슨 일이 실제로 일어날 것인가가 아니라 무엇이 실제로 일어날 가능성이 있는가이다. 무엇이 일어날 것인가라는 질문은 예측을 하게 만들고, 이것은 빠르게 변하는 세계에서 어리석은 짓이다.[205] 대신, 일어날 가능성을 묻는 질문은 상상력을 불러일으킨다. 전통적인 지혜를 빌려 상상할 수 있는 상황에서 실제로 상상할 수 없는 것은 무엇일까?

비노드 코슬라가 지적하듯이, 1980년에 마이크로프로세서가 단순히 컴퓨터뿐 아니라 자동차나 칫솔 등, 어디서나 이용될 것이라고 상상하

---

[204] 제임스 보스웰James Boswell이 새뮤얼 존슨의 전기를 쓰며 인용한 말은 원래 "중요한 것은 선생님, 교수형을 2주 앞둔 남자는 놀랍도록 정신을 집중한다는 것입니다"이다. James Boswell, *Life of Johnson*(Oxford World's Classics/Oxford University Press, 2008), p.849.

[205] 심리학자인 필립 테틀록Philip Tetlock이 전문가 수백 명의 예측에 대해 20년 동안 연구한 바에 따르면 전문가들조차 고도로 불확실한 문제에 대해서는 예측을 제대로 하지 못한다. 예컨대 전문가는, 아파르트헤이트(남아프리카의 인종분리정책 — 옮긴이)가 비폭력 수단으로 목표를 이룰 것인지, 퀘벡이 캐나다에서 탈퇴할 것인지와 같은 문제를 예측하는 데 평균 수준의 교육을 받은 사람들보다 나을 것이 없었다(또 우연의 빈도보다도 나을 것이 없었다). Philip E. Tetlock, *Expert Political Judgment: How Good Is It? How Can We Know?*(Princeton University Press, 2005).

는 것은 힘들었다.[206] 휴대전화가 재봉틀 크기만 하고 큰돈이 들어가던 1990년에 이것이 카드 한 벌 크기보다 작아지고 하룻밤 데이트 비용보다 값이 싸질 것이라고 상상하는 것도 어려웠다. 1995년에 인터넷 사용자가 30억 명을 넘어서고 60조 이상의 독자적인 주소가 생길 것이라고 상상하기도 힘들었다. 마이크로프로세서, 모바일 폰, 인터넷은 오늘날 없는 곳이 없지만 이것들이 초기 단계에 있을 때 실제로 이런 현상을 예측한 사람은 아무도 없었다. 그리고 우리는 누구나 이런 과오를 지금도 되풀이하고 있다. 구글이 자율주행 자동차 프로젝트를 발표했을 때 일반적인 반응은, 믿을 수 없다는 것이었다. 자동차가 정말 제 스스로 달릴 수 있을까? 하지만 우리는 그런 일이 일어나지 않는다고 상상할 수 없다.

그러므로 사회적인 통념에서 벗어나 상상력을 동원하여 앞으로 5년 후에 여러분의 업종에서 무슨 일이 벌어질 수 있을지 자신에게 물어보라. 아주 빠르게 변할 것은 무엇이고 전혀 변하지 않을 것은 무엇인가? 그리고 여러분이 일단 미래에 무엇이 일어날지 생각한다면 그때 고려해야 할 좀 더 어려운 질문 몇 가지가 있다.

아주 유능하고 자본이 탄탄한 경쟁자가 있다면 이들은 회사의 핵심사업을 어떻게 공략할 것인가? 이들은 어떻게 디지털 플랫폼의 이점을 활용해 약점을 노리거나 가장 많은 이익을 올려주는 고객 집단을 빼내갈까? 자체의 사업을 분리하기 위해 회사가 하는 일은 무엇인가? 자기시장 잠식cannibalization이나 이익 감소가 잠재적인 혁신의 싹을 자르는 주된 이유인가? 사용자 시장이 커지면서 점진적으로 보상과 가치를 늘릴 수 있

---

206 Vinod Khosla, "Maintain the Silicon Valley Vision"(*Bits blog, New York Times*, 2012. 7. 13).

는 플랫폼을 구축할 기회가 있는가?

회사 지도자들이 여러분의 제품을 규칙적으로 사용하는가? 그 제품을 좋아하는가? 그것을 배우자에게 선물로 주는가?(이런 일은 분명히 대다수의 경우에 적용할 수는 없지만 강력한 사고실험이 된다) 고객은 여러분의 제품을 좋아하는가? 아니면 고객은 앞으로 증발할지도 모르는 다른 요인들에 둘러싸여 있는가? 그런 요인이 전혀 없다면 앞으로 어떻게 될 것 같은가?(이런 질문에 대한 재미난 추론 하나, 여러분이 제품 담당자들에게 고객이 경쟁사의 제품을 보고 여러분의 제품을 쉽게 저버리게 만들라고 강요한다면 그들은 어떤 반응을 보일까? 그들은 어떤 경우에도 고객의 마음을 잡아둘 수 있을 만큼 정말 우수한 제품을 만들 수 있을까?)

여러분이 앞으로 나올 주요 신제품을 계속 공급한다고 할 때, 그중에 독특한 기술적 안목을 토대로 한 것은 몇 퍼센트나 될까? 고위 경영진에는 제품개발을 담당하는 사람이 얼마나 되는가? 회사는 우수한 제품을 만드는 데 큰 기여를 한 사람들에게 과감한 보상과 승진의 기회를 제공하는가?

직원 채용은 고위 경영진에게 가장 우선적인 과제인가? 최고 경영진은 실제로 채용에 시간을 투자하는가? 유능한 직원 중에서 3년 후에도 회사에 남아 있을 사람은 얼마나 되는가? 다른 회사에서 10퍼센트 더 보상을 해준다고 할 때 회사를 떠날 사람은 얼마나 되는가?

여러분의 의사결정 과정은 최선의 결론이나 가장 바람직한 결론으로 이어지는가?

직원의 자유는 얼마나 허용되는가? 정말 혁신적인 사람이 있다고 할 때, 그 사람은 직급에 상관없이 자신의 아이디어에 매달릴 자유가 있는가? 새로운 아이디어에 대한 결정은 우수한 제품을 토대로 내려지는가 아니면 이익을 토대로 내려지는가?

　회사에서 정보를 저장하는 사람과 발송하는 사람 중에 누가 더 일을 잘하는가? 사일로(조직 장벽과 부서 이기주의에서 나온 정보저장 창고)가 정보와 사람의 자유로운 흐름을 방해하지는 않는가?

　이상이 까다로운 질문이다. 그리고 여기서 드러나는 문제에 대해서는 명백한 해결책이 없을 가능성이 있다. 하지만 질문을 제기하는 기회조차 없다면 해결책이 나올 수 없다는 것은 분명하다. 기존의 기업은 얼마나 빠른 속도로 자신들이 무너질 수 있는지 모르는 것이 보통이다. 하지만 이상의 질문을 제기한다면 현실을 깨닫는 데 도움이 될 것이다. 이것은 또 전문성과 창의력을 가진 최고의 인재를 끌어들이고 이들에게 힘을 실어주는 탁월한 방법이기도 하다. 이런 사람들은 도전을 좋아할 뿐만 아니라 도전에 담긴 순수한 매력을 보고 달려든다. "고맙게도 여기서는 그렇게 어려운 질문을 하는 사람이 있구나!"라고 그들은 말할 것이다. "이제 그 대답을 찾는 일을 시작할 수 있겠어."

　하지만 이때 더 어려운 질문 하나가 추가된다. "여러분은 전문성과 창의력을 가진 사람을 적재적소로 불러들이는가?" 인터넷과 모바일, 클라우드 기술에 담긴 흥미로운 효과 하나는, 사업의 허브가 성장해서 더욱 강력해지고 더 큰 영향력을 발휘한다는 것이다. 우리는 흔히 인터넷과 나머지 소통기술이 등장해서 더 많은 허브가 탄생하고 기존의 허브에 담긴 의미는 줄어들 것이라고 생각하지만, 사실은 그 반대다. 물론 다양한 기업에서 새로운 소규모의 활동 집단이 나타날 수도 있지만 기존의 집단은 역할의 중요성이 더 커졌을 뿐 줄어든 것이 아니다. 전문성과 창의력을 가진 사람들에게는 그 어느 때보다 물리적인 공간이 중요하다.

예를 들어 세계적으로 많은 국가가 실리콘밸리의 마력적인 기술을 재창조하려고 노력할 때조차도 이런 기술 활동을 위해 애쓰는 전문성과 창의력을 가진 인력 중 상당수가 조국을 떠나 실리콘밸리로 몰려드는 것은 바로 이 때문이다(우리는 구글 카페에서 각국의 다종다양한 언어가 들려오면 그때마다 새삼 놀란다). 이들은 자국에서보다 캘리포니아에서 훨씬 더 큰 자극을 받을 수 있고 자신과 비슷하게 전문성과 창의력을 가진 사람들과 함께 일하는 것이 자국에 눌러앉아 있는 것보다 더 매력적이라는 것을 알게 된다. 똑같은 이치가 금융(뉴욕, 런던, 홍콩, 프랑크푸르트, 싱가포르), 패션(뉴욕, 파리, 밀라노), 연예(로스앤젤레스, 뭄바이), 다이아몬드(앤트워프, 수라트), 생명공학(보스턴, 바젤), 에너지(휴스턴, 다란), 조선(싱가포르, 상하이), 자동차(남부 독일) 그리고 그 밖의 산업 허브에도 적용된다. 새로운 벤처사업을 일으키려고 한다면 어느 회사든 스스로 물어볼 필요가 있다. "나는 전문성과 창의력을 가진 인재에게 다가가고 있는가, 아니면 그들이 나에게 올 수 있는 길을 찾고 있는가?"

정부의 역할

정부도 중요한 결정을 해야 한다. 정부도 변화의 파도를 피하는 쪽으로 움직인다는 점에서는 기존의 기업과 다를 것이 없다. 이것은 정치인들의 자연스런 노선인지도 모른다. 기존의 기업이 질서를 뒤흔드는 신흥기업보다 훨씬 더 자금이 많으며, 어떤 민주정부든지 막론하고 정치권의 의지를 조종하기 위해 이 돈을 쓰는 데 아주 숙달되었기 때문이다(새로운 도전자는 흔히 기존의 업체가 병기고에 가지고 있는 법과 규정의 도구가 어디까지 쓰이는지 모른다).

하지만 기업과 마찬가지로 정부도 구질서의 붕괴를 자극하고 전문성과 창의력을 가진 사람들이 힘을 얻는 환경을 조성하기 위해 선택권을 행사할 수 있다. 혁신 지향적인 선택을 할 수 있다는 말이다.

이런 선택은 교육으로 시작된다. 비단 초·중고교나 전문학교, 대학교에만 국한되는 것이 아니다. 교육은 변할 것이고 정부는 기존질서의 붕괴를 달가워해야 한다(현재 각국 정부는 이와 반대로 가고 있다). 기술의 플랫폼은 우리가 자신의 강점과 약점을 아주 정확하게 판단하는 것을 돕는다. 그리고 우리가 하고 싶은 것에 맞춰 교육적 선택을 하도록 해줄 것이다. 공교육의 권한에 따라 정부는 개인의 희망에 맞는 유연한 평생교육의 모델을, 특히 고등학교 이후의 십대와 성인들에게 진취적으로 장려할 수 있다.

디지털 인프라 구조는 친이민정책과 마찬가지로 필수적인 것이다. 하지만 무엇보다 중요한 것은 혁신을 가능케 하는 자유다. 규정은 문제점을 예측해서 만들어지는 것이지만 여러분이 모든 것을 예측하는 시스템을 구축한다면 혁신이 들어설 여지는 없을 것이다. 더욱이 기득권 세력은 규정을 만드는 데 큰 영향력을 행사하기 마련이고 때로 공공부문과 민간부문 사이에 많은 이동이 발생할 수 있다. 따라서 오늘 혁신을 억압하는 규정을 만들고 이것을 강요하는 사람은 내일은 이 규정에서 이익을 보는 민간부문의 운영자가 된다. 규제 중심의 환경에는 언제나 신생기업이 들어갈 자리가 있어야 한다.

예를 들어, 미국 자동차 산업의 신생기업인 테슬라Tesla는 소비자에 대한 직판 방식을 가로막는 몇몇 주에서 규정이라는 장애물 때문에 곤란을 겪고 있다.[207] 이런 주가 채택한 규정은 자동차 판매업자를 보호하고 소비자의 선택 범위를 축소한다. 자율주행 자동차가 등장하는 자동차 혁신의 차기 시장에서는 사고가 날 것이다. 누군가 다치거나 죽는 사고가 발생한다면 자율주행 자동차 기업 전반에 대해 의구심을 키우는 분위기가 생길는지도 모른다. 이런 일이 일어날 때, 정부는 진입장벽이 높은 규정을 설치하고자 하는 충동에 맞서야 한다. 이런 규정은 사람이 운전하는 정상적인 자동차에 불필요할 정도로 훨씬 더 안전한 명령을 따르도록 강요한 19세기 영국의 '붉은 깃발' 법[208] 과 흡사하다(아무리 규정을 강화해도 충돌할 수 있다). 새로운 방식이 과거의 것보다 더 낫다는 것을 보여주는 경험적인 데이터가 있다면, 정부는 변화를 막는 것이 아니라 구질서의 붕괴를 허용하는 역할을 해야 한다.

큰 문제는 정보 문제다

산업이 확대되고 질서가 재편되면서 기존의 업체는 이에 적응하거나 낙오하고 새 벤처기업이 통찰력이 있는 지도자와 야망을 품은 참신한 직원들의 힘으로 성장할 때 전반적인 상황은 나아질 것이다. 우리는 기술의 낙관주의자들이다. 우리는 세상을 더 살기 좋은 곳으로 만드는 기술의 힘

---

[207] Steve Chapman, "Car Buyers Get Hijacked"(*Chicago Tribune*, 2013. 6. 20).
[208] 1865년 영국에서 도입된 기관차량 조례로 자동차 앞에서 보행자 한 사람이 말과 말 탄 사람들에게 신발명품이 오고 있다는 경고를 하기 위해 붉은 깃발을 흔들도록 했다. 또 이 법은 속도를 시내에서는 시속 3.2킬로미터, 들판에서는 6.4킬로미터로 제한했으며 1896년에 가서야 폐지되었다. Alasdair Nairn, *Engines That Move Markets: Technology Investing from Railroads to the Internet and Beyond*(John Wiley & Sons, 2002), pp.182~183. Brian Ladd, *Autophobia: Love and Hate in the Automotive Age*(University of Chicago Press, 2008), p.27.

을 믿는다. 남들이 영화 〈매트릭스〉처럼 어두운 미래를 보는 곳에서 우리는 트리코더의 파동으로 사우리안 바이러스를 치료하는(또 사우리안 브랜디와 트라냐 체이서 한 잔으로 축배를 하는) 레너드 맥코이 박사를 본다.[209] 우리는 가장 큰 문제가 정보의 문제라고 본다. 이것은 충분한 데이터와 이 데이터에 대한 처리능력으로 오늘날 직면하는 도전이 무엇이든 인간이 실제로 그것을 해결할 수 있다는 것을 의미한다. 우리는 컴퓨터가 더 낫고 편안한 삶을 간절히 바라는 인간, 그러니까 모든 인간에 헌신할 것이라고 생각한다. 그리고 우리는 실리콘밸리의 사람들로서 미래에 대한 이런 극단적인 낙관주의 때문에 거센 비난에 직면하게 되리라는 것도 잘 안다. 그래도 상관없다. 중요한 것은 어둠의 터널 저 끝에 밝은 빛이 보인다는 것이다.

우리의 낙관주의에는 충분한 근거가 깔려 있다. 첫째는 넘치는 데이터와 정보의 자유로운 유통이다. 지질학적 기상학적 인공지능에서부터 모든 경제 거래 하나하나를 기록하는 컴퓨터와 지속적으로 개인의 활력 징후를 추적하는 착용 가능한 기술(구글 스마트 콘택트렌즈 같은)[210]에 이르기까지, 데이터의 유형은 예전에는 절대 이용할 수 없었을 뿐만 아니라 불과 몇 년 전만 해도 공상과학물의 소재였던 것이 실용화되고 있다. 그리고 이제 데이터를 분석하는 컴퓨터 활용기술에는 실제로 한계가 없다. 무한

---

[209] 사우리안 브랜디와 트라냐는 TV 시리즈 〈스타트랙〉에 나오는 음료다. 이 얘기를 듣는 여러분도 우리와 똑같이 맛을 음미하기를 바란다. 그리고 약속컨데, 〈스타트랙〉을 입에 올리는 것은 이번이 마지막이다.

[210] 구글 엑스에서 개발한 스마트 콘택트렌즈는 이것을 착용한 사람의 눈물에 담긴 혈당치를 측정해 지속적으로 혈당치를 추적하도록 설계되었다. 이것은 당뇨병 환자가 주기적으로 혈액검사를 위해 주사바늘로 찌르거나 피부에 당 센서를 계속 부착해야 하는 고통을 줄여준다.

한 데이터와 무한한 컴퓨터 활용기술이 전문성과 창의력을 가진 인재가 엄청난 문제를 해결하도록 놀라운 활동공간을 만들어준다.

이런 추세는 전문성과 창의력을 가진 인재들 사이에 협력체제가 더욱 확대되어—과학자, 의사, 엔지니어, 디자이너, 예술가—세계가 당면한 커다란 문제를 해결하는 바탕이 된다. 서로 다른 데이터를 비교하고 결합하는 것이 훨씬 더 쉬워졌기 때문이다. 칼 사피로Carl Shapiro와 할 배리언Hal Varian이《정보의 법칙Information Rules》에서 기술한 대로, 정보의 생산 비용은 비싸지만 재생산 비용은 싸다.[211] 그러므로 여러분이 문제해결에 도움이 되는 정보를 만들어 공유가 가능한 플랫폼으로 이 정보를 나누어준다면(또는 플랫폼을 만든다면), 여러분은 고귀한 정보를 저렴한 가격이나 무료로 많은 사람이 사용하게 할 수 있을 것이다. 구글에는 퓨전 테이블Fusion Tables이라는 제품이 있다. 이것은 "데이터를 사일로에서 빼내어" 원본 데이터 세트의 통합을 유지하면서 연관된 데이터 세트를 단일 세트별로 합치고 분석하도록 고안된 것이다. 서로 비슷한 문제에 매달리는 세계의 모든 과학자들이 각자 자신의 스프레드시트와 데이터베이스에 담긴 데이터를 가지고 연구하는 것을 생각해보라. 또는 각 지역정부가 책상이나 지하실에 설치한 시스템의 진행 과정을 추적하면서 환경과 인프라 구조를 평가하고 해결하려고 애쓰는 모습을 생각해보라. 이런 정보의 사일로를 깨부수고 데이터를 전혀 다른 새로운 방식으로 결합하고 분석할 때의 힘을 상상해보라.

---

[211] Carl Shapiro and Hal R. Varian, *Information Rules: A Strategic Guide to the Network Economy*(Harvard Business Review Press, 1998).

이 밖에 또 하나의 희망적인 요인은 속도다. 기술발달로 레이턴시latency—행위와 반응 사이의 시간—는 훨씬 짧아지고 있다. 이것 역시 역사적인 관점으로 보면 개념 파악에 도움이 될 것이다. 경제학자들이 "범용기술"(증기기관이나 전기가 단적인 예에 해당한다)이라고 부르는 것은 역사적으로 발명에서부터 실제로 적용해 사람들의 생활 구조와 시장의 운용방식에 변화를 주기까지 오랜 시간이 걸렸다. 와트의 증기기관은 1763년에 개발되었지만 철도가 캔자스시티를 가축 떼를 모는 시골에서 가축 교역이 이루어지는 대도시로 바꿔놓기까지는 거의 200년이나 걸렸다. 이에 비해 1994년에 출시된 넷스케이프 내비게이터는 대조적이었다. 또 조녀선은 1998년에 익사이트앳홈에서 세계 최초의 케이블 모뎀 일부를 자랑스럽게 연결했다. 불과 10년도 지나지 않아 이 같은 현대의 소통기술은 사람들의 소통방식을 깡그리 바꿔놓아 서로 접속해서 대화할 뿐만 아니라 쇼핑을 하거나 식당에서 음식을 주문하거나 택시를 호출하는 등, 다양한 곳에 이용되고 있다. 하지만 속도의 아름다움은 구경꾼의 눈에 비친 모습일 뿐이다. 여러분 주변의 모든 것이 빠르게 바뀔 때 혼란을 느낀다면, 그것은 나쁜 일로 비칠 것이다. 하지만 여러분이 새롭게 벤처사업을 시작한다면, 모든 것이 가속화되는 현상은 여러분에게 유리하게 작용할 수 있다.

그리고 네트워크가 등장해 집단적인 지혜와 지능이 더욱 확대되고 있다. 체스 챔피언인 가리 카스파로프Garry Kasparov가 1997년 IBM의 딥 블루 컴퓨터와 게임을 해서 졌을 때, 우리는 모두 변화의 빛이 눈앞을 스치고 지나가는 것을 똑똑히 목격했다. 하지만 이 게임은 컴퓨터가 새 시대의 체스 챔피언이라는 것이 아니라 컴퓨터와 협력한 인간의 기술이 더욱 정밀해졌다는 것을 알리는 신호였다. 오늘날 최고 수준의 선수들은(이들의 수도 1997년에 비해 두 배로 늘어났다)[212] 컴퓨터를 훈련 파트너로 이용하며, 이 것은 인간을 더 뛰어난 선수로 만들어준다. 이렇게 해서 컴퓨터의 도움을 받는 지능의 효과적인 주기가 형성된다. 다시 말해 컴퓨터가 인간을 더 우수하게 만들어주는 것이다. 그리고 동시에 인간의 노력으로 컴퓨터의 성능이 강화된다. 이런 일이 체스 경기에서 일어났다면, 왜 다른 분야에서 일어나지 못할 것인가?

미래는 너무도 밝아서……

기업이나 다른 분야를 볼 때 밝은 미래를 전망하는 것은 어렵지 않다. 예컨대 건강관리의 경우 실시간 개인 측정 센서는 복잡한 신경계를 세밀하게 추적하고 측정하는 것을 가능하게 해줄 것이다. 여기서 나온 모든 데이터와 유전자 심층 분석에서 나온 리스크 인자의 지도를 결합하면 우리는 더 일찍 위험을 파악하고 막아주거나 개인별 건강문제에 더 빨리 대처하는 (단 개인의 동의하에서만) 전례 없는 능력을 소유하게 될 것이다. 이런 데이터를 모으면 좀 더 능률적인 연구가 가능하고 좀 더 참신한 의료 정책을 알리는 정보와 지식의 플랫폼을 만들 수 있다.

의료계의 소비자는 정보 부족에 시달리고 있다. 이들은 실제로 의료절

---

[212] Christopher Chabris and David Goodman, "Chess-Championship Results Show Powerful Role of Computers"(*Wall Street Journal*, 2013. 11. 22).

차상의 결과와 의사 및 병원의 실적에 대한 데이터가 없다. 그리고 종종 자신의 건강과 관련된 데이터에 접근하기가 힘들 때가 있다. 특히 담당한 의료기관이 서로 다를 때 이런 일이 심하다. 또 의료서비스와 의약품 및 의료장비의 가격 책정은 완전히 불투명하며 환자마다 시설마다 가격은 천차만별이다. 의료계의 기본 정보를 투명하게 밝힌다면 가격을 낮추고 결과를 개선하는 데 엄청 긍정적인 효과가 나타날 것이다.

교통 분야도 곳곳에 혼란과 기회가 뒤섞인 사업이라고 할 수 있다. 만일 모든 자동차가 스스로 주행한다면 무슨 일이 벌어질까? 자동차를 소유하던 시대는 사라질 것이다. 개인 자동차 서비스의 가격이 낮아지고 고객 편의를 위해 좀 더 적극적으로 대응할 것이기 때문이다. 자동차를 소유하는 이유는 이동수단이 아니라 자기만족이 유일한 목적이 되어갈 것이다. 이런 요인은 계획 입안자들에게 이동 네트워크를 다시 생각하도록 강요한다.

금융 서비스의 경우, 좀 더 상세한 정보는 고객의 주문에 더 맞춘 서비스를 의미한다. 예를 들어 오늘날 자동차 보험사는 운전자의 사고 확률을 평가하기 위해 이미 주행거리와 거주 지역 같은 정보를 활용하고 있다. 만일 여러분이 운행하는 자동차의 온갖 자료, 가령 속도나 거주 지역, 운행시간, 주행거리, 교통여건, 정비기록 같은 데이터에 접근하는 대가로 보험료를 낮춰준다면 보험사는 얼마나 더 사고를 줄일 수 있을까? 어쩌면 이런 제안을 받아들이지 않을 사람도 있겠지만 집안의 십대 아이들이 좀 더 안전하게 운전할 거라는 기대로 이 제안을 받아들이지 않을까?

창의적인 기업에는 그 어느 때보다 뛰어난 콘텐츠와 재능이 있으며 이에 대한 수요가 지금처럼 높은 적은 없었다(적어도 미디어 소비로 볼 때). CGI를 활용한[213] 볼품없는 액션영화가 지금도 엄청나게 쏟아져 나오기는 하지만, 기술은 또 우리가 보고 싶을 때는, 미국 드라마 〈하우스 오브 카드House of Cards〉나 〈왕좌의 게임Game of Thrones〉처럼 과거 방식의 이야기 전개에 의존하는 작품을 즐기도록 새로운 방법을 만들어내기도 했다. 즉, 우리의 선택에 따라 평면화면이나 랩탑(휴대용 컴퓨터), 안경처럼 쓸 수 있는 것 등, 다양한 장치로 감상하는 길이 열렸다.

인터넷으로 인해 전통적인 미디어 사업 형태가 무너지면서 새로운 유형의 미디어가 등장했고 이런 흐름은 앞으로도 계속될 것이다. 그 결과 제작자를 위한 훨씬 더 크고 혼란한 시장이 곳곳에 형성되었고 소비자의 선택 범위는 끝없이 확대되고 있다.

범죄퇴치("예측방범"을 위해 범죄 패턴을 분석하는)나 농업(빈농원조를 위해 활용되는 자료가 풍부한 토양지도), 의약(정보공유로 의약의 개발속도를 높이는), 국방, 에너지, 항공우주공학, 교육 등, 모든 분야에서 눈에 띄는 신제품이 만들어질 것이다. 막연한 불안에 사로잡힌 경제는 새로운 일자리와 사업으로 대체되면서 21세기 전반기에는 기술의 힘으로 모든 것이 변할 것이다. 그리고 이런 변화 하나하나는 전문성과 창의력을 가진 과감하고 유능한 소규모 집단에서 나올 것이다.

우리는 그렇게 믿고 있다.

---

213 컴퓨터 영상 합성기술Computer Generated Imagery.

차세대의 전문성과 창의력

우리 두 사람은 이런 변화의 힘에 면역이 되어 있지 않다. 이 모든 것에 대하여 우리는 학습을 했고 또 재학습하지 않을 수 없었다. 우리가 모르는 것은 이 밖에도 얼마든지 더 있다. 아무리 우리가 기술의 첨단을 유지하려고 애쓰고 이것이 우리의 사업에 영향을 준다고 해도, 이런 범위에서는 차세대의 전문성과 창의력을 갖춘 인재가 택할 방법을 쉽게 알 수 없다. 우리는 누군가를 불러내어 영화관에 가기 위해(이것을 "단순한 어울림"이 아니라 "데이트"라고 불렀다) 지상통신선 전화를 사용하던 시대에 성장했으며, 그때 브로드밴드(광대역)란 커다란 우편함을 가리키는 말이었다. 이제 우리는 하루가 다르게 새로운 제품을 접하고 있으며 그 모두가 이런 인재들이 자신만만하고 참신하게 만들어낸 경이로운 것들이다. 그들은 무슨 일이 일어났는지, 앞으로 무슨 일이 일어날 것인지 우리에게 들려준다. 그리고 다음에 무엇을 할지 결정할 때, 그들은 우리가 그들에게 들려주는 것만큼이나 자주 우리에게 말을 건다. 이렇게 우리의 운명은 전문성과 창의력을 가진 유망한 인재들에 둘러싸여 있다.

이렇게 일상적인 작업환경에서 마주치는 인기 스타 한 사람 한 사람 중에서 수십 수백 명의 인재가 나와, 우리가 현재 편안하게 누리고 있는 자리에서 우리를 쫓아내기 위해 최선을 다할 것이라는 것을 우리는 확신한다. 이런 노력이 실패할 수도 있고 아닐 수도 있다. 어쩌면 이미 차고나 침실, 실험실 또는 회의실 어딘가에서 두려움을 모르는 사업 지도자가 전문성과 창의력을 갖추고 일에 몰두하는 작은 팀을 꾸렸는지도 모른다. 어쩌면 이들은 이 책을 보고 있는지도 모르며 궁극적으로 구글을 쓰러뜨릴 회사를 창립하기 위해 우리의 아이디어를 이용하고 있는지도 모른다. 터무니없는 소리라고? 그렇지 않다고 해도 언제까지나 승리하는 기업은 없다는 점에서 이것은 불가피한 일이다.

으스스한 얘기라고 생각할 사람도 있겠지만 우리는 이런 시나리오에 자극을 받는다.

바통 터치는 팰러트 클렌저Palate cleanser(앞에 먹은 요리의 맛이 다음 음식의 맛에 영향을 주지 않도록 입을 가셔주는 중간 디저트 — 옮긴이)로만 사용되어야 한다.

감사의 글

　우리는 먼저 래리 페이지와 세르게이 브린의 지혜에 대해, 또 두 사람이 세운 놀라운 회사에 대해 고맙다는 인사를 전하지 않을 수 없다. 구글의 두 공동 창업주는 우리가 말한 그대로 정말 좋은 사람들이다. 이들과 매일 함께 일하고 배우고 미래를 이해한다는 것은 평생 한 번 받을까 말까 한 선물이 아닐 수 없다. 구글이 훌륭하게 이룩한 그 놀라운 업적 중 상당수는—전략, 문화, 우수 직원 채용에 대한 강조—이미 우리 두 사람이 회사에 합류하기 전에 나온 것들이다. 이십대 중반의 나이에 구글이 어떻게 될 것인지, 무엇을 할 수 있을 것인지 비전을 품은 이 둘을 상상해 보라. 래리와 세르게이는 끝없이 인습의 벽에 도전하고 권위와 기득권에 질문을 던졌으며 그들의 방식에 따라 진정 위대한 회사를 일궈냈다. 구글은 우리 두 사람의 삶을 변화시켰을 뿐 아니라 세계 곳곳에 있는 수십억 인류의 삶을 바꿔놓았고 지금도 매일 바꿔놓고 있다. 두 사람의 후원과 이들이 해놓은 모든 일에 비하면, 우리는 보잘것없다는 말 외에는 이들이 우리에게 베푼 것에 대해 뭐라고 감사를 표할 길이 없다.

　구글 자체만큼이나 이 책은, 놀랍고 흥미롭고 기꺼이 도움을 준 수많은 사람 덕분에 나올 수 있었다. 우리는 이 모든 도움에 감사를 드리며 특히 동료와 친구들과 마찬가지로 전문성과 창의력을 가진 인재들을 알게 되고 이들과 함께 일한 특권에 감사드린다. 실로 고마운 일이다…….

바쁜 와중에도 시간을 쪼개 우리 저자들을 만나주고 그 많은 피드백을 탁월하게 해준 앤 하이아트Ann Hiatt, 브라이언 톰슨Brian Thompson 그리고 킴 쿠퍼Kim Cooper. 그들은 그 복잡한 일을 침착하게 정리해주었다.

노벨에서부터 에릭과 함께 항해를 시작한 팸 쇼어Pam Shore는 구글과 구글 직원들이 현재의 모습으로 성장하는 데 너무도 많은 기여를 했다.

스콧 루빈Scott Rubin과 메이건 캐설리Meghan Casserly, 두 사람은 재미있게 대화하는 법을 안다. 우리는 앞으로 이들과 더 많은 시간을 보내기를 기대한다.

레이첼 웻스톤Rachel Whetstone은 에릭이 조너선에게 이 책을 쓰자는 이메일을 보낼 때, 수신인에 같이 적힌 사람이었다. 레이첼은 거의 10년간 우리의 소통 파트너였으며 처음부터 이 책에 대한 상담 파트너이기도 했다. 또 지칠 줄 모르는 구글 옹호자이자 언제나 사람들의 의견을 듣고 옳은 일을 하는 사람이다. 레이첼이 이 책에 조언을 준 것 외에도 우리에게 해준 그 모든 것에 대해 감사를 표한다.

켄트 워커Kent Walker와 마르크 엘렌보겐Marc Ellenbogen은 둘 다 겸손한 태도를 지닌 변호사로 팔을 걷어붙이고 책을 알차게 꾸미는 데 도움을 주었다. 특히 마르크의 도움이 컸으며 그가 자신의 캐리비언 휴가 광고에 매달리는 기간에 우리와 함께 지내면서 들려준 충고는 정말 지혜로운 것이었다.

데니스 우드사이드Dennis Woodside는 시간을 내어 이 책을 읽어보고 모토롤라를 경영할 때의 생각을 들려주었다.

우르스 휠즐Urs Hölzle은 구글의 인사관리와 채용실무 부분에서 많은 기초를 세웠다.

앨리슨 코마크Alison Cormack는 가장 세심하게 이 책을 읽어준 사람으로서 아마 가장 자상한 구글러일 것이다.

에릭의 저서 《새로운 디지털 시대》의 공동 저자인 재러드 코언Jared Cohen은 때맞춰 출판에 대한 모든 것을 배우고 우리를 도왔다.

회사가 성장하면서 구글의 문화와 기준을 보존하는 데 도움을 준 라즐로 복Laszlo Bock, 출간 예정인 그의 저서는 구글의 문화와 기준이 형성되는 데 기여한 핵심적인 재능을 다루고 있다. 복은 언제나 미소를 짓는 모습인데 아마 그가 TV 시리즈 〈SOS 해상구조대Baywatch〉에 자주 출연하기 때문인 것 같다.

니케시 아로라Nikesh Arora, 이 사람이 자신의 팀원들에게 연설을 해달라고 초대하는 바람에 이 책의 프로젝트가 시작되었다.

수전 보이치키Susan Wojcicki, 살라르 카망거Salar Kamangar, 마리사 메이어 그리고 순다 피차이Sundar Pichai, 이들은 조너선에게 훌륭한 관리자는 때로 직원들이 가는 길을 가로막지만 않으면 된다고 가르쳐주었다. 관리자가 이루어놓은 결실이 그가 이끄는 직원들이 노력한 결과의 총합이라면, 조너선은 이 네 사람의 공으로 정상에 우뚝 설 날이 올 것이다.

로렌 투힐Lorraine Twohill은 우리에게 진정한 구글다움Googley을 보여주면서 마케팅으로 가장한 진정 놀랍고 영감에 넘치는 기술에 접근하는 전문성과 창의력을 가르쳐주었다.

전문성과 창의력이 넘치는 클레이 베이버Clay Bavor는 구글문화를 호소력 있게 말해주었다(그의 주말 프로젝트인 "4×6 크기의 사진 884장으로 된 구글 로고"와

"1센트짜리 동전으로 만든 클레이 베이버의 링컨 초상"을 검색해보라).

브라이언 라코프스키Brian Rakowski는 여러 가지 의견을 내면서 페이지 숫자와 검색 가능한 문자열을 기억하는 탁월한 감각이 있다.

마고 조지아디스Margo Georgiadis, 대기업의 고위 경영진이 어떻게 생각하는가를 꿰뚫는 이 사람의 관점은 변치 않는 영감의 원천이었다.

콜린 맥밀런Colin McMillen이 개발한 밈젠은 그가 수없이 이룩한 업적의 하나에 지나지 않는다.

프렘 라마스와미Prem Ramaswami는 하버드 경영대학원의 강의 겸직 대학원생의 관점과 학생들이 과제를 수행하는 방법을 우리에게 전해주었다.

온갖 도서와 영화의 독특한 전문가인 데빈 이베스터Devin Ivester, 창의력이 돋보이는 게리 윌리엄스Gary Williams와 켄 프레데릭Ken Frederick 그리고 우리가 미처 알지 못한 다수의 기발한 아이디어를 전해준 로렌 멀키Lauren Mulkey, 또 저자들이 본 어떤 책보다 책을 우아하고 예쁘게 디자인해준 조너선 자비스Jonathan Jarvis도 진정 중요한 역할을 해주었다.

할 배리언Hal Varian은 경제학을 재미있도록 해주었는데 실로 중요한 의미가 있다.

앨런 유스터스Alan Eustace는 구글다움을 구체적으로 사람에 빗대기를 잘해 결국에는 조너선의 도움으로 최초의 구글러 안내서를 쓰기도 했다.

쇼나 브라운Shona Brown과 데이비드 드러먼드David Drummond는 조너선과 함께 수년간 관리자 채용 평가위원회의 위원으로 활동했다.

캐세이 비Cathay Bi는 구글 제품 관리자로서 말없이 조너선을 보필했으며 이 프로젝트 초기부터 사려 깊게 비판을 해주었다.

조너선과 익사이트앳홈에서 일했던 제프 후버Jeff Huber는 구글에 와서는 조너선이 전문성과 창의력을 가진 인력관리에 집중할 수 있도록 탄탄하고 이익을 내는 광고엔진을 만들었다. 엄격한 운영방식과 구글다움의 감각이 돋보이는 패트릭 피체트Patrick Pichette는 비 오는 날에도 오렌지색 배낭을 멘 차림에 자전거를 타고 출근하는 모습으로 우리를 감동시킨다.

고피 칼라일Gopi Kallayil은 우리가 본 아이디어 제출자 중에 최고일 뿐 아니라 비판적인 안목으로 끊임없이 훌륭한 개선책을 제시한다.

질 헤이즐베이커Jill Hazelbaker는 언제나 조너선의 관심을 끌며 특히 홍보문제가 불거질 때면 늘 주목을 받는다.

재러드 스미스Jared Smith는 중국문제에서 세심하게 우리를 도왔고 그 자신 전문성과 창의력을 갖춘 뛰어난 지도자다.

빌 캠벨Bill Campbell은 모든 경영 코치 중에서도 가장 재능이 뛰어난 인물이며 사람을 보는 눈과 조직의 작동 원리에 대한 안목이 있다. 우리는 코치를 둘 때까지는 이런 존재가 필요하다는 것을 몰랐다. 빌은 지금은 미국 회사 중 가장 가치가 높은 두 기업이라고 할 애플과 구글의 성공에 핵심적인 역할을 한 인물이었다. 빌이 사무실로 들어올 때는 누구나 미소를 짓는다. 그의 말에는 설득력이 있으면서도 실리콘밸리에서 또 사업가로서 성공하는 과정에서 자신의 비범한 역할을 애써 감추는 겸손한 태도 때문에 더욱 돋보인다.

존 도어John Doerr, 마이크 모리츠Mike Moritz, 람 스리람Ram Shriram, 존 헤네시John Hennessy, 아트 레빈슨Art Levinson, 폴 오텔리니Paul Otellini, 앤 매더Ann Mather, 다이앤 그린Diane Greene, 셜리 틸검Shirley Tilgham, 구글 이사회는 이들로 완벽한 진용을 갖추고 있으며 언제나 이 세계와 고객, 협력업체, 주주들에게 미치는 구글의 영향을 장기적인 관점에서 바라본다. 물론 당연한 것이지만.

이 밖에 많은 전 현직 구글러가 전문성과 창의력을 가진 인력을 더 세심하게 관리하도록 지속적으로 가르쳐주면서 이 이야기를 말끔하게 정리하도록 도움을 주었다. 크리슈나 바라트Krishna Bharat, 제프 딘Jeff Dean, 벤 곰스Ben Gomes, 조지스 하릭Georges Harik, 윌리엄 패리스William Farris, 빅 군도트라Vic Gundotra, 조지 살라George Salah 그리고 마사 조지프슨Martha Josephson(이 사람은 엄밀히 말해 구글러는 아니지만 어디서도 보기 힘든 진정한 파트너라고 할 수 있다)이 그들이다.

조너선의 가족—아내 베릴, 아들 조슈아, 딸 한나—은 언제나 조너선에게 이 경영진과 동행하며 힘을 실어주고 집에서나 사무실에서 방해하지 않도록 조심했다. 이런 조언은 조너선이 겸손한 태도를 유지하는 데 도움을 주었고 그를 아는 모든 사람에게 감사하는 마음을 갖게 해주었다.

론 로젠필드 박사Dr. Lorne Rosenfield는 주기적으로 조너선과 훌륭한 경구나 인생의 지혜에 대한 농담을 주고받는다. 이 책에 소개된 몇몇 인용구는 두 사람의 대화에서 나온 것이다. 론의 딸인 로렌은 인용구를 정확하게 정정해줌으로써 조너선보다 문헌 지식이 깊다는 자신의 주장을 입증해 보였다. 그리고 론의 아들은 대학 수업에 어울릴 거라는 사례를 다수 제공함으로써 전문성과 창의력을 가진 자신의 능력을 과시했다.

댄 청Dan Chung은 처음의 원고가 "기업인을 염두에 두고 쓴" 것이지만 "사업을 하는 사람이라면 누구에게나 쓸모가 많게" 확대될 수 있다는 통찰력이 있었다.

조너선이 대학 리포트를 다듬는 데 도움을 준 맷 파이켄Matt Pyken은 우리에게 극적인 감성과 스토리텔링에 대한 "할리우드식 안목"을 빌려주었다.

벤벨라 서적BenBella Books의 글렌 예페스Glenn Yeffeth는 조너선이 이 프로젝트에 착수하면서 출판 도움을 요청할 수 있는 유일한 전문가였다.

애덤 그로서Adam Grosser는 재미없고 엉뚱한 농담과 전반적으로 강조할 대목을 지적해주고 좀 더 엄격한 정의를 내리도록 권유했다.

조너선이 통계학을 배워야 한다는 선견지명이 있던 수전 파이겐바움Susan Feigenbaum 교수와 제럴드 아이리치Gerald Eyrich는 그에 필요한 어른 감독관 역할을 하며 그가 학사학위를 끝내도록 도왔다.

교수이자 학장인 제프 황Jeff Huang은 "학생 논문 같은" 이 원고를 읽고 가능한 많은 부분을 정정해주었고 고맙게도 평가는 생략해주었다.

데이비드 티스David Teece 교수는 대학 경제학자의 관점에서 이 원고를 읽어보고 추가로 뛰어난 참고문헌을 제시했다.

게리 라이트Gary Leight, 벳시 라이트Betsy Leight, 리비 트루델Libby Trudell, 도라 푸터먼Dora Futterman, 캐시 고든Cathy Gordon, 제임스 아이작스James Isaacs, 딘 길버트Dean Gilbert, 리처드 긴그래스Richard Gingras, 이들은 모두 조너선의 전직 상사들이다. 조너선은 이분들의 지혜와 너그러움에 한없이 감사를 드린다.

제프 울먼Jeff Ullman 교수는 에릭 슈미트라는 철모르는 프린스턴의 십대 학생을 거두어주고 그를 컴퓨터과학자로 만들어 이 모든 일을 가능하게 해주었다.

빌 조이Bill Joy와 수 그래엄Sue Graham, 밥 파브리Bob Fabry는 버클리 시절 컴퓨터과학자로서 에릭에게 깊은 신뢰를 보냈고 지금은 그의 주변에서 팀을 이루어 돕고 있다.

마이크 레스크Mike Lesk와 앨 아호Al Aho는 벨 연구소에서 유닉스 개발에 매달릴 때, 에릭에게 용량과 오픈소스, 크기 조정의 가치를 일깨워주었다.

제록스 파크Xerox PARC의 짐 모리스Jim Morris, 버틀러 램슨Butler Lampson, 밥 테일러Bob Taylor, 로이 레빈Roy Levin은 미래를 창조했다.

선Sun의 스콧 맥닐리Scott McNealy, 앤디 베히톨스하임Andy Bechtolsheim, 빌 조이Bill Joy, 비노드 코슬라Vinod Khosla, 버니 라크루트Bernie Lacroute, 웨인 로징Wayne Rosing은 에릭에게 사업경영 측면에서 최초로 직접 체험을 하게 해주었다. 사전에 경영에 대한 경험이 없이 오로지 기술만 가지고 있던 사람이 덕분에 이 분야에서 잘 훈련받을 수 있었다.

노벨의 레이먼드 나스르Raymond Nasr와 존 영John Young은 여행으로 베풀주었다.

피터 웬델Peter Wendell은 에릭이 스탠퍼드 경영대학원에서 강의할 기회를 주었다. 여기서 에릭은 수많은 학생을 지도하며 "힘들게 얻은 교훈"에 대한 자신의 생각을 형식적으로 다듬을 수 있었다.

니샨트 촉시Nishant Choksi의 아름답고 재미있는 삽화는 우리가 상상할 수 없을 정도로 핵심을 완벽하게 포착했다.

사실을 정확하게 찍어내는 멜리사 토머스Melissa Thomas는, 우리는 절대 원하지 않지만 〈제퍼티 퀴즈 쇼〉에서 마주치고 싶어 한다.

마리나 크라코프스키Marina Krakovsky는 우리의 연구 파트너로서 언제나 우리 예상보다 두 발 앞서간다. 마리사는 부지런하고 철저할 뿐만 아니라 통찰력이 있고 생각이 깊다. 모든 일을 말끔하게 처리하는 최고의 친구다.

세계적인 유머 작가인 데이비드 자버바움David Javerbaum은 우리를 재미있게 해주고 적어도 전보다 재미있게 만든다. 데이비드가 우리가 쓴 농담 하나를 보고 "괜찮은데!"라고 말했을 때는 정말 자랑스러웠다. 데이비드, 고마워, 특히 칭찬까지 해줘서.

우리의 대리인인 짐 리바인Jim Levine은 우리가 출판계를 이해하도록 도움을 주었으며 편집자인 존 브로디John Brodie는 마이크로소프트의 창립부터 〈다운튼 애비〉의 결말에 이르기까지, 거친 원고를 깔끔하게 마무리 짓도록 우리를 이끌어주었다. 우리는 답례로 존에게 구글 닥스Google Docs의 작업 광경을 보여주었다.

1970년대 중반 어느 날, 아이들 몇 명이 동전을 넣고 하는 세계 최초의 비디오게임에 25센트짜리 동전을 집어넣고 있었다. 이들이 처음으로 마주친 이 '갤럭시 게임'은 스탠퍼드 학생회관에 있는 카페 '커피하우스'에 설치되어 있었다. 조너선은 갤럭시 게임을 할 때마다 앨런 이글에게 이겼지만, 두 사람이 다니는 부근의 건 하이 고등학교에서는 엇비슷한 수준의 실력들이었다. 이들은 우주패권 게임에서 승부를 겨루고 화학과 수학에서 앞서거니 뒤서거니 했지만 30년 후에 구글이라는 회사에서 함께 사회생활을 하리라고는 꿈에도 생각하지 못했다. 또 40년 가까이 지난 다음에 기업경영에 대한 책을 함께 쓰리라는 것도 전혀 짐작하지 못했을 것이다. 하지만 이제 그런 일이 실제로 일어났다. 상상할 수 없는 것을 상상하라! 원고 집필을 도와준 앨런 이글에게 고맙다는 인사를 전한다.

옮긴이의 글

"수천 년 전에 피라미드를 구상하고 세운 이집트인들은 실제로 아주 성공적인 경영자였다. 인터넷 시대에는 세워지지 않은 피라미드가 넘쳐난다. 시작하기만 하면 된다. 이제는 노예 인부도 필요 없다." 이 말에는 인터넷 시대의 기업 경영을 바라보는 시각이 잘 드러나 있을 뿐 아니라 동시에 아무런 전례도 없이 역사에 길이 남을 피라미드를 세운 이집트인들의 지혜와 구글의 정신을 비교하는 자신감이 묻어난다.

구글의 전 CEO인 에릭 슈미트와 전 수석 부회장인 조너선 로젠버그가 구글의 창업과 성장 과정을—스탠퍼드 대학의 기숙사에서 출발해 40여 개국에 종업원 5만 명을 거느린 굴지의 세계적인 기업으로 성장하기까지— 특유의 구글정신의 관점에서 기술한 책이 바로《구글은 어떻게 일하는가》이다.

에릭과 조너선, 두 공동 저자가 시종일관 강조하는 '전문성과 창의력 smart and creative'이란 가치는, 이 책의 키워드이자 구글에서 가장 중시하는 사시社是 같은 개념이라고 할 수 있다. 전문성과 창의력은 직원 채용을 중시하는 구글이 채용 기준으로 삼는 가치이자 면접관이 평가하는 '리더십과 업무 관련 지식, 일반적 인지능력, 구글다움'의 토대라고도 할 수 있다. 이것은 보상의 기준이기도 하며 구글문화의 일부로서 전문성과 창의력을 갖춘 사람은 인터넷 시대 지식 노동자의 동의어이기도 하다. 또 기존의 기업 환경에서 기피하던 유형으로 인터넷 시대에는 성공을 가져다 주는 핵심적인 존재라고 할 수 있다. 이들은 경험의 가치를 능가하는 사람들로서 우수제품이 가장 강력한 경쟁력이라는 사실을 입증해준다. 엄청난 잠재력이 나온다는 기대감에서 구글러들에게 폭넓은 자유를 주는 근거이기도 하다. 구글이 자유로운 업무환경을 제공하는 가장 큰 이유는 바로 전문성과 창의력 때문이라는 말이다. 회사 조직의 기준은 이 가치에 맞춰져 있고 리스크를 꺼리는 기존의 환경과 달리 누구나 자신의 아이디어에 매달리며 할 말을 하게 하는 문화도 여기서 나온다. "달을 향해 쏴라!"라는 구호는 바로 전문성과 창의력에서 나온 도전정신이라고 할 수 있다.

구글에서 기존의 기업문화는 전혀 설득력을 갖지 못한다. 부모 세대의 가치를 인정하지 않는 구글은 정돈되고 질서 있는 사무실보다 직원들이 서로 부대끼는 가운데 상호작용이 원활하게 일어나고 아이디어가 솟아나는 어지럽고 요란한 환경을 좋아한다. 여기서는 혼란이 미덕이다. "계급보다 아이디어를 따르라"는 스티브 잡스의 가치가 빛을 발하는 곳이 바로 구글의 업무 현장이다. 여기서는 히포hippo(최고 급여를 받는 사람의 의견)가 의사결정의 기준이 아니다. 재직기간에 따라 의사결정권을 갖는 곳이 아니라 "중요한 것은 아이디어의 질적 수준이지 누가 말했느냐가 아니다"라는 실력주의가 힘을 얻는 곳이자 계급이 아니라 직원 상호 간의 인간관계를 중시하는 곳이기도 하다. 이들은 전통적인 기업의 시장조사나 마케팅 경영을 외면하며 오로지 기술혁신에 승부를 건다. 제품이 우수하다면 다른 제품과 다르다는 것을 고객에게 알리기 위해 열심히 마케팅하지 않아도 되기 때문이다. 구글은 경쟁을 추구하지 않는다. 경쟁에 집착하는 태도는 끝없는 평범의 악순환으로 이어진다고 믿기 때문이다. 경쟁에서는 점진주의적인 변화밖에 얻지 못하며 또 이것이 인터넷 시대의 혁신적인 변화에 걸맞지 않기 때문이기도 하다. 이들은 점진주의 incrementalism에서는 결코 진정한 혁신을 이루지 못한다고 판단한다. 물론 경쟁의 가치를 무시하는 것은 아니지만, 상대 경쟁사와 시장 점유율의 자투리를 놓고 열심히 싸우는 사이에 이와 상관없는 누군가가 비집고 들어와 완전히 판도를 뒤집어엎는 것을 잘 안다.

이런 점에서 구글이 규정하는 인터넷 시대의 본질은 '플랫폼 platform'의 세계라는 것이다. 21세기에 경제활동의 허브가 된 기업은 플랫폼의 도전을 받고 있다. 플랫폼은 기존 회사와는 전혀 다른 형태의 허브다. 가령 GM 같은 기존의 기업과 소비자의 관계는 일방적이라고 할 수 있다. 이와 대조적으로 플랫폼은 소비자와 공급자로서 상호작용을 하는 관계를 구축한다. 주고받는 것이 훨씬 더 많다. 예컨대, 아마존도 기업이지만 이곳은 구매자와 판매자가 함께 모이는 시장이기도 하다. 아마존은 단순히 소비자에게 무엇을 팔 것인지 결정하지만은 않는다. 소비자는 아마존에 무엇을 찾는지 말하며 아마존은 소비자를 위해 그들이 찾는 것을 구비해놓는다. 소비자는 자기 목소리를 내고 상품과 서비스를 평가할 수 있다. "비디오의 등장으로 라디오 스타가 사라졌다 video killed the radio star"는 버글스의 노래는 플랫폼 시대의 도래를 단적으로 표현했다. 기술과 이에 따른 파괴력은 너무도 막강하다. 그러므로 과거의 방식을 따르는 기존의 업체는 궁극적으로 실패하거나 아니면 적어도 시대의 흐름에 뒤처질 것이다. 이런 방식을 고집하다가는 고객의 선택을 방해하고 업종의 혁신을 억압하게 될 것이다. 혁신은 변화를 의미한다. 그것도 플랫폼의 시대에는 혁명적인 변화를 의미한다.

"공개open를 기본설정으로"라는 구호는 왜 구글이 단기간에 세계적인 기업으로 급성장했는지 보여준다. 플랫폼은 일반적으로 공개할 때 성장하는 속도가 더 빠르다. 최대의 플랫폼이라고 할 인터넷을 보면 알 수 있다. 우리가 오늘날 일상적으로 사용하는 놀라운 웹 세상이 열린 것은 바로 인터넷의 개방성 때문이다. 모든 혁신은 플랫폼을 폐쇄체제에서 개방체제로 전환한 뒤에만 가능하다는 사고는 안드로이드에서 잘 드러난다. 일반적으로 개방이 지닌 의미는, 소프트웨어 코드나 연구결과 같은 지적재산을 더 많이 공유하고 자신의 표준보다 공개된 표준을 지지하며 고객들이 쉽게 자신의 플랫폼에서 나갈 자유를 제공하는 것이다. 경쟁사에 대해 자사의 지속가능한 우위를 확보하고 이 우위를 지켜내라고 가르치는 전통적인 경영대학원의 사고방식과는 반대라고 할 수 있다. 개방을 하면 급성장과 혁신의 방향으로 나갈 수밖에 없다는 판단에는, 전문성과 창의력을 가진 직원이 그 방법을 찾아낸다는 강고한 믿음이 깔려 있다. 안드로이드의 개방은 놀라운 성장을 가져다주었고 검색의 상호보완성이 강한 플랫폼을 제공함으로써(스마트폰 사용자가 온라인에 많이 접속한다는 것은 그만큼 더 많은 사람이 더 빈번하게 검색한다는 것을 의미한다) 구글이 PC에서 모바일로 플랫폼 이동을 매끄럽게 해주는 데 도움이 되었다. 애플 iOS는 폐쇄체제를 유지하여 성장과 수익성에서 모두 큰 실적을 올렸지만, 아이폰으로 애플이 성공한 것은 구글의 검색 기능과 마찬가지로 급성장하는 업계에서 명백하게 우월한 제품을 낳은 일련의 이례적인 기술혁신에 토대를 두고 있다는 사실을 명심해야 할 것이다. 아이폰의 폐쇄성은 누구나 따를 수 있는 모델이 못 된다는 말이다. 이런 점에서 에릭과 조너선은 초기설정을 개방에 맞추라고 충고한다.

"혁신innovation"은 구글문화 자체를 대변하는 소중한 가치다. 혁신은 차세대의 놀라운 자산next big thing으로 설명된다. 뭔가가 혁신적이려면 새롭고, 놀라우며 엄청 유용해야 한다는 사고가 깔려 있다. 구글에서 개발 중인 자율주행 자동차나 해마다 500가지씩 개선하는 검색엔진도 이런 혁신의 사고에서 나온 것이다. 혁신의 자격을 갖추려면 혁신에 걸맞은 적절한 배경(콘텍스트)이 있어야 한다. 이런 배경은 보통 급속히 성장하며 경쟁으로 가득 찬 시장에서 발견된다. 혁신적인 접근방식을 사용하려면 빈 공간을 찾으며 외톨이로 지낼 것이 아니라 현재 크거나 앞으로 커질 공간에서 선수로 뛰는 것이 훨씬 낫다. 이때 고려해야 할 또 한 가지 요소는 기술이다. 공간기술이 어떻게 발전할 것이라 생각하는가? 지금의 차이는 무엇이고 미래는 어떻게 변할 것으로 예상하는가? 진화하는 세계 속에서 지속적으로 차별화를 보여줄 재능이 자신에게 있는가? 사업에서 대부분의 다른 일과는 달리 혁신은 누가 소유할 수도 없고 명령할 수도 없으며 계획을 세울 수도 없다. 혁신은 아이디어가 자연발생의 돌연변이처럼 생겨나 시작부터 성취하기까지 길고 험한 단계를 거치는 노정의 최종 목적지다. 이 노정에서 강력한 아이디어는 지지자와 모멘텀을 축적하며 약한 것은 낙오한다. 이런 진화를 충족하는 과정이란 것은 없다. 혁신의 중요한 특징은 절차적 과정이 없다는 것이다. 에릭과 조너선은, 혁신이 아이디어를 위한 자연선택인 동시에 인터넷 시대에 성장하기 위한 필수조건이라고 생각한다.

구글이 창업 당시부터 가장 존중하는 경영방침은 "사용자에 초점을 맞춘다Focus on the user"라는 것이다. 이 구호에는 사용자에 초점을 맞추고 우수한 제품을 만들면 돈은 저절로 따라온다는 생각이 깔려 있다. 따라서 재무분석이나 기대되는 수익평가회의 따위는 구글에서 중시되지 않는다. 그리고 검색엔진과 광고검색을 비롯한 구글의 핵심제품이 이를 입증하고 있다. 제품이 얼마나 이익을 올릴 것인지, 투자수익률은 얼마나 될 것인지, 또 자본회수기간은 얼마나 걸릴 것인지에 대한 염려는 이 원칙 앞에서 아무런 힘을 쓰지 못한다. 구글은 인터넷 시대에 사용자의 신뢰가 달러나 유로, 파운드, 비트코인 등, 어느 화폐 못지않게 중요하다는 사실을 알고 있다. 기업이 지속적으로 성공을 유지하기 위한 유일한 방법은 우수한 제품뿐이다. 이런 의미에서 제품 전략과 관계된 구글의 최고 지침은 사용자에 초점을 맞추라는 것이다. 래리와 세르게이는 기업공개 서신에서 "우리의 진심에서 우러나는 것, 언제까지나 변치 않을 우리의 제일 원칙은 최종 사용자를 위해 복무하는 것이다"라고 했다.

구글을 구글답게 만들어주는 독특한 문화 중에 "큰 틀에서 생각하라 Think big"라는 정신도 빼놓을 수 없다. 25년 뒤에 필요하게 될 환경에서 자신이 무엇을 할 수 있을 것인지 스스로 물어본 다음에 시작했다는 빈트 서프의 "행성 간 인터넷interplanetary Internet" 프로젝트도 여기에 속한다. 이른바 은하계 차원에서 생각한다는 발상이라고 할 수 있다. "달을 향해 쏴라!"라는 구호도 마찬가지다. 큰 틀에서 생각할 때의 명백한 이점은 이것이 전문성과 창의력을 갖춘 사람들에게 더 많은 자유를 허용한다는 것이다. 대신 강제성은 억제하고 창의력을 자극한다. 큰 틀에서 생각한다는 것은 크게 승부를 건다는 의미이기도 하다. 큰 승부를 걸면 규모 때문에 성공확률이 높아지는 경우가 종종 있다. 다만 실패할 경우 회사가 감당하지 못할 뿐이다. 이와 달리 생존을 위협하지 않는 작은 규모의 승부를 계속 건다면 결국 평범한 수준을 벗어나지 못한다. 주행거리를 10퍼센트 늘린 자동차를 만들고 싶으면 현재의 디자인만 개조하면 되지만, 갤런당 800킬로미터를 달리는 자동차를 만들고 싶을 때는 처음부터 다시 시작해야 한다는 주장도 같은 맥락이라고 볼 수 있다. 큰 틀에서 생각하는 것은 전문성과 창의력을 갖춘 인재를 끌어들여 근무하게 하는 강력한 도구이기도 하다. 헬륨 풍선을 이용해 아직 혜택을 못 본 수십억 명의 인류에게 광대역 인터넷 접속을 가능하게 한 구글 엑스의 룬 프로젝트, 누구나 전 세계의 책을 온라인으로 접속하게 해준다는 구글 도서검색, 전 세계의 길거리 풍경을 사진으로 접하게 해주는 구글 스트리트 뷰 또한 같은 이치에서 나온 제품이다.

현재는 월드와이드웹이 웹 1.0에서 웹 2.0을 거쳐 소셜 웹으로 진입한 시대다. 언제나 "까다로운 질문을 제기한다"는 구글문화는 소셜 웹과 구글의 관계에 의문을 갖기 시작했다. 소셜 플랫폼이 웹의 지배적인 사용수단이 된다는 것은 구글에 무엇을 의미하는가? 소셜 웹은 검색을 쓸모없는 것으로 만들 수 있는가? "모바일 먼저"라는 구글의 구호는 여기서 출발했다. 시가총액 1,410억 달러에 달하던 선 마이크로시스템스가 과거의 방식에 안주하다가 결국 74억 달러에 오라클에 매각된 것은 바로 이런 시대의 흐름에 따라가지 못해서였다. 래리 페이지는 종종 CEO가 할 일은 핵심사업에 대해서뿐 아니라 미래에 대해 생각하는 것이라고 말한다. 대부분의 회사가 이렇게 하지 못하는 이유는 오로지 점진적인 변화만 추구하면서 언제나 하던 일만 너무 편하게 하려고 하기 때문이다. 그리고 이런 경향은 무엇보다 기술 주도의 변화가 만연한 오늘날 치명적인 결과로 이어진다. 그러므로 제기해야 할 물음은 무슨 일이 실제로 일어날 것인가가 아니라 무엇이 실제로 일어날 가능성이 있는가이다.

이상의 구글문화 또는 구글다운 가치는, 아주 다양한 구글 제품의 구상에서부터 출시에 이르기까지의 과정을 곁들이면서 그 핵심적인 의미가 자세하게 설명된다. 기존의 기업경영 방식과는 전혀 다르며 종래의 마케팅 개념은 이 문화에서 아주 이질적으로 느껴지고 또 구체제의 낡은 개념으로 치부된다. 동시에 실패한 제품에 대한 원인분석, 거기서 건질 수 있는 교훈과 가치도 빼놓지 않는다. 또 새로운 도전을 했다는 점에서 실패한 프로젝트에 따른 책임 추궁을 하지 않는다. 이런 구글정신은, 이십대 중반의 래리 페이지와 세르게이 브린이 스탠퍼드 대학 기숙사에서 초라하게 시작한 신생기업이 불과 10여 년 만에 세계적인 인터넷 대기업으로 성장하여 현재 종업원 5만 명에 500억 달러의 가치가 나가는 현실에서 강한 설득력을 발휘한다. 에릭과 조너선은 왜 구글정신이 성공의 요인인지, 기술혁신이 놀라운 변화를 주도하는 시대의 핵심적인 가치인지를 구글의 역동적인 활동현장을 통해 역설한다. 단순히 구글의 성공과 실패의 측면뿐 아니라 다양한 문헌의 이론과 통계, 폭넓은 증거자료로 이들의 주장은 뒷받침된다. 이 주장에 공감할 수 있는 것은 이들이 강조하듯 지금은 인터넷 시대가 분명하기 때문이다.

    에릭 슈미트와 조너선 로젠버그, 이 공동 저자가 말하는 구글정신의 핵심을 한마디로 표현하면 "상상할 수 없는 것을 상상하라!"는 말이 될 것이다.

용어해설

공개 open
소프트웨어 코드나 검색결과 같은 지적 재산을 공유하는 것. 자체의 기준을 만들기보다 공개 기준을 따르며 고객에게 자사의 플랫폼에서 쉽게 나갈 자유를 준다.

구글 가이스트 Googlegeist
구글의 연례적인 종업원 피드백 조사.

구글 엑스 Google[x]
자율주행 자동차와 구글 안경, 룬 프로젝트, 스마트 콘택트렌즈 등, 아주 야심 찬 프로젝트를 담당하는 팀.

누글러 Noogler
새로운 구글러라는 의미로 뉴와 구글러를 합친(New + Googler) 말.

다면화된 시장 multisided market
다양한 사용자 집단이 서로 접촉하고 이익이 되는 서비스를 주고받는 공간.

도리 Dory
경영진에게 질문을 제기하고 여러 다른 의견에 대한 찬반을 투표하는 구글의 내부 시스템.

모마 Moma
구글러 사이에서 온갖 회사의 정보를 공유하는 데 이용되는 구글의 내부 통신망.

무어의 법칙 Moore's Law
인텔의 공동창업주인 고든 무어가 예측한 것으로, 칩에 들어 있는 트랜지스터(반도체소자)의 수는, 즉 컴퓨터의 성능은 2년마다 두 배로 증가할 것이라는 주장. 무어는 처음 1965년에는 해마다 두 배로 증가할 것이라고 예측했지만 1975년에 가서 2년마다 증가한다고 자신의 주장을 수정했다.

밈젠 Memegen
구글의 내부 사이트로 여기서 구글러는 이미지에 간단한 제목을 붙여 밈(모방을 통해 습득되는 문화 요소―옮긴이)을 만들어낸다. 이것은 회사의 현황에 대해 종업원들이 평가를 하는 흥미로운 방식이다.

비약적 성장 scale.
아주 빠른 속도로 세계적으로 성장하기(동사), 또는 빠르고 세계적인 성장(명사).

사용자 인터페이스 user interface
사용자의 상호작용을 위한 제품.

시가총액 market capitalization(또는 'market cap')
상장회사가 발행한 주식자본의 총 시장가치.

아차리에 ah'cha'rye
"나를 따르라"는 뜻의 히브리어로 이스라엘 군대의 구호.

안드로이드Android
구글의 오픈소스 모바일 운영체제.

오픈소스 운영체제open-source operating system
리눅스와 안드로이드 같은 운영체제로. 여기서는 무료로 코드를 이용할 수 있고 사용과 수정이 가능하다. 이와 반대로 폐쇄 운영체제에서는 소유회사가 코드 사용을 엄격하게 통제한다.

이견을 제기할 의무obligation to dissent
누군가 아이디어가 잘못되었다고 생각한다면 우려를 표명해야 한다는 지침.

익사이트앳홈Excite@Home
조너선이 다니던 회사. 익사이트에서 출발한 웹 포털로 앳홈과 합병했으며 이로 인해 케이블 모뎀을 통한 인터넷 접속이 인기를 끌었다.

애드센스AdSense
웹사이트의 거대한 네트워크에 광고를 싣는 광고제품.

애드워즈AdWords
구글의 주력 광고제품으로 이 엔진은 회사 이익의 대부분을 차지한다.

에이피아이API
응용프로그램 인터페이스Application Programming Interface. 다른 애플리케이션과 상호작용을 가능하게 해준다.

웨이브Wave
구글 웨이브는 사용자 집단이 실시간으로 소통하고 협력하게 해주는 시스템이었다. 구글은 코드를 오픈소스로 전환하면서 2010년에 웨이브 운영을 중단했다.

웹 2.0 Web 2.0
웹을 오늘날의 형태로 만든 기술조합(1990년대의 웹 1.0을 업그레이드한 것).

자본회수기간payback period
투자비용을 회수하는 데 걸리는 시간.

전문성과 창의력을 갖춘 인물smart creative
창의력이 뛰어나고 지능과 사업적인 이해력에 기술 분야의 깊이 있는 지식을 고루 가진 사람.

전체회의TGIF
구글의 회사 전체 회의로 처음에는 매주 금요일에 열리다가 지금은 목요일로 바뀌어 아시아태평양 지역의 구글 지사도 참석할 수 있다.

재직기간중심회사tenurocracies
공로가 아니라 재직기간에서 권한이 나오는 회사.

제품관리 부책임자APM
제품관리 부책임자Associate Product Manager는 보통 두 차례의 12개월 순환근무를 마친 다음 정식 책임자가 된다.

코스의 법칙 Coase's law
노벨상 수상자인 경제학자 로널드 코스가 표현한 이 원칙은, 거래비용을 계산할 때 개방된 시장에 외주를 주기보다 기업 내부에서 처리하는 것이 효율적일 때가 많다는 점에서 대기업의 등장 이유를 설명한다. 인터넷은 거래비용을 낮춰주기 때문에 코스의 법칙은 오늘날에는 내부적으로 처리하는 것보다 아웃소싱이 더 효율적일 때가 많다는 것을 암시한다.

클라우드 컴퓨팅cloud computing
인터넷 사용자가 다른 공간에 위치한 컴퓨터의 파일에 접속하고 앱을 관리할 수 있게 해주는 기술. 때로 서버로도 불리는 이 원격조정 컴퓨터는 보통 수많은 개인 컴퓨터의 집합이라고 할 거대한 데이터 센터에 모여 있다.

플랫폼platform
부가적인 기술과 공정, 서비스를 구축할 수 있는 기술 또는 인프라 구조의 기반.

투자회수율ROI
투자비가 회수되는return on investment 비율.

학습하는 동물learning animals
대대적인 변화에 대처하는 능력과 변화를 좋아하는 성격을 지닌 사람들. 이들은 배우기를 좋아해 멍청한 질문을 하거나 엉뚱한 대답을 하는 것을 두려워하지 않는다.

히포HiPPO(또는 단순히 'hippo')
최고 급여를 받는 사람의 의견.

OKR(Objectives & Key Results)
OKR은 구글이나 다른 기업에서 효율적으로 사용하는 실적관리 시스템이다.

Google
How Google Works